축구의 이해

박기용
홍석민
김한철
김성진
신태용
박찬웅

pegasus

축구의 이해

초판 인쇄 2009년 7월 13일
초판 3쇄 2017년 8월 30일

지은이 박기용· 홍석민· 김한철· 김성진· 신태용· 박찬웅

펴낸이 서길수 | 펴낸곳 영남대학교출판부 | 디자인 GukjeAD
출판등록 1975년 9월 5일 경산 제16-1호 | 주소 경산시 대학로 280
전화 053) 810-1801~3 | FAX 053) 810-4722 | 홈페이지 book.yu.ac.kr
ISBN 978-89-7581-371-9 93690

• 값은 표지 뒷면에 있습니다.
• 잘못 만들어진 책은 바꾸어 드립니다.

축구의 이해

박기용
홍석민
김한철
김성진
신태용

pegasus

머리말

책을 마무리 해 놓고 머리말을 쓸려니 감회가 깊다. 어린 시절 축구가 재미있고 좋아서 멋모르고 볼을 좇아 차고 달리며 즐기다 남들보다 뛰어나고 잘한다는 칭찬 속에서 축구 선수가 되었으니 말이다. 돌이켜 보면 초중고 대학 시절 축구선수로 생활하면서 승리의 기쁨과 패배의 아픔도 있었지만, 항상 우월감에 사로잡혀 내가 최고라는 자만심으로 만사가 나를 위해 존재하는 것처럼 보냈던 것으로 기억된다. 20여 년 동안 지도자의 길을 걸으면서 국가대표 및 프로선수 등 걸출한 제자들을 배출하고 축구 해설가로 활약하면서 축구에 관한 자긍심이 남들보다 높았던 것을 부인할 수 없다.

자타가 공인하는 축구 전문가로 자부하고 있는 나는 축구 지도서를 집필할 것을 권유받고 정말 멋지고 훌륭한 지침서를 만들 수 있다는 자신감으로 기꺼이 수락하였다. 그리고 오랜 기간 동안 열과 성을 다해 만들어 보니 그것이 얼마나 어리석은 생각이었는가를 이제야 비로써 깨닫게 되었으니 부끄러울 뿐이다. 그래서 「새롭고 창조적인 축구지도서」를 완성하겠다는 꿈은 접고 기존의 자료들을 토대로 쓸 수밖에 없었다. 축구선수 및 지도자 생활과 축구해설가로서 활동을 통해 얻은 산 경험을 접목시켜 정리했다.

그러나 이 책의 주 내용은 나의 축구 철학인 「기초에 충실한 지혜로운 축구」에

바탕을 두고 본질적인 접근에 초점을 맞추어 기술한 것이다. 그 중 기본적인 기술과 체력 · 전술, 그리고 이를 개선시킬 수 있는 연습방법에 취중하여 차별화 시켰다. 그 이유는 축구의 본질과 특징을 알고, 접근하는 방법에 따라 연습하는 것이 「월드 축구」로 가는 지름길이기 때문이다.

대표선수든 유소년이든 간에 예외 없이 이 원칙을 지켜야 된다는 것이 글쓴이의 경험을 통해 터득한 진리이고 또한 나의 지론이기도하다. 이것은 「생각하는 축구」「계획적이고 세밀한 축구」「창의적인 축구」로 발전해 나가면 나갈수록 더욱 더 기초에 충실하지 않으면 안 된다는 것을 의미한다. 따라서 이 책을 읽기 전에 글쓴이의 축구 철학과 지도 지침을 이해하고 본론에 들어간다면 여러분들이 완성된 축구를 실현하는 데 큰 도움이 될 것이다.

2009년 7월

글쓴이

차례

머리말 _4

chapter 1_ 축구의 역사적 배경

1. 축구의 역사 _10
2. 축구의 발생과 시대적 배경 _11
3. 근대 축구의 태동과 발달 _17
4. 한국 축구의 발전 _24

chapter 2_ 축구의 특성과 유소년 축구

1. 정확성 _30
2. 젊은 선수 트레이닝의 특별한 양상 _31

chapter 3_ 축구의 기본기술과 연습

1. 축구의 기본기술 _40
2. 트래핑 _77
3. 드리블링 _103
4. 헤딩heading _113
5. 차징과 태클링 _125
6. 슈팅shooting _139
7. 코디네이션 _142
8. 컨디셔닝 _146

chapter 4_ 축구의 전술과 팀웍team work

1. 플레이의 시스템과 전술의 의의 __150
2. 실점의 원인 __159
3. 압박pressure __160
4. 수비의 4가지 요점 __166
5. 스페이스를 만드는 방법 __171
6. 공격할 때의 서포터 __181
7. 볼을 가지거나 가지지 않고 하는 공격 __184
8. 패스의 제문제 __188
9. 체력physical fitness __195
10. 경기를 해 나가는 기초 __203

chapter 5_ 위치별 특성과 연습방법

1. 골키퍼 __217
2. 백 수비선수 __232
3. 센터 백(중앙수비수) __240
4. 미드필드 선수 __246
5. 공격형 미드필더 __252
6. 센터포워드(중앙공격수) __253
7. 윙 __259
8. 수비에 대한 공격 __264
9. 적절한 훈련 __267

chapter 6_ **시스템의 본질과 변천과정**

1. 시스템system이란? __272
2. 시스템의 변천 __274
3. 시스템의 이해 __284
4. 축구에 있어서 시스템의 필요성 __286
5. 어떤 시스템을 선택할 것인가? __287
6. 시스템의 기능향상 __287
7. 현대축구의 전술분석 __289

chapter 7_ **기본전술과 시스템의 연습**

1. 개인전술 플레이 __297
2. 그룹전술 플레이 __321

참고문헌 __358

chapter 1

축구의 역사적 배경

1. 축구의 역사
2. 축구의 발생과 시대적 배경
3. 근대 축구의 태동과 발달
4. 한국 축구의 발전

chapter_1

축구의 역사적 배경

1. 축구의 역사

축구는 인간이 존재하는 어떠한 곳에서도 성행하며 애호되고 있기 때문에 일상생활에서 떼어놓을 수 없는 스포츠의 꽃으로 추앙받고 있다. 영국인들은 그들이 발명하고 개척하여 세계에 보급시킨 것 중 축구만큼 해를 거듭할수록 더욱 빛나고 만인들로부터 사랑받으며 인류평화에 공헌하고 있는 것은 없다고 자부하고 있다. 이러한 축구경기는 인체에서 가장 편리한 손과 팔을 제외하고 우둔한 다리를 주축으로 전신을 사용하는 경기로서 강인한 체력과 개인 기술, 그리고 명석한 두뇌와 정신력이 요구되는 경기이다.

또한 대기를 가르는 호쾌한 슈팅은 복잡 다양한 현대 사회에서 축적된 스트레스를 해소시켜 주는 기폭제로서 가치가 클 뿐만 아니라 차고, 달리며, 부딪치는 신체적 특성을 지니고 있기 때문에 현대인의 기호에 적합할지도 모른다.

축구 경기가 우리나라에 소개된 지 100여 년이 경과하고 있는 현시점에 보면 폭넓은 보급과 꾸준한 발전을 거듭한 끝에 국기로서 위치를 확고히 다지고 있다. 또한 아시아에서 각종 대회를 석권하여 명실상부한 왕자로 군림하면서 국위를 선양하고 있다. 그러나 아직 세계적 수준에 비하면 실력의 차이가 다소 있는 것이 주지의 사실이다. 이와 같은 현실을 고려할 때 과학적이고 합리적인 지도 방법을 고안하여 경기력을 향상시켜야겠지만, 그 이전에 가장 기초적인 작업으로서 축구의 발생과 발달 과정을 재조명하여 보는 것도 매우 의미있는 일이다.

따라서 축구가 어떻게 발생했는지 그리고 축구가 어떻게 놀이에서 경기로 변화되었는지 추적하여 고찰하려고 한다. 나아가 축구 경기의 성격이 변모된 양상과 보급과정 및 발전상을 시대적 배경에 따라 알아봄으로써 축구가 지닌 가치를 드러내고자 하며, 우리나라에 도입 · 보급 · 성장한 과정을 정립하여 축구의 역사를 구체화 하고자 한다.

2. 축구의 발생과 시대적 배경

1) 축구의 발생

축구의 생성 과정을 고찰해 보면 먼저 그리스에서 로마에 걸쳐 적어도 800년 동안 에피스키로스Episkyros나 군사훈련적인 성격을 가진 하르파슴Harpastum이라는 Ball game이 행해졌음을 추측할 수 있다. 그리고 그 연대를 고찰하여 보면 브리튼에 온 로마인이 이러한 게임을 하였으리라는 추측도 가능하며, 로마군이 영국을 침공하여 점령하였던 시대가 길었던 것으로 보아 로마군이 완전히 철수한 후에도 다소나마 로마풍에 물든 영국인들이 하르파슴이란 게임을 흉내 내었을 것으로 생각할 수 있다. 여러 학자들이 진지하게 연구하였으나, 기록이 적고 불완전하여 좀처럼 판정을 내릴 수 없는 로마의 하르파슴보다는 에피스키로스 유파에 속하는 것이었으리란 추정을 할 수밖에 없다.

이와 같이 문헌에 의한 조사는 벽에 부딪쳤지만 고고학적 · 민족학적 견지에서 보면 영국에 그리스도교가 다소 전파된 것은 A.D.650년 이후이며 그 이전까지 그들은 바람의 신, 비의 신, 전쟁의 신, 용맹한 신 따위를 믿고 제사지냈다. 원시적인 종교에서 의례, 풍습은 모두 인류의 무사, 평온, 번영을 기원하고 가축의 증식, 농작물의 풍요를 비는 것과 관련을 갖고 있었다.

또한 그들은 삶을 유지하게 하는 원천이자, 만물의 성장을 돕는 태양을 자기편으로 만들려는 욕망에서 둥근 것은 원반이든 구체이든 간에 태양을 상징하였다. 봄에 씨를 뿌리고 난 후 태양 광선이 자기 밭에 많이 쬐이어서 풍작이 되도록 밭 주위에서 공을 차면서 다녔다고 하는 설이 있다. 마을과 마을 사이에 가축의 머리를 서로 차고 빼앗으면서 자기 밭쪽에 묻는 행위는 비료가 된다는 생각을 가지고 있었으며 약탈을 목적으로 침입해 온 적군의 목을 잘라서 시내를 돌아다니면서 찼다는 무용담은 이러한 것에서 전래되었다고 생각할 수 있다.

영국 축구의 기원에 대해서 좀더 구체적으로 고찰하기 위해서 가장 오래된 기록을 보면, 윌리암 펴츠스티어번William fitzstephen의 저서에서 축구로 추정되는 공놀이 기록이 많이 있다. 내용에서는 풋볼이란 용어를 찾아볼 수 없지만, 볼게임이라는 용어로서 같은 장소에서 수세기 동안 계속하여 행해져 왔음을 기술하고 있는 것으로 보아, 그가 말하는 볼게임은 풋볼을 지칭하는 것으로 추정된다. 또한 윌리엄 앤드류스William Andrews는 풋볼은 로마인에 의해서 영국에 소개된 우리의 가장 오랜 스포츠라고 주장하고 있는데, 윌리암스가 주장하고 있는 이러한 설은 이탈리아 르네상스 시대의 의사 평론가 메리쿠리알리스Mercurialis(1530~1606)의 논문 '고대체육De Arte Gymnastica' 에서 유래된 것으로 보여진다. 메리큐알리는 고대 로마인의 경기인 하르파츰과 1569년경 이탈리아에서 행해진 카르시오calcio는 동일한 것으로 기술하고 있으며, 윌리암스는 카르시오와 영국의 풋볼과 동일하며 하르파츰이 영국에 전하여 온 것으로 생각하였다. 그러나 이들 경기가 차는 것이라는 데 공통점이 발견되지만, 하르파츰은 작은 공을 사용하여 손으로도 사용할 수 있다는 것과 카르시오는 큰 공을 사용했던 사실을 감안할 때 상당한 거리가 있음을 알 수 있다.

하르파츰이란 경기는 고대 로마에서 800여 년이나 행해지던 것으로 밝혀졌기 때문에 이때가 영국을 정복하고 있었던 시대이므로 로마인에 의해서 영국 사람들에게 전파되었을 것이란 추측도 상당한 신빙성이 있는 것으로 보인다. 그러나 하르파츰과 영국 풋볼은 전혀 다른 방법에 의해 행해졌다는 반대 이론도 많다. 이를 뒷받침 해주는 이론은 로마인들에게는 하르파츰 외에도 다수의 볼게임이 있었다는 것인데, 그것 중 하나가 필라 페게니스이며 영어로 번역하면 빌리지 볼Village ball이다. 이것을 또한 풋볼과 결부시켜 볼 수 있으나 필라 페게니스는 날짐승의 깃을 뭉쳐 만든 공을 사용했고 풋볼과 같이 격렬하고 난폭한 측면을 찾아볼 수 없는 소수 인원의 경기였던 것으로 보아 큰 연관성이 없는 것을 알 수 있다. 다른 경기로는 폴리스를 들 수 있는데, 가죽으로 만들어서 공기를 넣은 큰 공이었다는 데서 풋볼과 유사하다 하겠으나 소수 인원으로 행해지는 것에 차이 있어 일치점을 찾을 수 없다.

이상과 같이 여러 가지 학설과 주장의 엇갈림 속에서 축구의 발생과 그 기원을 요약하면, 어느 국가나 민족이든 간에 사람이 지나가다 돌뿌리에 채인 다거나 혹은 땅에 아무렇게나 굴러있는 돌을 차거나, 딱딱한 종류의 과일류나 물건을 차면서 즐겼을 것이 틀림없기 때문에 축구의 기원을 명확하게 기술하기란 지극히 힘들 것으로 볼 수밖에 없다. 그러나 각종 문헌과 사적 자료를 통하여 연구한 학자들이 대체로 동의하고 있는 것이 F.A창립 90주년 기념으로 간행된 『영국 축구 협회의 역사The History of the Foot Ball Association』에 기술된 내용이라 하겠다. 그 내용을 보면, 기원전 6~7백년에 고대그리이스에 에피스키로스Exiskyros라는 간단한 공놀이가 행해지고 있었는데, 이것이 로마인에게 전파되어 파르파즘이란 명칭으로 성행하면서 군사 경기로 800년간 계속되었으며 로마가 영국을 침공하여 보급한데서 비롯된 것이라고 기술하고 있다. 그후 1042년경 덴마크가 영국을 점령하여 폭정과 학대가 너무 심했기 때문에 그들이 철수한 후에 증오심과 울분을 풀기 위해 덴마크 인들의 두개골을 차면서 전승을 축하하며 앙갚음했던 것이 계기가 되어 크게 발전하게 되었다고 한다.

2) 금지령 선포의 배경

영국은 1926년에 스코틀랜드 왕까지도 그 부하로 거느리고 그레이트 브리튼으로까지 발전하였으나 1307년에는 스코틀랜드의 민중들이 공공연히 반란하여 잉글랜드 측 수비대는 곤경에 빠져 정세는 좀처럼 호전되지 않았다. 그리하여 에드워드 2세가 전례 없는 대군을 동원하여 스코틀랜드를 토벌하려고 하였을 때 런던 시장인 Nicholas de Farndone이 국왕의 출정중 런던 시의 안녕 질서를 유지하기 위하여 "비록 공공의 광장에서라도 볼게임을 해서는 안 된다. 금지령을 범하는 자는 국왕의 이름으로 투옥형에 처한다."라고 한 것이 최초의 금지령이다. 이것은 1314년 4월 13일의 일이었으며 런던시장은 실제적으로 게임으로 인해 불상사가 자주 일어나고 있다는 것을 잘 알고 있었기 때문에 솔선해서 금지령을 내린 것이다. 이때의 금지령은 전국적으로 포고한 것이 아니라 런던시내에 국한된 것에 불과했다. 시골의 넓은 벌판에서 하는 게임까지 언급한 것은 아니었다. 다만 이날 이전의 볼게임에 관한 명확한 기록이 남아 있지 않지만 500년 이상에 걸쳐서 시골은 물론 런던은 영국 국내 각지에서 많은 사람이 모여서 하였던 풋볼의 실태가 어떤 것이었는가를 이 금지령을 통해서 어느 정도로 추측할 수 있을 것이다. 에드워드 3세가 내린 최초의 금지령은 1331년에 선포되었으며 이것도 대중에게 피해를 줌으로 엄중히 단속하라고 말하고 있다.

1337년부터 프랑스와 100년 전쟁에 돌입하게 되자 두 번째 금지령이 내려졌는데 여기서 에드워드 3세는 "시민 중에서 건전한 남자는 여가가 있으면 활쏘기 같은 전쟁에 도움이 되는 게임을 열심히 하도록 하고, 풋볼과 같은 게임을 하지 못하게 하라"라고 말하고 있다. 풋볼이 법률에 의해서 금지된 이유로 다음 두 가지가 지적되고 있다. 하나는 런던 시내의 도로나 빈터에서 풋볼을 함으로써 시민의 정신을 어지럽힌다는 것과 다른 하나는 궁술의 연습에 방해가 된다고 여겼다는 것이다.

1496년에 헨리 7세도 금지령을 법률로 발표하였으나 종전의 것과는 다른 점이 있었다. 특히 숙련공, 노동자 등에 대해서 금지령이 적용되었으나, 크리스마스에는 이들도 경기할 수 있도록 완화해 주었다. 런던 이외의 지방에서는 풋볼경기에 대한 국왕의 금지령이 주민들에게 강제성을 가지고 적극적으로 적용되지 못했다. 그러므로 1410년 헨리 4세는 풋볼과 같이 좋지 못한 행위를 하는 것에 대관하는 곳과 시장에 20실링의 벌금을 부과하도록 결정했고, 15세기 후반이 되어서는 런던 교외의 지방에서도 풋볼 경기를 금지하는 명령이 내려지는 곳이 많아졌다.

이상과 같이 풋볼을 금지하는 법령이 내려졌으나 풋볼의 인기가 저하되었다는 징후는 나타나지 않았으며 계속적으로 금지령이 공포되었다는 것은 그 인기가 어떠했는가를 증명해 주는 것으로 볼 수 있다. 이와 같이 영국인들을 14세기에서부터 15세기에 걸쳐 오늘날의 국기적인 성격을 띤 축구에 대한 기호와 흥미를 굳혀왔던 것 같다.

16세기에 이르러서도 풋볼은 불법행위로 취급받았으며 헨리8세는 1509년부터 1547년까지의 재위 기간 중에 풋볼 금지령을 공포하였다. 지방에서도 15세기에 이어 계속해서 금지령을 내리고 있었으며 런던 시에서는 1572년, 1581년, 1625년에 금지령을 공포하였지만, 별 효과가 없었던 것 같다. 한편 상류 사회에서도 풋볼이 유행하는 기묘한 현상이 일어났다. 이것은 이탈리아의 영향으로 풀이될 수 있다. 엘리자베스의 여왕 시대(1558~1603년)는 영국의 산업, 문화면에서 큰 발전을 가져온 시대로서, 문화의 중심지인 이탈리아와의 교류가 성행하였으며 이탈리아의 르네상스 영향을 크게 받은 시대였다. 당시 이탈리아의 상류계급 사람들은 그들의 시종사들에게 칼시오Calcio라고 불리는 공놀이를 시키며 감상하는 풍속이 있었던 것으로 미루어 보아 영국인 여행자들은 이러한 공놀이 풍속을 보고 배웠을 것으로 추측된다. 리처드 렐쎄스는 1670년에 이탈리아의 여행이라는 글을 써서 이탈리아의 공놀이 풍속을 호의적으로 반영시켜 영국 상류계급 사람들에게도 그들 스스로 경기에 참가하는 기운을 촉발시켰고 일반 시민들의 풋볼 경기도 이에 호응하여 성행하였다. 16세기가 되어서는 종래와 같이 시민들의 정신을 혼란하게 한다거나 군사 훈련을 방해한다는 이유가 아니라 종교적인 측면에서 반대운동이 일어나고 있었는데, 그것은 '청교도 공격Puritan attack' 이라고 불리웠으며 일요일에 성행하는 풋볼에 대해 크게 비난하였다고 한다. 왜냐하면 청교도들에게 일요일은 신이 정해준 안식일이며 이날은 예배를 하고 모든 쾌락으로부터 육신을 지키는 날이라고 믿고 있었으므로 일요일에 행해지는 스포츠는 용인되지 않았던 것이다.

그러나 도제, 종복, 공인들에게 일요일은 주 1회의 휴일이고 이외에는 풋볼을 즐길 수 없기 때문에 적극적으로 금지령에 대해 반대 입장을 표명했다. 헨리 8세

시대의 풋볼 금지령이 효력을 갖고 있었던 시대이므로 청교도에 의해 고발되어 유죄판결을 받은 기록도 있다. 그러나 1618년 제임스1세가 유명한 스포츠 선언declaration of sports을 발표하고 일요일에 하는 스포츠는 나쁜 것이 아니라는 의지적인 뜻을 표명함으로써 청교도 공격은 표면적으로 자취를 감추게 되고 따라서 축구에 대한 인식이 새로운 전기를 맞게 되었다.

제임스 1세에 이어 풋볼을 포함한 스포츠가 인간성의 발전과 건강 문제에도 유익한 것이라고 적극적으로 스포츠의 가치를 높이 평가한 사람들이 나타나기 시작했는데, 그 대표적인 인물이 리처드 말카스타Richard Mulcaster이다. 그는 풋볼의 교육적 가치를 설득시키며 장려했고, 존 윌킨스John Wilkins와 존 록크John Locke도 경기의 효율적인 가치에 대해서 역설하였다. 그들의 견해를 요약하면 다음과 같다.

① 존 H. 윌킨스는 스포츠경기야말로 힘과 기능이 필요로 하는 레크리에이션이라고 설명하고 존 락은 소년을 즐겁게 하는 모든 경기는 소년들의 발육에 대해서 유익한 영향을 준다고 주장했다.

② 토마스 코간은 1584년에 풋볼과 같은 격렬한 게임은 정도를 가감해서 적당히 하면 매우 유익하다 했다.

③ 1603년 조지 오웬은 육체적인 건강이라 보다는 기동력을 기르고, 용맹한 기상을 기르는 데 좋다고 말하고 있다.

④ 데이비드 위덜번은 1633년에 라틴어와 영어 대역으로 「Voca bula」라는 교과서를 만들었는데 그 속에 풋볼과 관계된 부분을 마련했다.

⑤ 헨리 크로우는 1656년에 위험한 점도 있지만 사나이답게 몸을 강력하게 만들고 마음에 용기를 준다고 풋볼을 극찬하였다.

⑥ 리처드 멀카스터는 적당히 하면 교육적 가치가 있는 것이므로 지도원을 두고 심판원도 붙여서 관리하면 좋다고 하였다. 그는 플레이어 수도 더 줄이는 편이 지도하기 쉽다고 정서적인 지지를 하면서, 시류에 많이 앞선 생각을 내놓았던 것으로 보여 진다.

3. 근대 축구의 태동과 발달

1) 협회 결성과 규칙

18세기가 되자 영국은 대영제국으로 전환하여 발전하여 나갔으며 이와 함께 축구도 차츰 해외 진출이 시작되었다. 영국은 여러 가지 이유로 인하여 국가의 입장에서 지도적인 인물이 매우 필요하게 되었으며 공립학교에서는 상류 가정의 자녀 교육을 중요시하게 되었다. 1815년 워털루에서 나폴레옹을 패퇴시킨 웰링턴 장군이 "워털루 싸움에서 승리로 이끌어 준 것은 다름 아닌 이튼의 교정이었다"고 하여 영국 사람들은 축구의 가치를 다시 생각하게 된 것이다.

그러나 공립학교 역시 운동장의 경기장 형태도 달랐고 여러 가지 조건이 같지 않았다. 따라서 축구 경기의 방법도 일정하지 않음은 당연했고 각 학교마다 자기들이 좋다고 생각하는 방법을 전통적으로 만들어서 축구를 하기에 이르렀다. 1880년대까지는 공을 차면서 달리는 것까지도 허락하지 않았고 풋볼이라는 이름 그대로 경기를 하고 있었다. 그리고 그들은 자기들끼리 정하고 약속한 것을 스스로 충실히 준수하며, 제3자의 심판이나 벌을 받는다는 관념 없이 경기를 진행했다. 이렇듯 당시의 영국 사람들은 자조Self-help한다는 높은 의욕과 정신을 바탕으로 경기를 하였다. 각 상류 명문 학교 출신들이 케임브리지대학이나 옥스포드대학으로 입학하게 되자 모교의 경기 규칙이 서로 상반된 점이 노출되기 시작하여 문제가 생기게 되자, 상대를 가리지 않고 언제나 즐길 수 없는 불편과 고민을 경험하지 않을 수 없게 되었다. 이렇게 하여 결국 먼저 케임브리지대학에서 교내에 공통되는 경기 규칙이 탄생되었으나 경기 진행에 어려움이 많아서 1848년 규칙 개정을 비롯해서 여러 차례 개정을 거듭했다.

1856년에 오랜 연구와 고심 끝에 11조로된 케임브리지, 룰Cambrige, rule을 완성시켰다. 한편 1850년경부터 지방 몇 개 마을에서 축구 클럽club이 탄생되어 경기를 즐기고 있었지만 이들 역시 여타 마을 클럽과 어울려서 경기를 할 수가 없었다. 그들은 결국 대학과 마찬가지로 런던 부근의 11세 클럽시민들이 모여서 '언제, 어디서나, 누구와도' 같이 경기를 할 수 있는 축구를 위해 축구 협회F. A를 만들기로 결의하고 1863년 10월 26일 제1차협의를 가짐으로써 현대 축구가 탄생한 역사적인 날이 된 것이다. 제2차 협의는 1863년 11월 10일 개최되었으며 새로운 경기 규칙의 초안을 작성하기 위해 구비해야 할 조항 등을 열거하는 작업이 시작되었고 11월 17일에 열린 제3차 협회 회의에서는 경기 규칙의 초안the drafting of the laws을 두고 토의가 행해졌다. 한편으로는 업핑함 스쿨의 교장은 협회와 결성을 환영하는 친서를 보내 격려했다. 이어 제4회 회의는 1863 년 11월 24일에 개최되어 경기 규칙 초안이 인쇄되었는데, 이때 블렉히이드팀의 캄벨F. W. Campbell of Blackheath은 이 초안 가운데 hacking(해킹)을 금지하는 조항이 포함된 것에 대하여 이의를 제기하고 나섰다. 또한 12월 1일에 열린 제5회 회의에서도 해킹과 볼을 갖고 달리는 것에 대하여 중점적으로 토의가 전개되었다. 제6회 회의는 1863년 12월 8일에 개최되었으며 이 때 협회에 의해서 공인된 규약과 경기 규칙the Rules and Laws of the Game을 인쇄하여 발행할 것을 결의했다. 그리하여 협회Association가 인정하는 경기 규칙에 의한 축구foot ball가 생겨나게 됨으로써 어소시에이션 풋볼이 탄생하게 된 것이다.

그러나 블렉히이드그룹Blackheath Group의 켐벨은 해킹hac king행위를 금지시키는 풋볼은 여성적인 것이라고 비난하고, 그러한 풋볼은 할 의도가 없다고 선언하고 협회로부터 탈퇴하였다. 1871년에는 블랙헬스가 중심이 되어 럭비 협회Rugby Union를 결성하기에 이르렀다. 이로 인해 풋볼과 럭비가 분리되어 독자적인 노선을 추구한 것으로 추측된다. 축구협회라는 공식적인 통일 기구를 발족시킴과 동시에 축구 동호인들에게 그들의 통일된 경기규칙을 주지시키는데 주력하였으며, 이러한 노력의 결과로서의 F.AFoot Ball Association경기 규칙에 의한 게임이 훨씬 재미있고 어느 지방 어느 클럽간이든 경기를 할 수 있다는데 일치가 되어 1871년 전 영국선수권대회를 제도화하였다. 다음은 당시의 대회요강이다.

① 협회에 가입하고 있는 팀이면 모두 참여할 수 있다.

② 2개 팀씩 추첨에 의해 대전을 하며 먼저 뽑힌 팀의 그라운드에서 경기를 한다.

③ 협회가 지정한 날짜에 경기를 한다.

④ 1회 경기로 하여 승자만이 다음 경기 권리를 가지며 다시 추첨에 의해 다음 대전 팀을 결정한다.

⑤ 적절한 일자를 주고 일제히 경기를 한다.

⑥ 최종승자Team를 영국의 선수권자로 인정하는 동시에 협회에서 준비한 순은제컵F. A Cup을 수여하고 영예를 표창하며 1년 동안 F. A Cup을 갖게 한다. 이 제도로 시행한 것이 공식적인 대회가 되었으며 첫 대회에 출전한 팀이 15개였고, 1920년 대회에는 674개 팀이 참가하여 대성황을 이루었다. 이 대회는 지금까지 90여년의 오랜 전통과 역사를 자랑하는 세계 제일의 유일무일한 대회가 되고 있다.

F.A가 창립될 무렵에는 사회적 경제적으로 윤택한 사람들만이 일상생활의 여가 선용으로 축구를 즐겼으나, 일하지 않으면 생계유지가 어려운 사람까지 축구를 하게 되자 승패의 결과를 대단히 중요시하는 이른바 부자들의 스포츠라고 할 수 없는 사태가 나타나기 시작하였다. 마침내 1885년 프로페셔널의 입장을 공인하는 대신 적절한 통제를 가하면서 아마추어를 보호하는 조치를 취하기에 이르렀다. 따라서 1888년 3월에 버밍검의 아스튼비라 클럽의 마이크, 그레고는 명지의 유력한 클럽을 가지고 연합체를 만들어 상호간의 경기를 매년 가을부터 이듬해 봄까지 경기를 갖자는 안을 제시하여 12개 클럽의 결성을 받았으며, 이것이 풋볼리그Foot Ball League로서 F. A 컵과 함께 영국 풋볼의 양대 조류를 이루게 된 것이다. 이로 인하여 축구의 기술이 눈부시게 발전되어 경기는 더욱 흥미로워졌으며 입장수입도 엄청나게 늘어남으로써, 시설 면에서도 투자가 병행되어 국가적인 견지에서 많은 공헌을 계속하게 되어 따라서 축구의 신망은 더욱 높아졌다.

2) 영국축구의 해외 보급과 발달

영국의 빅토리아 여왕 시대는 세계적으로 그 힘을 과시하며 7 대양을 지배하던 영국 군함이나 상선, 외국에 초청된 교사나 목사, 외교관들을 통해 전 세계적으로 축구가 보급되었으며 이 시기를 해외 발전기라 볼 수 있다. 아시아 각국의 축구 전래나 역사를 더듬어 보면, 이것은 영국 세력의 아시아 진출과 일치하며 동쪽보다 서쪽이 먼저이고 동쪽으로 갈수록 늦다. 영국 풋볼팀의 첫 해외 파견은 1875년에 옥스퍼드 대학생들의 보헤미아 원정이었고 프로팀의 최초 해외 원정은 1894년에 산더란드팀의 남북 아메리카 원정을 들 수 있다. 그밖에 1894년 아프리카에 크린시안 팀이 원정에 나섰으며 FA대표 팀으로서 해외 원정은 1899년 독일에 간 것을 필두로 1900년에 우루과이 1901년 헝가리 원정으로 이어져 빈번한 국제 경기가 이루어졌음을 알 수 있다.

〈표 1-1〉 초기 영국 풋볼 리그의 성장현황

년 도	구 성 클 럽 수			
*1888	12			
1891	14			
	1부	2부		
1892	16	12		
1893	16	15		
1894	16	16		
1898	18	18		
1905	20	20		
1915	1 차 대	전		
1919	22	22		
	1부	2부	3부	
1920	22	22	22	
	1부	2부	3부(남)	3부(북)
1921	22	22	22	20
1923	22	22	22	22
1931	22	22	22	21
1932	22	22	22	22
1939	2차	대전		
1946	22	22	22	22
1950	22	22	24	24
	1부	2부	3부	4부
1958	22	22	24	24

3) 국제축구연맹FeDeration International de Football Association의 결성

영국 본토에 인접한 국가에서는 일찍부터 축구 경기를 하고 있었으며, 축구가 점차 번성해짐에 따라 국가간에 시합을 하려는 논의가 자주 생겨나게 되었다. 그렇게 되자 선수들의 국적 등으로 예상치 못했던 문제가 야기되고 이를 FA만으로 해결이 어렵게 되어 국제적인 FA의 연합체 조직이 불가피하였다. 그러나 축구의 종주국인 영국은 냉담한 반응을 나타내었다. 즉 영국이 축구의 총본산이므로 문제가 있으면 영국으로 조회하면 되지 굳이 국제적인 통합 기관을 두어서 뭘하겠느냐며 연합체 조직의 불필요성을 강조하였다. 특히 1904년에 "각국은 영국에 대표를 파견하여 회의를 할 용의가 있는가" 란 전문을 보내기에 이르렀고, 여기서 분개한 프랑스의 제창으로 벨기에, 네덜란드, 덴마크, 스웨덴, 스위스 등 7개국이 1904년 5월 21일 파리에서 회의를 열고 3일간의 토의 끝에 마침내 축구 경기에 관한 국제적인 문제를 통할하는 국제축구연맹Federation Internationale de Football Association을 결성하였다.

이러한 일련의 움직임에 대하여 영국은 냉소적이었다. 그러나 FIFA로서는 축구의 본가인 영국을 완전히 제외할 수 없었다. FIFA 구성에 있어서 영국 4개 FA기관이 한 국가의 협회와 동등한 투표권을 갖게 되면서 전 세계에 축구 발전에 큰 공헌을 하였다. 1906년 처음 단계에 FIFA에 가입한 국가 수가 135개국이나 되는 경이적인 기록을 남기기도 했다.

4) 올림픽의 참가

IOC가 축구를 올림픽 대회의 정식 종목으로 인정한 것은 제3회 센트루이스 올림픽대회때 부터였으며, 캐나다가 금메달을 받았고 제4회 런던올림픽대회에서부터 영국의 FA가 이를 관리하여 토너먼트 경기방식으로 진행하게 되었다. 그 후 1932 년 제10회 L.A 올림픽 때는 휴식시간과 페인트의 문제를 가지고 IOC와 FIFA 간에 의견이 대립되었으며 축구에 약한 미국에서 거행되는 등의 원인으로 인하여 축구 경기가 없는 올림픽이 되었다. 축구는 10회 올림픽을 제외하고는 매번 행하여 왔으며 오늘날에는 올림픽 종목의 주요한 경기로 위치를 차지하고 있다.

〈표 1-2〉 올림픽에서의 축구우승국

횟수	연 도	개 최 도 시	우 승 팀	성 적	준 우 승 팀
4	1908	런 던	영 국	2 - 0	덴 마 크
5	1912	스 톡 홀 름	영 국	4 - 2	덴 마 크
7	1920	앤 프 워 프	벨 기 에	2 - 0	체 코
8	1924	파 리	우 루 과 이	3 - 0	스 위 스
9	1928	암스테르담	우 루 과 이	2 - 1	아르헨티나
11	1936	베 를 린	이 탈 리 아	2 - 1	오스트리아
14	1948	런 던	스 웨 덴	3 - 1	유 고
15	1952	헬 싱 키	헝 가 리	2 - 0	유 고
16	1956	멜 버 른	소 련	1 - 0	유 고
17	1960	로 마	유 고	3 - 1	덴 마 크
18	1964	도 쿄	헝 가 리	2 - 1	체 코
19	1968	멕시코시티	헝 가 리	4 - 1	불 가 리 아
20	1972	뮌 헨	폴 란 드	2 - 1	헝 가 리
21	1976	몬 트 리 올	동 독		폴 란 드
22	1980	모 스 크 바	체 코		동 독
23	1984	로스엔젤레스	프 랑 스		브 라 질
24	1988	서 울	소 련		브 라 질
25	1992	바르셀로나	스 페 인		폴 란 드
26	1996	애 틀 란 타	나이지리아		아르헨티나
27	2000	시 드 니	카 메 룬	2-2(5-3)	스 페 인
28	2004	아 테 네	아르헨티나	1-0	파 라 과 이
29	2008	베 이 징	아르헨티나	1-0	나이지리아

5) 세계 선수권 대회World Cup

세계 각국에 보급된 축구는 전 세계인들로 부터 매력과 흥미를 유발하여 유럽, 아시아, 남미, 아프리카에 이르기까지 축구가 그 나라의 국가적 스포츠로 군림하며 최대의 인기를 갖고 있으며 열광적인 애호를 받고 있는 실정이다. 특히 종합대회인 올림픽과 라이벌대회로 성장한 세계축구 선수권대회는 아마추어선수는 물론 직업선수들까지 참가할 수 있고 올림픽대회 중간 기간에 4년마다 열리고 있는데 그 규모나 인기는 세계최대이다. 월드컵의 우승팀은 다음 〈표 2〉와 같다.

축구가 세계적으로 발전해 나가는 과정을 연대별로 요약하면

1. 기원전부터 F.A 창설까지는 발생과 놀이단계에서 경기형태로 변모
2. 1863년 F.A 창립, 통일 규칙 제도
3. 1870년 F.A Cup 대회 개최
4. 1873년 1880년 4개의 F.A 탄생
5. 1883년 4개 협회가 모여 국제 평의회 설립
6. 1885년 프로페셔널 인정과 동시에 아마추어 보호
7. 1888년 풋볼리그 발족

〈표 1-3〉 세계축구선수권대회 우승국

횟수	연 도	우 승 팀	성 적	준 우 승 팀
1	1930	우 루 과 이	5 – 4	아르헨티나
2	1934	이 탈 리 아	2 – 1	체 코
3	1938	이 탈 리 아	7 – 3	헝 가 리
4	1950	우 루 과 이	2 – 1	브 라 질
5	1954	독 일	3 – 2	헝 가 리
6	1958	브 라 질	5 – 2	스 웨 덴
7	1962	브 라 질	3 – 1	체 코
8	1966	영 국	4 – 2	서 독
9	1970	브 라 질	4 – 1	이 탈 리 아
10	1974	서 독	2 – 1	네 덜 란 드
11	1978	아르헨티나	1 – 0	네 덜 란 드
12	1982	이 탈 리 아	3 – 1	서 독
13	1986	아르헨티나	3 – 2	서 독
14	1990	서 독	1 – 0	아르헨티나
15	1994	브 라 질	0 – 0	이 탈 리 아
16	1998	프 랑 스	3 – 0	브 라 질
17	2002	브 라 질	2 – 0	독 일
18	2006	이 탈 리 아	1–1(5–3)	프 랑 스

이렇게 함으로써 해외 발전에 기틀을 다졌으며 20세기 후의 발전을 요약하면

8. 해외에 대한 협력
9. 아마추어 보호 문제 대두
10. 일차 세계대전과 부흥
11. 세계 선수권 대회와 클린스포츠
12. 남미형, 동구형, 대륙별 연맹 결성

이상과 같이 마을과 마을 사이의 일정한 규칙도 없이 난폭하고 무질서하게 이루어지던 것이 스포츠맨십을 발휘할 수 있는 세계적인 축구로 발전한 것은 영국의 퍼블릭 스쿨에서 이 경기를 하고 부터라고 볼 수 있다. 그 이유는, 이 학교가 상류계급의 자제들이 입학할 수 있는 명문 중학교로써 퍼블릭 스쿨을 수료하면 유명한 옥스퍼드 대학이나 케임브리지 대학, 산다스드육군사관학교, 다도마스해군병학교에 진학할 수 있고 장래 영국의 중추적인 지도자가 될 것을 약속한 자만이 다닐 수 있는 학교이기 때문이다. 따라서 퍼블릭 스쿨의 교육 목표도 신사도, 즉 자신의 개인적인 이익이나 육체의 고통을 희생하고 자신이 소속된 조국과 민족 전체에 봉사할 수 있도록 하는 것이었다. 이러한 정신을 배우는 것은 스포츠를 통해 스포츠맨십을 기르는 것으로 이어지게 되었다. 바로 축구라는 것을 적극적으로 장려한 이유라고도 할 수 있다.

4. 한국 축구의 발전

1) 한국 축구의 전래

한국 축구의 발생을 문헌을 통해 고찰해 보면 삼국 시대에 이미 축구와 비슷한 경기가 있었는데 그것은 기원전부터 중국에서 행해 오던 축국이며, 여기에 대한 사료는 삼국사기와 삼국유사가 있다. 삼국사기 문무왕조 머리기사에 유신이 태종왕과 축구를 하다가 태종의 옷고름을 밟아 떨어뜨렸다고 기술하고 있다. 삼국유

사 태종 춘추전에도 역시 유신과 춘추공이 축구을 하다 유신이 춘추 공의 옷고름을 밟아 떼어 놓았다고 밝히고 있는 것으로 보아 그때 당시 조정 고관들을 비롯해서 귀족계급들 사이에 성행했던 놀이로 보는 것이 타당할 것이다. 이것이 삼국 시대로 들어가면서 화랑도를 비롯한 무사의 심신 단련 및 무술의 훈련법으로 활용되었음을 알 수 있다. 또한 고려사에서는 왕이 관전했다는 기록이 있으며, 조선시대 정조 14년(1790년) 4월 한 교의 편술로 된 무예 도보 통지에 축구가 해설되었음을 찾을 수 있다. 이것이 조선시대를 통해서 유희 또는 무예를 단련하는 수단으로 성행한 것으로 추측된다. 따라서 우리나라도 이미 오래 전부터 발로 차는 놀이 형태의 축구가 있었다고 보는 것이 타당할 것 같다. 그러나 영국식 축구가 도입된 것은 지금으로부터 120여 년 전으로 거슬러 올라가 1882년 6월과 7월에 영국의 군함이 차례로 인천항에 입항하여 수병들이 인천에서 축구를 관내부 참리들과 어전 통역관 등에 선보였던 것으로 추측되며, 이것이 축구의 국내 최초 도입이라 볼 수 있다. 이러한 과정을 거쳐 우리나라 근대적 축구팀의 시초라 할 수 있는 대한 축구 구락부가 1896년에 창설되었다. 1899년 5월에는 동소문 밖의 삼선평(지금 삼선교 부근)에서 황성 기독교 청년회와 오성학교가 영국 교수의 지도 아래 첫 경기를 가졌고 1906년 5월 4일 동소문 밖의 봉국사에서 법어학교 운동회를 개최하였는데 이때 축구 경기를 정식 종목으로 선택하여 실시함으로써 학교에 축구 보급이 가속화되기 시작한 것이다.

6월 9일 황성 기독교 청년회와 대한 체육 구락부 간에 첫 경기를 필두로 수차례 경기를 가졌는데, 그 결과 주로 대한 체육 구락부 팀이 이겼다. 이것이 우리나라 최초의 대항경기라 생각된다. 그 이후부터 수많은 축구 경기가 거행되어 왔음을 여러 가지 문헌을 통해서 쉽게 알 수 있다. 그때 당시 축구는 엄격한 규칙 밑에 행하여 진 것이 아니고 상투에 망건을 쓰고 한복을 입고 인원수의 제한도 없이 양팀이 동수만되면 경기를 진행했기 때문에 조잡하고 우스꽝스러운 게임이었으며, 골포스트도 없이 골키퍼의 키를 기준으로 골문을 정하고 시간제한 없이 어느 한 팀이 백기를 들 때까지 계속 진행되었다고 한다.

2) 한국축구협회의 발생과 발전

한국 축구의 중진 20여 명이 모여 조선 축구 협회를 발족하여 한국 축구의 통합과 발전에 새로운 전기를 구축하고 인재 육성과 민족 단결에 공헌했다. 특히 경성과 평양간의 정기전을 실시하는 한편 해외 원정과 해외 팀 초청 경기에도 관심을 가지고 추진해 나갔다.

1934년 5월 조선 축구팀의 일본 원정 경기에서 경응대와 농업대학을 이겼고 중국천진에 원정하여 전중화, 천진의 소련팀, 북평의 보인대, 천진의 영국팀과 경기에 4전 3승 1무의 우수한 성적을 올렸다. 1935년 6월 제1회 전일본종합축구대회 겸 베를린 올림픽예선전 출전한 경성팀은 일본 강호를 모두 격파하고 우승하여 올림픽 출전권을 따내었으나 일제의 간섭으로 김용식 씨만이 일본선수회권단에 귀속되어 출전했다. 각종 대회에서 한국인 특유의 체력과 기술, 그리고 정신력을 바탕으로 우승을 차지하여 일제하에서의 받았던 설움과 울분을 달랬으며 1942년 7월 전 일본 축구 대표 선수 31명 가운데 한국 선수가 11명이나 포함되어 한국인의 기량이 그만큼 우수함을 과시하기도 했다.

1947년 6월에 세계 축구 연맹FIFA에 정식으로 가입함으로써 한국 축구는 새로운 전환점을 마련하였고, 이때부터 정식 국제 경기나 올림픽 대회에 참가할 자격을 부여받을 수 있었다. 1948년 7월 29일 제14회 런던 올림픽 대회에 한국 축구 사상 처음으로 출전하여 1회전에 멕시코를 5대 3으로 이기면서 파란을 일으켰으나 2회전에는 스웨덴에 12대 0이라는 기록적인 점수차로 참패당하기도 했다.

또한 19회 동경 올림픽 대회에서 아랍 공화국과 경기를 가져 10대 0으로 대패하고 한동안 침체의 늪에서 허덕여야 했다. 그러나 1970년대에부터 한국 축구의 중흥이란 슬로건 하에 국가대표팀 청룡을 창설함과 동시에 대표 2진인 백호팀을 두어 조직적이고 강도 높은 훈련을 쌓아왔다. 또한 세계 정상급의 외국팀을 초청하여 기술과 경기 경험을 연마하여 제14회 킹스컵 대회 우승, 제3회 아시아 축구 선수권 대회 우승으로 한국 축구가 전성기로 접어들게 됨을 알 수 있다.

이와 같이 전적으로 승승장구하자 한국 축구 발전에 기폭제가 될 박대통령컵대회가 1971년 5월에 창설되어 한국 축구 발전에 굳건한 발판이 되었다. 그러나 1972년 제20회 뮌헨올림픽대회 출전을 위한 예선전에서 의외로 말레이시아에 1 : 0으로 패하여 국민들에게 실망을 안겨 주었고 1973년 제10회 세계 축구 선수권 대회 최종 예선에서 호주에 1무 1패의 전적으로 본선진출권을 놓치는 불운을 겪었다. 이와 같이 아시아의 무수한 대회를 휩쓸면서도 세계 본선 대회 출전의 꿈을 계속 실현시키지 못하다가 1983년 6월 한국 축구 사상 처음으로 세계 청소년 축구 대회에서 홈팀 멕시코를 비롯해서 세계 강호를 물리치고 4강에 입상하여 한국 축구의 저력을 과시했으며 세계대회에서 우승의 영광을 차지할 수 있는 가능성을 보여 주었다.

3) 축구사 요약

지금까지 축구의 발생과 보급 및 발전 과정을 각종 문헌을 통하여 고찰해 보았으나 기원전부터 자연발생적으로 시작된 축구의 생성 과정을 명확히 규명하는 것은, 미비한 사적 자료로는 대단히 위험스런 일이다. 그러나 기원전 4~5세기경으로 추정되는 이집트 벽화와 4세기경 그리스, 아테네묘에서 발견된 다리로 공을 다루는 유희 그림 등을 감안할 때 축구의 발생은 기원전 6~7세기경 고대 그리스에서 에피스키로스라는 간단한 형식의 공을 차는 놀이로부터 유래되었다고 소급하여 추찰하는 것이 타당할 것이다. 이것이 로마시대에 와서 할파스츰이란 경기로 800여 년 동안 행해졌음을 문헌을 통해 알 수 있으며, 이 기간 중에 로마가 영국을 침공했던 시기와 일치되는 것으로 보아 근대 축구로서 운동은 이때부터 시작된 것으로 보아야 할 것이다. 그 이후 1300년경 초기의 영국 축구는 일정한 인원과 규칙도 없이 마을과 마을 사이 3~8km의 먼 거리에 골Goal을 두고 온 마을 사람들이 뒤엉켜서 손으로 잡고, 차고 뛰는 무질서하고 난폭한 경기였으며, 따라서 많은 사상자가 발생하였다. 이로 인해 수차례의 금지령을 선포했으나 상대적으로 더욱 과열되는 역현상이 나타나 영국 상층부 사람들은 국민이 애호하는 축구에 대하여 금지 일변도의 제재여서는 안 된다는 생각을 가지게 됨에 따라 축구에 대한 새로운 가치판단의 변화가 일어나게 된 것이다.

1863년 10월 26일, 풋볼 어소시에이션F.A이 발족되어 어떠한 경기도 협회가 정한 규칙에 준하도록 선정함으로써 진정한 현대 축구로 면모를 갖추기 시작했다. 이에 따라 7대양을 지배하던 빅토리아 여왕 시대에는 피정복자의 억압된 감정을 축구를 통해 발산케 하여 반란과 폭동을 회피하는 수단으로 사용함으로서 또 다른 성격으로의 변화가 일어나기 시작했다. 이와 같은 보급 과정을 통하여 세계적인 스포츠를 향한 새로운 전기를 맞게 되었으며, 국제 교류가 빈번해 짐에 따라 여기에서 파생되는 문제점을 해결할 국제 기준의 필요성 또한 증대되어 국제 축구 연맹FIFA이 탄생하였다. 이어 올림픽대회 출전과 더불어 더욱 발전하여, 어느 민족 어떤 국가에서든지 축구는 많은 사람들이 즐기며 애호하는 스포츠의 꽃으로 성장하기에 이르렀다.

우리나라도 삼국 시대에 중국으로부터 전래된 축구와 유사한 '축국'이 귀족 사회에서 성행하고 있었음을 삼국사기에 기록되어 있다. 그러나 경기로서 축구, 즉 영국 축구의 전입은 1882년 6월과 7일에 영국군함 프라이잉피이스호와 엥가운드호가 차례로 인천항에 입항하였던 기록이 있는 것으로 보아 영국수병에 의해 도입된 것임을 추측할 수 있다. 그 후 축구는 강인하고 끈질긴 우리 국민성에 가장 적합한 스포츠로 추앙받았다. 특히 일제 치하 때는 한민족의 결속을 다지며 항일 투쟁의 정신력을 함양하는 주요한 역할도 담당해 왔다.

우리 민족 특유의 강인한 체력과 불굴의 투지, 그리고 볼에 대한 뛰어난 감각을 토대로 실력을 유감없이 발휘하여 우리 민족의 우수성을 과시하였다. 해방과 더불어 급성장한 축구 경기는 국기로서 그 위치를 굳혀 왔으며 대표팀 역시 아시아 각종 대회에 출전하여 수차례 우승을 차지함으로써 아시아의 왕자로 군림하기에 이르렀다. 1983년 6월 멕시코 세계 청소년 축구 대회에서 홈팀 멕시코를 비롯하여 세계 강호를 격파하고 한국 축구 사상 처음으로 세계 4강에 진입하여 한국 축구사의 새로운 장을 열어 주었고 머지않은 장래에 세계를 석권할 수 있는 가능성을 보여주고 있다.

2002 한일 월드컵에서는 홈그라운드의 이점을 최대한 살려, 꿈에도 그리던 16강을 훨씬 뛰어넘어 세계 4강이라는 쾌거를 기록하여 세계정상이 그리 멀지 않다는 것을 입증해 주었다.

chapter 2

축구의 특성과 유소년 축구

1. 정확성
2. 젊은 선수 트레이닝의 특별한 양상

chapter_2

축구의 특성과 유소년 축구

1. 정확성

축구 경기는 한 개의 볼을 중심으로 하여 22명의 선수들이 상대편의 「골」에 볼을 넣고 막고 하면서 득점수를 따지는 것이다. 따라서 만약에 22명이 90분 시합을 하는 경우, 선수 한 명이 볼에 접촉하는 평균 시간은 4분을 약간 넘을 뿐이다. 좀 더 엄밀히 생각해 보면, 시합 중에는 골킥이라든가, 드로인 등이 있어서 시간이 상당히 낭비되며, 또 볼이 공중에 있을 때는 아무도 볼에 접촉하지 못하게 된다. 따라서 볼에 접촉하는 시간은 더 줄어들게 된다. 따라서 선수 한 명이 볼에 접촉하는 평균시간은 4분에 미달한다. 이 4분에 불과한 시간에 선수 각자는 자기가 습득하고 있는 모든 기술을 최고도로 발휘해야 한다. 그러기 위해서는 역시 올바른 기술을 적용해야만 한다.

축구의 기술에는 정확성, 강도, 스피드의 3가지 요소가 있다. 이 세 가지 요소는 모두 중요하지만, 첫 단계에서는 무엇보다도 「정확성」이 가장 중요하다. 정확성이라 함은 볼을 정확히 다루는 기술을 말한다. 그리고 볼을 정확히 다루기 위해서는 축구의 기본기술을 충분히 익혀야 한다.

1) 한쪽 발의 스포츠

축구에서는 한 쪽 발로 볼을 차거나 잡거나 해야 한다. 따라서 땅에서는 별 수 없이 한 쪽 발로 서 있어야 한다. 축구는 한쪽 발의 스포츠라고 말할 수 있다. 눈을 감고 한쪽 발의 발끝으로 몇 초 동안이나 서 있을 수 있는지 시험해 보라. 40초 이상 서 있으면 상당하다고 할 수 있다. 축구가 그리 쉬운 것이 아니라면, 그 까닭의 한 가지는 축구가 한쪽 발의 스포츠이기 때문일 것이다.

2) 볼 컨트롤

축구 기술의 기본 목표는 무엇보다도 볼을 정확하게 힘들이지 않고 마음대로 다룰 수 있도록 하는 것이다. 이것을 어떤 코치는 '볼로부터의 자유' 라는 말로 표현했다. 볼이 가는 것을 따라 뛰기만 한다면 피로만 쌓일 것이며, 결국 볼에는 한 번도 접촉하지 못한 채, 시합이 끝나는 경우도 있을 것이다. 볼이 아니라, 자기가 주인이 되어서 볼을 자기가 뜻하는 대로 움직여가지 않으면 안 된다. 이와 같이 볼을 마음대로 다루는 기술을 간단히 볼 컨트롤Ball Control이라고 한다. 말하자면, 상대편에게 볼을 뺏기지 않도록 볼을 잡아서 자기편에 넘겨주는 기술이라고 할 수 있다.

축구의 기본 기술 중에는 킥킹(차는 것)이 있고, 볼을 잡아 멈추는 스톱핑(또는 트랩핑)이 있다. 그밖에 볼을 이마로 다루는 헤딩, 볼을 몰고 나가는 드리블, 상대방의 볼을 뺏는 태클, 그리고 상대편을 피하기 위한 일종의 속임수인 페인트 등이 있다.

2. 젊은 선수 트레이닝의 특별한 양상

공을 가지고 플레이한다는 것은 그 공을 가지고 자유롭게 플레이하는 범위 내에서는 나이에 관계없이 재미있는 놀이이다. 어린 시절에 자유롭게 공을 가지고 노는 것은 앞으로의 운동 능력 향상에 근본적으로 큰 영향을 미친다. 발달단계에 놓여있는 어린이는 자유롭게 놀 때 자극과 충동이 필요하다. 어릴 때 운동장이나 공터에서 마음껏 뛰어 놀면 놀수록 생리학적으로 볼 때, 발전에 더욱 도움이 된다. 그러나 이러한 넓은 장소가 점점 없어지고 있다. 게다가 큰 도시에서 이러한 장소는 벌써 누가 차지하고 있거나 도시계획에 의해서 건물이 세워져서 놀이 공간이 점차 축소되고 있는 실정이다.

따라서 보통 구기는 공간 부족으로 하기 어렵다. 하지만 운동의 다양성에 결정적으로 영향을 미칠 기술과 기동성 및 운동의 적합성의 기초를 자유롭게 노는 방법으로 발달시킬 수 있기 때문에 이를 개선시키기 위해서는 경쟁하는 분위기가 필요하다. 그러면 각 개인은 그의 능력 내에서 발전하게 된다. 모든 선수는 운동을 하고 또한 각자의 능력 한도 내에서 어떤 것을 성취하는데, 모든 선수가 동일하게 재능이 있고 배울 수 있는 것은 아니다.

결과적으로 우리의 목적은 단지 최고 경기력향상에만 있는 것이 아니라 낮은 운동 능력이 있는 선수도 최대의 능력을 발휘할 수 있도록 하는 것이다. 축구 연습을 하는 동안 어려운 고비를 이겨내는 것은 재능에 달려 있는 것이 아니라 하고자 하는 노력 여하에 달려있다. 축구 경기는 학생들에게 모험과 위험, 그리고 성공의 기쁨 등이 끝없이 반복되는 과정 그 자체이다. 선수는 공을 상대 선수로부터 지키기 위해 끊임없이 다루고 득점을 하는 기쁨을 경험한다.

축구경기를 통해서 효과를 극대화시키려면 우리가 학생들의 경기내용을 개선하려고 하는 것을 이해하게 하고 설명할 수 있어야 한다. 훈련의 목표는 젊은이에게 가능한 한 경기의 기쁨을 가르쳐 줄 수 있어야 하고, 이러한 목표로 향한 길은 경기에 대비해서 많은 연습과 트레이닝을 하는 것이다.

몇 살 때 축구를 시작할 수 있으며, 언제 테크닉과 전술을 목표로 하는 트레이닝을 시작하는 것이 좋을까? 공터에서 축구를 하는 것은 축구 재능이 발전할 수 있는 중요한 밑바탕이 된다. 축구는 공을 소유해서 득점을 하는 것으로서, 여기에 필요한 적합성과 기술이 공터에서 축구를 하면서 점점 발달된다. 시골에서 축구

할 넓은 장소가 많다는 것은 지방 출신의 선수들이 세계 소년 경기에서 두각을 나타내는 큰 이유이다. 지방의 재능 있는 선수는 자유롭게 축구 기술을 발전시킬 수 있으며, 도시의 유능한 선수보다 창의력을 키우는 데 용이하다. 그럼에도 불구하고 유소년 시절의 축구 경기장이 얼마나 중요한지는 충분히 고려되지 않은 점이 있다.

어린 선수들은 체계적인 트레이닝을 받기 전에 놀면서 마음껏 뛰어다닌다. 자유롭게 뛰어 놀 때 일어나는 놀이의 다양한 변화는 앞으로의 기술 발전에 좋은 밑거름이 된다.

클럽에서 제공하는 훈련 프로그램은 모든 종류의 트레이닝과 연습범위에서 가장 중요한 경기력을 기르는 것이다. 젊은이를 훈련시키는 중요한 목표는 경기 기술을 발전시키는 것이다. 따라서 연습량의 중요성과 범위는 둘째 문제이다. 축구 경기에서 물리적인 연습은 전혀 "자극적인 무거운 짐" 이 아니다.

그 자극적인 무거운 짐은 더 진보했을 때 필요하며, 그 대신 노력 후에 회복할 기회가 있어야 한다. 노력과 회복의 이러한 관계는 반복 연습의 발전에 효과적인 자극을 준다. 젊은 선수들에게 자주 일어나듯이 보통 경기에서 힘을 많이 소비하거나, 피로가 겹칠 때도 지치지 않는 적응현상으로 힘을 늘리는 것을 가능하게 한다. 젊은이는 본능적으로 휴식이 필요하다는 것을 느낀다. 이것은 몇 시간 동안 젊은 선수들이 결코 지치지 않고 하는 골목에서 하는 경기나 패배한 경기에서 명백하다.

모든 소년은 같은 또래와 경기를 하게 된다. 개개인의 경기 행위는 그의 재능과 경기에 알 맞는 선천적인 특성, 생리적인 성장 수준에 의존한다. 유소년의 경기 행동은 상대 선수의 저항에 대해 많은 득점을 하기 위해 행동을 통해 적극적으로 나타난다. 이 같은 현상은 굉장히 단순하지만 젊은이는 적에 바로 대처하려고 하는 라이벌 의식 때문에 격렬하다. 경기의 기쁨은 그들의 노력에 활력소가 되고 모든 사람은 그러한 특성을 이용한다. 성공과 실패가 경기 경험이라는 일반적 목표를 만족시키며 그 팀에 소속감을 느끼게 된다.

1) 순응(8세까지)

유망한 클럽의 선수가 되려고 열심히 노력하는 젊은이는 어떤 기대감과 사명감이 있다. 그는 축구를 하고 싶어 하며 자신의 우월성을 다른 사람과 겨루기를 원한다. 우리는 그를 쉽게 지도하는 그룹이나 팀에 넣어 경기 분위기와 어렵고 복잡한 연습에 익숙하도록 한다. 작은 그룹에서 하는 쉬운 연습을 함으로써 그들은 그들 자신의 경기에 서서히 적응하게 된다. 보통 한 소년이 다른 선수와 경기하는 특수한 경우에 공간은 전술적으로 사용될 수 없고 팀의 동료는 친구로서 찾아가지 않는다. 목표는 분명하다. 공이 상대방의 그물에서 시작한다는 사실이다. 그들은 경기를 하면서 경기를 경험한다.

학교에서 어른들의 계획적인 테크닉과 전술의 수준을 주입시키려고 하면, 소년들이 경험하는 경기의 즐거움을 빼앗아가게 된다. 왜냐하면 그들의 기대와 주의력이 충분하지 않기 때문이다. 가장 기본적인 형태는 플레이 그 자체이다. 운동에서 요구되는 것은 매우 다양한 시간마다 자신을 적합하게 맞추어야 하는 것이므로 교육의 목표는 이러한 적성을 적합하게 하고 친근감을 개발하는 데 있다. 적은 비중의 경기에서 느끼는 긴장감을 통해서, 작은 승리감을 통해서도 개별적이고 동일한 경기를 이해하는 능력의 발전수준에 따라 더 폭넓게 배워야 보다 나은 경기 운영을 할 수 있게 된다.

2) 운동장 놀이(8~12세)

이 단계에서는 점점 의식적인 배움과 연습을 늘여갈 수 있기 때문에 계획적으로 배울 수 있다. 생리적인 발달 덕분에 일반적인 전술을 이해할 수 있다. 유능한 기동능력을 맞추는 것은 테크닉의 완성과 경기 기술을 발전시키는 데 도움이 된다. 이 연령대의 소년들은 알고 배우기를 원한다. 이러한 이유로 그들은 기초적인 테크닉과 전술을 바탕으로 육체적인 기초를 세우고, 이를 종합하기 위한 좋은 지도자를 요구한다. 젊은이들은 그들의 경기 동료를 찾기 시작하며 그룹 안에서 어떤 역할을 맡는다. 그러나 근본적으로 그들은 그들의 경기에 대한 평가에 관해서는 비판적으로는 못 된다. 어떤 것은 결과적으로 발전의 목표에 따라 바뀐다. 이러한 시점이 되면 성공과 패배가 더욱 더 확실히 체험된다. 시합에 관한 방법의 연구는 앞으로의 발전에 큰 영향을 미치기 때문에 매우 중요하다. 테크닉의 발전이 게임과 구별되거나 운동 교육으로 제한되어서도 안 된다.

예를 들어 발의 안쪽이나 바깥쪽으로 하는 패스는 추상적이거나 개인의 운동으로 간주되어서는 안 되고 결국 상대 골문에 슛과 연결시키는 방향으로 지도해야 한다. 공을 패스하는 방법, 때, 장소는 경기 상황에 따라 상대선수나 동료선수의 움직임에 따라 변한다. 공을 인사이드 킥이나 아웃사이드 킥으로 할 것인가는 선수가 그 상황에 따라 적합한 결정을 내린다.

상황은 그때 분위기와 감각적 운동의 적응에 따라 향상된다. 움직이는 기술은 새로운 상황의 긴장과 그에 대처하는 시합분위기에 대해 변하지 않는 정신적 안정 아래서 개발된다.

특별히 신체적 적응에 의한 발전과 함께 나타나는 심리적 긴장과 초조함과 같은, 경기를 저해하는 불안한 감정을 줄이기 위해서 이 연령대는 중요하다. 자신감, 사려 깊은 생각, 경기능력은 이 시기에 개발되어야한다. 수비 없는 장소로 뛰어들고 커버하는 장소로 가고 공을 드리블하면서 태클에 대처하는 방법 등과 같은 일반적 전술은 이 나이의 선수들이 터득해야 하는 중요한 것이다. 다른 곳에 패스하기도 쉽지 않고 커버 당한 지역에서 '1대 3' 의 방법을 사용하여 넓은 장소로 나올 수 있다는 것은 경험을 통해서 깨닫는다.

3) 연습기(12~16세)

연습을 하는 동안 우리는 실제 나이와 생리적 성장과의 사이에 큰 차이가 있다는 것을 안다. 마치 행동 특성과 축구의 특별한 능력과의 차이처럼 공에 대한 일반 행동에 대한 반응은 이 연령대에서는 실제와 일치하지 않는다. 마치 독일 축구회에 속해 있는 지방 축구회에서 일어나는 것처럼, 거기에는 학년이 낮고 유망하지 못한 선수는 체육의사에게 신체검사를 받는다. 평균치 이상의 능력을 가진 어린 선수는 여러 가지 시련을 잘 극복하기 때문에 그의 능력에 맞는 높은 수준의 연습기회가 주어져야 한다. 더 수준 높은 연습의 영역에서 우리는 젊은 선수들이 매우 다양하다는 것을 발견한다. 덩치가 작은 선수도 역시 그 동료에 필적하는 우수한 능력을 나타낸다. 그것은 그들이 강하게 발달된 근육을 가지고 있고 더욱 더 강한 힘을 바탕으로 조직적인 경기 운영할 수 있기 때문이다.

선수의 능력에 따라 너무 과도하지 않으면서 효율적으로 부하를 가하는 것은 실질적으로 가능한 것으로 지적된다. 물리적으로 경기 행동을 안정시키는 것은 영국 학생들이 증명한 것처럼 특별한 긴장된 상황에 자주 접해 봄으로서 얻을 수 있다. 더욱 성숙하고 정신적으로 안정된 경기 행동은 체계적 트레이닝뿐 아니라 이 목적을 겨냥한 시합으로도 얻을 수 있다. 모든 테크닉과 전술에서 중요한 요소들은 16세 소년 때 나타나야 한다. 이 시기에 발전의 차이나 힘과 조화에서 어른과는 차이가 나기 때문에 모든 경기 요소는 가능한 한 경기와 똑같은 상황에서 이루어져야 한다는 것은 말할 것도 없다.

4) 최고 연습기(16세부터)

정상적인 운동장 연습이 이때 이루어진다. 신체의 생리적 발달을 돕고 기르기 위해 계획되는 트레이닝은 젊은이들이 더 수준 높은 축구를 쉽게 하는 데 필요한 체력을 갖추어야 한다.

16~18세의 유능한 선수는 이러한 목적으로 트레이닝과 연습을 받아야 한다. 이 나이의 젊은이는 매일 트레이닝을 해야 하며 일주일에 세 번씩 동료들과 같이 연습하며 나머지는 혼자 해야 한다. 혼자 할 때는 과학적이고 전문적 능력의 범위 내에서 프로그램에 따라야 한다. 어떻게 독자적으로 연습을 하는가 하는 것은 훈련과정에서 책임감과 자의식은 사려 깊은 행동을 하는 데 중요하다.

모든 소년들의 트레이닝 능력은 책임 있는 트레이너와 경험 있는 스포츠 의사 사이의 긴밀한 협조 속에서 감독되어야 한다. 의사의 감독이나 조언은 큰 상처나 운동 상해에 한정되지 않고 심리적인 문제(즉 그 문제는 상처나 사고의 원인이 되는 것)도 역시 다루어야 한다. 처음 높은 수준의 훈련에 접한 선수들에게는 연습의 필요성과 스포츠 정신을 상기시켜 주되 육체적 운동을 너무 강조하지 말고 젊은이들에게 맞는 적당한 자극과 격려를 보여야 한다. 능력 있는 선수가 너무 낮은 수준에서 경기하게 되면 그의 능력에 대해 과대평가가 나오기 때문에 잘못된 결과를 가져온다. 모든 경기에서 쉽게 이기는 팀은 발전하지 못한다. 그리고 그들 경우에는 연습의 강도를 재는 척도는 없다.

16~18세 선수의 시합시간은 전 후반 45분씩이다. 어린 선수도 마찬가지인데 30분마다 5분씩 늘여 나가는 것이 바람직하다. 가장 좋은 효과는 큰 능력이 요구되는 시합제도 안에서 이루어진다. 트레이닝은 선수를 시합에서 야기되는 다양한 상황에 물리적으로 대처하고 맞출 뿐만 아니라 정신적 영역에서도 적용된다. 가르치는 목적은 분석적인 운동에 있지 않고 선수를 시합에 적응시키는 것에 있다. 그것도 긴장된 서로 다른 시합 상황에서 젊은이를 위한 트레이닝은 가능한 한 실제 시합과 같아야 한다.

경기와 젊은이의 기대에 맞는 시합위주의 연습과 트레이닝은 그들에게 용기를 북돋아 주고 그들이 시합에 들어가면 다양한 방법으로 기쁨과 즐거움을 경험한다. 또한 가르침의 성공도 빨리 일어난다. 이 때 고정되고 구조적으로 연습을 해야지 젊은 선수의 기분에 따라 연습을 하면 안 된다. 힘의 균형 관계를 시험하는 긴장된 상황에서 끊임없는 실력이 나타나며, 다양한 힘과 전투적 긴장을 통해서 시합에 대한 상상이 일어난다.

chapter 3

축구의 기본기술과 연습

1. 축구의 기본기술
2. 트래핑
3. 드리블링
4. 헤딩heading
5. 차징과 태클링
6. 슈팅shooting
7. 코디네이션
8. 컨디셔닝

chapter_3

축구의 기본기술과 연습

1. 축구의 기본기술

1) 킥킹kicking

축구에서는 무엇보다 올바르게 차는Kicking것이 가장 중요한 기본이다. 물론 볼을 찬다고 하는 것은 정확하게 차는 것이 중요하며 가능한 한 경기장에서 일어나는 여러 가지 장면의 사태와 부합되는 길로 볼을 처리할 수 있는 킥이라야 한다. 그러기 위해서는 상당한 노력과 연습을 통해서 고도의 기술을 연마해야 한다.

명성있는 경기자는 절대로 곡예사와 같은 플레이Play만을 하고 있는 것이 아니다. 패스Pass라면 패스를 받을 선수에 대하여 위치, 타이밍Timing, 공의 속도, 공의 성질 등 어느 것이 가장 적당한 것인지 순간적으로 판단하고 때를 놓치지 않고 정확하게 패스를 해야 한다. 패스를 받는 선수가 패스를 받은 다음에 할 플레이에 대해서 적절하게 볼을 놓을려고 하는 노력과 그러한 볼을 패스할 수 있는 기술을 소유한 경기자가 진정 유능한 것이다.

골을 향한 슛팅Shooting에도 동일하다. 골을 지키고 있는 골키퍼goalkeeper의 위치와 자기가 슈팅을 시도하는 위치에 따라 목표와 속도 또는 볼의 질이 정해진다. 골키퍼가 지나치게 앞으로 전진 하였을 때에는 정면으로 강한 슈팅을 시도하기

보다는 오히려 머리 위를 넘기는 가벼운 슈팅을 시도하는 것이 오히려 득점의 가능성이 많아진다. 이와 마찬가지로 경기장에서 일어나는 여러 장면에 대응하여 여러 가지 종류의 볼을 처리할 수 있도록 하기 위해서는 여러 가지 기본적인 킥킹 연습을 하도록 해야 한다.

(1) 킥의 종류

볼을 발로 차는 기술을 킥킹Kicking이라고 한다. 킥킹에는 여러 가지 종류가 있다. 먼저 볼이 몸에 닿는 부분에 따라서 발등으로 차는 인스텝 킥Instp Kick, 발등의 안쪽으로 차는 인 프런트 킥infront kick, 발등의 바깥쪽으로 차는 아웃 프런트 킥Outfront Kick, 발의 안쪽으로 차는 인사이드 킥Inside Kick, 발끝으로 차는 토 킥Toe Kick, 발의 뒤꿈치로 차는 힐 킥Heel Kick 등이 있다.

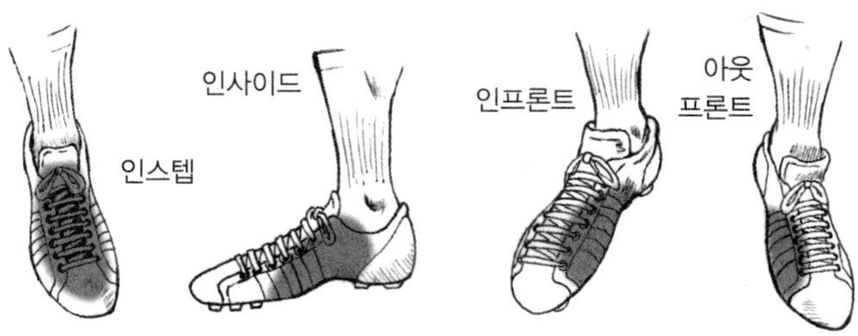

그림 3-1. 볼이 닿는 발의 부분(오른쪽 발의 경우)

또한 공중에 있는 볼을 떨어뜨리지 않고 그대로 차는 발리킥Volley Kick, 날아가는 볼이 한 번 땅에 떨어져 바운드 하려는 순간에 차는 하프발리킥Half-volley Kick, 손에 쥔 볼을 떨어뜨리고 그것이 땅에 닿기 전에 차는 핸드킥Hand Kick, 손에 쥔 볼을 떨어뜨리고 땅에서 튀겨 올라오는 것을 차는 드롭킥Drop Kick, 그리고 공중의 볼을 머리 너머 뒤쪽으로 차는 오버헤드킥Over-head kick 등이 있다.

(2) 킥 동작의 원칙

킥킹의 목적은 앞서 말한 것과 같이 볼을 자기편 선수에 넘겨주거나, 또는 골을 향해서 슈팅을 하는 데 있다. 이 목적을 이루기 위해서는 어떤 종류의 킥킹에서도 다음과 같은 원칙을 지키고, 또 익혀야 한다.

① 볼이 닿는 부분人體을 고정시킬 것

일반 사람에게 "볼을 차보시오"라고 하고, 볼을 땅에 놓으면, 10명이면 10명 거의 모두가 발끝으로 볼을 찬다. 이것은 토킥으로서 실전에서 쓰이기는 하나, 불안정하고 부정확하다. 왜냐하면 볼이 닿는 발끝의 부분이 충분히 고정되어 있지 않기 때문이다. 발에 볼이 닿아서 안정되고 고정되는 부분은 발등(인스텝), 발등의 안쪽(인프런트)과 바깥쪽(아웃프런트), 그리고 발의 안쪽(인사이드)이다. 따라서 이 부분으로 차는 인스텝킥, 인프런트킥, 아웃프런트킥 그리고 인사이드킥의 네 가지 기술은 가장 중요한 킥킹법이 된다.

② 땅에 세운 쪽의 발에 체중을 전부 실을 것

볼을 차는 쪽의 발을 자유자재로 움직이려면, 체중을 땅에 세운 발에 전부 옮겨야 한다.

③ 세운 쪽의 발끝을 볼을 차는 방향으로 향하게 할 것

세운 쪽의 발은 원칙적으로 볼의 바로 옆으로 내딛고, 그 발끝을 볼을 보내려는 쪽으로 향하게 한다. 그러면, 볼은 정확히 그 쪽으로 날아간다.

④ 찰 때는 볼을 바라볼 것

(3) 킥의 용도 및 장 · 단점

발로 차는 킥의 종류에 대한 용도 및 장 · 단점을 표〈3-1〉과 같이 요약할 수 있다. 실제로는 시합을 보거나, 스스로 경기를 하면서 킥의 기본기술을 익히게 되는 것이며, 일람표를 외우는 것만으로는 무의미하다. 원칙적으로 볼이 접촉하는 부분이 넓을수록, 또한 볼과 접촉하는 시간이 길수록 킥은 정확하다. 그것은 마치

총의 총신이 길수록 정확한 것과 같다.

〈표 3-1〉 킥의 용도 및 장 · 단점

차는 부분	이름	주요한 용도	장점	단점
발등	인스텝 · 킥	中 · 長距離패스 · 슛	거리가 생긴다 정확하고 강하다	인사이드 · 킥보다 약간 부정확
변종	오버헤드 · 킥	단 · 중거리 패스	긴급을 요할 때	약간 부정확
	발리 · 킥	뜬 볼의 패스 · 슛	긴급을 요할 때	약간 부정확
	핸드 · 킥, 드롭 · 킥	골 · 키퍼사용		
발의내측	인사이드 · 킥	短거리 패스	정확 · 안전	예측되기 쉽다
발등외측	아웃 · 프론트 · 킥	단 · 중 · 장거리 패스슛	거리가 생긴다. 진로를 예측하기 어렵다 변화한다	인사이드 · 킥보다 약간 부정확
발등내측	인프론트 · 킥	코너 · 킥 스핀 · 볼 뜬 볼의 送球 · 슛	거리가 생긴다 응용범위가 넓다 변화한다	인사이드 · 킥보다 약간 부정확
발끝	토 · 킥	경기 중 급할 때, 수중전 에서 무거운 볼을 찰 때	빠르다	부정확 불안전
뒷꿈치	힐 · 킥 뒤로	짧은 패스	예측되지 않는다	부정확 불안전
발의 외측	아웃사이드 · 킥	단거리 패스 · 슛	동작을 간파 못한다	약하다
무릎	니 · 킥	다급할 때 단거리 패스	정확하다	약하다

2) 킥의 연습

(1) 인 사이드 킥Inside Kick

볼의 속도와 변화구를 시도하기보다는 목표 지점에 정확하게 보내고자 할 때에 비교적 가까운 거리와 중거리 패스를 위해 사용한다. 발 내측의 넓은 부분을 사용하는 킥킹으로 정확도는 높으나 속도가 느리게 되고 상대편 선수에게 볼의 진행 코스를 예측하게 하는 약점도 있다.

그러나 축구 경기가 진행되는 동안 항상 전력을 다하여 달리면서 공을 차야 하는 것은 아니기 때문에 같은 팀의 경기자간에 서로 연결을 한다든지 골키퍼에게 백패스back pass를 해야 하는 등의 경우 인 사이드 킥이 대단히 중요한 것이다. 연습 방법에는 지면 위로 공을 차는 법, 공을 손으로 잡았다가 떨어뜨리면서 드롭킥drop kick을 하는 법, 또는 공중에 있는 공을 발리 킥volley kick하는 방법 등으로 할 수 있다. 이때 주의할 것은 몸무게를 지탱하는 다리의 무릎을 약간 구부려 밸런스를 유지하면서 유연성을 확보해야 하며, 그 발끝은 공을 보내고자 하는 곳을 향하도록 해야 한다.

그림 3-2. 공과 접촉하는 부위(인사이드 킥)

그림 3-3. 공과 접촉할때의 발의 이동(인사이드 킥)

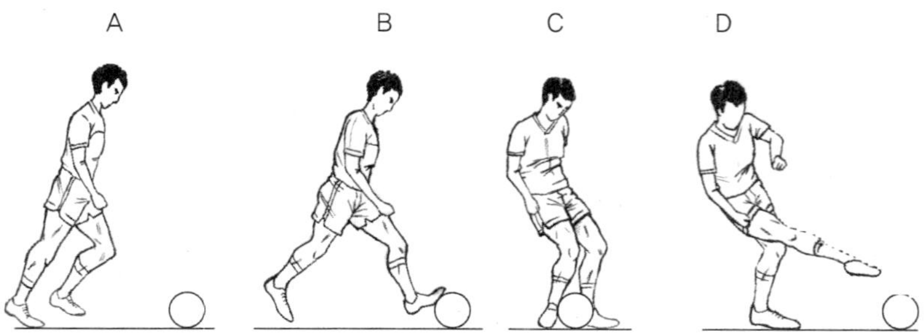

공을 차는 발의 내측면이 앞으로 향하도록 하면서 발끝을 약간 위로 향하게 한다. 그리고 발목이 흔들리지 않도록 힘을 주면서 공과 접촉하게 한다. 기본 동작에는 공을 찬 후에도 계속 폴로우 드로우Follow Through하도록 한다.

(2) 인 스텝 킥Instep kick

공을 찰 때에 발등을 이용하여 하는 것으로, 공의 속도가 빠르고 강한 공을 필요로 할 때에 인 스텝 킥이 필요하게 된다. 인 스텝 킥을 할 때에는 달릴 때의 발의 움직이는 방향과, 공을 차려고 진동하는 다리의 방향, 그리고 일반적으로 보내려고 하는 공의 방향이 일치하게 되므로 발의 움직임이 자연스럽기 때문에 공에 큰 충격을 주게 되어 강한 속구의 킥킹이 된다. 이것은 슈팅Shooting 할 때와 수비시의 클리어링Clearing을 할 때 쓰이는 경우가 많다.

그러므로 공의 중심점을 향하여 발의 등을 정확히 접촉시키는 연습이 필요하다.

손으로 공을 잡고 바로 발등으로 떨어뜨리면서 발등을 공과 접촉시키는 연습부터 시작하여 공중으로 튀어 올라온 공을 다시 손으로 잡았다 떨어뜨리고, 차 올린 공을 다시 잡는 등 이러한 운동을 되풀이한다. 이것이 숙달되면 손을 사용하지 않고 공을 차올리는 것을 연습하도록 하며 전방을 향하여 공을 차도록 한다. 이때에는 두 사람이 한 조가 되어 서로 마주 서서 적당한 거리를 확보하면서 공의 속도와 강도를 가해 간다. 마찬가지로 두 사람이 마주 서서 손으로 잡았던 공을 가지고 진로 방향의 각도를 변화시켜 킥킹하는 연습을 함으로써 더욱 자유롭게 인 스텝을 사용할 수 있게 된다.

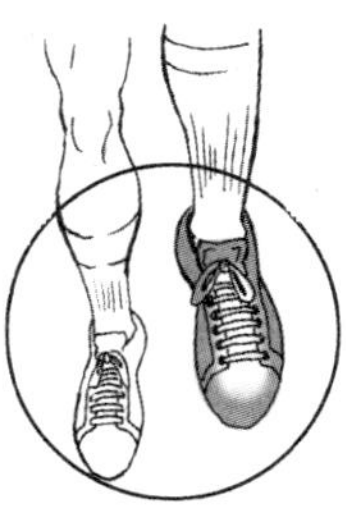

그림 3-4.
공과 접촉하는
부위(인스텝 킥)

그림 3-5.
공과 접촉할때
발의 이동(인 스텝 킥)

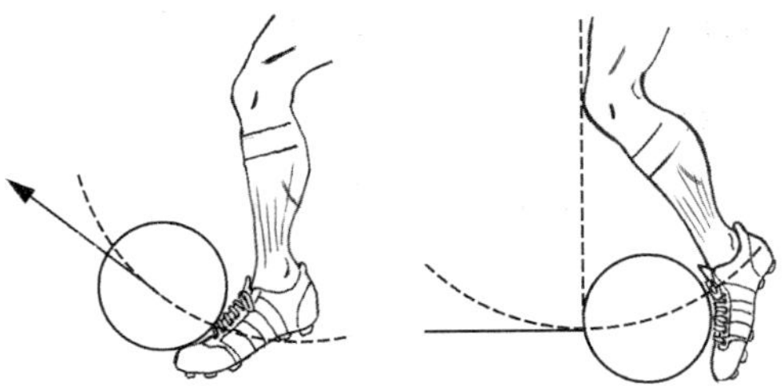

그림 3-6. 인 스텝 킥을 할 때 무릎의 위치와 발목의 각도와 공의 코스

공을 차려고 할 때 무릎을 약간 가볍게 구부리면서 중심을 유지한다. 발의 발끝은 보내고자 하는 공의 방향과 일치시키도록 하고 허리를 중심으로 무릎으로부

터 아래로 뒤에서 앞으로 날카롭게 흔들면서 공에게 충격을 주도록 접촉시킨다. 이때 주의 할 것은 공과 접촉하는 순간 발목에 힘을 가하며 고정시키는 요령이 필요하다. 이것은 정확하고 굳게 발목을 고정시키면서 발등으로 충격을 줌으로써 폭발적인 스피드를 갖는 킥킹이 이루어지기 때문이다.

이때에도 공을 찬 후에 계속하여 플로우 드루우하는 것이 필요하다. 특히 초심자들은 공을 차는 순간, 차는 다리의 무릎의 위치와 발목의 각도 및 발끝의 방향이 어디를 향했는가에 따라서 공의 진로와 방향이 결정된다는 것에 주의해야 한다.

(3) 인 프런트 킥In front kick

인 프런트 킥이란 발등Instep의 안쪽을 사용하여 공을 차는 방법을 말한다. 이와 같이 차는 방법은 장거리 패스 등에 사용되며 공을 높이 올려 찬다든지 공의 진로가 곡선(휘어서)을 그리도록 하는 데 이용된다. 그러므로 운동장을 횡으로 가로 지르는 패스라든지 프리 킥Free Kick, 코너 킥Corner Kick 등 멀리 찰 필요가 있을 때 흔히 사용된다. 뿐만 아니라 터치라인Touchline과 평행하게 빠른 드리블링Dribbling으로 달리다가 센터링을 할 때, 혹은 멀지 않은 거리 앞에 상대방 경기자가 있을 때, 그 경기자의 머리 위로 공을 넘겨 차야 할 때 즉 로빙 패스Lobbing Pass할 때에도 인 프런트 킥이 사용된다. 발과 공이 접촉하는 부분은 발 앞쪽Inside을 사용하는 킥킹과 인스텝 킥킹의 중간적 입장을 취하는 방법이라 할 수 있다. 즉 엄지발가락의 부근과 발 안쪽Inside의 돌출부의 골격과 연결하는 선의 중앙 지점이라고 할 수 있다. 방법적인 측면에서 보면 공을 보내는 방향과 공에 접근할 때 발의 움직이는 방향과는 일치하지 않으며, 차려는 순간 몸무게를 지지하는 발의

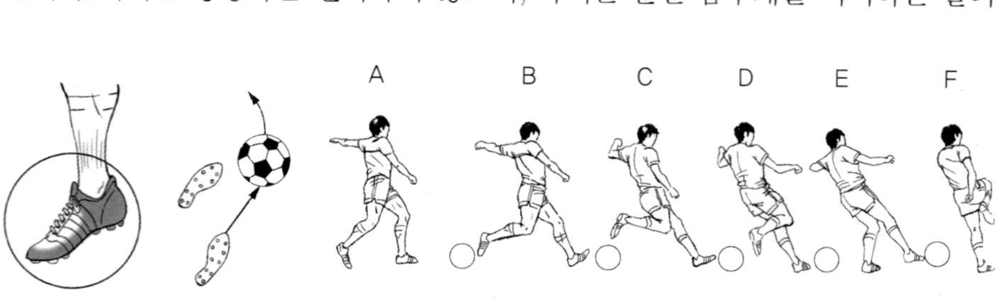

그림 3-7. 인프런트 킥

위치는 공의 옆 25~30cm 정도 옆에 놓이게 된다. 그 순간 몸무게를 지지하는 발의 바깥쪽으로 약간 상체를 경사지게 하면서 가슴을 펴고 팔을 크게 흔들게 된다. 이 때 땅에 부착된 다리의 무릎은 약간 굽혀진 채로 밸런스를 유지하면서 공을 차는 무릎과 발목은 진동과 함께 앞으로 뻗치며 발끝을 편다. 특히 주의할 것은 공을 찰 때 공의 중심보다 바깥쪽 부분을 차야 한다. 그리고 그것으로 인하여 공의 진로는 커브를 이루게 된다는 것을 알아야 한다.

(4) 아웃 프런트 킥outfront kick

공을 찰 때에 발등의 외부 쪽을 사용하는 킥킹으로서, 인 프런트 킥의 반대되는 방법이다. 인 프런트 킥과 마찬가지로 중거리 패스, 장거리 패스에 흔히 사용되어지기 때문에 코너 킥, 슈팅, 프리 킥 등에 이용된다. 특히 기술이 높은 경기자들에 의하여 사용되는 빈도가 높다. 어느 정도 몸의 밸런스가 파괴되는 상태에 놓이면서 정확히 공을 찰 수 있는 방법의 하나이기 때문에 여러 가지 무리한 신체의 자세에서도 킥이 가능한 방법이다.

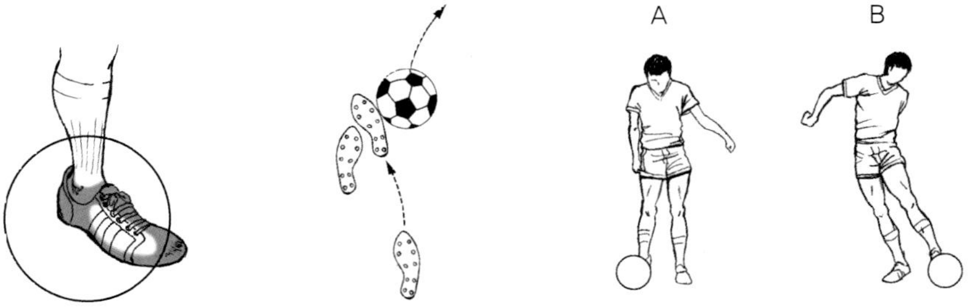

그림 3-8. 아웃 프런트 킥

공은 차는 발의 움직이는 방향과 반대 방향으로 커브를 그리며 비행하게 된다. 그래서 차는 사람과 목표 지점 사이를 연결하는 선상에 상대편 선수가 있을 때 인터셉트Intercept 당하지 않고 그 상대편을 피하여 자기가 원하는 방향과 지점으로 공을 보내고자 할 때 유효하게 사용된다. 그리고 이 킥킹을 할 때 체중을 지탱하는 발끝의 방향과는 다르기 때문에, 상대방에게 공의 방향이 실제로 공이 움직여 나가는 방향과는 다르게 되어 상대방에게 공의 방향의 예측을 알지 못하게 하는 잇점도 있다.

몸무게를 지지하는 발의 위치와 무릎 상태는 다른 킥의 경우와 큰 차이가 없다. 하지만 차는 발의 진동과 함께 다리를 앞으로 내미는 정도에 따라 발끝을 아래로 향하면서 동시에 안쪽으로 회전토록 하며, 그리고 발등의 외부쪽을 사용하여 공의 중심 지점보다 안쪽 부분에 충격을 가해야 한다.

(5) 스피닝 볼 킥Spinin Ball Kick

인 프런트 킥과 아웃 프런트 킥의 기본기에서 설명한 바와 마찬가지로 발등의 안쪽과 바깥쪽을 이용하여 공의 중심으로부터 내부 혹은 외부 지점에 충격을 가했을 때 그 공의 진로에는 커브Curve 현상이 일어난다. 이와 같이 공을 회전시켜 참으로써 공의 진로를 바꾸는 킥의 방법을 스피닝 볼 킥이라 하며 때로는 바나나 킥Banana Kick이라고 한다. 이 방법은 공의 코스를 변화시키고 방해물을 피하여 패스를 할 수 있으며 상대편을 기만하여 예외적인 플레이를 할 수 있는 기술상의 묘미가 있는 것으로 연습에 연습을 거듭해야만 숙달할 수 있다.

다시 말하면, 패스하려고 할 때 전방에 상대가 있어 방해가 되므로 이것을 피해가면서 패스를 가능하게 함으로써 2회의 패스력을 가지며 시간을 단축시켜 속공을 가능하게 한다. 문전 프리킥을 할 때 앞의 상대방의 벽을 피해 공을 찰 수도 있으며 공의 진로가 변화되므로 골키퍼의 예측을 불허하게 할 뿐만 아니라 프리킥과 코너킥을 시도할 때 공의 낙하지점 내지는 패스 목표를 예측하기 어렵게 만들어 상대편을 기만할 수 있는 고도의 기술이다. 공의 진로 변화는 인 프런트 킥을 하였을 때는 인커브, 그리고 아웃 프런트 킥을 하였을 때에는 아웃커브를 그리게 되며 공의 중심점을 기준으로 공과 발의 접촉하는 부분과 공이 회전하는 힘에 따라서 커브의 변화가 생긴다.

(6) 아웃사이드 킥Outside Kick

아웃사이드 킥은 발의 외측을 이용하여 공을 처리하는 방법이며, 인사이드 킥과 반대되는 방법이다. 앞으로부터 패스되어 오는 공을 향하여 달려나가면서 앞으로 혹은 옆의 방향으로 공을 처리할 수 있으며 공을 차면서 달리는 스피드를 떨어뜨리지 않고 빠져 나갈 수 있는 킥 방법이다. 또한 앞으로부터 받는 공을 자기 자세의 방향 변화를 위한 회전을 하지 않고도 공을 자기 뒤로 패스할 수 있다. 따라서 상대편이 패스되는 코스를 예측할 수 없도록 페인트Feint하기 위해서도 효력이 있는 중요한 킥킹 방법의 하나이다. 특히 월 패스wall Pass와 같은 것을 행할 때에 자기편 경기자에게 패스를 하고 다시금 되돌아오는 공을 그냥 달려나가면서 받으려고 하는 경우와 같이 모든 더블 패스Double Pass의 경우에 흔히 사용된다.

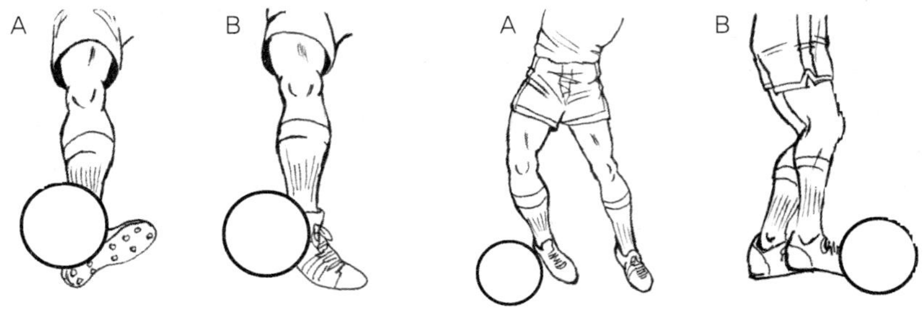

그림 3-9

방법에 있어서는 프런트 킥을 할 때와 마찬가지로 몸무게를 지지하는 발끝을 달려가는 방향을 향한다. 그리고 차는 발끝은 안쪽으로 향하도록 하면서 진동시에는 가볍게 무릎 관절을 튀기는 감각과 같은 동작으로 발목을 고정시켜 공과 접촉하도록 한다. 이때 주의할 것은 차는 다리 전체에 힘을 가한다기보다 공과 접촉하는 순간의 발목을 고정시키는 동작에 그 발목의 스냅을 이용하여 공을 차야 한다.

(7) 오버 헤드 킥Over Head Kick

오버 헤드 킥이란 인스텝 킥의 한 방법이기 때문에 발등을 사용하여 공을 차는 방법이다. 한편 바이시클 킥bicycle kick 혹은 더블 킥Double Kick으로 부르고 있는 오버 헤드 킥은 공중에 떠있는 공을 머리 위로 넘겨 후방으로 공을 찰 경우에 사

그림 3-10. 오버 헤드 킥의 요령

용되는 킥이다.

경기가 진행되는 동안은 순간적으로 빠른 시간에 재치 있게 공을 처리해야 하는 경우가 많다. 문전에서 위험 지구라고 할 수 있는 골대 근처에서는 특히 그러하다. 이러한 경우에 오버 헤드 킥이 사용되는 경우가 많다. 즉, 상대편의 문전에서 골포스트를 등지고 있을 때 공중에 떠있는 공을 골포스트를 향해서 서있는 위치에서 재빨리 클리어링 시켜야 하는 경우에 사용된다.

공을 차는 다른 방법과는 달리 양발을 지면에서 떼야 하고 공중에서 몸의 균형을 이루면서 공을 뒤로 넘겨 차야한다. 땅에 몸이 착지할 때에 충격을 적게 받도록 해야 하므로 처음에는 공을 갖지 않고 공중에서 발의 움직임과 착지의 요령을 터득한 다음, 실제로 공을 차는 연습으로 들어가는 것이 초보자에게 안전한 방법이다. 오버 헤드 킥은 차는 방법의 기본이 된다는 것보다 인스텝 킥의 한 응용된 기술이라고 보는 것이 타당할 것이다.

(8) 토우 킥Toe Kick과 힐 킥Heel Kick

토우 킥이란 발끝을 사용하여 공을 차는 방법이다. 발끝을 이용하여 찬다기보다도 꾹 질러 내보내는 동작으로 행해지기 때문에 공에 접촉하는 면적이 대단히 적다. 따라서 정확하게 공을 처리해야 하는 경우에는 부적당한 방법이라고 할 수 있다. 그러나 상대편의 경기자와 일순에 경쟁해야 하고 상대편보다 먼저 공을 터치해야 할 장면에서는 특히 필요하며, 비 오는 가운데 진흙 속에서 경기를 해야 할 경우에는 흔히 사용되는 방법이다.

힐 킥이란 발뒤꿈치로 공을 차는 방법이며 힐링Heeling이라고 불리기도 한다. 토우 킥보다는 사용되는 빈도수가 많으나 흔히 사용되는 것은 아니며 전방이나 옆 방향으로 패스를 할 때보다 뒤로 가까운 거리에 있는 자기편에게 패스를 할 때 사용된다. 즉, 상대와 마주서서 공을 갖고 있을 때 바로 뒤편의 자기 선수에게 패스를 하고 상대 선수를 따돌린다든지, 뒤에서 오는 공중에 뜬 공을 발뒤꿈치를 이용하여 자기 머리 위로 넘겨 전방에 공을 떨어뜨린다든지 하는 페인트Feint 동작으로 사용하는 경우가 많다.

3) 킥의 실전 연습방법

축구의 모든 기술 가운데서 킥킹이 가장 중요한 기술이라고 할 수 있다. 축구 경기에서 일어나는 모든 플레이가 공을 차고 달리는 것으로 이루어지기 때문에 이러한 표현에는 무리한 점이 없을 것이다. 자기측 경기자에게 짧은 패스를 하거나 장거리 패스를 하던 간에 플레이의 연결을 위해서는 패스가 있어야 한다. 상대의 골에 득점시키기 위해서 정확하고 강력한 슈팅이 필요하다든지, 터치라인을 따라 스피드 있는 돌파를 시도한 후에 상대편 문전으로 위력 있는 센터링을 한다든지, 최후 수비 측이 자기 측 문전에서 크레아링을 하기 위해 로빙 공을 찬다든지, 골키퍼가 공을 잡아 쥐고 펀트 킥Punt Kick을 시도하는 등 모든 플레이가 킥 업으로 이루어진다. 일반적으로 공과 접촉하는 발의 부위에 따라 킥의 종류가 분류되며, 그 중 중요한 것이 인사이드 킥, 인스텝 킥, 아웃사이드 킥, 토우 킥이며 기타 여러가지 킥들이 있다.

(1) 인사이드 킥

인사이드 킥이란 발의 내측으로 공을 차는 방법이다. 넓은 면으로 차기 때문에 볼을 정확히 보낼 수 있는 기초 킥킹이다. 그러나 발의 운동이 가능한 가동 능력으로 보아 힘 있는 스윙을 하기에는 무리한 점이 있기 때문에 장거리 킥킹을 하기에는 곤란한 점이 있다. 다만 짧은 거리의 패스나 정확성을 요하는 킥킹에는 반드시 필요한 방법의 하나이다.

[요령]

공을 차는 발의 무릎을 가볍게 구부려 유연성을 가지며, 발끝이 위로 향하도록 하고 발목을 고정시킨다. 이 때 발끝은 외측으로 향하게 하고, 발뒤꿈치를 앞으로 내밀면서 발의 내측면이 공을 차려는 방향을 향하도록 한다. 공을 차는 발은 무릎을 중심으로 유연성 있게 뒤에서 앞으로 스윙을 한다. 땅위에 놓이는 발은 무릎을 유연하게 구부리고 몸무게를 지지하며 발끝이 공을 차려는 방향으로 향하도록 하고 몸의 밸런스를 유지한다. 눈은 공을 주시하고 상체는 자연적으로 몸무게가 실리는 발 위로 향하게 되며, 양팔은 밸런스를 유지하기 위해 자연스럽게 올리게 되는 자세를 취한다.

그림 3-11

[기본 연습]

① 공 없이 제자리에서 기본자세를 가지고 인사이드 킥을 하는 동작을 좌우측의 발을 교대로 하면서 스윙의 요령, 차는 발등의 동작, 지면의 높이, 발의 전신의 밸런스 유지 등을 익히도록 한다.

② 공을 지면에서 정지시켜 놓고 제자리에서 인 사이드로 전방을 향해서 차는 연습을 한다. 이 과정이 끝나면 파트너가 굴려주는 공을 제자리에 차는 연습, 그리고 2~3보 앞으로 달려 나가면서 인사이드로 차기를 하며, 다소 숙

달이 되면 빠른 공을 차도록 한다.

③ 자기에게 오는 그라운드 공을 정면으로 차는 과정이 끝나면 좌우로 약간씩 차는 방향을 변화시키도록 하자. 차는 방향을 변화시킬 때는 지면에 놓인 발끝의 방향이 공을 차려는 방향으로 향하도록 주의해야 한다.

④ 인사이드로 발리 킥Volley Kick을 시도하자. 파트너가 5~6m의 거리에서 공중으로 던져주는 공을 그 파트너에게 공중으로 차서 보내도록 하자. 이 때 전신의 밸런스 유지와 차는 발의 발목의 움직임이 정확해야 한다.

⑤ 공중으로 오는 공을 땅으로 차도록 하자. 제자리에 서서 5~6m 거리에서 던져주는 공을 땅으로 내려 차기를 하고, 다소 숙달이 되면 던져주는 거리를 연장하며, 킥을 하는 사람은 앞으로 2~3보 전진하여 인사이드 킥을 한다.

⑥ 이동하는 파트너에게 공을 차도록 하자. 정면으로 차는 방법과 좌우로 방향을 변화시켜 차는 연습 과정이 끝나면 파트너가 움직이는 방향으로 공을 정확히 차도록 하자. 주의할 것은 공을 차기 전에 파트너의 이동 방향을 확인하도록 해야 한다는 점이다.

⑦ 인사이드로 드롭 킥Drop Kick을 하도록 하자. 처음 단계는 자기가 공을 잡고 떨어뜨리면서 지면으로부터 바운드 되어 튕겨 오르는 순간 인사이드로 공을 차도록 한다. 다음은 파트너가 가까운 거리에서 던져주는 공을 킥하도록 하며, 좌우측으로 공의 낙하지점을 변화시켜 좌우로 이동하면서 드롭킥을 하도록 한다. 좌우측의 발을 자유롭게 사용하도록 노력하자.

[연습 1]

두 사람이 한 조가 되어 인사이드 킥으로 패스를 한다. 10m 정도의 거리를 두고 서로 마주서서 정확하게 차주도록 한다. 이때 자기에게 오는 공을 멈추지 말고 직접 차서 보내는 방법과 인사이드 트래핑을 하고 다시 인사이드로 킥을 할 수 있는 방법이 있다. 트래핑과 인사이드 킥을 같은 발로 연속적으로 할 수도 있고, 트래핑을 하는 발과 킥을 하는 발을 바꾸어서 하기도 한다.

그림 3-12

[연습 2]

세 사람이 각각 거리를 10m 간격으로 삼각형으로 서서 서로 패스를 한다. 패스의 방향을 바꾸어 가면서 트래핑을 하고 킥을 할 수도 있다.

그림 3-13

[연습 3]

두 사람이 마주 서서 거리를 변화시키면서 인사이드 킥을 한다. 5m 정도 떨어져 서로 마주 서서 논 스톱 킥으로 계속 패스한다. 공을 킥해 주고 다시 받고 하면서 거리를 단축시켜 2~3m 까지 가까이 좁혔다가 다시 뒷걸음을 하면서 거리를 넓혀 나간다. 이때에도 계속적으로 인 사이드 킥으로 공을 주고받는다.

그림 3-14

[연습 4]

네 사람이 각각 10m 정도의 거리를 두고 사각형으로 서서 킥으로 패스를 한다. 공을 차는 방향도 좌우로 바꾼다. 삼각형의 경우보다 각도가 변했다. 논스톱 킥으로 할 때는 공이 오는 쪽의 발로 차고 트래핑을 행할 때는 보내는 발로, 그리고 반대측 발로 킥을 한다.

그림 3-15

[연습 5]

10명 정도가 한 조가 되어 두 조로 나누어 그림과 같이 한 사람이 공을 가지고 앞에 서고 다른 사람들은 발을 벌려 터널을 만든다. 신호와 함께 앞에 선 사람이 터널을 통과하도록 킥을 하고, 맨 앞에 서며, 맨 뒤의 사람은 공을 받아 드리블링으로 앞으로 와서 킥으로 터널을 통과시킨다. 어느 조가 빨리 전원이 킥을 먼저 하느냐의 경쟁이다.

그림 3-16

[연습 6]

10명 정도가 한 조가 되어 두 조로 나누어 그림과 같이 10m 정도 떨어진 거리에서 선다. 신호와 함께 공을 가지고 있는 사람이 맨 앞줄의 사람에게 킥을 한다. 그 사람은 그 공을 다시 리턴 패스하고, 맨 뒤로 이동하며 앞에 나와 선 사람은 계속 맨 앞사람에 패스를 한다. 어느 조가 전원이 패스를 먼저 끝내느냐 하는 패스 경쟁 연습이다.

그림 3-17

[연습 7]

반경 10m의 원둘레 선상에 한 사람이 달리며, 원의 중심 지점에서 다른 사람이 서서 서로 킥을 계속한다. 달리고 있는 자는 가운데 있는 자의 동작과 공을 주시하고 움직일 것이며, 원의 중심에 위치한 자는 달리고 있는 자의 스피드를 고려하여 타이밍이 맞도록 패스를 한다. 달리고 있는 자는 공을 차는 방향을 잘 파악하고 몸의 컨트롤에 주의하도록 한다.

그림 3-18

[연습 8]

한 사람이 원의 중심에 위치하고 다른 한 사람은 10m 정도의 반경에서 1/4 원둘레 선상을 러닝을 해 가면서 달리고, 러닝과 동시에 킥을 하며, 서로 패스를 계속한다. 러닝을 하며 달리는 자는 공에 대시하여 접근하고 속히 러닝과 함께 킥을 하며, 중심에 위치한 자는 달리는 자의 스피드에 맞추어 공을 패스하도록 한다.

그림 3-19

[연습 9]

3~5명이 직경 10m 정도의 원주 선상을 전원이 같은 방법으로 달리면서 킥을 계속한다. 처음에는 트래핑을 하고 킥을 하며, 달리고 있는 자의 전방에 패스를 하도록 한다. 다소 숙달이 되면 다이렉트 킥을 하도록 한다. 또한 달리는 속도를 변화시켜가며, 공의 스피드에 따라 전신의 밸런스와 올바른 킥을 하도록 한다.

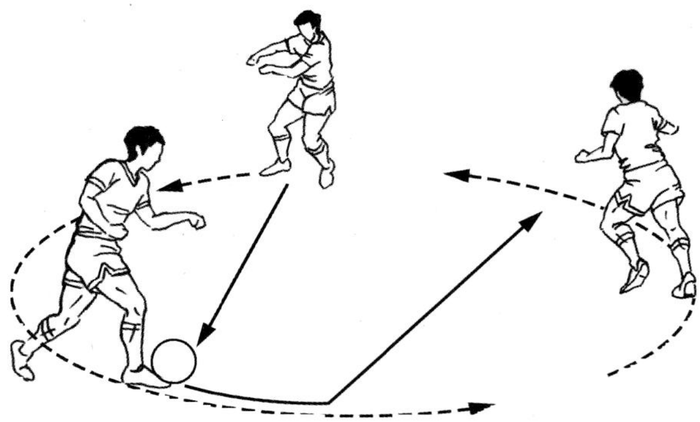

그림 3-20

[연습 10]

두 사람이 패스를 한다. 한 사람이 드리블링으로 공을 키프하고 있고 5~10m 뒤에 한 사람이 뒤따르고 있다. 앞에서 드리블링을 하는 자는 뒤에 있는 자에게 패스를 하고, 전방으로 대시를 한다. 뒤에 있는 자는 그 공을 받아 다시 달리고 있는 앞사람에게 패스를 한다. 서로 패스를 할 때는 일직선으로 달릴 것이 아니라 약간씩 좌우 측면으로 달리면서 그 위치에서 정확한 패스를 받도록 하자. 앞에서 달리는 자는 후방으로 회전하여 후방의

그림 3-21

목표를 재빨리 파악하고 정확한 킥을 하도록 주의하고, 러닝을 할 때 전신의 밸런스 유지에 익숙하도록 노력해야 한다.

[연습 11]

3~5명의 원을 그리면 서로 간격을 동일하게 하고 같은 방향으로 달린다. 패스를 할 때 달리는 사람의 후방에 약간 떨어지게 보내준다. 킥을 할 때는 뒤로 회전을 하면서 동시에 킥을 하도록 한다. 처음에는 트래핑을 하고 패스를 하는 형식으로 하다가 익숙해지면 터닝을 하면서 직접 킥을 하도록 한다.

그림 3-22

(2) 인 스텝 킥

인 스텝 킥은 발등으로 공을 차는 방법이다. 인스텝 킥을 할 때는 하지 관절의 기동 범위나 능력으로 보아 무리한 점이 전혀 없으며, 뒤에서 앞으로 스윙을 할 수 있기 때문에 강력한 스윙으로 생기는 강한 에너지를 공에 전달할 수 있다. 그러므로 인스텝 킥은 슈팅, 롱패스, 크레아링, 프리 킥, 골 킥, 그리고 코너 킥 등에 흔히 사용되는 중요한 킥의 한 종류이다.

[요령]

지면에 놓이는 발은 공을 차는 방향으로 발끝을 놓이도록 하고 무릎을 구부려서 유연한 자세를 확보하며, 몸무게를 지지하게 된다. 공에 접근하기 위한 움직임은 최후의 한 발을 크게 밟아서 공을 차는 발을 뒤에 놓이도록 하고, 스윙을 크게 할 수 있게 한다. 그리고 최후 스텝의 위치가 공 옆에 놓이느냐 혹은 약간 뒤에 놓이느냐에 따라 공의 방향이 달라진다.

공을 차는 발은 끝까지 발목을 펴도록 하고, 뒤에서 앞으로 스윙하는 진동의 힘을 이용하여 발등으로 공을 접촉하게 된다. 발등이 공과 접촉하는 순간 구부렸던 무릎을 중심으로 앞으로 강력하게 스윙하면서 무릎과 발목을 펴면서 공을 접해야 한다.

눈은 공을 주시하며, 상체는 가슴을 펴고 팔을 자연스럽게 흔들며 최후의 스텝을 밟는다. 차는 발이 뒤에서 앞으로 이동함과 동시에 상체는 공을 차는 발의 방향으로 기울이게 된다. 팔은 전신의 밸런스 유지에 맞도록 해야 하고, 공을 차는 순간에는 발목을 고정시키고 전신을 긴장시켜 폭발적인 힘을 발산하도록 해야 한다.

그림 3-23

인스텝 킥을 할 때 공을 높게 보낸다든지, 혹은 낮게 보내는 컨트롤은, 차는 발의 무릎 위치와 지면에 놓이는 발이 어디에 놓이는지에 따라 달라진다. 공을 낮게 차기 위해서는 지면에 놓이는 발의 위치를 공의 측면이라기보다 약간 전방의 옆에 놓이게 하고, 차는 발의 무릎을 깊이 구부리고 무릎을 공보다 더 앞과 위에 위치하도록 한다. 그리고 공을 높은 방향으로 차기 위해서는 공보다 약간 후방의 측면에 지면에 발을 위치하게 하고, 차는 발의 무릎을 공의 위에 놓이지 않도록 하면서 공과 접촉하는 부분은 공 밑을 차도록 한다. 공중에 있는 공을 처리할 때 인스텝을 사용하여 발리킥을 하기도 하며, 그라운드에 떨어져 바운드 되는 순간에 공을 차는 드롭킥에도 인스텝 킥이 이용된다.

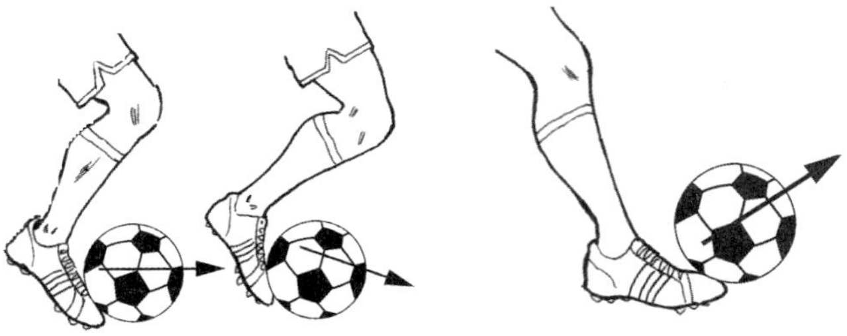

그림 3-24

[기본 기술]

① 공 없이 제자리에서 차는 발의 스윙 연습과, 2~3보 걸어 나가면서 지면에 놓이는 발의 위치와 전신의 밸런스를 확보할 수 있도록 자세를 올바로 취하자.

② 기본자세가 형성되면 양손으로 공을 잡았다가 떨어뜨리면서 지면에 닿기 전에 펀트 킥punt kick을 하면서 공과 발등이 정확히 접촉하도록 하자.

③ 파트너와 서로 마주 서서 정지된 공을 파트너에 정확히 차서 보내도록 하자. 처음에는 공과 2~3보 떨어진 거리에 걸어 나오면서 킥을 하고, 숙달됨에 따라 거리와 달려 나오는 스피드를 변화시키도록 하자. 앞으로 스피드 있게 달려가서 최후의 스텝을 올바르게 밟도록 주의하자.

④ 자기에게 지면으로 굴러오는 공을 정확하게 차도록 하자. 처음에는 걸어가면서 차고 차차 공을 향해 대시해 나가는 속도를 빠르게 하자. 공도 움직이고 있으며, 자기도 앞으로 달려가다가 공을 찰 때는 특히 공과 발등이 접촉하는 타이밍이 조화되어야 한다. 차는 발은 스윙하는 힘을 기르자.

⑤ 파트너와 마주 서서 던져주는, 공중에 있는 공을 인스텝으로 차자. 정면으로 오는 공만을 차는 것이 아니라 차는 사람의 앞과 뒤, 좌우 측 방향으로

공을 던져주어, 이동하면서 좌우 측 발을 사용할 수 있도록 연습하자.

⑥ 파트너가 높게 던져주는 공을 땅으로 차도록 하자. 땅으로 차기 위해서는 지면에 놓이는 발의 위치와 차는 발의 무릎 위치 등에 주의하자. 처음에는 제자리에 서서 하고 다음에는 앞으로 달려 나가면서 하자.

⑦ 공을 던져준 파트너가 던진 후에 좌우로 움직이면 그 움직이는 방향으로 정확하게 인스텝 킥을 하자. 파트너가 움직이는 방향과 속도를 변화시킴으로써 더욱 효과적인 연습이 된다.

⑧ 양손으로 공을 잡았다가 떨어뜨리면서 드롭킥을 하자. 드롭킥을 할 때도 공의 높이를 변화시켜 자유자재로 할 수 있도록 하자.

⑨ 러닝 각도를 변화시키면서 인스텝 킥을 하자. 정지된 공에 달려가서 러닝(90°~180°)을 하면서 공의 방향을 전환시키도록 하며, 굴러오는 공과 공중으로 오는 공을 러닝으로 방향을 바꾸어 할 수 있도록 노력하자. 러닝 킥을 할 때는 지면에 놓이는 발끝이 공을 차고자 하는 방향에 향하도록 해야 하며, 러닝을 하면서 차는 발의 스윙을 가해야 하므로 전진의 밸런스를 유지하도록 습관화해야 한다.

⑩ 펜델 볼을 설치하고 모든 킥킹의 기본 연습을 하도록 하자. 펜델 볼을 사용한 연습은 지상으로 굴러다니는 공을 제외하고는, 기본적인 자세와 공과 접촉시키는 발의 부위 혹은 전신의 밸런스 유지 운동을 위해서 매우 효과적이다.

그림 3-25

[연습 1]

혼자서 인스텝 킥은 물론, 여러 가지 방법의 킥 훈련을 위해서는 슈팅 보드를 이용한 연습이 효과적이다. 특별히 설치된 시설이 없을 때는 수직으로 된 벽 혹은 스탠드 같은 것을 이용할 수 있다. 트래핑을 하면서 킥 연습을 할 수도 있고 논스톱 킥으로 계속 공을 칠 수도 있다. 공의 강약을 조절하고 목표의 표식에 향해서 컨트롤 할 수 있는 연습방법의 하나이다.

그림 3-26

[연습 2]

네 명이 한변의 길이가 10~15m되는 삼각형의 꼭지점에 서서 킥을 계속한다. 처음에는 트래핑을 하고, 인스텝으로 좌회전, 우회전으로 공을 찬다. 숙달이 되면 직접 인 스텝 킥을 하는데 직접 킥을 할 때는 두 사람은 인사이드로 패스하고, 두 사람은 인스텝으로 킥을 하는 것이 효과적이다.

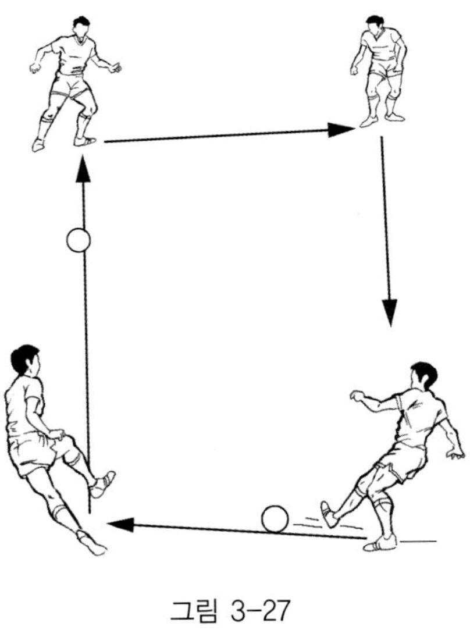

그림 3-27

[연습 3]

슈팅 연습을 하자. 골포스트 측면에서 패스해 주는 공을 페널티 에어리어 선 부근에서 달려 나가면서 인스텝으로 강한 슈팅을 하도록 하자. 숙달이 되면 슈팅 거리를 멀리하고 좌우측의 발을 자유롭게 사용할 수 있도록 해야 한다.

그림 3-28

[연습 4]

공을 측면의 페널티 킥 마크에 향해 패스하면 슈팅을 하는 자는 페널티 에리어 선상에서 대시하여 슈팅을 하도록 한다. 숙달이 되면 거리를 멀리하도록 하며 좌측에서 혹은 우측에서 패스해 주는 공을 우측 발이나 좌측 발로 자유롭게 킥을 할 수 있어야 한다. 킥의 타이밍에 주의하도록 하자.

그림 3-29

[연습 5]

슈팅을 하는 자와 패스를 해주는 자는 패널티 에리어 선 밖에 있고 패스는 측면의 후방에서 한다. 슈팅을 하는 자는 패스와 동시에 앞으로 달려가다가 슈팅을 하도록 한다. 측면 후방에서 오는 공을 슈팅하기 위해서는 지면에 놓이는 발의 위치와 최후의 한 스텝을 밟

그림 3-30

는 타이밍이 가장 중요하며 인스텝으로 공과의 접촉을 정확히 하도록 해야 한다.

[연습 6]

페널티 킥 지점에서 발리킥으로 슈팅을 한다. 던져주는 공을 전방이나 측면에서 혹은 측면 후방에서 던져주도록 한다. 발리킥에 다소 숙달이 되면, 슈팅 거리를 멀리하며 달려 나오다가 슈팅을 하도록 한다. 좌우측 발을 자유롭게 쓸 수 있도록 노력할 것이며, 던져주는 공을 슈팅할 수 있게 되어야 한다. 지면에 놓이는 발의 위치와 킥의 시기를 포착하는 타이밍에 주의하자.

그림 3-31

(3) 인 프런트 킥

인 프런트 킥은 프런트 파트Front Part의 인스텝 킥이라고도 하며, 발 내측의 앞부분(엄지발가락의 기부점인 돌출 부근)으로 공을 차는 방법이다. 공을 찰 때의 방법은 인스텝 킥의 경우와 비슷한 점이 많으나 공의 밑 부분을 발의 앞 부위(인프런트)로 차기 때문에 공을 올려차게 되는 점이 다르다고 할 수 있다. 그러므로 로빙 볼로 문전에 보내야 하는 경우, 프리 킥, 코너 킥 등 장거리 킥에 흔히 사용되고, 공을 상대의 키를 넘게 차야 하는 경우에도 이용된다.

[요령]

지면에 놓이는 발의 스텝은 인스텝 킥을 할 때와 비슷하나, 발이 놓이는 지점이 공의 약간 후방 측면이 된다. 최후의 스텝을 크게 잡고 차는 발을 자연히 뒤에 남기도록 한다. 무릎을 약간 구부리고 유연한 몸 자세로 전신의 몸무게를 지지하

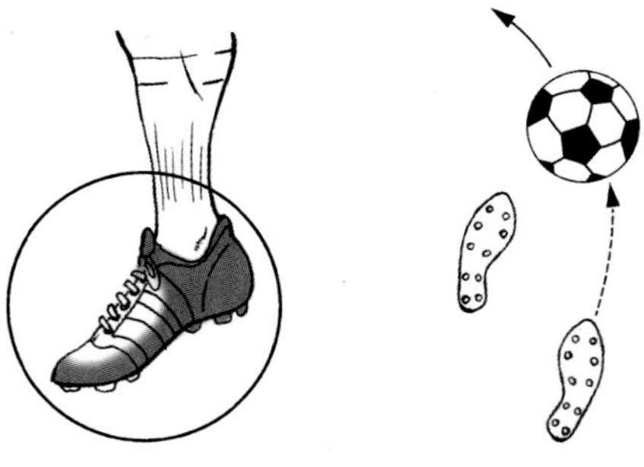

그림 3-32

도록 한다. 차는 발은 뒤에서 앞으로 스윙을 할 때 발끝을 약간 외측으로 향하게 하고, 발목을 펴며 공의 밑면에 인 프런트를 접촉시킨다. 이 때 발목을 충분히 펴야 하고 고정되지 않으면 공이 뜨지 않는다. 발목을 견고하게 고정시키는 것이 포인트가 된다.

상체가 앞으로 약간 기울이도록 팔을 자연스럽게 흔들고 밸런스를 유지하면서, 눈은 공을 주시한다. 땅에 놓인 발의 위치가 공보다 약간 후방의 측면에 놓이기 때문에 차는 발의 무릎의 위치는 자연히 공의 후방이 된다.

위의 그림은 공과 접촉하는 발의 부위를 표시하며, 지면에 놓인 발의 위치와 차는 발의 스윙 방향을 표시하고 있다.

[기본 연습]

① 공을 사용하지 않고 제자리에 서서 차는 연습을 되풀이하여 몸을 형성하자. 다음은 2~3보 앞으로 전진하면서 최후의 큰 스텝을 밟는 요령과, 차는 발의 스윙 동작을 익히도록 하자.

② 정지한 공을 제자리에서 차는 연습을 하도록 해서, 차는 발의 동작을 익히고 2~3m 뒤에서 달려 나가면서 킥하는 방법을 익히도록 한다. 특히, 최후의 스텝과 발의 위치에 주의하자. 그리고 차는 발은 공의 중심보다 밑으로 공을 접촉시키도록 해야 한다.

③ 슈팅 보드를 향하여 차는 연습을 하며 보드에서 바운드되어 오는 공을 계속해서 연속적으로 차도록 하자. 좌우측 발을 교대로 사용하여 잘 듣지 않는 발이 없도록 해야 한다.

④ 자기 공을 주었다가 떨어뜨리는 공을 드롭 킥 하고, 때로는 공중에 떠있는 상태에서 발리킥을 하도록 하자.

⑤ 비교적 짧은 거리 내에서 공을 높이 차올리는 연습을 하도록 하자. 15~20m 거리의 일 직선의 양끝에 한 사람씩 서서 공을 차며, 중앙에 한 사람이 서도록 한다. 공을 차는 사람은 중앙에 위치한 자의 머리 위로 넘겨 공을 차도록 하며, 숙달됨에 따라 거리를 변화시켜 좁은 거리 내에서도 상대의 머리 위로 공을 넘어가게 할 수 있도록 익힌다.

[연습 1]

골 앞의 표시된 원 내에서 공을 차서 보내는 연습을 하자. 이것은 실전에서 센터링 혹은 로빙으로 상대편의 문전에 공을 정확히 보내는 연습이다. 양 골포스트 전방으로 약 10m 떨어진 곳에 적당한 크기의 원을 그리고, 이 원을 목적지로 운동자의 터치라인 쪽 20~30m 떨어진 곳에서 킥을 하도록 한다.

처음에는 정지된 공을 차서 표시된 원내 지역에 보내도록 하고, 다소 숙달이 되면 2~3m 정도 공을 굴려 놓고 킥을 하며 터치라인을 따라 드리블링을 하다가 문전의 원으로 센터링을 하도록 한다. 킥의 정확성과 센터링 연습에 도움이 된다.

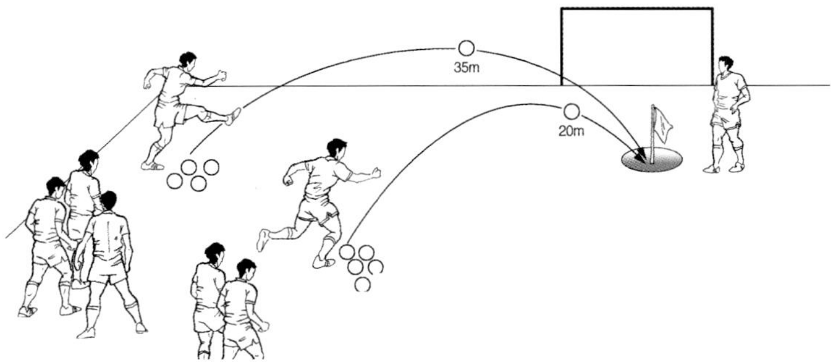

그림 3-33

[연습 2]

골문에 표적을 매달고 슈팅한 공으로 그 표적을 맞추는 연습을 하자. 골키퍼가 수비하기에 힘든 곳에 표적을 놓고 슈팅을 한다. 자기의 슈팅의 정확성이 어느 정도인지를 평가하기에 좋은 연습이다.

그림 3-34

[연습 3]

센터링과 슈팅을 연습하자. 터치라인을 따라 드리블링 하다가 페널티 에어리어의 중앙 지역으로 센터링을 한다. 그리고 슈팅을 하는 사람은 페널티 에어리어 외각으로부터 들어가면서 센터링된 공을 슈팅으로 연결한다. 실전의 장면과 연결되는 연습의 하나이다. 그리고 슈팅을 하는 사람은 센터링을 하는 사람의 몸의 자세와 공을 잘 파악하고 과감한 슈팅을 하도록 한다. 처음에는 트래핑을 하고 슈팅과 연결할 것이며, 위치에 따라 가능하면 트래핑을 하지 않고 슈팅과 연결하도록 하자.

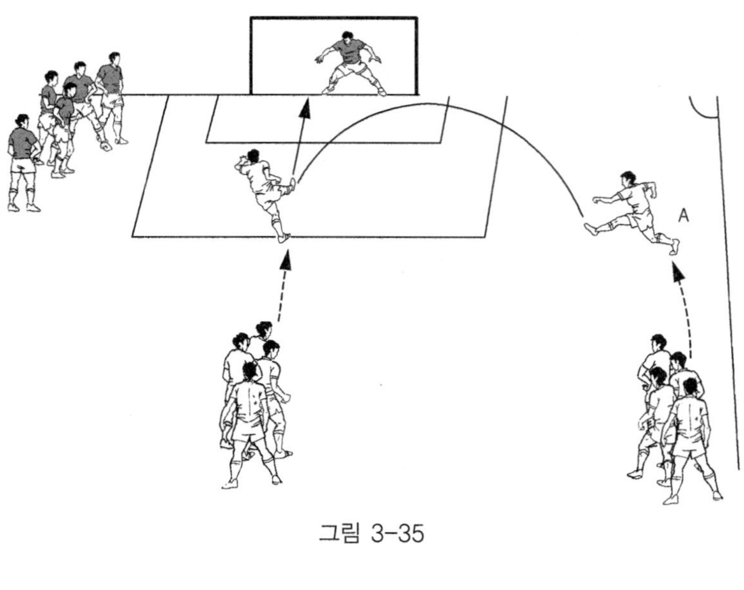

그림 3-35

(4) 아웃사이드 킥

아웃사이드 킥은 발의 외측면으로 공을 차는 방법이다. 인스텝 킥을 할 때와 같이 발을 크게 뒤에서 앞으로 스윙을 하면서 차는 방법과, 무릎을 지점으로 발의 움직임을 앞 방향의 측면으로 작은 스윙에 의해서 아웃사이드로 공을 차는 방법이 있다. 공을 차는 발을 크게 진동시켜 차는 것은 슈팅과 프리킥하거나 공을 커브시켜 보낼 때, 흔히 사용하는 방법이다. 그리고 발의 진동을 작게 하고 차는 방법은 주로 짧은 패스를 할 때 사용되는 킥의 방법이다. 인사이드 킥과 아웃사이드 킥을 유효하게 사용한다면 수비 측의 경기자가 패스의 코스를 예측하기가 힘들기 때문에 공격력을 증가시킬 수 있을 것이다.

[요령]

지면에 놓이는 발은 반드시 공을 차 보내는 방향으로 향할 필요는 없다. 다만 전방을 향하도록 하여 무릎을 가볍게 구부리고 몸무게를 지지한다. 그리고 진동을 크게 하며 공을 찰 때는 최후의 한 스텝을 크게 밟고 차는 발의 후방으로부터의 스윙을 돕는다. 그리고 스윙을 작게 하고 공을 찰 때는 공과 접근할 때의 리듬으로 최후의 스텝을 옮기도록 한다.

스윙을 크게 하면서 공을 찰 때의 발은 인스텝 킥을 할 때와 동일하게 뒤에서 앞으로 강력하게 스윙을 한다. 그러나 발끝을 안쪽으로 향하게 하고, 발목을 고정시키며 발등의 외측면과 공이 접촉하도록 한다. 이때 공을 차는 발의 스윙은 뒤에서 앞으로 흔드는데, 앞으로 흔들 때 발은 신체의 앞을 가로지르듯이(우측 발이면 왼쪽으로)자연적으로 스윙을 하는 것이 일반적인 방법이다.

스윙을 작게 하면서 공을 찰 때는 발끝을 안쪽으로 향하게 하며, 발목을 펴고 무릎을 지점으로 하여 뒤에서 앞 방향의 외측면으로 스윙을 한다. 이때 발의 외측이 공과 접촉하는 것은 물론이다. 상체는 아주 약간 앞으로 기울이는 정도이고, 발을 크게 스윙을 할 때는 팔을 크게 흔들어 밸런스를 유지한다. 그리고 작은 스윙으로 공을 찰때는 자연스럽게 양팔을 앞으로 들어 올려 밸런스를 유지하도록 한다. 눈은 공을 처음부터 끝까지 주시해야 한다. 발을 크게 흔들어서 차는 방법은 측면에서 오는 공을 전방으로 찰 때이다. 차는 발의 스윙의 변화에 따라 공을 회전시켜 공의 진로가 커브를 그리게 해서 공을 컨트롤하게 한다.

[기본 연습]

3인이 한 변이 5~6m가 되는 삼각형 형태로 서서 아웃사이드의 푸시 킥Pu-sh Kick으로 패스를 한다.

발목이 안쪽으로 향하고, 무릎 아래의 스윙으로 정확한 아웃사이드 킥을 하자. 좌우측 발을 교대로 연습하여 자유롭게 쓸 수 있도록 해야 한다.

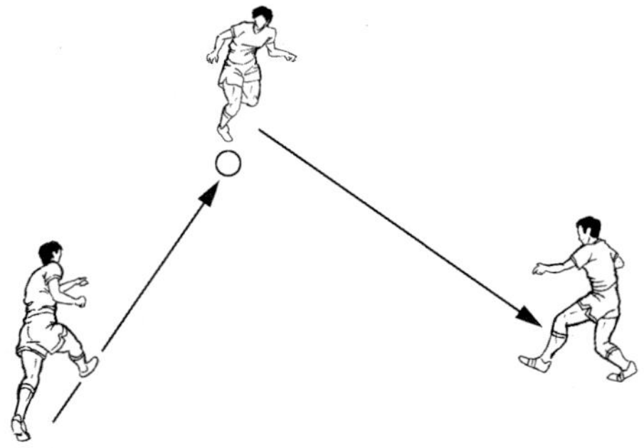

그림 3-36

3인이 한 조가 되어 삼각형의 위치에 서서 아웃사이드 푸시 킥을 하자. 아웃 공을 차기 전에 역 페이트 모션을 가해서 킥을 하도록 하자.

그림 3-37

좌우측의 발로 자유롭게 할 수 있도록 되어야 한다. 우측 발로 우측으로 패스를 하려고 할 때 상체를 좌측으로 기울여 페인트를 하고, 그 반동을 이용해서 우측으로 차야한다. 그리고 좌측 발에 몸무게를 놓이도록 하고, 우측의 발을 자유롭게 스윙을 할 수 있어야 하며, 차는 발의 무릎과 발목의 스냅으로 공을 패스하도록 한다.

그림 3-38

[연습 1]

두 사람이 좌우로 간격 약 10m의

위치에서 같은 방향으로 서서히 달리면서 아웃사이드 패스를 계속한다. 좌측의 경기자는 우측 발로 그리고 우측의 경기자는 좌측 아웃사이드 킥을 한다. 트래핑을 한 번하고 패스를 할 수도 있고 계속 직접 패스를 연결하기도 한다. 숙달이 되면 달리는 속도를 변화시켜 한다.

[연습 2]

5~6명이 직경 10m의 원주선상을 달리면서 아웃사이드의 푸시 킥을 계속한다. 달리는 방향을 바꾸어 좌우측의 발로 킥을 자유롭게 할 수 있도록 하자.

그림 3-39

[연습 3]

두 사람이 좌우로 위치하고 같은 방향으로 달리면서 서로 위치를 바꾸고, 삼각패스를 행할 때 크로스 패스를 아웃사이드 킥으로 하자. 서로 달리는 위치를 바꿀 때는 공을 받는 경우에는 한 번 트래핑을 하고 크로스 패스를 아웃사이드로 하자. 달리는 속도와 위치가 바뀌어 지고, 트래핑을 한 공을 아웃사이드 킥으로 연결시키기에는 보통 하는 아웃사이드 킥의 경우보다 난점이 많다. 다음의 아웃사이드 킥에 적합하도록 트래핑을 해야 할 것이며, 발목의 스냅을 잘 이용해야 아웃사이드 킥으로 연결하기 쉽다.

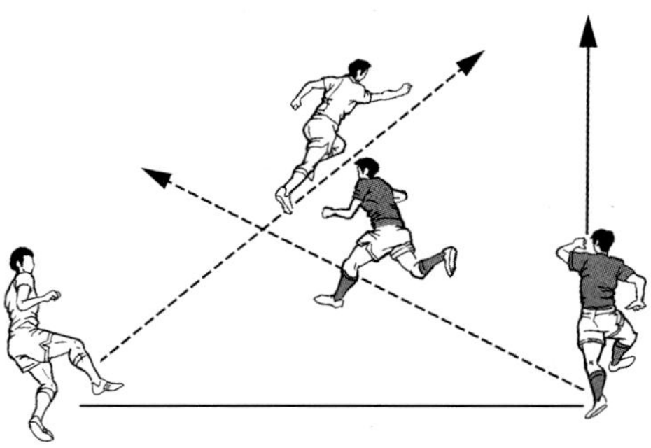

그림 3-40

[연습 4]

일반적으로 그룹 전술 훈련에 쓰이는 3대 2, 3대 3 같은 것을 할 때 상대의 마크를 페인트로 따돌리면서 아웃사이드 킥으로 패스를 하자. 그리고 같은 형식의 연습에서 드리블링에서 킥으로 연결할 때, 트래핑으로 혹은 직접 킥으로 연결할 때에도 이용하여 아웃사이드로 푸시 패스를 하도록 한다.

(5) 스피이닝 볼 킥

공을 찰 때 의식적으로 공을 회전시킴으로써 공의 진행로를 활 모양을 그리게 하는 방법을 스핀킥 혹은 바나나킥이라고 한다. 공의 중심부를 차는 것이 아니라 중심으로부터 이탈된 측면에, 차는 발의 스윙 방법과 접촉하는 부위 등에 의해서 공이 회전되며 공의 진행경로에 변화가 생기는 것이다. 이러한 킥의 방법에 숙달이 되면 훌륭한 경기를 할 수 있는 요소가 된다.

[요령]

발의 인 프런트를 공과 접촉시켜 인커브시키는 방법과 아웃 프런트로 차서 공을 아웃커브 시키는 방법이 있다. 인 프런트를 사용하여 공을 찰 때는 발목을 자연스럽게 구부린 상태에서 발목을 고정시켜 공의 측면을 차므로 공에 회전이 생기게 된다. 우측 발로 찰 때는 공의 우측을 차므로 발을 크게 진동시키는 아웃사이드 킥의 자세와 같이 공을 차는 발 끈을 약간 안쪽으로 면하게 하고, 발목을 고

그림 3-41

정시킨다. 그리고 발의 앞부분의 외측으로 공의 측면을 차므로 공에 회전이 생긴다. 즉, 우측 발로 찰 때는 공의 좌측 부분을 차게 되면 우회전이 생기는 커브를 가지게 된다.

[기본 연습]

① 처음에는 정지된 공을 제자리에 차며, 다음에는 2~3보 뒤에서 달려가면서 인커브, 아웃커브를 시키도록 하자. 발과 공의 접촉 부분에 주의한다.

② 앞 방향과 측면에서 굴러오는 공을 스피이닝 볼로 공의 진로를 변화시키도록 하자. 아주 숙달이 되면, 공중에 뜬 공을 변화시키도록 연습하자.

[연습 1]

세 사람이 10m 정도의 일변의 길이가 되는 삼각형의 한 점에 위치하여 발 앞부분의 내측과 우측을 사용하여 공의 진행로를 커브시키도록 하자. 이 때 발과 공의 접촉하는 감각과 스윙의 속도 변화에 따라 생기는 공의 진행경로의 변화에 대해 주의한다. 처음에는 정지된 공을, 다음에는 직접 킥으로 커브를 시키도록 하자.

그림 3-42

[연습 2]

3~4명이 10m 정도의 원을 그리며 달리면서 인커브 혹은 아웃커브 공을 차도록 하자. 처음에는 달리는 속도를 느리게 하였다가 숙달이 되면 속도를 빠르게 변화시키도록 하자. 공

그림 3-43

의 코스와 자기의 위치를 보아 인커브 시킬 것인지 혹은 아웃커브 시킬 것인지를 판단하고 움직이면서 올바르게 목표를 정하도록 한다.

[연습 3]

스핀볼로 슈팅을 하자. 페널티 에리어 근방에서 프리킥을 할 때 상대 수비의 방해 혹은 수비벽을 피할 수 있도록 공을 커브시켜 슈팅을 할 수 있다. 직선 코스로는 득점과 연결하기 힘든 장면에서, 공을 회전시켜 공의 진행 코스를 변화시킴으로써 수비와, 골키퍼의 예측을 불리하게 만들 수 있다.

그림 3-44

[연습 4]

코너킥을 할 때 골키퍼의 위치를 보아 공을 커브시켜 찬다. 이것은 골키퍼를 골 에어리어 밖으로 끌어내기 위해서도 효과가 있다. 직접 득점을 노릴 때는 골에 향해서 인커브를 시켜 차며, 골키퍼를 유인하기 위해서는 발 외측으로 차서 공을 아웃커브 시키도록 한다. 기술을 요하므로 꾸준한 연습이 필요하다.

그림 3-45

(6) 힐 킥

힐 킥은 발뒤꿈치(종골의 뒷부분)로 공을 차는 방법이다. 경기 도중 상대측 경기자가 앞과 옆에서, 방해를 하기 때문에 전진을 하지 못하다가 패스를 할 수 없을 경우에 후방에 있는 자기 측의 경기자에게 패스를 할 때 사용하는 킥 방법이다. 경기 도중 적시에 활용을 한다면 효과가 있다.

[요령]

지면에 놓이는 발은 공 옆에 놓게 되며, 무릎을 약간 구부리고 몸무게를 지지하게 해서 전신의 밸런스를 유지한다.

공을 차는 발은 발끝을 앞으로 향하게 하고 발목을 고정시키며, 무릎을 구부리고 공위를 넘어 발뒤꿈치로 공을 후방으로 찌르는 동작을 한다.

[기본 연습]

① 5m 정도 거리를 두고 앞뒤로 서서 같은 방향으로 달리면서 앞에 있는 자가 힐 킥으로 패스하면 다시 앞으로 공을 패스하여 준다. 이것을 교대로 되풀이한다. 처음에는 달리는 속도를 느리게 해서 힐 킥을 하고 차차 속도를 변화시켜 빠른 템포로 하도록 한다.

② 공이 바운드되어 자기에게 미치지 못하게 될 때 힐 킥을 이용하여 그 공을 자기 앞으로 넘기는 연습을 하자(아웃사이드를 사용하는 트래핑을 설명할 때 이야기한 바 있음). 자기 공을 잡았다가 뒤에 떨어뜨리고 그 공을 아웃사

그림 3-46

이드 대신 발꿈치를 사용하여 자기 앞으로 넘기는 연습을 하고, 다음에는 파트너가 던져주는 공을 차서 넘기는 방법에 숙달하도록 하자.

[연습 1]

드리블링을 행할 때 상대역이 공을 뺏으려고 한다. 이때 드리블링을 하는 자는 힐 킥으로 패스를 하든지, 혹은 힐 킥으로 뒤로 패스하려는 모션을 가졌다가 그냥 드리블링을 계속 하도록 한다. 즉, 힐 킥에 의한 패스와 페인트 모션을 익히도록 하자.

이상과 같은 공을 차는 방법을 연습할 때의 중요한 사항을 지적하면 다음과 같다.

그림 3-47

① 최초에는 올바른 폼form을 익히고, 움직이면서 하도록 하고, 최후에는 상대를 놓고 실전의 장면과 같이 대응 기능을 육성하도록 지도해야 한다.

㉠ 올바른 폼을 형성하기 위해서는 전신의 밸런스와 타이밍, 리드미컬하고 동적인 연기를 지도해야 한다.

㉡ 경기자가 이동하면서 플레이를 하는 동시에 공의 속도에 적응하는 동적인 플레이를 지도해야 한다.

㉢ 대응 기능이란 킥력은 공에 대해서뿐만 아니라 상대의 위치와 움직임에 대응할 수 있는 슈팅, 혹은 패스가 활용될 수 있는 기능을 키워주도록 한다.

② 킥을 할 때에는 시종 공을 주시하도록 지도해야 한다.

③ 패스 앤드 고Pass and Go라는 축구의 기본 원칙과 같이 킥을 한 후에는 반드시 움직이는 습관을 키워 주어야 한다.

④ 공을 찬다는 것은 트래핑의 연속이거나, 드리블링의 다음 플레이이거나, 혹

은 패스를 받은 다음에 하는 것이다.

그러므로 연습을 할 때에는 실전 장면과 연결되도록 드리블로부터 킥, 트래핑에서 연속되는 킥, 다이렉트 킥, 혹은 페인트 모션을 가한 연속적인 킥 등을 체험할 수 있는 연습 내용과 지도 지침을 가져야한다.

2. 트래핑

트래핑trapping이란 용어는 공을 정지시켜 놓는 것이 아니라, 다음 동작으로 이행되기 쉽도록 동적인 공의 움직임을 멈춘다는 뜻이 있다. 즉 경기자가 공을 자유롭게 컨트롤할 수 있는 상태로 신체의 여러 가지 부위를 사용하여 공을 처리하는 것이다. 다시 말하면, 상대측 경기자에게 공을 빼앗기지 않고 안전하게 자기 지배하에 놓이도록 컨트롤하는 것이다.

이와 같은 트래핑의 기술이 우수하면 축구 경기의 플레이와 스피드를 전반적으로 좌우할 수 있다. 그러나 여러 가지 성질의 공을 자기가 의도하는 대로 트래핑을 한다는 것은 쉬운 일이 아니다. 우수한 경기자도 많은 시간과 정력을 트래핑 기술을 연마하는 데 소비한다.

트래핑 기술은, 특히 상대측 경기자의 의식적인 방해와 공을 중심으로 경쟁적 장면에서 일어나는 것이 당연한 일이나, 그 장면을 추상적으로 자기 머리에 그려가면서 기술을 분석하고 트래핑을 이해하기 바란다.

1) 트래핑의 원리

트래핑의 기술상 문제는 공 자체가 가지고 있는 힘의 스피드 회전력과 경기자가 가지고 있는 스피드, 체력, 기술 등에서 생겨나는 무한한 역동적 관계로 이루어진다는 것을 명심해야 한다. 이러한 관계를 일일이 설명하기에는 너무 복잡하다. 그것은 공 자체가 가지고 있는 여러 가지 요소와 신체가 가지고 있는 여러 가지 요소와의 상호 관계는 복잡한 힘의 관계가 얽혀있기 때문이다.

여기서는 다만 트래핑을 할 때 사용되는 신체의 여러 가지 부위(축구에 요구되는 기술에서 설명함)를 중심으로 구분하여 트래핑의 종류를 분류할 수 있고, 공을 컨트롤하기 위해서 필요한 동작을 중심으로 원리적인 요소를 분석할 수도 있다. 그 동작을 다음과 같은 네 가지의 관점에서 간단히 지적하기로 한다.

(1) 공을 지면과 발 사이에 놓이도록 하는 트래핑

손을 사용할 수 없는 축구 경기에서 자기에게 날아오는 공을 멈추기 위해서는 손 아닌 다른 신체 부위를 사용하여 공을 멈출 수밖에 없다. 이러한 경우에 먼저 시도해 볼 수 있는 것이 발을 사용해서 자기에게 향해 온 공이 다시 튀어나가지 못하도록 하는 것이다. 물론 이때 중요한 요소의 하나는 공과 접촉하는 신체의 부위를 공이 계속 이동하거나 튀겨 나갈 방향에 접촉시켜 공의 계속적인 이동을 막고 자기 지배하에 놓이도록 하는 것이다.

이러한 방법에는 발바닥을 사용하여 동적인 공을 지면과 발바닥 사이에 끼어 놓이도록 하는 트래핑이 있는데, 발의 내측과 외측을 사용하여 하는 트래핑도 여기에 속할 수 있다. 이와 같이 공을 지면과 발 사이에 놓이도록 하는 동작을 중심으로 한 트래핑은 힘의 방향을 변화시키는 원리를 이용함과 동시에 공이 움직이거나 튕겨 나가는 방향에 발을 올려 놓음으로써 정지하거나 컨트롤하는 것이다.

(2) 끌어당기는 동작pulling motion에 의한 트래핑

트래핑을 하는 순간에 공과 접촉하는 신체의 부위를 끌어당기는 듯한 동작으로 공을 컨트롤함으로써 공의 스피드를 약화시킨다. 신체 부위에 부딪침으로써 다시 튀겨나가는 힘이 감소됨으로 공을 컨트롤 할 수 있는 위치에 놓이도록 하는 수단이다. 이러한 방법의 원리적인 것을 역학적으로 볼 때 다음과 같다. 즉 충돌하는 두 물체의 튕겨 나가는bound 계수는 두 물체의 물질에 의해서 일정하며, 그 때 튕겨지는 스피드는 충돌을 하기 직전의 스피드에 비례한다. 따라서 트래핑에 있어서 충돌하는 두 물체는 공과 신체의 접촉부위인 것이며, 튀어 오르는 계수를 일정하다고 생각할 때 튕겨지는 힘을 감소시키기 위해서는 자기에게 날아오는 공의 스피드를 약화시킴으로써 해결된다.

그러므로 공이 신체의 부위에 접촉하는 직전의 순간부터 신체의 부위가 공의 움직이는 이동 방향으로 공의 스피드보다 약간 느린 스피드로 끌어당김으로써 공의 속도는 약화된다. 신체와 접촉된 후에도 튕겨나는 힘이 감소되어 발밑으로 떨어지는 것이다. 이와 같이 끌어당기는 동작과 방법도 공의 성질에 의해서 일정하지 않으며, 그 대표적인 것으로 다음과 같은 종류들이다.

㉠ 공을 발 안쪽이나 발등에 올려놓는 형식으로 끌어내리는 경우

㉡ 무릎 관절을 지점으로 발의 안쪽inside으로 끌어당기는 경우, 인사이드 킥을 할 때 발과 접촉하는 부위가 같으나 찰 때와는 반대로 끌어당기는 동작

㉢ 발끝을 사용해서 공중에서 낙하는 공을 끌어당기는 동작

㉣ 대퇴부의 내측을 사용하여 끌어당기는 동작

(3) 탄력에 의한 트래핑

모든 트래핑은 공과 신체의 어느 부분이 접촉함으로써 이루어진다. 이 때 공 자체로서는 접촉 후의 바운드 되는 힘을 변화시킬 수 없다. 그러나 공과 접촉하는 신체의 부위가 어떤 성질의 동작으로 공과 접촉하느냐에 따라 바운드되는 힘을 변화시킬 수 있다. 즉 스피디한 공과 접촉할 때 접촉되는 신체 부위에 힘을 빼고(릴렉스한 입장) 탄력이 있는 상태에서 공을 받아들인다면 바운드 되어 나가려고 하는 공의 성질이 변화될 수 있다. 그렇기 때문에 공과 접촉하는 부위의 탄력relaxation과 접촉 동작에 수반되는 몸 전체의 탄력의 중요성을 인정하고, 이러한 동작을 순간적으로 반사적으로 할 수 있도록 하는 연습이 필요하다.

(4) 공의 스피드를 회전 운동으로 변화시키는 트래핑

속도를 가지고 날아오는 공을 신체의 어느 부위로 접촉할 때, 옆으로 혹은 어떠한 각도로 공의 진행로를 변화시킨다든지, 그 공에 회전 운동을 가함으로써 공이 바운드되는 힘이 감소되거나, 자기의 몸에서 멀리 이탈하지 않고 가까이 회전

하면서 떨어진다. 이러한 트래핑원리는 공에게 회전을 가함으로써 그의 스피드를 약화시키고 튀어 나가는 힘을 역화시키는 방법이다.

이상 트래핑 동작을 중심으로 네 가지 원리적인 점을 간단히 설명하였다. 그러나 경기자가 공을 트래핑하여 컨트롤할 경우 실제로는 어느 하나의 원리가 단독으로 작용하여 이루어지는 것이 아니고, 몇 개의 원리가 복합적으로 종합되어 트래핑의 동작에 응용되는 것이다. 따라서 트래핑을 할 때는 공의 성질을 정확히 판단하고 신체의 접촉 부위를 올바르게 끌어당기는 동작, 방향을 전환시키는 동작, 회전시키는 동작, 혹은 탄력이 있는 상태로 공과 접촉하여 다음 동작과 연결될 수 있는 상태로 공을 트래핑 할 수 있도록 노력해야 한다.

2) 그라운드 볼 트래핑ground ball trapping

지상으로 굴러오는 공이 그 속도가 느리든지, 빠르든지 간에 지상의 공을 트래핑하기 위해서는 인사이드와 아웃사이드 트래핑을 사용하여 공을 컨트롤한다.

(1) 인사이드 트래핑

트래핑을 하는 발끝을 약간 올리고 고정시키며 외측으로 벌리고 무릎에 탄력시켜 유연성을 확보하면서 발을 앞으로 내밀어 공을 접촉시킨다. 공과 접촉하는 순간은 발을 약간 뒤로 당기는 동작으로 공을 받아들여야 된다. 그리고 방향을 변화시키면서 트래핑을 하기 위해서는 공과 접촉하면서 끌어당긴 발을 가볍게 트래핑하려는 방향으로 다시 내민다. 트래핑을 하지 않는 발의 발끝을 트래핑 하는 방향 그림 3-48과 같이 그라운드 볼에 향하도록 할 것이며, 무릎을 구부려 유연성을 확보하고, 트래핑 하면서 몸무게를 지탱한다. 상체는 트래핑을 하는 발이 공과 접촉을 하게 되면서 트래핑을 하

그림 3-48

는 방향으로 다음 동작으로 유연하게 연결되도록 그 방향으로 기울이게 한다.

[기본 연습]

공 없이 제자리에 서서 양쪽 발을 자유롭게 끌어다기는 동작의 연습을 한다. 다음은 앞으로 2~3보 이동하면서 한 발로 몸무게를 지탱하고 몸의 밸런스를 확보하며, 다른 한 발로 끌어당기는 동작을 되풀이 연습한다. 공을 사용하면서 제자리에 선 채로 한다. 처음에는 느린공을 트래핑하여 차차 빠른 공과 접촉하도록 변화시킨다. 트래핑에 숙달하게 되면 공의 속도를 변화시키고 제자리에서 공을 접촉할 것이 아니라 앞으로 달려 나가면서 트래핑을 한다. 특히 앞으로 달려 나가는 거리와 속도를 변화시키도록 하자. 방향을 전환시키면서 트래핑을 하도록 하자. 공과 마주서서 달려 나가다가 공과 접촉하는 순간 공을 자기의 지배 하에 놓는 방향을 변화시키는 것이 필요하다. 그래서 좌우 회전(90°~180°)하면서 트래핑하도록 방법을 변화시켜야 한다.

(2) 아웃사이드 트래핑

트래핑을 하는 발끝은 약간 위로, 그리고 내측으로 향하게 하고 발목을 고정시킨다. 무릎은 유연성을 확보하고 공과 접촉하는 순간 발을 공의 측면으로 내밀면서 공을 컨트롤한다.

아웃사이드 트래핑의 경우는 정면으로 오는 공을 접촉하는 것보다 약간 측면이나 옆으로부터 오는 공을 컨트롤할 때 흔히 사용된다.

반대편의 발에 몸무게를 싣고 밸런스 유지를 위해 무릎을 약간 구부린다. 팔은 자연스러운 자세로 두며, 상체의 움직임은 트래핑의 방향과 일치되도록 전환시킨다.

그림 3-49. 아웃사이드 트래핑

[연습]

① 공 없이 제자리에서 발의 움직임에 익숙하도록 동작을 되풀이하고 난 다음 앞으로 2~3보 달려 나가면서 발의 동작을 한다.

② 처음에는 스피드가 느린공을 트래핑한다. 다음은 공과 타이밍을 맞추어 가면서 앞으로 이동하면서 트래핑 연습을 하고, 다소 숙달이 되면 공의 속도와 달려 나가는 대시의 속도를 변화시킨다.

③ 트래핑의 방향을 변화시켜 여러 각도로 연습한다. 90°~180°까지 방향을 변화시키도록 노력한다. 그리고 우측 방향으로 트래핑을 할 때는 우측 발의 외측에 공이 접촉되도록 하면서 동시에 트래핑하려는 방향으로 약간 그 발을 내밀어 공을 컨트롤한다.

(3) 그라운드 볼의 트래핑 연습

두 명이 약 10m 떨어진 거리에 마주 서서 한 경기자가 차주는 공을 인사이드 트래핑을 한다. 서로 교대로 차주고 트래핑을 반복하도록 하면서 정확한 트래핑의 요령을 습득하도록 하며, 방향을 변화시켜 가면서 공을 컨트롤하도록 한다.

[연습 1]

10m 정도 떨어진 거리에 두 사람이 마주 서서 인사이드 킥으로 패스해 주는 공을 아웃사이드 트래핑을 교대로 한다. 10m 정도 떨어진 거리에 두 사람이 마주 서서 패스되어 오는 공을 우측 발로 인 사이드 트래핑 하거나 아웃사이드 트래핑을 교대로 한다. 그리고 트래핑 하는 발도 좌우로 교대로 바꾸며 앞으로 뛰어 나가면서 한다.

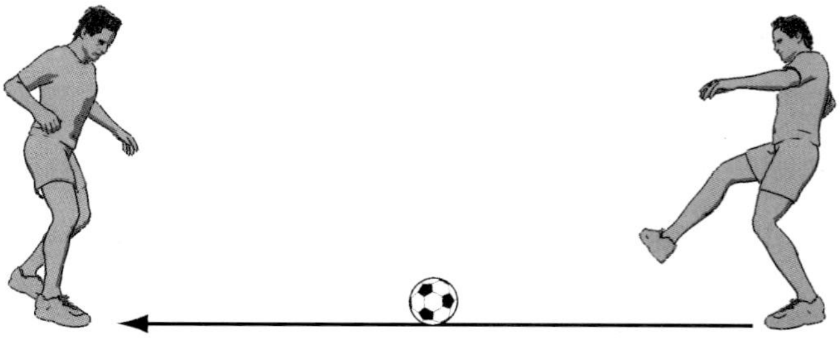

그림 3-50

[연습 2]

3~4인이 한 조가 되어 원을 그리며 달리면서 인사이드 트래핑, 아웃사이드 트래핑을 행한다. 트래핑한 공은 원의 중심 지점을 통과하여 다른 사람이 트래핑 할 수 있도록 차 준다. 달리는 방향을 바꿔서 하도록 한다.

그림 3-51

[연습 3]

방향을 전환시키면서 트래핑을 한다. 10~15m 정도 떨어져 마주 서서 파트너의 좌우 떨어진 곳으로 킥을 한다. 이때 인사이드와 아웃사이드로 트래핑 하도록 한다. 우측으로 달려갔을 때는 우측의 인사이드 트래핑, 그리고 좌측의 아웃사이드 트래핑을 하며, 좌우측의 공을 트래핑 하도록 한다.

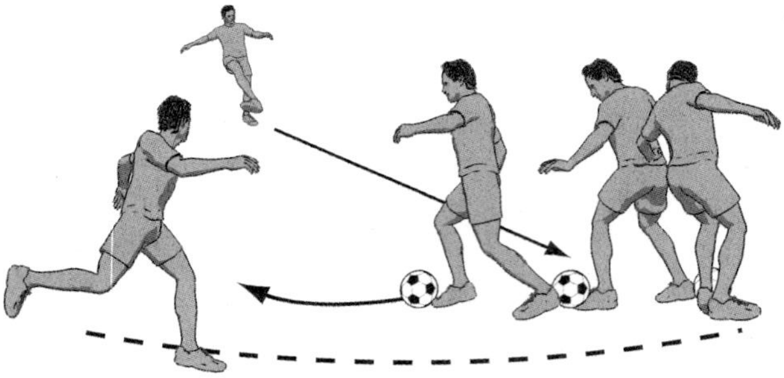

그림 3-52

[연습 4]

180° 회전하면서 트래핑을 한다. 2명이 10~15m의 거리를 두고 서서 마주 선다. 이때 한 사람이 자기 파트너에게 킥으로 공을 굴려 주면 파트너는 2~3m 정도 앞으로 달려 나와 인사이드, 아웃사이드 트래핑을 하면서 본래의 자리로 돌아간다.

그림 3-53

[연습 4]의 경우에는 앞으로 달려 나가면서 좌측의 인사이드로 한 차례 공을 멈추고 다시 계속해서 우측의 인사이드 180° 방향으로 턴하면서 트래핑을 하도록 하며 좌우측으로 회전하는 것을 교대로 한다.

[연습 5]

파트너가 킥한 공을 앞으로 이동하여 180° 턴하면서 트래핑을 할 때 좌측 턴을 할 경우에 우측 발의 인 사이드를 사용하여 트래핑 하는 방법이다. 이러한 트래핑은 공의 스피드에 따라 앞으로 달려 나가다가 급회전하여 방향을 변화시키면서 동시에 공을 트래핑 해야 한다. 따라서 공과 접촉할 때 턴하는 요령은 한 쪽 발로 몸무게를 지탱하면서 신체의 밸런스를 유지할 수 있어야 한다.

그림 3-54

[연습 6]

180° 회전 트래핑은 공을 앞으로 나가면서 좌측으로 회전을 하여 좌측발의 인 사이드, 아웃사이드를 사용하여 하는 트래핑이다. 회전으로 좌우를 변화시켜 가면서 자유자재로 트래핑을 할 수 있도록 익혀야 한다.

그림 3-55

[연습 7]

등 뒤의 방해자를 페인트하면서 트래핑을 한다. 이때는 뒤에서 방해자 역할을 맡는 파트너가 한 사람 더 필요하다. 즉 전방에서 오는 공을 트래핑하기 위해 앞으로 달려나갈 때 방해자를 1~2m 떨어져 뒤따르게 한다. 좌측으로 트래핑을 할 때 일단 상체를 우측으로 회전시키는 것처럼 약간 돌렸다가 그 반동으로 좌측으로 회전하면서 트래핑 한다.

3) 뛰어오르는 공의 트래핑bound ball trapping

공중에서 낙하한 공이 바운드 되는 순간을 이용하여 트래핑을 하는 방법이며 발의 바닥, 인사이드, 아웃사이드 그리고, 복부를 사용하여 공을 컨트롤하는 방법이 있다.

(1) 발바닥을 사용하는 트래핑

트래핑을 하는 발의 발끝은 충분히 펴고 발목을 구부려 발끝이 위로 향하도록 하며, 무릎을 들어올린다. 유연한 동작으로 바운드 되어 오르는 공위에 발바닥을 올려놓아 접촉시켜 공을 컨트롤한다. 반대 측 발끝은 공이 오는 방향을 향하도록 하며, 그 발로 몸무게와 몸의 밸런스를 확보하기 위해 무릎을 약간 구부려서 유연한 동작을 취할 수 있도록 한다. 상체는 밸런스 유지를 위해 양팔을 가볍게 구부려 자연스럽게 올리며, 상체는 약간 앞으로 기울도록 자세를 갖춘다.

그림 3-56

자기 스스로 공을 손으로 자기 몸 앞에 가볍게 떨어뜨리고 트래핑 하는 발을 공위에 가볍게 올려 놓으면서 컨트롤한다. 이 때 공을 밟는 것이 아니고 바운드 되는 공을 튀어 나가지 못하도록 가볍게 억제하는 것이다. 파트너가 던져주는 공을 트래핑 한다. 5~10m 떨어진 거리에서 로빙으로 던져 주는 공을 서로 교대로 좌우측의 발을 사용하여 연습한다.

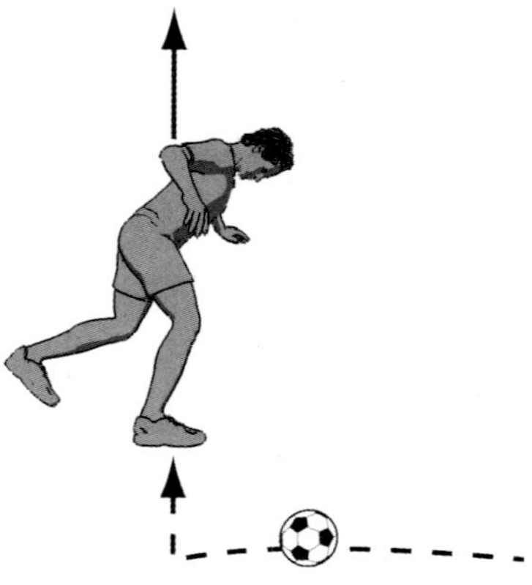

그림 3-57

[연습 1]

정지된 자세에서 초보적인 단계의 트래핑이 끝나면 앞으로 달려 나가면서 공의 여러 가지 성질과 낙하 지점의 변화에 따라 공과 접촉하는 타이밍을 조화시키도록 한다. 손에 공을 들고 앞으로 서서히 달리면서 3~4m 앞에 낙하되도록 공을 공중으로 던진다. 던진 공의 낙하 지점과 낙하 시간에 맞도록 달려가서 발바닥을 사용하여 트랩한다. 공의 높이와 던지는 거리를 변화시키며, 좌우 발을 자유롭게 사용할 수 있도록 하자.

[연습 2]

약 10m의 거리에서 파트너가 던져주는 공을 트래핑하자. 파트너는 임의로 트래핑 하는 사람으로 2~3m 전후, 좌우로 이탈된 지점에 던져줌으로써 위치를 이동시키면서 트래핑을 할 수 있도록 보조한다. 공의 낙하지점을 정확히 판단하고 유연성 있는 동작으로 공을 트래핑 할 수 있어야 한다.

그림 3-58

(2) 인사이드 트래핑

인사이드 킥을 할 때와 마찬가지로 트래핑 하는 발의 발끝을 약간 위로 향하게 하고, 외측으로 돌리며 발목을 고정시키고 무릎을 약간 들어 올려서 유연한 동작이 되도록 한다. 반대측의 발로 몸무게를 지지하고 무릎을 약간 구부리고 전신의 밸런스를 유지하며, 발끝을 공이 오는 방향을 향하도록 한다. 상체는 몸무게를 지지하는 다리 위에 놓이며, 오히려 약간 앞으로 기울어지는 자세로, 양팔은 밸런스 유지를 위해 약간 벌려서 올리도록 한다.

그림 3-59

[기본 연습]

① 공을 사용하지 말고 트래핑 자세를 올바르게 습관이 되도록 하며, 좌우 발을 사용할 수 있도록 기본자세에 주의한다.

② 혼자서 자기 스스로 공을 손으로 떨어뜨리면서 바운드 되어 오르는 순간에 인사이드를 사용하여 트래핑 하도록 한다. 공의 낙하지점, 몸무게를 지지하는 발의 위치, 그리고 트래핑 하는 발의 위치 등 삼각관계를 파악하도록 노력한다.

③ 약 10m 정도 떨어진 거리에서 파트너가 던져주는 공을 인사이드를 사용하여 트래핑 하도록 하며, 좌우측 발로 자유로이 할 수 있도록 숙달시킨다.

[연습 1]

10m 정도의 거리에서 파트너가 던져 주는 공을 트래핑 한다. 던지는 공을 트래핑 하는 자의 바로 앞에 낙하시키는 것보다 앞 뒤, 좌우로 떨어진 곳에 낙하시켜줌으로써 낙하지점에 이동함과 동시에 트래핑 하는 타이밍에 숙달이 될 수 있다. 특히, 트래핑을 하는 사람은 낙하지점으로 이동하고 인사이드로 공의 바운드를 억제할 수 있도록 무릎을 구부리고 발목을 지나치게 힘을 주지 말고 바운드되어 튀어 나가는 각도 위에 접촉시키는 주의가 필요하다.

그림 3-60

[연습 2]

트래핑 하는 방향을 변화시키는 연습을 하자. 공이 낙하하는 지점으로 달려가 공과 접촉함과 동시에 그 공의 진로를 90°~180° 방향으로 변화시키면서 트래핑을 한다. 이 때 주의해야 할 점은 공의 낙하지점에 접근하여 지면에 닿는 발끝이 트래핑하려는 방향에 향하도록 밟는 것이 필요하며, 트래핑을 하는 발은 공이 바운드한 순간 자기가 의도하는 방향으로 공을 내밀도록 해야 한다.

[연습 3]

파트너가 던져주는 공이 정면으로 향한 것이 아니고 측면에서 던져주는 공을 트래핑 한다. 즉, 파트너가 마주 서서 하는 연습이 아니라 두 사람의 간격을 10m 정도로 하고 같은 방향을 향해 다 같이 앞으로 달리면서 옆으로 던져주는 공을 트래핑하는 연습이다.

[연습 4]

페인트 모션feint motion을 가하여 그 반동을 이용한 트래핑을 하자. 트래핑을 하는 사람 뒤에 방해하는 자를 두고 연습을 한다. 즉 상대의 마크를 역모션 혹은 페인트로 떨어뜨리고 트래핑 하는 방법이다. 페인트 모션과 함께 연결되는 트래핑 자세에 자연스러운 전신의 밸런스 확보가 중요하다. 그리고 만일 상대 방어자가 페인트에 걸려들지 않으면 그냥 그대로 페인트를 했던 방향으로 트래핑을 한다.

(3) 아웃사이드 트래핑

트래핑을 하는 발의 무릎을 유연하게 구부리고 발목을 가볍게 고정시켜 공이 지면에서 바운드되는 순간에 발 외측을 공과 접촉시켜 몸 측면으로 트래핑을 하도록 한다. 그리고 반대측의 발은 자연스러운 위치에 놓이도록 하는 것이 원칙이지만 트래핑의 회전 각도가 변화하면 그 회전 방향으로 하도록 하는 것이 동작에 유연성을 준다. 눈은 공을 주시하면서 상체는 트래핑하려는 방향으로 약간 기울도록 하면서 양팔을 앞으로 자연스러운 자세로 약간 올려 전신의 밸런스를 확보하도록 자세를 취한다.

그림 3-61

[기본 연습]

공을 사용하지 말고 제자리에서 아웃사이드 트래핑의 자세를 올바르게 갖도록 하고 2~3보 앞과 뒤로 움직이면서 폼을 형성한다. 혼자서 자기가 떨어뜨리는 공이 바운드 되는 순간 아웃사이드 트래핑을 하도록 한다. 이 때 공에 너무 신경을 써서 트래핑 하는 발의 움직임이 굳어지지 않도록 항상 전신의 밸런스와 유연한 동작에 주의한다.

파트너와 교대로 던져주고 트래핑을 한다. 공의 낙하지점을 정확히 파악하고 트래핑을 하는 타이밍, 그리고 몸무게를 지지하는 발의 위치 등 세 가지가 조화를 이루도록 해야 한다.

[연습 1]

파트너는 약 10m 정도 떨어진 거리에서 트래핑 하는 자의 앞 뒤, 좌우 등 2~3m 떨어진 곳에 공이 낙하하도록 던져준다. 트래핑을 하는 자는 공의 낙하지점으로 이동하면서 트래핑을 하도록 한다.

[연습 2]

페인트 모션을 가한 트래핑을 한다. 좌측의 인사이드로 우측 방향으로 트래핑 하는 것처럼 동작을 취했다가 좌측 발의 아웃사이드로 좌측 방향으로 트래핑을 한다. 이것은 수비자를 기만하는 술책으로 실전에 필요한 트래핑이다.

그림 3-62

(4) 복부로 하는 트래핑

지상으로 낙하한 공이 바운드될 때 흔히 발을 사용하여 트래핑을 한다. 그러나 낙하지점에 도달하는 것이 늦었다든지 할 때 발을 사용하기에는 타이밍이 맞지 않을 경우가 생긴다. 이와 같이 발을 사용할 수 없을 때 가슴으로 바운드되는 공을 트래핑 할 수 있다.

[요령]

공이 오는 방향으로 정면을 향하게하고 양발을 약간 좌우로 벌려서 몸무게를 양쪽 발에 놓이도록 한다. 공이 바운드되어 올라오는 것을 복부로 접촉시키는 순간에는 상체를 앞으로 구부리며, 복부를 약간 뒤로 당기는 듯한 동작으로 공을 대한다. 양팔은 핸들링이 되지 않도록 주의해야 하며, 밸런스 유지를 위해 약간 구부리고 앞으로 올리는 자세를 취한다.

[기본 연습]

제자리에 공 없이 서서 가상적으로 공이 낙하하는 것을 예상하여 순간적으로 기본자세가 되도록 폼을 연습한다. 특히 양어깨가 둥글게, 그리고 상체가 앞으로 굽혀지면서 복부가 움츠리는 동작을 습관 하도록 한다. 자기가 던져 올린 공을 낙하지점과 바운드되어 올라오는 공에 맞추어 복부를 접촉시킨다. 파트너가 던져주는 공을 복부를 이용하여 트래핑하자. 처음에는 던져주는 공이 트래핑을 하는 사람의 앞에 낙하하도록 보조하자.

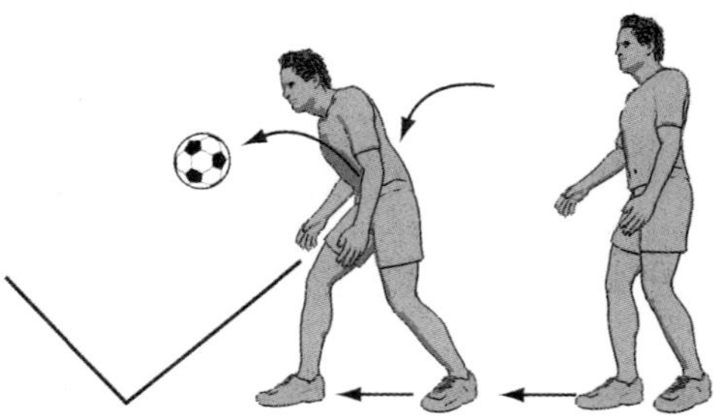

그림 3-63. 복부로 하는 프래핑

[연습 2]

제자리에서 하는 복부 트래핑이 가능해지면 자기 혼자 공을 가지고 앞으로 달려 나가면서 트래핑을 하자. 초보 단계에서는 앞으로 달리면서 자기의 2~3m 전방에 공이 낙하되도록 하고 공에 접근하는 타이밍 조절에 주의한다. 다음은 공의 높이를 변화시키면서 숙달 수준에 따라 앞으로 던지는 거리를 변화시켜 가며 연습을 하자. 어디까지나 공과 복부를 접촉시키는 것으로 끝내지 말고, 공을 자기의 지배하에 놓이도록 컨트롤하는 것에 관심을 갖도록 해야 한다.

4) 공중으로 오는 공의 트래핑flying ball trapping

축구 경기에서는 지상으로 오는 공뿐만 아니라 공중으로 플레이되는 공을 처리해야 할 경우가 많다. 이와 같이 공중에서 낙하하는 공, 공중으로 움직이는 공을 트래핑하기 위해서는 인스텝, 인사이드, 아웃사이드, 대퇴부위, 복부, 가슴 그리고 이마heading가 사용되는 방법이 있다.

(1) 인스텝 트래핑

그림 3-64. 인 스텝 트래핑

트래핑을 하는 다리의 발목을 펴고 무릎을 유연하게 그리고 다소 높이 앞으로 들어 올린다. 공과 접촉하는 부분이 발등이며, 공이 발등에 닿는 순간에 빨리 발을 끌어내리는 동작으로 트래핑을 해야 한다.

반대 측 발은 무릎을 약간 구부리고 유연한 몸 자세를 확보하며, 공이 오는 방향에 발끝이 향하도록 한다. 상체는 트래핑하는 발을 올렸을 때는 다소 가슴을 펴고 선 자세이나 공과 접촉하고 발을 아래로 이동시킬 때는 몸의 중심을 내리고 다소 앞으로 향하게 된다. 양팔은 자연스럽게 양옆으로 올려 몸의 밸런스를 유지하도록 하며, 눈은 공을 주시해야 한다.

[기본 연습]

공을 사용하지 않고 몸 자세 만들기를 하자. 트래핑을 하는 발의 움직임이 유연하게 그리고 끌어내리는 동작이 부드럽게 하도록 한다. 자기가 던져 올린 공이 떨어지는 것을 트래핑하자. 좌우측 발을 자유로이 쓸 수 있도록 노력하여 공과 인스텝이 접촉하는 높이를 차차 변화시켜 높은 곳에서 할 수 있도록 하자. 10m 정도 떨어진 거리에서 파트너가 던져주는 공을 트래핑한다. 공의 낙하지점을 빨리 정확히 판단하여 이동할 수 있도록 해야 하며, 공을 트래핑 하는 것으로 끝나지 말고 자기 지배하에 놓이도록 한다.

[연습 1]

자기가 던져 올리는 공이 3~5m 정도 앞으로 던져서 뛰어 나가면서 인스텝 트래핑을 하자. 공을 던지는 방향을 좌우, 그리고 앞으로 변화시켜 연습을 함으로써 이동 트래핑이 가능해진다.

[연습 2]

여러 가지 방향으로 움직이는 공을 트래핑 하는 것이 중요하다. 그리고 공의 속도, 높이에 변화가 있는 연습을 하도록 하자.

(2) 인사이드 트래핑

지면에 놓인 발목과 무릎은 유연한 자세로 몸무게를 지지하고 트래핑을 하는 발의 동작이 자연스럽도록 밸런스를 유지한다. 트래핑을 하는 발은 발끝을 위로, 그리고 옆으로 향하도록 하고, 발목을 고정시킨다. 무릎을 앞으로 올려 공의 방향과 발의 내측이 서로 면하도록 하고 공과 접촉하는 순간 재빨리 발을 뒤로 당기면서 공을 컨트롤한다. 트래핑을 하는 발에 지나치게 힘이 가해지면 공이 튀어 나가게 되므로 주의해야 한다. 그리고 상체의 움직임은 전신의 밸런스 유지에 보조를 맞추어 움직이도록 하자.

그림 3-65. 인사이드 트래핑

[기본 연습]

공을 사용하지 말고 인사이드 트래핑의 자세를 올바르게 익히자. 트래핑을 하는 발의 움직임이 유연하게 다음 동작으로 연결되도록 공을 컨트롤하는 몸의 움직임을 익히자. 5~10m 거리에서 파트너가 던져주는 공을 트래핑하자. 공과 접촉하는 동작과 순간적으로 뒤로 당기는 트래핑하는 발의 움직임을 실제로 익히도록 한다.

[연습 1]

파트너가 던져주는 공이 트래핑을 하는 사람의 좌우측으로 2~3m 정도 떨어진 곳에 낙하시켜주므로 좌로 이동하면서 트래핑을 할 수 있다. 그리고 트래핑하는 사람이 컨트롤하는 공의 방향을 변화시키도록 하자. 즉 우측 방향에서 오는 공을 우측으로 이동하면서 우측 발의 인 사이드로 좌측 회전을 가해서 트래핑을 할 수도 있고, 우측 발로 트래핑을 하면서 우측으로 방향 전환을 할 수도 있다. 양쪽 발을 사용하여 좌우 턴으로 공을 트래핑한다.

[연습 2]

파트너가 던지는 공은 공의 속도가 느리고 약하다. 15~20m 떨어진 거리에서 차주는 공을 트래핑하게 되면 몸 앞에서와 같은 공을 트래핑하게 된다.

[연습 3]

세 사람이 한 파트너가 되어 한 사람은 공을 차준다. 공을 차주는 사람과 20m 정도 떨어진 거리에서 한 사람은 트래핑을 하고, 다른 한 사람은 1~2m 뒤에서 방해하는 수비측의 입장이 된다. 즉 트래핑을 하는 사람은 뒤에 있는 수비측을 의식하고 페인트 모션을 가해 가면서 공을 트래핑 하도록 한다.

이것은 조직적으로 잘 이루어진 연습이다. 공의 패스력, 수비측의 인터셉트, 그리고 트래핑을 겸할 수 있는 연습 방법이 된다. 세 사람이 위치를 교대함으로써 세 가지 연습이 이루어질 수 있다.

(3) 아웃사이드 트래핑

트래핑을 하는 발의 무릎을 중심으로 뒤로, 그리고 약간 옆으로 구부리고 발을 올린다. 자기의 뒤에 있는 공을 아웃사이드로 접촉시켜 공을 자기의 앞 방향으로 트래핑 한다. 이때 발목은 자연스러운 자세가 좋다. 그 반대측 발은 지면에 놓여 있으며, 무릎을 유연하게 하고 몸무게를 지지하면서 전신의 밸런스를 확보해야 한다.

그림 3-66. 아웃사이드 트래핑

공의 전방으로 트래핑하기 위해서는 중심이 앞으로 이동되면서 트래핑이 되도록 해야 한다. 그리고 발끝은 앞으로 향하도록 한다. 상체는 뒤에 있는 공을 주시해야 하기 때문에 측면으로 향하게 되며 양팔도 자연스럽게 양옆으로 올려서 밸런스를 유지하도록 해야 한다.

[기본 연습]

트래핑을 하는 발의 움직임이 자연스러운 운동이 아니기 때문에 좌우의 발이 자유스럽게 움직일 수 있도록 몸 자세와 관절 운동이 필요하다, 처음에는 공을 사용하지 말고 발의 움직임과 몸의 밸런스를 유지할 수 있도록 하자. 자기가 던진 공을 트래핑하자. 바운드 시키는 공은 후방이라기보다 측면 후방에 낙하시키도록 하는 것이 유리하다. 기본자세가 확립되면 트래핑을 하면서 다음 동작으로 이행시키는 몸의 움직임이 연결되도록 하자.

가까운 거리에서 파트너가 던져주는 공을 트래핑하자. 던져주는 공은 정확히 던져주어야 한다. 좌우측의 발을 사용하여 자연스러운 자세가 되게끔 숙달되도록 하자.

[연습 1]

제자리에 트래핑을 하는 것이 끝나면 이동하면서 트래핑을 연습하자. 뒤에서 던져주는 공이 트래핑을 하는 사람의 앞, 좌우 방향으로 던져주면 이동을 하면서 트래핑을 할 수 있다.

[연습 2]

자기가 공을 전방으로 던지고 달려가서 트래핑을 한다. 이때 한 번 바운드되는 공을 트래핑할 수도 있고, 직접 트래핑을 할 수도 있다. 그리고 공을 던질 때 거리나 높이를 변화시켜 장면에 맞도록 달려가면서 트래핑을 하도록 한다.

(4) 대퇴부위 사용하는 트래핑

트래핑을 하는 발의 무릎을 구부리고 대퇴부를 위로 올려 지면과 평행이 되도록 올린다. 공이 대퇴부와 접촉하는 순간에 무릎을 아래로 내림으로써 공이 앞으로 낙하하도록 컨트롤한다. 지면에 놓인 발은 발목, 무릎이 유연한 자세로 체중을 지지하고 전신의 밸런스를 유지한다. 양팔은 자연스럽게 올려서 밸런스를 유지하도록 하고 눈은 공을 주시한다.

그림 3-67. 인사이드 트래핑

[기본 연습]

공을 사용하지 않고 기본자세를 만들도록 하자. 무릎을 자연스럽게 지면에 평행이 되도록 올리는 습관을 키워야 한다. 그리고 트래핑 하는 대퇴부를 좌우로 이동시키면 공을 좌우로 컨트롤할 수 있으므로 공과 접촉하는 순간을 예상하여 좌우로 옮겨 놓는 몸의 움직임을 연습토록 하자. 자기가 던져 올린 공을 좌우측 발을 사용하여 트래핑하자. 공과 대퇴부가 접촉하는 순간 무릎을 내리는 동작의 감각을 익혀야 한다. 그리고 트래핑 하는 발을 좌측, 우측으로 옮기면서 공이 낙하하는 방향을 전환시키도록 하자. 10m의 거리에서 파트너가 던지는 공을 양쪽 발의 대퇴부를 사용하여 트래핑하자. 초보적 연습 단계에서는 무릎을 사용할 수 있도록 파트너가 공을 정확히 던져주어야 연습의 효과가 있다.

[연습 1]

트래핑을 하는 사람이 전방으로 좌우로 이동하면서 트래핑을 할 수 있도록 파트너는 공을 던지는 거리와 방향을 변화시키도록 하자. 트래핑을 하는 사람은 낙하지점에 민첩하게 이동하여 공을 일단 컨트롤하면 즉시 다음 동작으로 들어갈 수 있도록 트래핑을 하자.

[연습 2]

방향을 전환해 가면서 트래핑을 하자. 경우에 따라서는 트래핑 되는 공을 앞으로만 떨어뜨릴 것이 아니라 좌측 혹은 우측으로 여러 각도로 변화시킬 필요가 있다. 방향을 전환하면서 트래핑을 하기 위해서는 지면에 놓인 발을 축으로 하면서 전신의 밸런스 확보와 회전하는 방향으로 전신이 기울어지는 동작의 시점이 되도록 해야 한다.

(5) 복부를 사용하는 트래핑

양쪽 발을 약간 벌리고 서서 무릎을 구부려 유연한 자세를 취하고 발끝 부분에 몸무게가 놓이도록 한다. 상체는 앞으로 다소 구부리고 양팔을 벌려서 위로 올려 밸런스를 유지하며, 핸들링 반칙에 주의해야 한다. 복부는 공이 오는 방향에 향하도

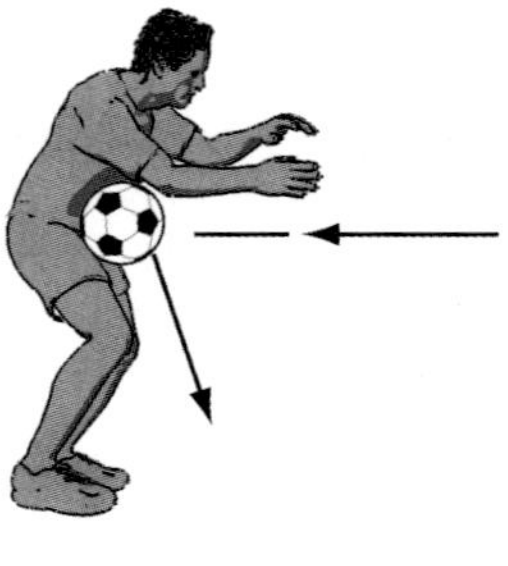

그림 3-68. 복부를 사용하는 트래핑

록 하며, 공이 복부와 접촉하는 순간에는 배를 뒤로 당기며 상체를 약간 내리는 동작을 취하여 공이 자기 앞으로 낙하하도록 컨트롤한다.

[기본 연습]

2~3m의 거리에서 파트너가 던져주는 공을 복부에 접촉시키는 연습을 한다. 복부에 공이 접촉하는 순간에 복부를 뒤로 당기는 동작의 연습을 한다.

5~10m의 거리에서 파트너가 던져주는 공을 제자리에서 트래핑 한다. 던져주는 공이 낙하하는 각도가 크면 복부를 접촉시켜 트래핑을 하기가 곤란하므로 던지는 방법을 잘 선택해야 한다. 공과 마주 서서 몸의 밸런스를 유지하는 습관과 공이 낙하한 후에 자기 지배하에 항상 놓이도록 해야 한다.

[연습 1]

던져주는 공을 트래핑 할 수 있게 되면 공을 차주도록 한다. 차주는 공은 스피드가 있고 강해서 복부에 접촉되면 충격이 심할 것 같으나 복부를 뒤로 당기는 동작을 함으로써 충격이 감소되고 공을 낙하시킬 수 있다. 제자리에서 하는 과정이 지나면 2~3보 앞으로 전진하면서 한다.

[연습 2]

트래핑을 한 공이 앞으로 낙하할 수 있게 되면 공의 방향을 좌우 회전으로 다각도로 변화시킨다. 즉 공이 복부와 접촉을 할 때 복부를 뒤로 당기는 동작과 함께 몸을 회전시키는 동작이 동시에 일어나야 한다. 숙달도에 따라 회전 각도를 크게 변화시킬 수 있다.

(6) 가슴을 사용하는 트래핑

발을 앞뒤로 벌리고 앞의 발위에 놓이도록 하고 무릎을 약간 구부려 유연한 자세를 갖는다. 공을 직접 밑으로 떨어뜨리려고 할 때는 앞의 발에 있던 몸무게를 뒤로 발에 이동을 시키면서 밸런스를 확보한다.

공을 직접 떨어뜨리려고 할 때는 흉부를 약간 앞으로 내밀고 공과 가슴이 접촉하는 순간 가슴을 뒤로 당기며, 동시에 자세를 아래로 낮추는 동작을 한다. 공을 약간 위로 올렸다가 떨어뜨리려고 할 때는 자연적인 자세로 공을 대하면서 공과 가슴이 접촉하는 순간, 상체와 함께 가슴을 펴고 위로 올리는 동작과 함께 구부렸던 무릎을 신장시키면서 몸의 중심을 위로 향하게 한다.

그림 3-69. 가슴을 사용하는 트래핑

이때 주의해야 할 점은 공을 직접 땅으로 낙하시키는 방법과 약간 위로 올렸다가 떨어뜨리는 방법에 차이가 있다는 점이다. 직접 떨어뜨릴 때는 가슴을 약간 앞으로 내밀어 공을 접촉시키면서 뒤로 당기며 몸의 중심을 밑으로 내린다. 그러나 공을 위로 향하도록 했다가 떨어뜨릴 때는 오히려 자연 자세에서 공과 접촉하는 순간에 가슴을 앞으로 내밀면서 상체를 뒤로 눕히고 무릎을 펴고 몸의 중심을 위로 향하게 한다.

[기본 연습]

공을 사용하지 말고 제자리에 서서 가슴을 뒤로 당기는 동작과 가슴을 위로 밀어 올리는 동작을 연습한다. 제자리에 선 위치에서 공을 던져 올려 가슴과 공을 접촉시키는 기본 동작을 익히도록 한다. 즉 공을 직접 앞으로 떨어뜨리는 동작과 공을 위로 올렸다가 떨어뜨리는 컨트롤 방법을 사용한다.

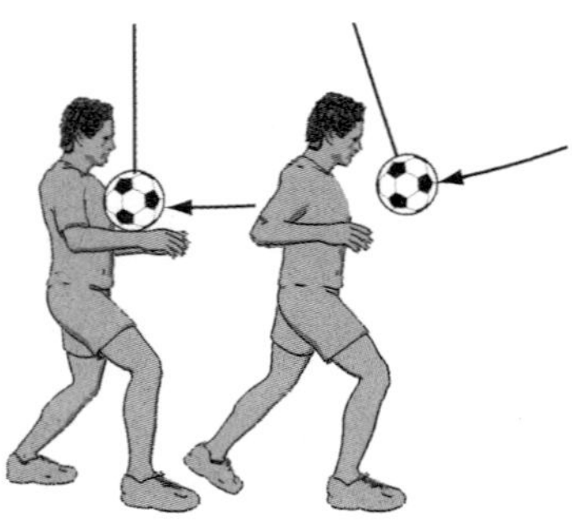

그림 3-70

펜델 볼을 사용하여 연습을 할 수 있다. 공의 높이를 자유로이 조작할 수 있기 때문에 연습에 유익한 점이 있으며, 공을 밀어내는 강약에 따라 되돌아오는 공의 관성을 경험하게 된다. 파트너가 던져주는 공을 트래핑 한다. 5~10m 거리에서 던져주는 공을 직접 떨어지도록 하거나 위로 올렸다가 낙하시키는 두 가지 방법을 연습한다.

[연습 1]

5~10m 거리에서 트래핑을 하는 사람의 전후, 좌우 방향으로 2~3m 정도 떨어진 곳에 공을 던져주도록 하고 그것을 트래핑 하도록 한다. 이 때 낙하지점으로 빨리 이동하는 동시에 가슴으로 트래핑을 하고 계속하여 공을 처리할 수 있도록 다음 동작(예, 킥킹 혹은 드리블링)으로 들어간다.

[연습 2]

방향을 변화시키는 트래핑을 하자. 단순하게 트래핑 하는 공을 오직 전방으로 떨어지도록 하지 말고 좌우로 90°~180° 방향으로 컨트롤하도록 하자.

[연습 3]

세 사람이 한 조가 되어 복합적인 연습을 하자. 5~10m의 한 변을 갖는 삼각형에 이르는 지점에 세 사람이 위치하고 던져주는 공을 트래핑하고 지면에 떨어지기 전에 다음 사람에게 패스를 하도록 하자. 트래핑 직후 공을 처리하기 위해서는 정확한 트래핑과 다음 동작으로 연결되는 일련의 계속적인 동작이 필요하다. 좌우 양쪽의 발로 공을 처리할 수 있도록 트래핑과 연결하자.

[연습 4]

앞으로 달리면서 측면에서 오는 공을 트래핑 한다. 파트너와 간격을 5~10m의 거리를 두고 같은 방향으로 달리면서 던져주는 공을 트래핑 하도록 한다. 상호 던져주는 것을 교대로 한다. 이때 옆 방향에서 오는 공을 트래핑 하여 달리는 방향으로 낙하시키도록 하자. 앞에서 던져주는 공을 트레핑을 할 때 트래핑을 하는 사람의 뒤에 수비측 역할을 하는 방해 자를 한 사람 두고 페인트를 겸한 트래핑을 하도록 하자.

(7) 헤딩으로 하는 트래핑

발을 앞뒤로 벌리고 앞의 발에 중심이 놓이도록 하였다가 트래핑을 할 때 중심을 뒤의 발로 옮기도록 한다. 중심이동과 함께 다소 앞에 놓였던 상체의 위치는 공을 접촉하면서 뒤로 옮겨지도록 한다. 양팔을 앞으로 자연스럽게 올려서 몸의 밸런스를 유지하도록 한다. 눈은 공을 주시하면서 공과 접촉하는 순간에는 상체는 뒤로 움직이게 되며 머리를 뒤로 당기는 동작을 하게 된다. 이러한 공과 접촉할 때 뒤로 움직이는 동작에 의해서 공의 힘이 약화되고 땅으로 떨어지게 된다. 그리고 공중에서 공과 접촉하여 트래핑 하는 방법도 있다. 즉, 공이 낙하되는 지점에 점프를 하여 공중에서 공을 접촉하게 된다. 공중에서 공과 접촉한 몸의 움직임은 지상에서 하는 요령과 거의 동일하나 공과 함께 낙하하는 타이밍에 주의해야 한다.

그림 3-71

[기본 연습]

① 제자리에서 공 없이 몸 자세의 밸런스 유지를 위한 동작을 실행한다. 동시에 점프 헤딩 트래핑의 몸 자세를 익히도록 한다. 트래핑 요령에서 설명한 바를 정확히 연습을 거듭하여 숙달되도록 한다.

② 자기가 던져 올린 공을 헤딩 트래핑 한다. 실제로 공을 사용함으로써 공과 이마가 접촉할 때 공의 바운드되어 나가는 힘을 감소시키는 감각을 익힌다. 특히 공과 접촉하는 순간 몸 움직임과 타이밍에 주의하도록 한다.

그림 3-72

③ 펜던 볼을 사용하여 트래핑을 연습한다. 펜던 볼을 사용할 때는 같은 높이의 공을 연속적으로 접촉할 수 있고 공의 충격의 강도를 변화시키면서 연습을 실행할 수 있으므로 연습 시간을 단축하는데 도움이 된다. 공의 높이를 조절하면 점프 헤딩 트래핑도 겸할 수 있으므로 더욱 효과적이다.

[연습 1]

자기가 던져 올린 공을 트래핑 한다. 처음에는 공의 높이를 그리 크게 하지 말고 직접 땅으로 떨어뜨리는 트래핑을 하도록 연습을 거듭한다.

[연습 2]

5~10m 거리에서 파트너가 던져주는 공을 제자리에 서서 트래핑하거나 전면, 좌우 방향으로 날아오는 공을 자유롭게 트래핑을 실시하여 자기가 의도하는 다음 동작과 연결시키도록 공을 컨트롤한다. 머리를 사용하는 트래핑은 신체의 다른 부분을 사용하는 트래핑에 비해 기술적으로 곤란한 점이 많다. 따라서 꾸준한 노력만이 숙달을 위한 열쇠가 된다.

3. 드리블링

축구 경기 중 플레이는 패스를 한다든지, 혹은 드리블링을 통해서 이루어지는 것이 대부분이다. 그만큼 드리블링dribbling이 중요한 기술의 하나이다. 드리블링이란 볼을 차고 달려가는 것이 아니고 공을 자기가 달리는 속도에 맞도록 밀어 내보내면서 달리는 것을 말한다. 그러므로 드리블링의 공은 항상 플레이 할 수 있는 범위에 놓이도록 해야 하며, 언제든지 공을 자신의 의도대로 처리할 수 있도록 키핑keeping하고 있어야만 한다. 그래서 상대측의 경기자에게 공을 빼앗기지 않도록 안전하게 키핑를 해야 한다. 상대측 경기자를 제치고 공격할 수 있는 드리블링 기술에 능숙해지는 것이 바람직하다. 그리고 보다 높은 수준의 드리블링을 할 때는 페인트와 속도의 변화를 가한 드리블링이 필요하다.

드리블링의 종류는 드리블링을 행할 때 발의 어느 부위에 의해서 행해지는지에 따라 일반적으로 다음과 같이 세 가지는 구분된다.

① 인사이드 드리블링

② 아웃사이드 드리블링

③ 인스텝 드리블링

또한 드리블링은 페인트 모션과도 밀접한 관계가 있는 것이기 때문에 페인트의 훈련과 복합적으로 하는 것이 효과적으로 드리블링을 하는 방법이다.

1) 공을 키핑keeping할 때의 원칙

경기 중 지역과 장면에 따라서 공을 자기가 컨트롤할 수 있는 범위에 놓이도록 하고 경기 진행의 장면을 파악하여 공격, 혹은 패스를 할 수 있는 기회를 포착해야 하는 경우가 있다. 패스로 연결을 할 수 없고 단독으로 상대측을 돌파할 수도 없을 경우에는 안전하게 공을 키핑하고, 다음 기회를 엿보는 것이 중요하다. 이와 같이 공을 키핑하기 위해서는 기본적으로 염두에 두어야 할 원칙이 있다.

① 공을 키핑keeping 할 때는 공과 상대측의 사이에 있자.

공을 안전하게 키핑하고, 상대측으로부터 공을 빼앗기지 않도록 하기 위해서는 공과 상대측 사이에 서서 플레이하는 것이 안전하다. 상대측 경기자가 자기의 뒤에 있을 때는 공을 자기 몸의 앞에 놓이도록 하면서 공을 키핑하며, 상대측이 자기의 우측으로부터 다가올 때는 자기의 좌측에 공을 놓고 컨트롤하도록 키핑 해야 한다. 상대측의 움직임 따라 공을 인사이드 혹은 아웃사이드로 방향을 변화시키고, 자기 몸의 위치를 변화시켜가되 공과 상대측의 사이에 있으면서 공을 키핑하도록 한다.

② 공과 상대의 위치를 동시에 확인하면서 키핑하자.

공을 컨트롤하기 위해 눈이 공에만 쏠리고 만다면 상대의 움직임을 파악할 수 없다. 상대측 선수가 우측에 있다고 생각했을 때 좌측으로부터 차징을 당하여 공을 빼앗기는 일이 생기지 않도록 항상 상대측의 접근방향과 위치를 파악하고 움직임에 대응하여 자기와 공의 위치를 변화시켜 공을 안전하게 키핑하도록 해야 한다. 그리고 공과 상대의 움직임을 동시에 시야에 넣으면서 민첩하고 예민하게 대응하여 움직이고 공을 안전하게 키핑 할 수 있도록 연습하는 것이 필요하다.

③ 상대측의 차징을 차징으로 대하면서도 공을 키핑 하도록 한다.

축구 경기 규칙에는 공이 플레이할 수 있는 범위 내에 있을 때 차징이 허용되므로 상대의 차징을 이겨내고 대항할 수 있는 능력이 필요하다. 정당한 차징은 어깨로 상대측의 어깨 부분에 대해서 하므로 차징 하는 순간에 상체는 물론, 몸 전체를 긴장시키고 무릎을 약간 구부리며 차징을 해오는 방향에 중심이 기울도록 한다. 상대로부터 차징을 받아가면서도 공은 반대측에 있도록 하면서 컨트롤 해야 한다.

④ 공을 키핑할 수 있는 능력이 다소 향상되면 가능한 한 공을 자기의 간접 시야에 놓이도록 한다. 직접 시야에는 방해하는 상대측 경기자와 주위 장면을 순간적으로 빨리 파악할 수 있도록 해야 더욱 효과적으로 공을 키핑 할 수 있다.

[연습 1]

약 6~7m의 거리를 두고 두 사람이 마주 선다. 한 사람이 공을 패스해 주고 동시에 대시하여 공을 빼앗으려한다. 패스를 받은 자는 공을 빼앗으려 하면서 뒤로 돌아 상대를 자기의 등뒤에 두고 공을 자기의 앞에 놓이도록 컨트롤한다.

그림 3-73

[연습 2]

2인이 한 조가 되어 한 사람이 공을 키핑하고 다른 한 사람이 빼앗도록 한다. 공을 키핑하고 있는 자는 공격해 온 자의 움직임을 보고 항상 공의 반대측에 위치하도록 한다. 그리고 시선을 순간적으로 좌우로 돌려 방해자의 위치를 파악한다. 공격자는 재빨리 움직여서 공을 빼앗도록 하며, 역모션을 쓰고 반대로 움직여서 공을 빼앗도록 한다.

그림 3-74

[연습 3]

두 사람이 한 조가 되어 공을 키핑하고 있는 사람에게 차징을 가해 가면서 공을 빼앗도록 하며, 공을 가지고 있는 사람은 차징에 대응하는 차징을 하면서 계속 공을 컨트롤한다. 차징을 하는 자는 어디까지나 정당한 차징을 해야 하고, 틈을 보아 공을 자기의 것으로 만들도록 한다. 공을 키

그림 3-75

핑하는 자는 공과 상대의 움직임을 동시에 자기 시야에 넣는 습관을 기르자.

2) 드리블링의 기본적인 종류

(1) 인사이드를 사용하는 드리블링

인사이드 드리블링은 인사이드 킥을 할 때와 같이 발의 내측으로 공을 접촉시켜 밀어내는 방법이다. 다소 무리하게 관절의 움직이는듯 하지만, 발의 넓은 면으로 공을 접촉시키기 때문에 정확하게 드리블링을 할 수 있다. 인사이드 드리블을 할 때 몸의 자세는 인사이드 킥을 할 때와 비슷하다. 공을 드리블링하는 발은 발목을 충분히 굽히고 발끝이 위를 향하면서 측면으로 향하게 한다. 무릎을 측면으로 올리는 동작으로 발의 내측면을 사용하여 공을 밀어내는 방법을 택한다.

지면에 놓이는 발의 발끝은 드리블링을 하는 방향으로 향하도록 하고 공의 측면에 놓이도록 하며, 무릎을 약간 구부려서 밸런스를 유지하도록 한다. 상체는 앞으로 약간 굽히고 팔을 자연스럽게 흔들어 전신의 밸런스를 유지하도록 한다. 눈은 공을 주시하면서, 공의 주위를 동시에 볼 수 있도록 시야의 범위를 넓게 가지게 한다.

스피드와 방향을 변화시켜 가면서 드리블링을 하도록 한다. 방향을 변화시킬 때는 반드시 지면에 놓이는 발끝이 드리블링을 하는 방향으로 향하도록 발의 위치에 주의를 해야 한다. 그리고 상대를 제치고 나가야 할 때는 방향을 전환시키든지, 스피드를 변화시키든지 혹은 페인트 모션으로 상대측을 기만하도록 하는 것이 유리하다.

(2) 아웃사이드를 사용하는 드리블링

스윙 동작이 작은 아웃사이드 킥을 할 때와 같은 방법으로 발의 외측을 공과 접촉시켜 공을 밀어내는 듯이 하는 드리블링이다. 자연적으로 공이 측면으로 밀어내는 것이 되므로 스피드에 편승하여 드리블링이 용이하다. 그리고 상대측에게 드리블링의 방향에 대해서 예측을 할 수 없도록 하기 위해서는 인사이드, 아웃사이드, 드리블링을 혼합하여 사용한다면 더욱 효과적이다. 따라서 아웃사이드 드리블링에 익숙해진다는 것은 드리블링 기술의 폭을 넓히게 되는 것이다.

스윙 동작은 아웃사이드 킥을 할 때의 몸의 자세와 대체적으로 같다. 드리블링을 하는 발은 발목을 펴고 발끝을 약간 안쪽으로 향하게 하고 무릎을 구부렸다가 펴는 동작과 함께 공을 아웃사이드로 접촉시켜 밀어내게 된다. 공을 밀어내는 방향은 앞, 옆 방향으로 변화시킬 수 있다. 지면에 놓이는 발은 발끝이 전방을 향하도록 하며, 무릎을 유연하게 하고 몸무게를 지지하여 밸런스를 유지하도록 하고, 드리블링을 하는 발의 동작을 자유롭게 할 수 있도록 한다. 발끝은 반드시 드리블링을 하는 방향을 향할 필요는 없다.

상체는 약간 앞으로 기울도록 하며, 양팔은 자연히 흔들어 전신의 밸런스를 유지시킨다. 눈은 공을 보는 것이 원칙이나 공 주위를 동시에 볼 수 있도록 시야 범위를 넓히도록 한다.

인사이드 드리블링의 경기와 마찬가지로 드리블링의 방향 전환, 스피드의 변화, 그리고 페인트 모션과 함께 할 수 있도록 되어야 경기장면에 대응하여 필요한 기교가 발달될 수 있다.

(3) 인 스텝을 사용하는 드리블링

발등으로 공을 접촉시켜 드리블링 하는 것은 인스텝 킥의 경우와 같이 발등 전체를 공과 접촉시켜 하는 것과, 인 프런트 킥의 경우와 같이 발등 앞부분의 내측을 사용하는 것이 있다. 인스텝 드리블링은 민첩하고 빠른 대시와 함께 행할 수 있는 방법으로 경기 중 전방에 열린 공간이 있는 경우 한두 번의 드리블링으로 돌진해야 하는 장면에 흔히 사용되는 드리블링이다.

드리블링을 하는 발은 무릎을 유연하게 움직여야 하며, 발목을 펴고 발등(혹은 발등의 앞부분의 내측)으로 공을 접촉시켜 무릎을 중심으로 공을 앞으로 밀어낸다. 빠른 대시와 함께 드리블링을 할 때는 공을 지나치게 차는 동작이 일어나기 쉬우므로 스피드에 적합하게 공을 앞으로 미는 동작이 일어나도록 주의를 해야 한다.

지면에 놓이는 발은 발끝을 진행 방향으로 향하게 하고, 무릎을 약간 구부리고 몸무게를 지지하여 밸런스를 유지하며, 드리블링을 하는 발의 움직임이 자유롭도록 도와야 한다. 상체의 자세는 약간 앞으로 향하게 되며, 팔을 자연스럽게 흔들어 전신의 밸런스 유지에 노력해야 한다. 눈은 공을 주시해야 하나 일반적인 드리블링의 원칙과 같이 자기가 플레이하는 장면을 넓게 자기 시야에 넣을 수 있도록 공을 보면서도 주위 장면을 주시하고, 상황을 판단할 수 있어야 한다. 드리블링에 다소 익숙해지면 스피드를 변화시키며, 페인트 모션을 가미한 드리블링을 하도록 한다.

[기본 연습]

① 인사이드와 아웃사이드를 사용하여 공과 좌우의 발을 교대로 접촉시켜 드리블링을 한다. 처음에는 전방으로 일직선방향으로 하도록 하고, 좌우의 발을 서로 교대로 할 때는 세 스텝마다 공을 앞으로 밀어내도록 한다. 공을 세차게 차서 지나치게 멀리 보내지 않도록 해야 하며, 공을 차는 것이 아니라 공을 밀어내어 언제나 자기가 플레이할 수 있는 지역 내에 놓이도록 하자.

그림 3-76

② 직경 7~10m의 원을 그리면서 그 원주상을 인사이드 혹은 아웃사이드로 드리블링을 한다. 달리는 방향을 변화시키고 좌우측의 발로 교대로 한다. 좌측 발로 인사이드와 아웃사이드를 교대한 다음 우측 발로 다시 교대하여 양

발이 능숙해지도록 노력하자.

③ 직경이 약 5m의 ∞형태를 그리면서 ∞형태 그대로 드리블링을 한다. 두 개의 원이 교차하는 지점에서 드리블링을 하는 발을 교대하면 할 수도 있고, 같은 발로 인사이드와 아웃사이드 드리블링으로 교대할 수도 있다. 그리고 지그 재그형을 그리면서 드리블링을 하도록 하자. 한 쪽 발을 사용하여 인사이드와 아웃사이드를 교대로 할 수도 있고, 양쪽 발의 인사이드만 사용하여 하고 다음은 아웃사이드만을 사용하도록 한다. 두 개 조로 나누어 경쟁적으로 하도록 하여 드리블링의 스피드에 주안을 두도록 하고, 사람과 사람 사이로 드리블링을 해야 하므로 공은 언제나 자기가 플레이할 수 있는 범위 내에 놓이도록 해야 한다.

그림 3-77

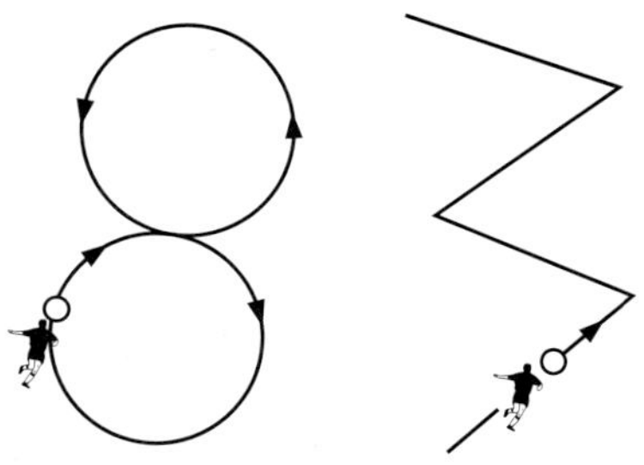

그림 3-78

[연습 4]

1대 1형태로 드리블링을 연습하자. 공격을 하는 자는 중앙 서클로부터 전방에서 출발하고 수비자는 패널티 에리어 내에서 출발한다. 공격하는 자는 수비자에게 드리블링 공격으로 슈팅이 가능한 거리까지 접근하고 골로 슈팅을 한다. 공격자는 페인트 모션을 겸용하여 수비자를 공격해야 하며, 수비자는 페인트에 속지 않도록 세심한 노력을 해야 한다.

그림 3-79

[연습 5]

페인트 모션을 사용한 드리블링 골로부터 20m의 지점에 수비자가 있고 수비자로부터 적어도 10m 정도 떨어진 지점에서부터 드리블링을 시작한다. 수비자의 2m 정도 앞에서 우측으로 드리블링 하려는 페인트 모션을 행하였다가 상대측 수비가 우측으로 기울게 되면 재빨리 좌측 방향으로 드리블링 하도록 한다. 즉, 수비자의 바로 앞에 도달했을 때 상대자를 기만하기 위해서 페인트 모션을 가하는 동시에 페인트 동작 다음에 빠른 드리블링으로 연결되도록 민첩하게 움직이도록 해야 한다.

[연습 6]

풀 턴full tune의 드리블링으로 상대를 속이도록 하자. 수비자와 마주섰을 때 좌측 방향으로 좌측 발의 아웃사이드로 공을 밀어 놓고 재빨리 회전하여 우측 발의 인사이드를 사용하여 최초의 위치나 방향으로 공을 컨트롤하며, 일회전의 드리블링으로 상대를 기만하도록 한다. 이 때 공과 수비자의 사이에 자기가 위치하면서 회전을 시작하며 공을 컨트롤하게 된다.

그림 3-80

[연습 7]

슈팅이 가능한 거리에서 페인트 모션을 이용토록 노력하자. 우측 발의 인사이드로 좌측으로 패스하는 킥 모션의 동작을 해서, 상대의 몸 전체를 좌측으로 기울게 하고 빨리 우측발로 공위를 통과하고, 아웃사이드로 우측 전방으로 드리블링을 하도록 하며, 계속 슈팅과 연결하도록 한다. 페인트 모션과 반대 방향으로 드리블링을 하고 슈팅과 연결되는 연속적인 각 동작 사이에 조금이라도 정지되는 동작이 없도록 리듬을 유지해서 연결이 잘 이루어지도록 계속 노력해야 한다.

[연습 8]

상대측 경기자가 태클을 하는 순간에 공을 앞으로 밀어 보내고, 상대가 공을 주시하든지 혹은 공격자를 주시하려고 하든 간에 공과 반대측으로 달려 나가 상대의 후방에서 공과 접촉하여 드리블링 하는 연습을 하자. 예를 들면, 상대측이 공을 빼앗으려 들어오는 순간에 공을 상대의 우측으로 밀어놓고 자기는 상대측의 좌측으로 달려나가 공과 다시 접촉하는 방법이다. 이때 주의할 것은 공을 전방으로 내보내는 타이밍을 잘 선택해야 하고, 공을 전방으로 보냄과 동시에 대시dash 해야 한다. 그리고 대시하면서 공과 접촉을 하기 전에 자기의 몸으로 상대의 접근을 막도록 해야 한다.

그림 3-81

[연습 9]

5~6명이 한 조가 되어 두 개조로 나누어 각각 자기의 상대를 정하고 센터서클 내에서 드리블링 경쟁을 하자. 시작 신호와 함께 홍군의 각 경기자는 공을 드리블링 하기 시작하며, 백군은 그 공을 빼앗으려고 노력한다. 1~2분의 시간이 경과한 후 '멈춰' 의 신호로 드리블링을 끝내고 어느 조가 몇 개의 공을 자기 지배하에 놓았는지에 따라 점수를 얻게 된다. 처음 홍군이 공을 드리블링 하였으면 다음은 백군이 각각 공을 드리블링 하기 시작하며, 승부는 총점수로 결정된다.

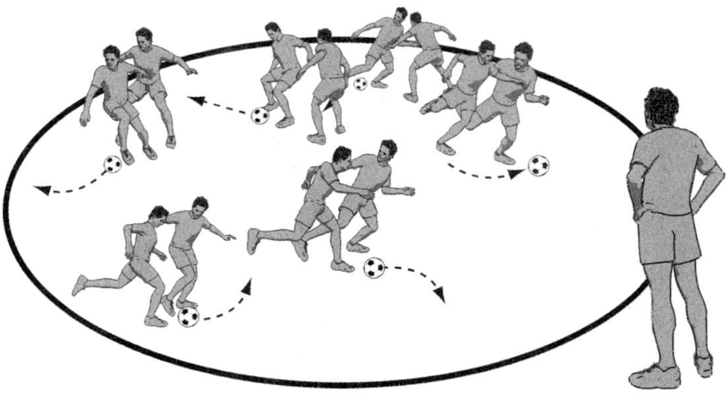

그림 3-82

4. 헤딩heading

축구 경기에서는 골키퍼를 제외한 경기자는 팔과 손으로 플레이를 할 수 없도록 되어 있다. 그러므로 높게 떠오는 공을 처리하기 위해서 복부, 가슴, 머리 부분 등 신체의 각 부분 등 신체의 각 부분을 사용해야만 한다. 가슴 부분보다 높은 공은 머리로 처리하는 방법 이외에는 없기 때문에 헤딩heading의 기술은 축구의 기술 혹은 전술에 불가결한 것이다.

헤딩에 의해서 패스가 이루어지며, 슈팅이 행해진다. 혹은 경쟁 속에서의 점프 헤딩 등은 축구를 한층 더 동적이고, 박력이 있는 경기내용으로 이끌어 간다. 이러한 뜻에서 올바른 헤딩의 습득에 의해서 보다 변화가 있는 다이내믹한 축구를 할 수 있는 것이 다.

1) 스탠딩 헤딩의 기본standing heading

단순하게 지면에 선 자세로 하는 기본적인 헤딩은 공을 접촉하는 올바른 부위, 목의 움직임, 추진력을 가하는 방법, 헤딩의 타이밍 등 모든 헤딩에 공통되는 기술을 습득하는 것이 기본이다. 지면에 놓이는 양발의 위치는 어깨 넓이만큼 좌우로 벌리고 무릎을 유연한 자세로 해서, 공을 접촉할 준비태세를 취하는 방법과 양발을 앞뒤로 벌리고 공과 접촉할 준비 자세를 갖는 방법이 있다.

두 방법에서 공통적인 것은 상체의 움직임을 이용한, 즉 상체를 위에서 앞으로 스윙하는 동작에 의해서 공을 접촉하게 된다. 이 때 양팔은 팔꿈치를 충분히 구부리고 몸에 붙이도록 하고 상체가 뒤에서 앞으로 이동하는 스윙 동작에 밸런스 유지와 진동력을 가해 주도록 보조한다.

그림 3-83

공과 접촉하는 부분은 이마이다. 이마로 충격을 가하고 방향을 조정하여 추진력을 가하는 것이다. 상체가 뒤로 눕혀 졌을 때 턱을 당기고 목의 근육을 긴장시킨다. 공을 주시하면서 상체를 앞으로 진동swing시키면서 이마로 공을 접촉하게 된다. 이마와 공이 접촉한 순간 당겼던 턱을 앞으로 내밀면서 공을 보내는 방향으로 이마를 향하도록 동작을 취한다. 그리고 눈은 시종 공을 주시하도록 하는 것이 중요하다.

공을 좌우 방향으로 내보낼 때는 상체의 움직임을 공의 방향과 같도록 해야 하며, 뒤로 백 헤딩back heading 할 때는 공과 이마가 접촉하는 순간에 이마가 공중으로 향하도록 하고, 턱을 위로 올리도록 해야 한다. 그리고 가슴을 충분히 펴서 상체가 뒤로 기울도록 해야 한다.

[기본 연습]

① 최초의 연습 시에는 2~3m 떨어진 곳에서 공을 던져주면 그 공을 헤딩하여 다시 보내도록 한다. 공을 던지는 경기자는 되도록 헤딩을 할 수 있도록 공을 정확하게 토스하도록 한다. 헤딩을 하는 사람은 상체의 동작에 주의하고 이마 부분과 공이 접촉해야 한다는 점에 주의를 하도록 한다. 그리고 두 사람의 거리를 점차적으로 늘려서 하도록 한다.

그림 3-84

② 공을 좌우 측면으로 보내도록 하자. 5~6m의 거리를 갖고 삼각형의 위치에 세 사람이 서있게 한다. A가 공을 던지면 B가 헤딩으로 C에게 패스하고, 그 공을 C가 A에게 던져주면 A가 헤딩으로 B에게 패스하도록 한다. 이러한 순서로 되풀

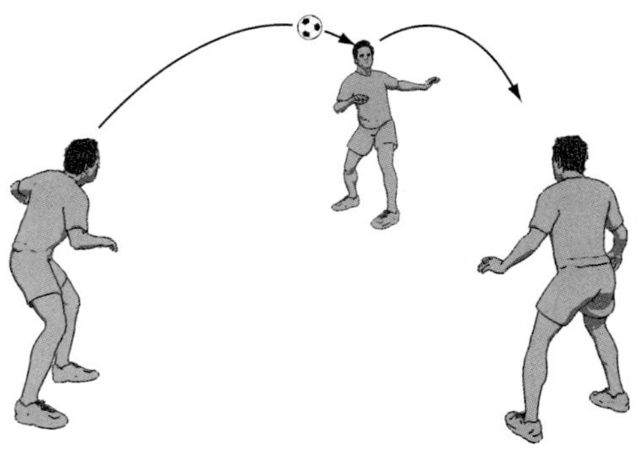

그림 3-85

이하여 공을 측면으로 헤딩하도록 한다. 공의 코스를 좌우로 변화시킴으로써 방향을 변화시키도록 한다. 상체의 움직임을 정확히 하며 자세를 올바르게 갖도록 주의해야 하고, 이마의 조정으로 공의 방향을 컨트롤하도록 하자.

③ 세 사람이 각각 4~5m 떨어져 일직선상에 있도록 한다. 중앙에 위치한 사람에게 던져진 공을 뒤로 헤딩하도록 하자. 중앙에 있는 자는 뒤로 헤딩을 하고 뒤로 돌아서서 다시 공을 향하도록 되풀이한다. 뒤로 헤딩을 할 때 상체를 충분히 뒤로 눕히도록 하며 이마와 공이 접촉하도록 올바른 자세의 형성에 주력하자.

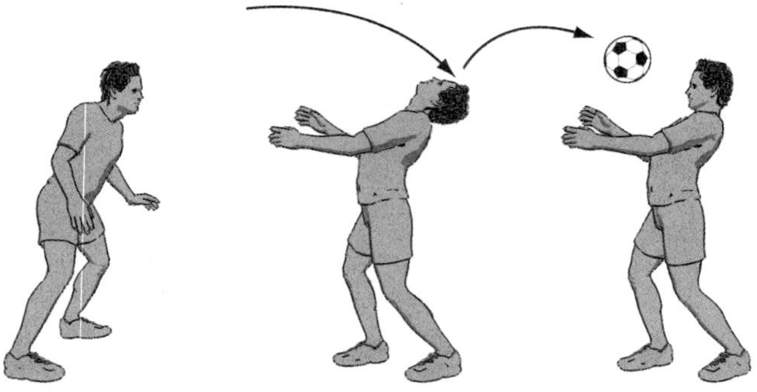

그림 3-86

[연습 1]

5~6명이 한 조가 되어 원형으로 서서 공을 땅에 떨어뜨리지 않고 계속 헤딩을 하며, 공의 방향을 임의로 변화시키도록 한다. 각자가 헤딩을 하면서 호명을 하여 그 사람에게 정확히 패스하도록 할 수 있다. 그룹 수가 많을 때는 연속적으로 헤딩을 하고 어느 조가 많은 헤딩을 하였는가로 승부를 정한다. 호명한 자에게 정확히 공을 보내도록 주의한다.

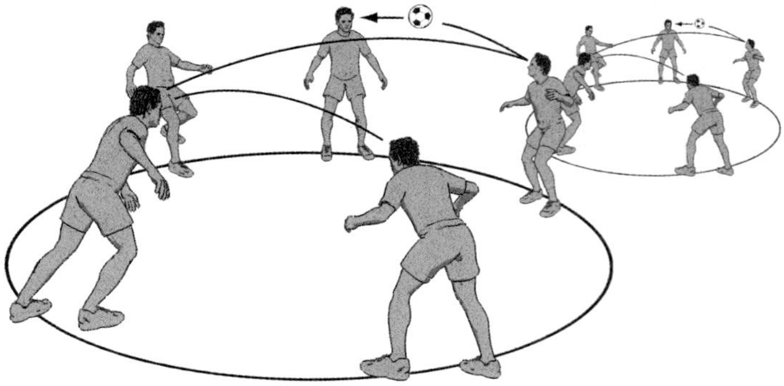

그림 3-87

[연습 2]

3~5m의 거리를 두고 A, B 두 사람이 마주 선다. A는 좌측으로 B는 우측으로, 즉 같은 방향으로 사이드 스텝으로 이동하면서 연속적으로 헤딩을 한다. 다소 익숙해지면 사이드 스텝의 속도를 빨리 하도록 하며, 방향을 바꾸어 가면서 헤딩을 하도록 한다. 헤딩을 한 후에 움직이는 동작이 민첩해야 하고 이동하는 스피드에 맞추어 헤딩 패스를 하도록 한다.

그림 3-88

[연습 3]

세 사람이 각각 3~5m의 간격을 두고 일직선상에 B, C 두 사람이 A에게 향해서 선다. A가 B에게 공을 패스하며 B는 C에게 백 헤딩

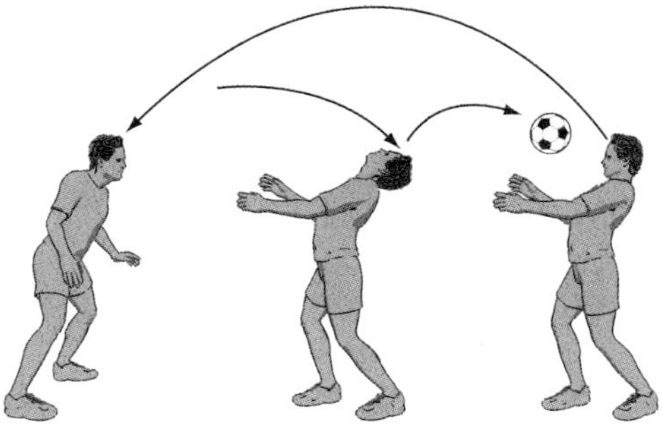

그림 3-89

으로 뒤로 패스하며, C는 헤딩으로 길게 A에게 보낸다. 그리고 다시 A는 B에게 헤딩으로 연결해 줌으로써 연속적으로 헤딩을 한다. 서로 위치를 변화시켜 가면서 짧은 헤딩, 뒤로 헤딩, 장거리 헤딩을 연습할 수 있게 된다.

(2) 점프 헤딩jump heading

축구 경기 중에는 제자리에 서서 하는 헤딩보다는 점프로 공중으로 뛰어올라 헤딩하는 경우가 많다. 그러므로 올바른 점프 헤딩을 숙달하도록 하는 것이 중요하다. 점프 헤딩의 방법은 기본적으로는 스탠딩 헤딩과 동일하다. 상체를 뒤로 제쳤다가 앞으로 스윙을 하고, 목의 근육을 긴장, 고정시키고 공을 주시하면서 이마와 공을 접촉시키는 것이다. 공중에 떠서 높은 지점에서 헤딩을 해야 한다. 점프 헤딩의 방법에는 제자리에서 양발로 점프를 하면서 헤딩을 하는 방법과 몇 스텝의 보조 스텝으로 밟은 다음 한쪽 발로 점프를 하면서 헤딩을 하는 방법 등이 있다.

그림 3-90

지면을 차고 공중으로 오르면서 가슴을 펴고 상체를 뒤로 제치며, 점프를 한다. 점프의 항점에서 상체를 예리하게 앞으로 스윙을 하면서 임의로 공에 충격을 가하게 된다. 이 때 양쪽 무릎을 구부리고 점프를 하고, 상체를 앞으로 스윙할 때 무릎을 펴면서 발을 앞으로 흔들어 내밀면서 헤딩을 하게 된다.

상체를 움직여 방향을 전환하면서 헤딩을 하는 방법과, 점프를 하면서 상체를 공을 보내는 반대측의 방향으로 향하도록 들었다가 공의 방향으로 휘돌리는 상체의 힘을 이용하는 방법 등이 있다. 점프 헤딩의 가장 중요한 점은 점프의 제일 높은 지점에서 상체의 움직임을 이용하여 공과 이마가 접촉할 때 신체의 밸런스를 유지하는 것이다. 그러므로 공의 접촉 지점을 예측하고 점프하여 항점에서 헤딩을 하는 접촉 순간의 타이밍이 가장 중요하다.

[기본 연습]

대체적으로 기본 연습 방법은 스탠딩 헤딩을 연습하는 방법에 준하도록 한다.

① 자기 스스로 공을 공중으로 던졌다가 할 수도 있고, 3~4m 떨어진 곳에서 던져주는 공을 제자리에서 양발로 점프를 하면서 헤딩을 하도록 한다. 이 때 특히 주의할 점은 점프의 항점에서 공과 접촉하도록 하고 상체의 앞으로 스윙하는 타이밍에 주의해야 한다.

② 앞으로 3~4보 달려가다가 한 쪽 발로 점프를 하면서 헤딩을 할 때는 파트너가 던져주는 공이 2~3m 앞에서 낙하하도록 던져주어야 한다. 스텝과 점프한 후 상체의 움직임에 주의하도록 한다. 다소 익숙해지면 공의 방향을 좌우측의 옆 방향으로 보내는 방법을 택하도록 한다.

③ 제자리에 점프를 하거나 앞으로 달려 나가면서 한쪽 발로 점프를 하여 뒤로 공을 보내는 백 헤딩을 연습하도록 하자. 이 때 주의할 점은 상체가 앞으로 스텝 하는 동작이 아니고 가슴을 펴고 오히려 상체를 약간 뒤로 제치며 머리를 뒤로 눕히는 순간에 공과 접촉하도록 해야 한다는 것이다.

[연습 1]

두 사람이 서로 어깨를 나란히 하고 선다. 7~10m의 거리에서 이 두 사람의 중앙 부분인 머리 위로 공을 던져줌으로써 두 사람이 서로 헤딩을 하려고 경쟁하도록 한다. 처음에는 3~4m의 거리에서 하며 차차 멀리서 던지도록 한다. 두 사람이 점프를 할 때 팔을 몸의 측면에 붙인 자세에서 어깨 부분을 사용하여 정당한 차징을 할 수 있도록 하며, 공에 접근하는 타이밍에 주의하도록 한다.

그림 3-91

[연습 2]

두 사람이 어깨를 나란히 하고 선다. 그리고 5~10m의 거리에서 전후 좌우 방향으로 1~2m 떨어진 곳으로 공을 던져주고 두 사람은 움직여서 서로 헤딩 경쟁을 하도록 한다. 서로 헤딩 연습이 될 수 있도록 공을 던져주는 사람의 역할이 중요하다.

[연습 3]

두 사람이 앞뒤로 1m 정도 떨어져 위치하고 7~10m 정도 떨어진 거리에서 다른 한 사람이 공을 던진다. 공은 앞사람의 머리 위를 지나도록 던져주어야 하며 그 공을 뒤에 있는 사람이 점프 헤딩을 하도록 한다. 처음에는 앞에 선 사람은 제자리에 서있을 뿐 아무런 동작도 하지 않는다. 그러나 점프 헤딩에 다소 능숙해지면 앞에 선 사람이 약간씩 점프를 하면서 뒤의 사람의 헤딩을 방해하도록 한다. 서로 자리를 옮겨가면서 교대로 헤딩을 하도록 한다.

[연습 4]

그림 3-92와 같이 테니스 형식의 게임을 할 때 일개 팀이 4~5명으로 구성된다. 공이 자기 측 진영에 있을 때에는 발이나 헤딩으로 3회까지 플레이를 할 수 있도록 한다. 그러나 상대측 진영에 보낼 때에는 헤딩으로 하도록 규정한다. 그러므로

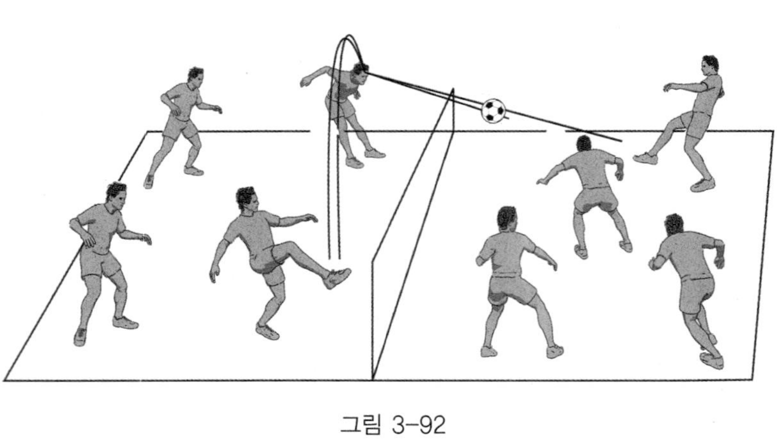

그림 3-92

전위에 선 사람이 예리한 헤딩을 할 수 있도록 후위에서는 정확한 공을 전방으로 보내도록 해야 한다. 경기의 진행 방법은 테니스나 배구와 같은 방법으로 하거나 자체적으로 규칙을 만들어서 연습 목적에 적합하게 변화시키도록 한다.

[연습 5]

골을 향하여 A는 터치라인 근방에, B는 중앙 지역에 위치하였다가 A가 드리블링으로 코너 지역 근방에 이르러 골 전방에 센터링을 한다. 이때 중앙 지역에서 달려온 B가 헤딩으로 골을 향하여 슈팅을 하도록 한다. 센터링 공의 성질에 따라 여러 가지 헤딩을 구사하도록 한다.

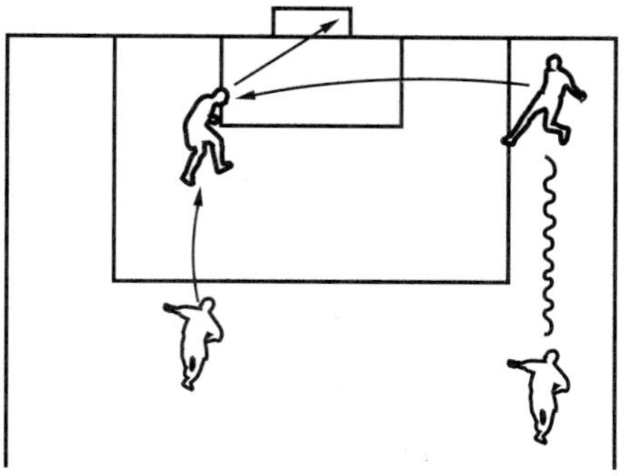

그림 3-93

[연습 6]

문전에는 골키퍼 대신 수비자가 골라인 상에 위치하도록 하고, 20m 정도 떨어진 전방에서 차주는 공을 헤딩으로 수비하도록 한다. 공을 차주는 사람은 헤딩 연습이 될 수 있도록 공을 적당하게 로빙으로 문전에 띄어 보내도록 하며, 때로는 강한 공도 구사한다. 한 사람이 골에 들어서면 계속하여 10개 정도의 헤딩을 하고 다음 사람과는 교대하도록 한다. 그리고 공을 차는 방향도 한 곳에서만 할 것이 아니라 지역을 변화시켜 연습하도록 한다. 수비자가 계속하여 헤딩을 할 때에는 헤딩을 하고 나서 계속하여 다시 헤딩을 해야 하도록 공을 차주어야 하며, 헤딩을 한 다음 휴식 시간이 길면 효과가 적을 수 있다.

그림 3-94

[연습 7]

펜델pendel을 사용하여 헤딩 연습을 하도록 하자. 펜델 볼은 시계 축이 움직이는 것과 같은 운동이 이루어지므로 동일한 높이의 공, 그리고 동일한 성질의 공을 연속적으로 대할 수 있다. 헤딩의 기본자세와 기본 동작을 정확하게 숙달하기 위해서는 반드시 필요하다. 펜델대의 높이는 8m 정도가 가장 적합하며, 포스트 위의 바는 3~4m의 길이를 사용한다. 도르레 장치를 부설하여 공의 높이를 자유자재로 조절할 수 있도록 해야 한다. 공을 양쪽으로 매달아 동시에 두 사람이 연습할 수 있도록 하면 편리하다. 펜델 볼을 사용하면 각종 헤딩을 혼자서 연습할 수 있어 편리하다.

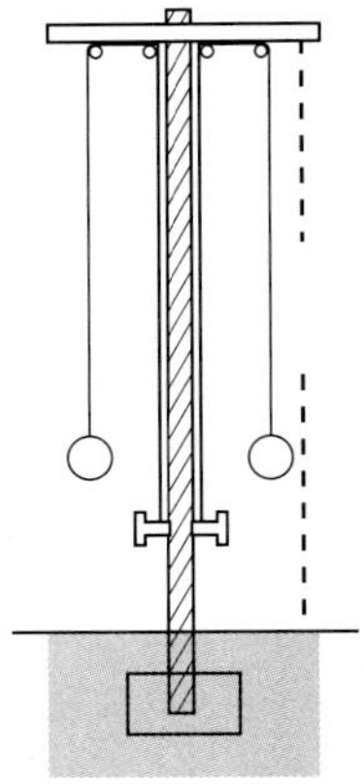

그림 3-95

3) 다이빙 헤딩diving heading

경기 중에는 문전에서 골이 들어갈 수 있는 아슬아슬한 장면에 흔히 발생한다. 특히 문전에서 다이빙 헤딩에 의해서 귀중한 득점과 연결되는 경우가 많으며, 위험한 장면에서 다이빙 헤딩으로 선방하는 장면이 일어난다. 그러므로 촌각을 다투는 장면에서 다이빙 헤딩의 기술이야말로 중요한 역할을 하게 된다. 다이빙 헤딩은 전방으로 넘어지면서 물속으로 뛰어드는 동작과 같이 이루어지므로 헤딩을 한 후에 착지를 하는 동작에서 부상을 입지 않도록 충분히 주의해야 한다. 양쪽 발을 약간 좌우로 벌리고 무릎을 구부리고 상체를 앞

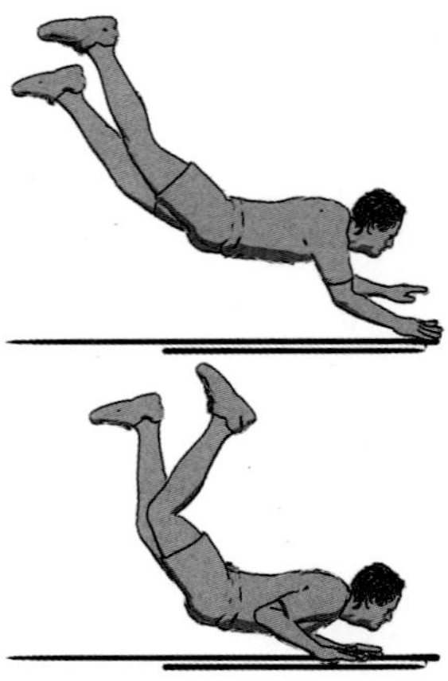

그림 3-96

으로 기울도록 한다. 양손은 자연히 좌우에 두고 공을 주시하여 준비 자세를 갖추며 힘차게 앞으로 다이빙을 하며 헤딩을 한다.

전방으로 다이빙을 하여 몸이 앞으로 떠나갈 때에는 양손은 펴고 헤딩을 한 후 착지할 때 몸무게를 지지할 준비를 해야 한다. 헤딩을 한 후에는 팔굽을 펴고 양손이 지면에 먼저 닿도록 하여 몸무게를 양손으로 지탱하게 한다. 그리고 팔굽을 구부려 충격을 감소시키면서 가슴, 배, 대퇴부위 순으로 지면과 접하도록 하여 안전하게 착지하게 해야 한다. 헤딩을 하는 순간 신체는 완전히 공중에 떠있으며 몸은 수평의 자세를 가지게 된다. 다이빙 헤딩의 연습을 하기 위해서는 우선 공을 사용하지 말고 공중에서의 몸의 자세와 착지할 때 신체의 충격을 감소시킬 수 있는 동작에 대해서 익숙해진 다음 공을 사용하도록 하는 것이 안전하다.

[기본 연습]

① 기본자세를 형성하도록 하자. 배를 땅에 대고 엎드린 자세에서 팔을 앞으로 뻗고 상체와 상체를 들어 올리는 운동을 하여 허리의 힘과 몸의 균형 운동을 한다. 허리힘이 양성되면 하체를 들어 올리는 동작을 할 때 팔을 구부리고 양손 바닥만을 지면에 놓이도록 하여 몸의 무게를 양손으로 지지하도록 한다. 이때 양손의 위치는 상체의 양 측면에 위치하며 무릎을 구부리도록 한다.

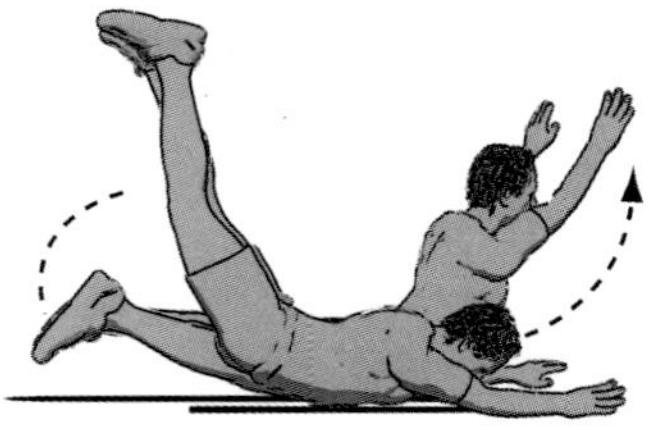

그림 3-97

② 양 무릎을 어깨 넓이로 땅에 놓이도록 한다. 무릎을 땅에 대고 앉았을 때 상체를 세우고 가슴을 편 자세에서 앞으로 쓰러지는 동작을 취한다. 앞으로 쓰러질 때 양손으로 몸무게를 지지하고 몸에 주는 충격을 감소시키는 연습을 하도록 한다. 무릎을 땅에 놓이게 한 자세에서 다소 익숙해지면 제자리에 선 자세에서 앞으로 쓰러지는 연습을 하도록 한다. 발을 좌우로 적당하게 벌리고 무릎을 구부리고 상체가 앞으로 기울어진 자세에서 하도록 한다. 제자리

에서 앞으로 쓰러지면서 충격을 감소시킬 수 있는 능력이 키워지면, 2~3보 앞으로 전진하면서 쓰러지는 연습을 한다. 앞으로 단순히 쓰러지는 운동이 아니라 앞으로 다이빙 동작이 되도록 한다. 이러한 과정을 완전히 끝내고 공을 사용하는 다이빙 연습을 하도록 하는 것이 초보자에게 안전하다.

[연습 1]

제자리에 선 자세에서 3~4m 떨어진 전방에서 던져주는 공을 다이빙 헤딩 한다. 공을 던져줄 때에는 다이빙을 할 수 있도록 올바른 보조 역할을 해야 한다. 헤딩을 하는 사람은 헤딩 후에 착지하는 요령에 익숙해지도록 연마해야 한다. 공을 던져주는 방향을 좌우 측면으로 변화시켜 다양한 다이빙 헤딩의 기술을 연마하도록 한다.

[연습 2]

앞으로 3~4보 달려 나가다가 다이빙 헤딩을 한다. 처음에는 전방에서 던져주는 공을 전방으로 다이빙 헤딩을 하도록 한다. 앞으로 달려 나가다가 하는 헤딩에 익숙해지면 공을 측면에서 던져준다. 방향을 변화시켜 좌우 측면에서 오는 공을 다이빙 헤딩을 하도록 한다. 그리고 전방에서 오는 공을 좌우 옆 방향으로 다이빙 헤딩을 하도록 한다.

그림 3-98

[연습 3]

던져주는 공을 골로 향하게 다이빙 헤딩을 하도록 하자. 페널티 에어리어 라인의 측면 외각에서 골 앞으로 던지는 공을 페널티 킥 마크에서 뛰어나가면서 다이빙 헤딩을 한다. 뛰어나가면서 다이빙 헤딩을 할 때는 지면에 착지할 때 충격이 더욱 심하므로 양손, 가슴, 복부, 대퇴부위 등의 순서로 지면에 접촉시키는 동작에 무리한 것이 없도록 해야 한다.

5. 차징과 태클링

상대측이 소유하고 있는 공을 빼앗기 위해서는 차징으로 상대의 밸런스를 무너뜨려 공이 상대측의 불안전한 지배하에 놓이도록 한 후, 빼앗든지 혹은 태클을 하여 상대측이 점유하고 잇는 공을 빼앗는 두 가지 방법이 있다. 그리고 정당한 차징과 올바른 태클에 의해서 상대의 공을 자기가 점유할 수 있도록 적극적인 플레이가 지도되어야 한다.

1) 차징charging

정당한 차징이란 어깨를 사용하여 상대의 어깨 부분에 차징을 가하는 것을 말하며, 이것을 팔을 몸 측면에 붙이고 하는 것을 뜻한다. 팔이 몸에 접촉되어 있을 때는 팔부의 상완부를 이용하여 차징을 해도 무방하다. 그러나 팔이 몸과 떨어져 있을 때 팔로 차징을 하는 것은 반칙이 된다. 그리고 차징을 할 수 있는 방향에도 통제가 있다. 즉, 후방에서 하는 차징은 불법 차징이 된다. 정당한 차징이라 하더라도 측면의 전방이나 후방에서 해야 한다. 또한 차징은 공이 플레이될 수 있는 지역 내에서만 허용된다. 공의 플레이가 가능한 범위라는 것은 플레이의 스피드 등에 의해서 변화할 수 있으나 대체적으로 2m 정도의 범위라고 생각할 수 있을 것이다.

(1) 측면에서 하는 차징

공을 키핑하고 있는 상대에게 차징을 가하여 상대측 자세의 밸런스를 무너뜨리고 평형 상태를 불안전하게 한다. 공을 빼앗기 위해서는 차징을 한 후 즉시 상대를 자기의 뒤에 있도록 민첩하게 위치를 선정하고 몸의 움직임을 민첩하게 하여 공을 자기의 지배하에 놓이도록 하는 것이 원칙이다. 그리고 측면에서 하는 차징은 측면의 전방, 측면의 후방에서 하는 차징의 기본이기도 하다.

그림 3-99

공을 키핑하고 있는 상대의 어깨쪽으로 팔을 몸의 측면에 붙이고 자기의 어깨를 사용하여 차징을 해서 상대측의 자세의 평형 상태와 밸런스를 불안정하게 만들고 공을 빼앗도록 한다. 상대측의 몸무게가 차징을 하는 반대측의 발에 놓였을 때 차징을 가하는 것이 효과적이다. 차징을 하는 측의 발에 몸무게가 놓였을 때 차징을 한다면 반대측의 발에 몸무게가 이동되어 신체의 밸런스를 확보할 수 있기 때문이다. 공을 자기가 컨트롤할 수 있도록 하기 위해서는 차징을 가하고, 상대측의 자세의 평형상태가 불안정하게 되면 재빨리 공과 상대의 사이에 위치하여 상대를 자기의 후방에 위치하게끔 동작을 취하는 것이 중요하다.

(2) 측면의 후방에서 하는 차징

상대측의 측면 후방에서 차징을 가하여 상대의 몸 자세의 밸런스와 평형 상태를 불안정하게 만들어 공을 자기의 지배하에 놓이도록 하거나 공을 차버리려고 할 때 효과적인 방법이다. 공을 드리블링하거나 키핑를 하고 있는 상대측의 뒤에 추적하여 측면의 뒤에서 차징을 가하여 상대를 불안정한 자세를 취하도록 하고 재빨리 상대측과 공 사이에 위치하여 공을 점유하도록 한다.

그림 3-100

이와 같이 측면의 후방에서 차징을 할 때 차징을 가하는 동시에 차징을 가한 측의 인사이드 혹은 아웃사이드를 이용하여 공과 접촉하도록 하는 방법도 있다. 여하한 방법으로 하든 정당하게 어깨를 사용하여 상대측의 어깨 부위에 차징을 해야 한다. 차징이 지나쳐 허리의 힘을 가하든지 대퇴부를 사용하는 동작이 행해지지 않도록 주의해야 한다.

(3) 측면의 전방에서 하는 차징

그림 3-101

경기 중에 1대 1이 된다든지 혹은 상대가 드리블링을 하여 전진을 해올 때 서로 마주치게 되는 경우가 많다. 이때 약간 측면의 정면을 향하여 차징을 가하고 공을 뺏으려고 한다든지 상대의 지배하에 놓인 공을 상대측으로부터 이탈시키려고 할 때 효과적인 방법이다. 1대 1의 장면에서 상대측의 좌측 어깨 부분에 자기의 좌측 어깨를 이용하여 차징을 가해가며 공을 점유하기 위해 경쟁을 벌인다. 차징을 할 때 반드시 좌측 어깨로 상대의 좌측 어깨에 향해야 한다는 것은 아니다.

1대 1로 상대를 마크하고 있을 때 상대가 드리블링 공격으로 진격할 경우, 상대가 달리는 방향으로 회전하면서 상대의 측면에 놓이게 되며, 이때 자기의 좌측 어깨로 상대의 우측 어깨에 차징을 가할 수도 있다. 어떠한 장면에서 차징이 가해지든 간에 차징의 타이밍에 주의해야 차징의 효과가 있다. 차징은 서로 힘내기로 이루어지는 것이 아니고, 순간적으로 몸무게가 이동을 이용하여 상대측의 밸런스를 불안정 상태에 놓이도록 하며, 그 순간 공에 접근하도록 해야 한다.

[기본 연습]

① 두 사람이 옆으로 제자리에 서서 안쪽 팔을 몸에 부치고 내 측의 어깨를 사용하여 차징을 한다. 외측 다리의 무릎을 펴고 힘을 가하며, 내 측 다리의

무릎을 약간 구부려서 차징을 하는 방향으로 몸무게가 옮겨지도록 한다. 차징을 할 때 전신의 밸런스 유지와 힘을 가하는 타이밍에 대해서 익숙해지도록 노력한다.

② 두 사람이 같은 방향으로 달리면서 차징을 한다. 처음에는 천천히 달리면서 하며 차차 스피드를 가하도록 한다. 두 사람의 간격도 변화시켜 2~3m의 간격을 갖도록 한다. 달려가면서 차징을 하는 요령을 체득하도록 하며, 상대측의 외측 발이 지면에 놓여질 때 순간적으로 차징을 하도록 한다.

그림 3-102

③ 앞에서 달리고 있는 자를 뒤따라 달려가면서 차징을 가하여 상대측의 몸의 밸런스를 파괴하도록 한다. 이 때 차징은 상대측의 완전히 뒤에서 하면 반칙이 되므로, 뒤에서 추적하여 순간적으로 스피드를 가하면서 자기의 어깨를 사용하여 상대의 어깨 측면에 차징을 하도록 해야 한다. 즉, 상대의 측면의 후방에서 차징을 하도록 하는 것이다.

④ 상대가 드리블링을 하고 있을 때 후방으로 달려가서 어깨 차징을 가하면서 그 공을 클리어링clearing 시키도록 한다. 상대측의 움직임과 공의 위치를 잘 파악하여 차징을 하도록 하고 동시에 공을 아웃사이드를 이용하여 차버리도록 한다. 이 때 공을 완전히 자기의 지배하에 놓이도록 할 필요가 있다.

2) 태클링

태클링은 서서 하는 스탠딩 태클링과 달려가면서 하는 슬라이딩 태클링으로 분류할 수 있고, 앞에서 하는 태클링, 옆 방향에서 행하는 태클링 그리고 후방의 측면에서 하는 태클링 등으로 나눌 수 있다.

태클을 할 때는 반드시 공을 향하여 하여야 하고, 상대측에게 위험을 주어서는 안 된다. 따라서 태클을 하는 발의 발뒤꿈치가 공보다 위로 올라가지 않도록 주의해야 하며, 이때는 위험한 플레이로 인정받게 된다.

상대측의 공격과 패스 연결을 차단시키기 위해서는 태클링의 기술이 절대적으로 필요하다. 태클링의 기술은 적극적인 수비책으로 절대 필요한 기술이므로 꾸준한 연습이 필요하다.

(1) 정면에서 하는 스탠딩 태클링

공을 점유하고 있는 상대측에 대해서 정면에서 태클링을 할 때에는 인사이드를 사용하거나 발바닥을 이용하는 경우가 많다.

상대측과 마주 서서 1~2m의 거리에서 상대의 동작과 공을 예리하게 주시하면서 허리와 무릎을 약간 구부리고 상체를 앞으로 기울도록 해서 준비 태세를 갖춘다.

인사이드로 태클을 할 때에는 태클을 하는 발은 인사이드 킥을 행할 때와 마찬가지로 발끝을 측면으로, 그리고 위로 향하게 하고 발의 내측으로 공을 태클을 하게 된다.

발바닥으로 태클을 할 때에는 지면에 놓이는 발의 무릎을 유연하게 하고 몸무게를 지지하면 서 밸런스를 확보한다. 태클을 하는 발은 발끝을 위로 향하도록 발목을 고정시키고 무릎을 펴면서 발바닥으로 공을 접촉시키게 된다. 이때 발뒤꿈치가 공보다 위로 올라가게 되면 위험 행위로 반칙을 받게 된다.

태클을 한 후에는 공을 주시하면서 자기의 지배하에 놓이도록 민첩하게 동작

그림 3-103

을 취하도록 한다.

태클을 하는 타이밍은 상대가 공을 잡는 순간에 하든지 혹은 드리블링으로 공을 밀어 낸 직후에 태클을 하는 것이 효과적이다. 즉, 드리블링을 하여 공이 상대측과 이탈되고 다음 동작이 시작되기 직전에 하는 것이다.

[기본 연습]

① 두 사람이 1m 정도의 거리를 두고 마주 선다. 한 사람이 발바닥으로 공을 정지시키고 있으며 다른 한 사람이 인스텝으로 그 공을 가볍게 차도록 한다. 이때 상대측이 공을 찰 때 가해지는 힘의 충격에 대한 반응책으로 발바닥에 힘을 가해 계속 공을 점유하는 요령을 익히도록 한다.
발로 공을 점유한 발바닥은 공을 바로 위에서 누르고 있는 것이 아니라 킥을 하는 방향과 반대되는 측면 위에서 아래로 공을 누르도록 한다.

② 위의 방법과 같이 공으로부터 1보씩 떨어져서 선다. 킥을 하는 사람의 타이밍을 맞추어 한 스텝 앞으로 나가면서 발바닥으로 공을 블로킹하도록 한다. 다소 익숙해지면 공을 사이에 두고 거리를 넓혀서 하도록 한다.

③ 두 사람이 마주 서서 한 사람이 공을 점유하고 다른 한 사람이 인사이드를 사용하여 태클을 하도록 한다. 공과 발이 접촉하는 순간 힘을 가하여 충격에 이겨내도록 하며, 공을 자기 지배하에 놓일 수 있도록 민첩하게 움직인다.

(2) 정면에서 하는 슬라이딩 태클링

공을 점유하고 있는 상대측을 향해 정면에서 덤벼들면서 슬라이딩 태클을 할 때에는 일반적으로 발바닥이나 대퇴부를 사용하여 하는 방법이 흔히 쓰인다. 공을 점유하고 있는 상대로부터 2~3m 떨어진 곳에서 준비 자세를 취하도록 한다. 발바닥을 사용하여 하는 슬라이딩 태클은 일반적으로 한쪽 발만 사용하는 경우와 두 발을 모으고 하는 경우가 있다. 한 발로 할 때에는 지면에 놓인 발로 지면을 차면서 태클을 행하는 발을 충분히 펴고, 발뒤꿈치의 외측이 지면을 스치면서 발바닥으로 공을 밀도록 한다. 양쪽 발을 모아 태클을 할 때에는 지면을 뒤로 찬 발도

전방으로 재빠르게 이동시켜 두 발을 모으고 양발의 바닥으로 공을 밀도록 한다.

상체는 자연스럽게 하고 눈은 공을 주시해야 하며, 태클을 한 후에는 민첩하게 다음 동작으로 이행하도록 한다. 슬라이딩 태클을 하면서 대퇴부를 사용하는 태클을 할 때에는, 한쪽 발로 지면을 뒤로 차고 그 반대되는 발을 앞으로 펴고 힘차게 내밀면서 발뒤꿈치의 외측이 지면을 스치면서 슬라이딩을 한다. 그리고 두 발이 벌어진 각도를 직각 정도로 하며, 앞으로 내민 다리의 대퇴부 위에 공이 접촉되도록 하면서 태클을 한다. 태클을 하는 다리의 무릎을 약간 구부리고 발목을 직각으로 구부려 고정시키도록 한다. 상체는 다소 앞으로 구부려 중심을 앞으로 향하도록 하며 눈은 공을 주시하도록 한다. 어떠한 방법을 택하더라도 태클을 하는 발은 지면을 미끄러져 나가듯 부드러워야 하고, 지상으로부터 발의 위치가 높아지지 않도록 주의해야 한다.

그림 3-104

[기본 연습]

① 최초에는 충격을 감소시키도록 해야 한다. 모래톱에서 3m 정도 앞에 공을 놓고 공을 향해 2~3보 달려가다가 각종 슬라이딩을 한다. 발바닥을 사용하는 태클(한쪽 발 혹은 양발을 사용하는 방법)을 그리고 대퇴부를 사용하는 슬라이딩 태클을 하도록 한다. 태클링하는 발이 높이 올라가지 않도록 습관을 기르며, 지면을 스치며 미끄러지는 듯한 슬라이딩이 가능해지도록 연습을 되풀이한다.

② 운동장에서 홀로 슬라이딩 태클을 하도록 한다. 초보 단계에서는 제자리에서 몸을 앞으로 전진시키면서 슬라이딩하도록 한다. 그리고 다소 익숙해지면 2~3보 앞으로 걸어 나가면서 하며, 차차 앞으로 달려가는 거리에 따라 스피드가 가해지도록 단계적으로 한다.

(3) 측면에서 하는 스탠딩 태클링

공을 점유하고 있는 상대측의 측면으로부터 접근하여 기회를 보아 인사이드를 사용하여 하는 경우가 많다. 공을 키핑하고 있는 상대의 측면에서 공의 컨트롤 상태를 잘 파악하여 태클을 하도록 한다. 인사이드를 사용하여 공을 접촉하기 위해서는 태클을 하는 발을 상대의 앞으로 돌려 끌어당기는 듯한 동작으로 인 사이드로 공을 태클해야 한다. 이때 민첩하게 측면에서 몸을 상대측을 향해 회전시킨 다음 상대와 정면으로 향하면서 태클을 한다면 더욱 효과적이다. 공이 상대측의 완전 지배하에 놓여 있을 때에는 무리하게 하지 말고 태클의 타이밍을 잘 파악하도록 해야 한다.

공을 상대측으로부터 이탈시키려고 할 때에는 상대가 공을 앞으로 밀어낸 직후, 혹은 공을 터치하는 순간을 맞추어서 인사이드, 인 프런트 혹은 발끝으로 공을 밀어(혹은 공을 찬다) 버린다. 상대의 우측 측면으로 태클을 할 때에는 태클을 들어가기 위한 마지막 스텝을 크게 밟으면서 몸을 좌회전시키면서 상대의 앞으로 우 측방을 이용하여 공을 처리하도록 한다. 측면에서 태클을 할 때에는 차징을 하면서 태클을 하는 것이 더욱 효과적이다.

그림 3-105

[기본 연습]

① 공을 사용하지 말고 혼자 모래톱 위에서 기본자세를 형성하자. 혼자서 2~3보 걸어 나아가다가 지면에 놓인 발로 지면을 힘껏 밀면서 그 방향으로 회전한 다음, 태클을 하는 발을 휘돌려서 태클 자세를 취하도록 한다. 즉, 좌측발로 지면을 밀면서 우측발로 태클을 하려고 할 때 좌회전을 한다. 처음에는 각도를 적게 하되 차차 회전 각도를 크게 한다. 태클을 하는 발이 높아지지 않도록 해야 한다. 기본자세가 형성되면 운동장의 지면에서 하도록 하자.

② 공을 1~2m 앞에 정지시켜 놓고 앞으로 나아가면서 태클을 한다. 바로 공의 측면에서 태클을 하도록 한다. 다소 능숙해지면 서서히 드리블링을 하는 사람의 측면으로 접근하면서 태클을 한다.

③ 차차 드리블링의 속도를 빠르게 하고 태클을 행하는 템포도 변화시킨다.

(4) 측면에서 하는 슬라이딩 태클링

공을 키핑하고 있는 상대측의 측면에서 접근하여 발의 인 사이드 혹은 인 프런트로 공을 밀어버리든지 인사이드 혹은 대퇴부위로 공을 접촉하여 태클을 하는 것을 말한다. 여기에서 지적한 신체의 부위만으로 하는 것은 아니나 일반적으로 흔히 쓰여 지는 것을 지적하였다.

상대가 점유한 공을 상대로부터 밀어내거나 차버릴 때에는 공으로부터 2~3m의 거리까지 태클의 기회를 엿보며, 접근하여 태클을 하는 발을 상대의 측면의 앞으로 이동시켜 인사이드, 인 프런트 혹은 발끝으로 공을 상대로부터 이탈시키도록 한다. 공의 측면으로부터 인 사이드 혹은 대퇴부위를 사용하여 하는 태클의 요령은 공을 밀어내거나 차낼 때와 거의 같다. 상대가 점유하고 있는 공으로부터 2m 정도의 거리에서 한쪽 발을 마음껏 펴면서 슬라이딩을 하면서 인사이드 혹은 대퇴부를 공과 접촉시키도록 한다.

상체는 슬라이딩 태클을 하는 발쪽으로 세우거나 다소 앞으로 구부리는 것이 원칙이나 스피드가 있는 태클을 할 때에는 뒤로 다소 눕는 자세가 된다. 태클을 하여 다음 동작에 이행하는 과정이 민첩해지도록 일어나는 동작을 재빨리 하도록 한다.

그림 3-106

[기본 연습]

① 1~2m 앞에 놓인 공을 향해서 슬라이딩을 하면서 태클을 한다. 태클을 하는 발은 공을 향했던 각도에서 90°정도 회전을 하면서 인사이드, 혹은 인 프런트로 공을 밀어찬다(우측 발로 태클을 할 때에는 좌회전, 좌측 발로 할 때에는 우회전을 하도록 한다). 그리고 태클을 하지 않는 발은 슬라이딩이 행해지도록 지면을 뒤로 밀어 차며 상체의 회전을 돕기위한 스텝을 밟는다. 초보자들에게는 운동장보다 모래톱 위에서 기본자세를 육성하도록 하는 것이 좋다.

② 한 사람이 공을 발밑에 놓고, 제자리에 서있는 자의 우측 어깨를 향해 2m의 거리를 두고 다른 한 사람이 선다. 측면에 선 사람이 2~3보 걸어가면서 슬라이딩 태클을 한다. 이때 태클은 우측 발로하며 슬라이딩이 유연하게 행해지도록 하며 발의 높이에 주의한다. 슬라이딩을 하면서 손 혹은 팔굽이 지면에 닿게 되는 순간 손가락 끝이 전방을 향하도록 해야만, 팔의 부상을 방지할 수 있다. 좌우 측면에서 양발을 사용하여 연습을 하도록 한다.

③ 서서히 드리블링으로 전진하는 상대에게 측면에서 슬라이딩 태클을 하도록 한다. 차차 스피드를 가해가면서 좌우측에서 하도록 한다.

(5) 측면의 후방으로부터 하는 슬라이딩 태클링

드리블링으로 돌진하는 상대측을 뒤따라 접근하였을 때 태클을 할 수 있는 효과적인 방법이다. 이 방법을 할 때에는 활발하게, 그리고 신중히 공을 향해 태클을 하도록 하여야 한다. 공을 점유하고 있는 상대의 후방 측면 1~2m 정도까지 접근되었을 때, 상대측으로부터 가까운 발로 지면을 밀어 차면서 외측의 발로 전방으로 호를 그리며 민첩하게 이동시켜 그 발의 인 사이드, 인스텝 혹은 인 프런트를 사용하여 공을 차도록 한다.

그림 3-107

이때 지면에 놓이는 무릎을 구부려 중심을 밑으로 이동시키고 외측의 발을 앞으로 펴며 호를 그릴 수 있도록 몸의 밸런스를 유지하도록 한다. 공을 향해 태클링을 하는 무릎을 약간 구부리고 발목을 편 뒤, 측면에서 전방으로 호를 그리며 인스텝, 인 프런트 혹은 인사이드로 공을 접촉시켜 처리하도록 한다.

손끝이 전방을 향하도록 하고 턱을 당겨서 뒤로 넘어지더라도 머리에 충격이 가지 않도록 주의하여야 한다.

아웃사이드를 사용하는 슬라이딩 태클은 상대측의 후방 측면에 접근하였을 때 상대에 가까운 발의 아웃사이드로 공을 차버리는 방법이다. 태클을 하지 않는 발을 축으로 태클을 하는 발을 크게 측면 앞으로 내밀면서 아웃사이드로 공을 접촉시킨다. 이 때 몸은 뒤로 쓰러지는 자세가 되며 턱을 당겨 뒤로 쓰러졌을 때 머리 부분의 충격을 피하도록 한다.

[기본 연습]

① 공을 사용하지 말고 제자리에서 슬라이딩을 하면서 인스텝을 사용하는 태클 연습을 통하여 몸의 기본자세를 확립하도록 한다. 그리고 아웃사이드를 사용하는 태클의 기본자세에 익숙하도록 연습을 하며, 가능하면 좌우측의 발을 사용하도록 연습한다.

② 공을 굴려 내보면서 측면의 후방으로 접근하여 인스텝, 인사이드를 사용하는 슬라이딩 태클링을 연습한다. 그리고 같은 방법으로 아웃사이드를 사용하여 슬라이딩을 하면서 태클을 한다. 정확하게 공과 발의 인 스텝 혹은 아웃사이드가 접촉하도록 하고 몸의 충격에 감소 요령을 터득하도록 한다.

③ 서서히 공을 드리블링 하는 상대측을 향하여 접근하면서 인스텝, 아웃사이드를 사용하여 슬라이딩 태클을 하면서 공을 차버리거나 저지하도록 한다. 익숙해지면 스피드를 높여가면서 하도록 한다.

④ 드리블링을 하는 상대측의 후방 2~3m 뒤떨어진 지점에서 동시에 동일한 방향으로 달리면서 공을 컨트롤하는 자에 대해서 슬라이딩 태클을 하도록 한다. 스피드에 대응하는 슬라이딩의 타이밍을 익혀야 하며 아웃사이드, 인스텝을 사용하여 하도록 하자.

(6) 태클링 연습시의 일반적인 주의사항

① 스탠드 태클링을 연습할 때에는 처음에는 정지한 공을 향해서 혹은 상대자가 공을 발의 인 사이드, 혹은 아웃사이드로 점유하고 정지한 상태에서 태클링을 하며, 리듬과 전신의 밸런스 유지에 주의하며 행하도록 한다. 태클을 할 때 공과의 거리감에 익숙해야 하며, 숙달됨에 따라 서서히 드리블링을 하는 상대측에 대해서 태클을 하며 차차 스피드를 증가시켜 연습하도록 한다. 최후에는 드리블링으로 자기를 제치고 달려 나가는 상대에 대하여 태클을 하도록 한다.

② 슬라이딩 태클을 연습할 때에는 처음에는 공을 사용하지 말고 모래 위나 풀밭에서 해서 몸에 상처가 나지 않도록 리듬과 밸런스를 유지하고 올바른 자

세를 기르도록 하면서 태클을 한다. 다음에는 정지한 공에 슬라이딩을 하면서 태클을 하고 익숙해지면서 드리블링을 하는 상대를 대상으로 연습하도록 한다. 공과 접촉하는 거리감, 타이밍을 감지해야 하며 최후에는 드리블링으로 빠져나가는 상대를 대상으로 태클을 가하도록 한다. 이때 공을 완전히 자기의 지배하에 놓이도록 하는 것보다 상대와 이탈되도록 처리한다.

③ 태클링은 공을 향해서 해야 하며 상대측의 신체에 충격을 가하는 위험한 것이 되어서는 안 된다.

④ 무작정한 태클링이나 몸 자세가 바르지 않을 때에는 위험하기 때문에 충분히 주의하도록 해야 한다.

⑤ 태클을 한 후에는 재빨리 움직여 다음 플레이에 가담하도록 해야 하고 공을 주시하도록 해야 한다.

[연습 1]

두 사람이 센터 서클의 주위를 달리도록 한다. 한 사람이 서클의 안쪽에서 공을 드리블링을 하며 달린다. 다른 한 사람은 드리블링을 하는 사람의 뒤를 쫓아 서클 외측을 달리면서 드리블링을 하는 자를 차징하거나 태클링하도록 한다. 드리블링의 스피드에 대응하는 슬라이딩 태클의 타이밍을 파악하도록 한다. 그리고 드리블링을 하는 자는 차징을 받는 요령을 익히도록 한다.

그림 3-108

[연습 2]

세 사람이 일렬로 서서 A는 B의 머리 너머로 공을 던져 C에게 패스한다. C는 공을 컨트롤하여 A를 향하여 드리블링으로 B를 지나쳐 오도록 하며 B는 C의 드리블링의 움직임과 동작에 따라 차징을 혹은 태클링으로 공을 빼앗도록 한다. 이

때 C의 공의 컨트롤과 드리블링 방향을 잘 파악하여 태클을 하도록 한다.

그림 3-109

[연습 3]

직경 3m의 원을 30m 떨어진 곳에 두 개를 그리고 두 사람이 각자 상대측의 원 내에 공을 드리블링으로 갖고 가도록 노력한다. 서로 경쟁적인 장면에서 차징을 하고 때로는 태클을 하여 공격을 방해한다. 상대의 원 내에 공을 갖고 갈 때까지 플레이를 계속하면서 정확한 차징과 태클을 하도록 한다.

그림 3-110

[연습 4]

2대 1 형식의 골을 사용하여 A와 B가 공격한다. C는 수비측의 처지에서 A와 B의 드리블링과 패스의 연결로 공격하는 것을 수비하면서 기회를 보아 차징, 혹은 태클링으로 공격을 막도록 한다. 서로 수비와

그림 3-111

공격의 위치를 교대하며 하도록 한다. 수비측은 공격측의 의도를 판단하여 적시에 태클을 할 수 있는 기회를 파악하도록 한다.

6. 슈팅shooting

축구경기의 승부를 결정하는 것은 슛이다. 아무리 적진 골문 앞까지 밀고 들어가더라도 슛을 성공하지 못하면 이길 수 없기 때문에 슛 찬스를 잘 살려야 한다.

1) 슛이란

슛이란 상대편 골키퍼가 잡을 수 없는 것에 정확히 볼을 차서 넣는 것이다. 바꾸어 말하면 골키퍼가 잡을수 없는 곳에 패스하는 것이라고 할 수 있다. 골을 향해서 힘껏 차는 것이 슛이라는 막연한 생각을 갖고 플레이를 하는 선수가 많은 것 같은데, 그것은 아직도 수준이 낮은 단계의 슛이다. 오늘날의 슛은 골키퍼의 허를 찌르거나, 또는 볼에 커브를 붙이거나, 골키퍼가 감히 잡을 수 없는 곳을 목표로 차는 것이 슛이다. 네트를 뚫고 나갈 만한 강슛이거나, 대굴대굴 굴러가는 약한 슛이라도, 높이 2m44cm, 폭 7m32cm의 골속에 들어가기만 하면 득점이다. 자기편 선수가 자기편에 골을 넣는 자책골도 때로는 생기는데, 이것 역시 네트 속으로 들어간 것이며 득점으로 인정된다.

2) 슛에 성공하려면

슛을 하는 경우, 무엇보다 중요한 것이 슛을 차는 선수가 침착하고 냉정해야 한다는 점이다. 어떤 외국의 코치는 슛을 할 때는 살인자와 같은 냉혈한이 되라고 표현했는데, 그 순간에는 그만큼 냉정하고 침착하게 슛을 겨누어야 한다는 뜻이다. 볼의 성질과 키퍼의 위치들을 분명하게 파악하고, 이에 따라서 어떤 기술을 사용할 것인가, 인스텝으로 찰 것인가, 인사이드로 찰 것인가, 또는 헤딩으로 넣어야 할 것인가 등을 순간적으로 정확히 판단하고 슛을 정해야 한다. 애써 얻은 슛 찬스에서 슛이 우주 로켓같이 떠올라 가거나 골라인에서 벗어난다면 원통한 일이 아닐 수 없다.

또 한 가지 슛에 관해서 유의할 점은 틈만 있으면 언제나 슛을 할 수 있는 마음의 준비를 잊어서는 안 된다는 것이다. 드리블을 하는 순간 골과 골키퍼의 자세를 본다. 익숙해지면 이것으로 충분하다. 패스를 받기 전에도 미리 상대편의 움직임을 보아두고 한순간에 슛의 방향을 결정한다. 슛을 차기 전에 먼저 골과 골키퍼를 본다. 그리고 차는 순간에 볼을 주시한다. 이것을 패스할 때의 유의사항과 같다.

3) 어디에 겨눌 것인가?

어디를 겨누고 슛을 해야 할 것인가는 물론 경우에 따라 다르다. 원칙으로서는 낮게 골키퍼의 발밑을 스치고 구석으로 들어가는 코스가 이상적이다. 드리블 슛의 요점은 전진해오는 골키퍼의 기선을 제압하는 일이다. 따라서 이쪽에서 페인트를 쓰는 것이 유효하다.

골앞에서 패스를 받고, 슛하는 것은 대체로 상대편의 밀집 지대이다. 패스를 받기 전에 페인드를 써서 마크상대의 의표를 찌르고 조금이라고 자유스러운 상태에 선다. 패스 받은 볼을 스톱시키지 않고, 직접 슛을 하면 가장 좋으나, 페널티 에어리어 속에서는 신속한 볼 컨트롤과 신속한 슛이 효과적이다. 먼 곳에서 슛할 때에 가장 긴요한 점을 상대의 허를 찌르는 것이다. 하프라인에 못 미친 약 60미터에서 슛에 성공한 일도 있다.

4) 슈팅 레인즈

얼마나 먼 곳에서 슛을 할 수 있는가 하는 문제는 간단하지 않다. 왜냐하면 골키퍼가 득점을 했다는 기록이 있기 때문이다. 영국의 시합에서 있던 일이나 골키퍼가 손에 쥐었던 볼을 드롭킥으로 힘껏 찼더니 상대편 골키퍼가 방심하고 앞에 나와 있었기 때문에 그 머리 너머로 골인되고 말았다. 이렇게 되면 대체로 90m의 거리에서 골이 들어간 셈이 된다.

일반적으로 슛의 득점가능성이 높은 지역을 슈팅 레인즈라고 하는데, 이것은 두골포스트와 그 옆의 페널티 에어리어의 모서리를 연결한 구역을 말한다. 대체로 25m이상의 슛을 롱슛이라고 한다. 헤딩슛도 20m, 25m 거리에서 들어갈 수도 있다.

5) 페널티킥

이론적으로 페널티킥은 반드시 들어가게 되어 있다. 그 까닭은 찬 볼이 11m까지의 거리를 날아가는 시간이 골키퍼의 반응에 필요한 시간보다 짧기 때문이다. 오른쪽으로 차는 척하다가 왼쪽으로 차는 것과 같은 페인트도 사용되고 있으나, 원칙으로서는 묘한 잔재간을 부리지 않는 것이 좋다. 골의 어느 한쪽의, 골의 뒤에서 받치고 있는 쇠붙이를 향해 똑바로 나는 볼을 가장 확실한 킥으로 차는 것이 정도일 것이다.

골인하면 문제는 없으나, 크로스바, 골포스트에서 튕겨 나올 때, 당황해서 다시 한 번 차면, 반칙이 되어 상대편에게 프리킥을 주게 된다. 잘 아는 사실이나, 또 흔히 잘못을 저지르기 쉬운 일이다. 그러나 골키퍼에 맞고 튕겨 나오는 볼이라면, 사이를 두지 않고 다시 한 번 차 넣을 수 있다. 수비측 골키퍼는 자신을 갖고 볼을 주시하고, 최선을 다해서 막는 이외에 도리가 없다.

6) 연습

슛의 연습은 골을 향해서 실전을 방불케 하는 장면을 반복해서 실시한다. 발로 차는 연습과 헤딩 양쪽을 한다.

① 뒤에서 오는 공의 패스를 받아 드리블 슛

② 코치가 골포스트 옆에서 볼을 보내면 뛰어들면서 슛

③ 코너 부근에서 뜬 볼을 받아서 직접 슛

7. 코디네이션

코디네이션 훈련은 선수들의 부상방지에서부터 부상당한 선수들이 필드로 돌아오기 위한 재활 훈련으로 활용되고, 볼을 다루는 데 있어서 패스, 드리블, 트래핑에서 몸의 중심을 잡아주는 훈련 프로그램이다. 특히 신경시스템이 아직 발전단계에 있는 축구를 시작하는 어린 선수들에게는 반응력을 키우는 데 필수적으로 실행되어야 한다. 이런 잠정적 인지력에서 최대의 효과를 내기 위해서는 어린 선수들이 차별화되고 통합된 코디네이션 훈련(8세~12세)을 거치도록 해야 한다. 성장이 최고조(11세~14세)에 다다를 때, 선수들은 신체적 변화 현상에 직면하게 된다. 팔과 다리는 길어지고 따라서 코디네이션이 문제가 생기게 된다. 따라서 이 연령 때, 코디네이션 훈련은 필수적이다.

어린 선수들의 이상적인 코디네이션 훈련은 일주일에 최소 두 번 하는 세부 코디네이션 및 빠른 풋워크(사다리훈련)등을 겸비한 스피드 코디네이션이 필요하다. 워밍업 단계에서 하기가 가장 좋고 8~9세, 15~16세 때까지 코디네이션은 기본 테크닉처럼 훈련과 통합해서 한다.

그러나 코디네이션 훈련은 선수들이 피곤을 느낄 때 해서는 안 된다. 정확한 동작과 실행이 학습의 최대잠재력까지 작용되지 않기 때문이다. 코디네이션의 훈련은 반응, 구별, 균형, 빠른 풋워크를 포함한 훈련 프로그램으로 이루어져 있다.

1) 기본스텝 및 코디네이션

(1) 목적 : 기본적인 퀵스텝Quick step 훈련

(2) 방법

① 원스텝으로 한 칸씩 피칭 10칸 전진

② 투스텝으로 한 칸씩 피칭 10칸 전진

③ 옆으로 서서 투스텝으로 한 칸씩 피칭 10칸 이동

④ 쓰리스텝으로 한 칸씩 피칭 10칸 전진

⑤ 두발 점프로 한 칸씩 전진(두발 반복 전진)

⑥ 두발 모아 안쪽, 바깥쪽으로 점프하여 한 칸모아서, 벌려서 씩 전진

⑦ 두발 점프로 한 칸씩 피칭 10칸 전진, 두 칸씩 피칭 10칸 전진

⑧ 사이드 스텝으로 발 바꾸어 가며 반복 이동하여 10칸 실행, 뒤로 10칸 실행

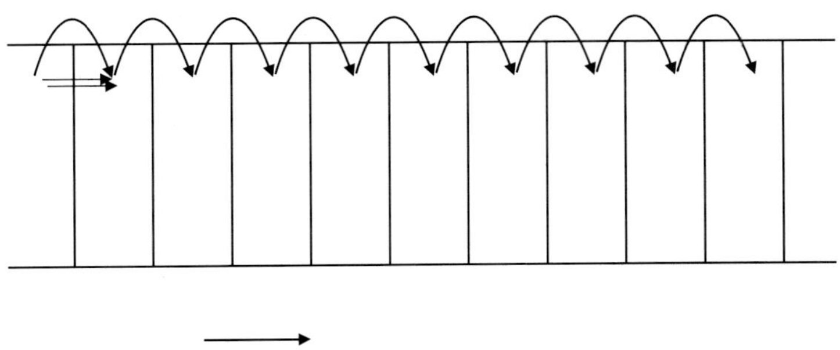

2) 점프 코디네이션 (1)

(1) 목적 : 허들 좌우 두 발 모아 점프 & 스타트

(2) 방법

① 두발 모아서 허들 점프 후 10m 스타트

② 앞으로 점프하고 바로 오른쪽 옆으로, 점프 다시 앞으로 점프, 왼쪽으로 점프, 앞으로 점프하고 10m 스타트

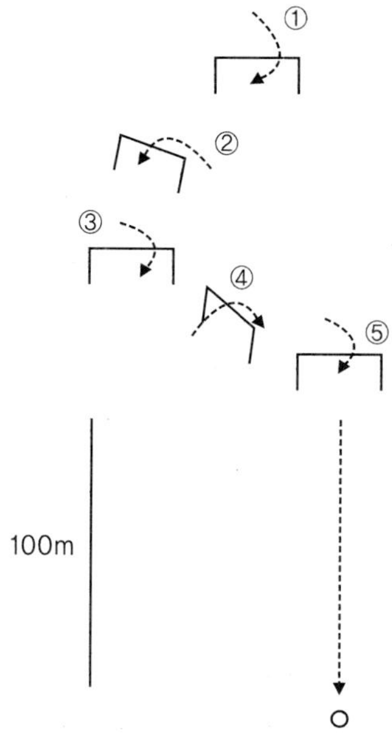

- 높은 점프 보다는 허들을 빠르게 넘는 동작이 중요
- 좌우 몸의 균형을 유지
- 자세를 낮추어서 점프 후 폭발력 있는 스타트

3) 점프 코디네이션 (2)

(1) 목적 : 코디네이션 & 스피드 훈련

(2) 방법 : 세모와 네모의 봉에서 여러 스텝 후 콘까지 전력 질주

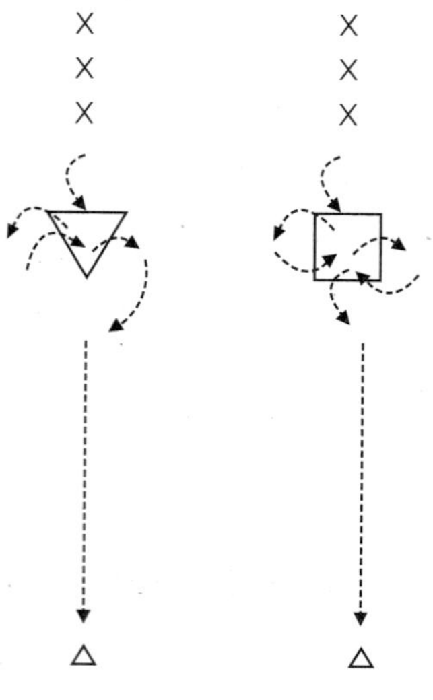

- 빠른 스타트 동작
- 최대한 빠른 스텝 실행
- 몸의 중심 유지

4) 봉을 활용한 코디네이션

(1) 목적 : 봉을 활용한 스텝 훈련

(2) 방법

① 봉을 마커 위에 놓고 정면을 바라 보고 좌우 한 발 점프로 점프 훈련

② 봉을 가운데 양 발 지면에서 점프하여 발을 서로 엇갈리게 착지하고 다시 점프하여 제 위치로 돌아오고를 반복

③ 봉을 두 발, 한 발씩 점프해서 앞뒤로 넘기

④ 봉을 두 발, 한 발씩 점프해서 앞뒤로 넘기

⑤ 봉 두개를 발 바꾸며 좌 우 왕복

⑥ 봉 두개를 발 바꾸며 앞 뒤 왕복

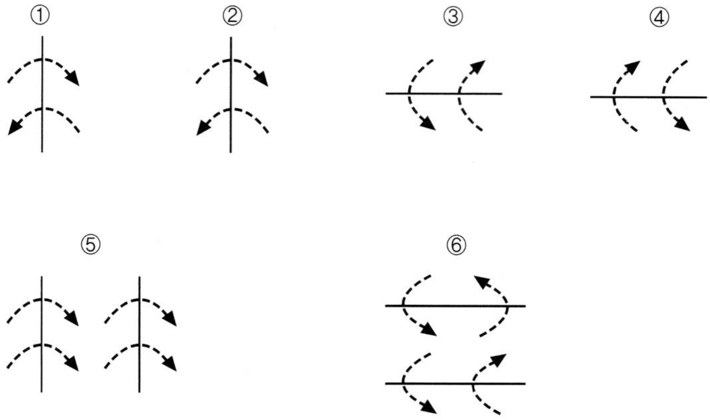

– 정확한 동작으로 최대한 빠르게 실행

– 자세를 낮추어서 실행

– 몸에 균형을 유지할 것

8. 컨디셔닝

팀의 궁극적인 목적 달성을 위한 기초적인 신체적, 정신적인 준비 과정에 효율적인 효과를 가지는 과정을 통틀어서 컨디셔닝Conditioning이라 한다. 이는 스포츠과학의 비약적인 발전과 함께 축구에 관련된 모든 현상들을 규명하여 여러 가지 훈련방법, 법칙, 이론 등을 구성하고 이를 통해 축구경기에 있어서 나오는 모든 현상을 예상하여 준비하는 종합과학이다.

따라서 컨디셔닝은 모든 트레이닝 요소의 토대가 되며, 축구경기에서 개인의 경기력 향상과 특히 부상 예방 차원에 있어서 매우 중요한 효력을 발휘할 수 있는 훈련과정이다.

컨디션 트레이닝은 연령과 능력에 따라 원칙성을 가져야 한다. 축구에서 필요한 요소들을 대상으로 한 전면성(특이성)의 원칙, 능력에 따라 양과 질을 점차적으로 올려가는 점진성의 원칙, 개인 능력에 맞는 향상을 목적으로 하는 개별성의 원칙, 시간 강도 빈도수의 조화를 통한 반복성의 원칙, 분명한 목적의식을 가지는 의식성의 원칙, 훈련의 안정성을 고려한 안정성의 원칙에 따라 어떠한 효율적인 프로그램으로 얼마만큼 하느냐가 중요하다. 또한 컨디션 트레이닝은 집단으로 동일하게 해서는 안 된다. 개개인의 수준과 체력에 따라 달리하여야 효과적이다.

아울러 훈련의 강도에 따라 훈련의 목적은 달라진다.

낮은 강도의 훈련은 지구력 향상을 목적으로 한다.

중간 이상의 강도에서는 스피드지구력과 근력을 목표로 한다.

높은 강도에서는 시간을 짧게 하고 낮은 강도에서는 시간을 길게 한다.

1) 기본 기술 동작

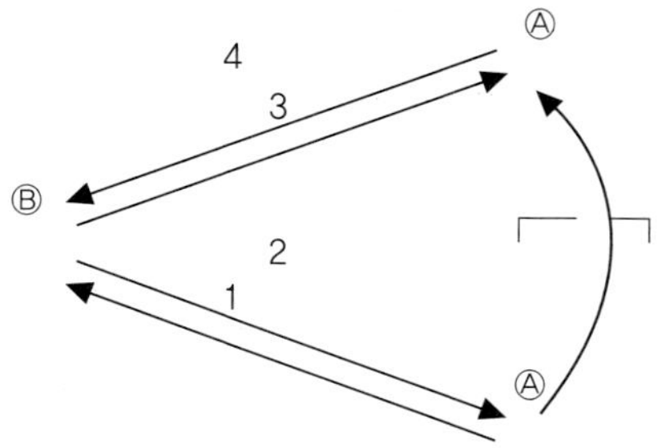

- 막대 위로 점프하기
- 선수 A는 막대 위로 점프하고 즉시 선수 B가 던진 볼을 받은 후 기술적인 동작을 수행한다.
- 보조자에게 다시 엉덩이 높이에서 볼을 발 안쪽을 찬다. 점프와 빠른 움직임을 훈련하면 선수는 경기 도중 예측할 수 없는 상황에서도 유연성을 발휘할 수 있다.

2) 응용 기술 동작

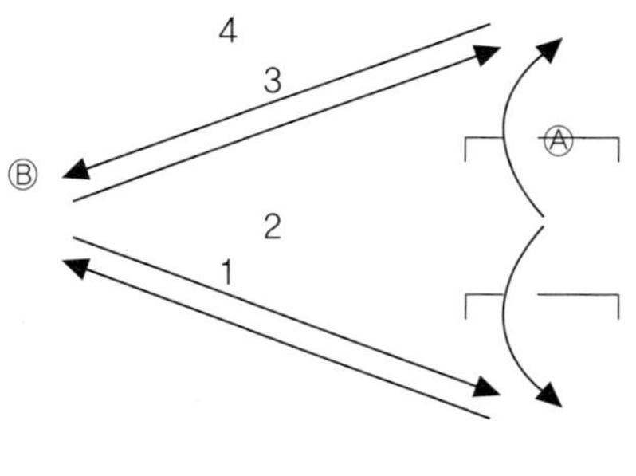

- 막대를 2개로 늘인다.
- 한 발 또는 양발로 점프한다.
- 점프 헤딩 동작을 추가하여 축구에서 요하는 다양한 동작을 수행한다.

※ 주의 : 무게 중심을 안정적으로 유지하는 훈련이기 때문에 코치는 양발로 점프하는 동작을 주의 깊게 관찰해야 한다.

●변형 기술 동작

- 점프하고 회전 후, 또는 서 있는 자세에서 헤딩
- 다이빙 헤딩
- 엉덩이 높이에서 볼을 되돌려 준다.
- 양발을 모두 사용한다.

3) 그룹 훈련

(1) 목적 : 팀 전체 훈련 또는 작은 그룹(3~4명)의 훈련으로 예측하지 못한 상황에 대처하는 세부적인 축구기술을 연마할 수 있다.

① 3인 1조 헤딩 연습

– 두 선수는 막대와 후프로 만들어진 트랙에서 대기한다. A는 헤딩하기 위해 골대 앞으로 달려오는 B에게 볼을 던진다. 그때 A와 B는 위치를 바꾸고 B는 C에게 볼을 던지는 훈련을 반복한다.

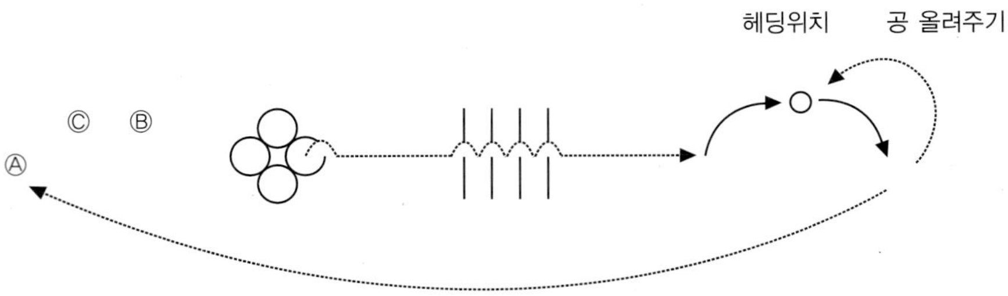

② 2인 1조 패스 슈팅 연습

– A는 막대 사이의 경로를 통과하여 B에게서 볼을 받고 골대로 달려간다. A는 B에게 볼을 주고 다시 받은 후 골대로 슛을 한다. 그 순간 A는 골키퍼 C의 위치로 간다. 골키퍼 C는 B의 위치로 옮기고, B는 출발 지점으로 달려간다. 불필요한 지연을 방지하기 위해서 체육 B의 위치에 2명의 선수가 대기한다.

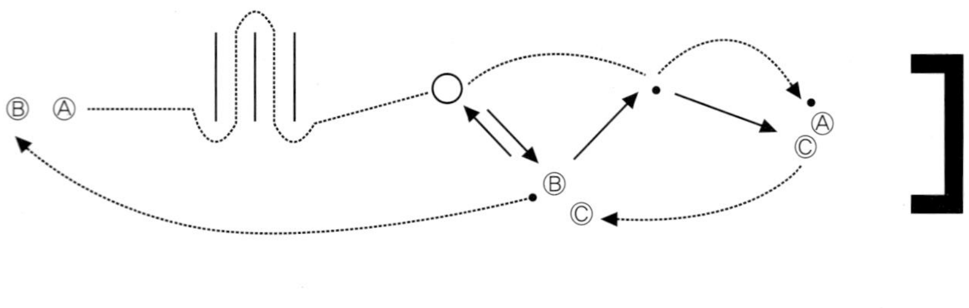

chapter 4

축구의 전술과 팀웍team work

1. 플레이의 시스템과 전술의 의의
2. 실점의 원인
3. 압박pressure
4. 수비의 4가지 요점
5. 스페이스를 만드는 방법
6. 공격할 때의 서포터
7. 볼을 가지거나 가지지 않고 하는 공격
8. 패스의 제문제
9. 체력physical fitness
10. 경기를 해 나가는 기초

chapter_4

축구의 전술과 팀웍team work

1. 플레이의 시스템과 전술의 의의

1) 플레이의 본질

축구의 위력은 활동의 자유로움에 있다. 선수의 활동은 거의 제한을 받지 않고 자유로이 활동을 할 수 있다. 그러나 모든 팀 게임과 동일하게 팀플레이의 목적은 시합에서 승리하는데 있다. 따라서 필연적으로 11명 개개인의 노력을 팀의 노력으로 집약해야하기 때문에, 집합적인 계획이 필요하다. 목적을 달성하기 위하여서는 세밀한 계획을 요구하게 되지만, 그 계획은 개개인의 선수의 능력을 최고로 발휘할 수 있는 것이라야 하고 동시에 그 제약은 게임의 목적인 슛의 찬스를 계산하는 것이 아니면 안 된다. 게임의 전개는 다음의 3가지 장면으로 분류할 수 있다.

① 공격

② 수비

③ 준비 또는 중반의 플레이

게임을 운영하는 시스템은 축구의 규칙의 변경과 선수들의 기능의 발달에 따라 해마다 발전하여 많은 변화를 가져 왔다. 이와 같은 시스템의 변화에 필요 이상의 주목과 관심을 집중시킨다는 사실은 어느 정도까지는 팀의 선수와 관중 축구의 기본적인 이론에 대한 이해가 부족하다는 것을 의미하는 것이다. 이와 같은 사고방식은 선수들의 활동에 필요 없는 제약을 두게 되며 동시에 선수의 사고력과 창의성을 저해하게 된다. 플레이의 기본원리를 충분히 습득한 11명의 선수는 플레이 그때그때의 상황에 적절히 대처해 낼 수 있는 것이다. 시스템과 전술의 사고방식은 플레이의 기본원리의 토대 위에서 발전하고 변화되는 것이다.

가장 단순한 예로는 플레이를 할 때 볼을 보지 않는 것에 관한 것이다. 볼을 상대에게 빼앗겼을 때는 팀의 전선수가 수비를 생각하지 않으면 안 된다. 어떤 선수는 즉시 상대를 밀착 마크하고 또 다른 선수는 최후의 수비 라인을 완전히 하기 위하여 후퇴하기도 한다. 나아가 볼을 가지고 있는 상대 선수에게 태클을 하기도 하며 수비에 가담하게 될 것이다. 볼을 가지고 있지 않은 팀의 전 선수는 상대가 볼을 자유롭게 컨트롤하지 못하게 하고 볼을 다시 빼앗는 것이 큰 목적이다. 그것은 동시에 상대의 득점 위험성을 최소량으로 유지하는 것이 될 것이다.

그리고 만약 볼을 소유하였을 때는 그 순간부터 선수 전원은 적극적으로 공격을 생각하지 않으면 안 된다. 축구에 있어서 가장 중요한 원칙은 볼을 소유하는 자가 모든 것을 결정한다는 것이다.

축구의 플레이의 기본적인 요소로 다음 3가지를 들고 있다.

① 개인 기술ball control

② 지적 이론brain

③ 체력fitness, body balance

헝가리의 축구 전문가들은 좋은 선수가 되는 조건을 다음의 3요소를 들고 있는데 이것을 앞에서 서술한 플레이의 기본 3요소와 비교해 볼때, 다음과 같이 그 내용에 있어서 유사한 점이 있다.

① Brain = 지적 이론

② Body balance = 평형성, 체력

③ Ball control = 기술

이것을 축구 선수에게 필요한 3B라고 한다. 3B라고 하면 축구에 관심이 있는 사람은 누구나 간단히 할 수 있는 말이다. 그러나 이 3B에 내포되어 있는 내용은 축구를 이해하고 실천함에 있어서 대단히 귀중하고 풍부한 지식이 담겨져 있다. 선수는 누구나 이 기본 3요소를 명심하고 자기 자신의 수준을 높이는 기회를 놓쳐서는 안 된다. 기술이 아무리 우수할지라도 태만하여 게임의 지적 이해를 높이고자 하지 않으면 훌륭한 선수가 될 수 없다. 상대 선수의 기능은 어떠한가, 상대 팀의 전술은 특징은 무엇인가, 그리고 상대팀의 약점은 무엇인가를 빨리 파악해서 상대 팀의 공격적인 플레이를 저지하고, 자기의 팀 동료가 방어적인 플레이를 할 수 있게끔 조치하지 않으면 안 된다. 선수 개인으로서 팀에 어떻게 공헌할 것이며 나아가 개인의 활동이 어떻게 집결되어서 팀웍으로 조직될 것인가를 이해하는 지능과 판단력을 습득하여야 한다.

또한 축구는 순간적으로 민첩한 활동을 할 수 있는 선수를 요구하는 동시에 재빨리 생각할 줄 아는 선수를 요구한다. 이러한 활동과 생각이 하나로 집약되어져야 한다. 여기에서 빨리 생각한다는 것은 복잡 다양한 상황을 재빨리 이해하고 언제 어떻게 그것을 사용할 것인가를 아는 것을 의미한다. 기술은 말할 나위도 없이 소중하고 필요한 것이다. 모든 전술과 작전은 기술에 의하여 실천되기 때문이다.

체력이란 육체적인 체력과 정신적인 의지력을 의미하는 것이다. 전술적인 약점에서 볼 때 팀이 큰 대회에 승리하려면 개인이나 팀 차원에서 고도의 체력을 가지지 않으면 안 된다는 것을 확신을 가지고 예언할 수 있는 일이다. 특히 현대 축구의 경향은 전원수비, 전원공격이라는 격렬한 활동을 강요하고 있기 때문이다. 기술을 발휘하고 전술을 추구하는 원동력은 체력에 있다는 것을 깊이 명심하고 체력 배양에 힘써야 할 것이다.

2) 시스템의 의미

시스템의 중요성이 너무나 과대평가되고 있다. 부정확한 패스, 부정확한 슛을 보상해 주는 시스템은 존재하지 않으며 상호간에 협력하고 도우려고 하지 않는 선수를 보호해주는 시스템도 존재하지 않는다. 더구나 선수들이 달리지 않고 견뎌 나갈수 있는 시스템이라는 것은 있을 수 없는 것이다.

축구에서 플레이 시스템이라고 말하는 것은 플레이를 하기 위하여 선수들의 대형을 짜는 방법, 즉 필드상에서 선수를 어떻게 배치하느냐 하는 문제이다. 다시 말한다면 미리 설정한 목적을 달성하기 위해 필드상에 적용되는 팀 조화를 의미한다. 여기에 미리 설정해 둔 목적이란 것은 대체 무엇을 의미하는 것인가? 말할 나위도 없이 플레이의 시스템이란 것은 목적을 달성하기 위하여 보조적인 역할을 할 수 있겠지만 그것만으로서 최선의 목표가 달성되는 것은 아니다. 그것은 플레이 시스템만으로는 게임 중에 일어나는 예기치 못한 상황에 대처할 수 없기 때문이다.

이것은 다른 분야, 즉 '전술' 의 분야에 우선하는 문제이다. 플레이 시스템은 전술의 응용에 무한의 가능성을 부여하는 하나의 '틀' (형)에 지나지 않는 것이다. 전술이 여러 가지 상황에 따라 수시로 변화하는 것과는 달리 플레이 시스템은 도리어 일정한 틀을 유지하는 것이다. 어느 나라가 연승의 행진을 계속하는 형의 시스템이라 할지라도 플레이어 1인 1인의 역할을 구체적으로 표시할 수는 없는 것이다. 그것은 플레이어 1인 1인의 개인차, 팀 실력의 밸런스, 그리고 시간과 인간에 의하여 무한한 가능성이 있기 때문에 그들 1인 1인의 역할을 완전히 지시한다는 것은 불가능하다. 즉 포메이션과 플레이 시스템은 가령 1인의 플레이어가 방어에 가담한다면 다른 1인은 공격으로 전환한다고 하는 일시적인 지시를 할 수 밖에 없는 것이다.

(1) 시스템의 호칭

여러 가지 종류가 있는데, 골에 가까운 쪽부터 각 라인의 사람 수를 부르는 호칭방법이 가장 많이 사용된다. 그 외에 풀백의 인수를 그대로 쓰는 방법(2FB, 3FB, 4FB 시스템)이 있고 또한 시스템, 스위퍼 시스템 필)도 있다.

(2) 시스템의 변천

① 1-2-7 시스템

1860년대 말에 스코틀랜드에서 사용된 시스템이다. 당시는 기술수준이 낮아 패스다운 패스가 거의 되지 않았기 때문에 멀리 볼을 차고 그것을 많은 FW가 좇는 공격밖에 되지 않았다. 따라서 FW에 7명, BK에 3명이 배치되었다. (그림 1)

② 2-3-5 시스템 (2FB 시스템)

1880년대에 스코틀랜드에서 사용하기 시작하여 근대 축구에서 상당히 장기간 사용된 것으로 공격의 사람 수와 수비하는 사람 수의 밸런스를 기초로 한 시스템이라 할 수 있다. 3명의 H.B중 CH가 주로 공격에 참가하고 HB 2명과 FB 2명의 4명이 지역방어Zondefence로 수비를 담당하였다.

③ 3-2-2-3 시스템 (3FB, 또는 WM 시스템)

1925년에 오프사이드 룰이 변경됨으로써 수비차를 강화할 필요성이 증대되었다. 그 결과2FB에서 3FB로 수비 강화책으로 이 시스템이 채택되었다. CH가 후퇴하여 FB를 3명으로 하고 FW 5명 중에서 2명을 뒤로 처지게 하여 중반을 굳히는 3-2-2-3 시스템이 채택된 것이다. 축구에서 맨투맨의 방어를 하게 된 것도 이 시스템부터이다. 그리고 1940년대까지 약 20년간 세계축구의 주류로서 이 시스템이 사용되었다.

④ 3-2-3-2 시스템 (M formation)

1925년 헬싱키 올림픽에서 우승한 후 1953년까지 모국에서 정식 국제시합에서 무패를 자랑했던 잉글랜드를 처음으로 격파한 것이 헝가리였다. 이 헝가리가 사용한 것이 이 시스템이다. 3-2-2-3 시스템 시대는 맨투맨의 방어가 생겨 선수의 분리화가 철저히 행해졌다. 그 때문에 각 선수는 자기 위치에 필요한 플레이 습득에 전력을 다했다. 그 결과 다른 위치로 옮기면 그 능력을 발휘하지 못하는 선수가 많아졌다.

이러한 허점을 찌른 것이 헝가리가 창업한 시스템이다. 즉 CF가 후퇴하고 대신 2명의 이널 토프로서 상대수비의 중심이라고 할 수 있는 CH의 힘을 죽이고, 또 HB의 위치에 선정에도 큰 곤란을 주는 것이었다. 동시에 5명의 FW간에는 위치 변화를 자주하여 거기서 생기는 수비측의 허를 찌르는 정당한 패스로 1957년 월드컵 결승까지 실로 32연승 기연했던 것이다.

이것은 M-FW 시스템이라고도 한다.

⑤ 4-2-4 시스템

1958년 월드컵에서 브라질이 사용했는데, 그 결과 1958년, 1962년 월드컵에 2연승하여 일약 세계의 각 팀이 경쟁해 채용하게 되었다. 기술 수준의 향상되어 공격력이 강해지니까 68m의 그라운드의 폭을 3명의 FB가 지키는 것이 매우 어려워져 FB에 뽑혔을 경우 그것을 커버하고 골앞의 수비할 수 있게 하려면 4명의 FB가 최후미에 필요하다는 생각에서 생겨났다. 4명이 있음으로써 상대 FW의 위치 이동에 대해서는 디펜스를 채용함으로써 두터운 수비를 펼 수가 있다.

⑥ 1-4-2-3 시스템

1960년대에 들어 구라파에서 수비적인 축구가 중요시되어 수비를 할 때 수적 우위의 필요성이 강조되었다. 이렇게 해서 고안된 것이 항상 4FB 후방에 1명의 선수를 두어 위험한 지역을 커버시키는 시스템이다. 이 최후미의 선수를 영어로 스위퍼라고 하는 데서 스위퍼 시스템이라고도 부른다. 1966년 월드컵에서는 참가한 거의 모든 팀이 이 시스템으로 싸웠다.

⑦ 4-3-2-1 시스템

4-3-2-1 시스템은 수비력의 강화를 가져오기는 하였으나 공격력의 저하를 초래했다. 1966년 월드컵 이후 수비력과 공격력을 동시에 강화하기 위해 고안된 방법이 4-3-3 시스템이다. 지역방어를 채용하여 스토퍼인 2명이 필요에 따라 스위퍼의 역할도 하게 된다. 이 경우에는 3명의 링크맨의 1명의 FB 라인에 들어간

다. 공격에서는 링크맨 3명이 공격에 참가하는 동시에 사이드 –풀–백이 윙 앞으로 나가overlap 예상하지 못한 공격을 하는 것이다.

3) 전술의 의의

전술이란 시합에서 최대의 효과를 발휘할 수 있도록 계획적이고 합리적으로 플레이하는 것을 지시하는 것이다. 상대가 있는 상황에서 상대에 대하여 하는 것이다. 전술 감각은 어느 정도 재능의 문제이지만 적당한 계획에 의하여 상당한 발전을 도모할 수가 있다. 게임중의 어떤 국면에서 체력적으로나 기술적으로 열세일 때 노련한 선수가 전술적인 능력으로 십분 커버해 나가는 것을 목격할 때에 우리들은 전술적인 감각의 중요성을 재인식하게 된다.

보통 전술적 능력은 이론적 지식을 반영하는 것이라 한다. 확실히 이론에 통달하게 되면 적당한 전술을 선택하는 것이 유리할 것이다. 그러나 실제로 우수한 전술적 능력을 발휘하기 위해서는 이론적 지식의 풍부함과 실전의 경험이 동시에 필요하다.

(1) 전술의 분류와 그 선택

축구는 팀 게임이다. 따라서 팀 전체가 공동의 목표를 향하여 활동하지 않으면 안 된다. 즉, 플레이어는 최고의 성과를 획득하기 위해서 팀 차원에서 사전에 결정된 계획과 플레이 시스템에 따라 플레이하지 않으면 안 된다. 공동의 목표는 11명의 플레이어의 팀웍이 절실히 지켜지지 않는 한 달성될 수 없는 것이다. 그러나 게임 상황에 따라서는 개인 플레이어가 결정적인 역할을 하는 일도 있다. 예를 들면 노마크 슈팅의 경우에는 모든 것을 골키퍼의 판단에 맡길 수밖에 없기 때문이다. 또한 골 앞의 1대1의 경우에는 백태클의 승부가 승패를 결정할 만큼 중요한 의미를 가진다. 이와 같은 일을 생각하여 본다면 전술은 개인 전술과 집단 전술로 분류할 수 있고 다시 후자는 팀 전술과 부분전술로 분류할 수 있다. 또한 전술을 취하는 실제적인 목표에 대해서 고찰해 본다면 게임에서 어느 한 팀이 공격을 하게 되면 상대 팀은 반드시 방어를 하게 된다. 이러한 시점에서는 공격과 방어의 2가지 전술로 분류할 수가 있다. 이상으로 전술을 여러 가지 제도적인 측면에서 관찰하였는데, 그 중에는 게임에서 항상 영향을 주는 것과 어떤 특수한 때에만 영향을 주는 것이 있다. 이 경우의 후자를 응용 전술이라고 한다.

우리들이 전술을 사용하는 것은 특정의 플레이를 한다든가 사전에 양해된 플레이를 하기 위하여서이다. 다시 말하면 게임 중에 항상 변화해 가는 상황에 대응하기 위하여 사용되는 모든 수단을 의미하는 것이다. 정당한 전술계획을 수립하기 위해서는 시합을 좌우할 수 있는 제반 요인들을 고려하지 않으면 안 된다. 그 중에서도 특히 주의하지 않으면 안될 것은 다음과 같은 사항이다.

① 상대팀과 자기 팀의 기술 수준

② 양 팀 플레이어의 체력과 컨디션

③ 게임운영의 이해도

④ 그라운드와 기후

그런데 응용전술이라고 하면 사전에 계획을 세워둘 것이 아니라 게임 당시의 상황에서 플레이어는 어떻게 플레이 해야하는가, 그러한 전술적인 지식을 실제로 어떻게 응용할 것인가가 문제가 되는 것이다.

여기에서 일반적인 전술과 응용전술의 상반점을 명확하게 하기 위하여 몇 가지 예를 들겠다.

기교적으로는 우수하지만 발이 느린 포워드에게 대하여는 백스가 긴밀한 마크를 취하고 있다면, 그것은 일반 전술의 원칙에 적합한 전술이 될 것이다. 그라운드가 미끄러울 때는 동료 플레이어의 전방에 패스하지 않고 그의 발밑으로 볼을 패스하는 것도 역시 일반 전술에 속한다. 그러나 롱패스를 숏패스로 변경한다든가 지면의 낮은 패스 대신에 공중으로 높은 패스를 이용한다든가 페인트플레이와 태클을 할 경우에는 이것은 응용전술에 속한다. 이러한 것을 보면 일반 전술이란 팀에서 사전에 결정한 것이고, 응용전술이라는 것은 실제의 국면에 응대하기 위하여 자신의 플레이를 조절하는 것이며 나아가 자기의 능력을 어느 특정의 상황에 부합시키는 것을 말하는 것이다.

(2) 전술과 기술과의 관계

볼을 자유자재로 다룰 수 있는 기술은 시합과 무관하게 존재할 수가 없다. 시합을 위한 것이 아니라면 단지 볼을 컨트롤한다든가 킥하고 헤딩을 하면서 즐길 수가 있다. 그것이 가장 단순한 것이라 할지라도 그것을 채용하려면 기술적인 뒷받침이 필요하다. Open 위치를 취할 때는 대체적으로 달리지 않으면 안 되며, 팀플레이의 기본인 패스를 할 때에는 어떤 종류이든 간에 킥이 필요하다. 이와 같이 기술은 단순하게 존재하지만 전술은 기술과 분리해서 생각할 수 없는 복합적인 것이다. 현대의 축구에 있어서 전술과 기술 간에는 완전한 조화가 요구되고 있다. 개인 전술의 계획을 세울 때는 우선 자기 팀의 기술수준과 실제 경험을 먼저 염두에 두어야 한다. 예를 들면 짧은 패스도 정확히 패스하지 못하는 플레이어에게 논스톱으로 패스를 시켜서는 안 되는 일이다. 그리고 동시에 상대 팀의 기술적인 경험도 고려하지 않으면 안 된다. 가령 상대가 비교적 헤딩에 능하다면 공중 볼을 사용하지 않는 것이 좋다. 반대로 자신들의 포워드가 헤딩 능력이 뛰어나다면 로빙 볼로 패스하는 것이 바람직하다. 결국 전술과 기술을 잘 조화시키려면 전술계획을 플레이어의 기술 능력에 알맞게 세워야 할 것이다. 전술은 기술의 뒷받침 없이는 안 되는 것이며 기술 수준을 초월하는 전술은 없기 때문이다. 그리고 전술은 비교적 단기간에 변경할 수가 있는 것이지만 기술의 발달은 그렇지는 못하다. 따라서 기술의 연습에 더욱 많은 시간을 이용하지 않으면 안 된다. 물론 전술이 어느 한도 내에서는 기술 부족을 커버해 준다는 것은 사실이다.

(3) 전술과 컨디션

우수한 전술일지라도 그것이 플레이어의 신체적 컨디션을 무시한 것이라면 좋은 결과는 얻을 수가 없다. 전술을 세울 때에 코치는 팀 컨디션에 대하여 여러 가지로 주의 깊게 고려하지 않으면 안 된다.

(4) 전술과 외적조건

그라운드의 크기, 그라운드의 지면의 상태, 기온 습도, 우천 풍속, 잔디의 상태, 태양 그리고 고도 등을 고려하여 전술을 세워야 할 것이다.

(5) 전술과 대항 전술

전술을 세울 때에 물론 상대를 염두에 두고 짜야겠지만, 상대도 또한 전술을 생각하고 있다는 것을 명심해야 한다.

2. 실점의 원인

왜 실점이 생기는가? 어떤 사람은 단 한마디로 실수라고 하지만 사실 이에 대한 대답은 대단히 복잡하다. 그 이유는 실점이 생기는 원인이 수백 가지가 되기 때문이다. 그중 5가지의 대표적인 원인이 있는데, 경우에 따라서는 이들의 요인이 상호 복합적으로 겹쳐져서 생길 때도 있다. 그러나 그런 경우에 있어서도 5가지의 기본적 요인 중에서 몇 가지가 합쳐진 것이다. 그렇다면 5가지의 요인이란 무엇인가?

① 볼을 가지고 있는 상대 선수에게 대한 압박pressure 부족
② 볼을 가지고 있는 상대 선수에게 대항하고 있는 우군에 대한 서포터(지원) 부족
③ 상대 선수를 추격하는 방식의 실패
④ 볼을 상대에게 넘겨주는 것
⑤ 세트플레이 (프리킥, 코너킥, 드로윈)

이상의 5가지의 요인으로 인하여 게임에서 실점이 생긴다면 우리는 이 내용을 세밀히 검토하여 그 대책을 세우는 것이 절실히 필요하다.

① 압박pressure은 어떻게 할 것인가?

② 동료에 대한 서포터(지원)는 어떻게 할 것인가?

③ 상대를 추격하는 방법은?

④ 볼을 상대에게 넘겨줄 때 생기는 잘못

⑤ 세트플레이에 대하여 검토하여 보기로 하자.

3. 압박pressure

압박의 목적은 공격측의 선수가 패스나 드리블을 하기 위하여 소요되는 시간과 공간space을 감소시키는 일이다. 압박을 가장 효과적으로 하기 위해서는 볼을 가지고 있는 선수의 골 사이드에 항상 자리를 잡고 결코 1.8m 이상 떨어져서는 안 된다. 압박을 가하고 있는 선수는 상대방을 자기의 전방에 두고, 상대가 볼을 전방으로 패스하여 찬스를 가지는 것을 방해하는 것이 임무라는 것을 잊어서는 안 된다. 물론 압박을 가하고 있는 선수가 항상 상대의 골 사이드에 있어야 상대가 패스를 전방으로 보내는 것을 방해할 수 있다. 하지만 두 가지의 일을 동시에 할 수 있다고 단정할 수 없다. 이와 같은 상황에서는 어떻게 하면 가장 훌륭한 수비를 할 수 있겠는가에 대해서는 이 장의 끝에서 다시 한 번 검토해 보자.

그런데 상대 선수로부터 5~10m나 떨어져 있어서는 압박을 하기는 거의 불가능한 일이다. 따라서 볼을 가지고 있는 상대로부터 1.8m정도의 거리가 압박을 가할 수 있는 가장 알맞은 거리이다.

1) 볼에 대한 도전

볼이 상대팀에게 넘어간 순간에 모든 선수가 수비의 조건을 염두에 두고 볼을 다시 빼앗기 위하여 전력을 다 하지 않으면 안 된다. 불행하게도 대부분의 포워드 선수는 볼이 상대팀에 넘어간 직후의 가장 중요한 몇 초 동안을 아무것도 하지 않고 있기 때문에, 상대의 수비선수들이 볼을 패스하는 데 필요한 시간과 공간을 제공해 주고 있다. 상대방 수비 선수가 볼을 가진 순간에 볼을 패스하기 위한 시간과 공간을 언제나 확보하고 있다고는 말 할 수 없다. 따라서 포워드는 그 시간과 공간을 상대에게 주어서는 안 된다.

만약 포워드가 패스미스를 했다든가 혹은 결정적인 찬스에서 실수하였다면 그것으로서 그 상황은 끝난 것이다. 그러므로 가장 중요한 것은 그 다음 순간에 상대에게 넘어간 볼을 다시 빼앗기 위하여 전력을 집중하는 일이다. 다음에 해야 할 일을 결코 망각해서는 안 된다.

압박pressure은 볼을 상대에게 빼앗겼을 때, 그 순간부터 시작되는 것이다. 그리고 볼이 어느 팀에게나 넘어간 순간에는 선수 중 몇 사람은 집중력을 상실해 버리게 된다. 축구는 다른 게임과 같이 실수의 게임인 것이고 실수가 대단히 중요한 기능의 하나이다. 그러므로 볼이 상대방에게 넘어간 순간 그때의 상황에 적절하게 대응하는 연습을 하는 것이 필요하다. 이 연습은 팀끼리 홍백전을 하게 되면 더욱 성과를 얻을 것이다.

2) 백업

상대방의 볼을 빼앗기 위하여 도전할 경우에는 먼저 볼을 가지고 있는 상대선수의 전방이나, 자기 골에 가까운 위치, 즉 골문을 커버할 수 있는 위치에 있어야 한다. 그러나 지나치게 깊은 위치에까지 후퇴하는 것은 잘못이다. 그 이유는 볼을 가진 상대 선수가 볼을 전방으로 패스할 수 있기 때문이다.

3) 백업 라인

만약 선수가 백업의 가장 좋은 코스를 잘 알지 못할 경우에는 다음의 지시에 따라야 한다.

① 터치라인 쪽에 있는 선수는 가까운 쪽 골-포스터를 향하여 후진하고

② 필드의 중반에 있는 선수들은 자기 진영의 페널티 서포터를 향하여 후진한다.

③ 선수가 일단 골 사이드에 돌아 왔다면 백업의 라인을 구성하고, 동료 선수에 대한 서포터의 임무를 수행해야 한다. 보다 많은 선수가 자기 골의 방어에 돌아가서 수비 라인을 구축하는 것이 기본이다.

4) 골 사이드로 부터의 도전

볼의 골-사이드에 있는 선수는 자기가 마크하고 있는 상대 선수에게 볼이 플레이되었다면 즉시 도전하여 볼을 빼앗을 수 있는 방어를 취하지 않으면 안 된다. 수비측의 선수가 해야 할 동작에는 고려해야 할 중요한 포인트가 2가지 있다.

(1) 도전하기 위한 접근approach스피드

축구에서 스피드는 선수의 달리기 속도를 의미할 뿐 아니라 언제 스타트할 것인가를 결정하는 타이밍을 의미한다. 이것은 특히 상대에게 도전하기 위한 러닝의 경우에 중요한 것이다. 러닝을 시작하는 순간은 패스가 자기의 상대에게 보내는 순간이다. 볼이 이미 패스가 되고, 인터셉트할 수 없을 때는 러닝속도를 올릴 때이다. 그러나 경우에 따라서는 너무 빠르게 혹은 지나치게 멀리까지 달리는 일이 있다. 이것은 상대선수가 이미 볼을 컨트롤하고 있는데도 불구하고 전속력으로 달렸기 때문에, 방향 전환이 쉽게 되지 않아서 이런 상황이 일어난다.

(2) 도전의 각도

볼에 도전할 때에는 4가지 가능성이 있다.

① 인터셉트

만약 백스가 패스한 볼을 인터셉트할 수 없다고 생각될 때는 가장 효과적인 방법으로서 볼을 탈취해야 한다. 도전의 각도는 패스되어진 볼 코스에 들어가는 것이다.

② 태클

만약 백스가 자기의 상대가 볼을 잡는 순간에 거기에 도달할 수 있다고 확신했을 때는 그의 도전 각도는 출발하는 위치에서부터 상대에게 일직선으로 향하는 방향이 된다.

③ 상대 선수를 외측으로 추격한다.

만약 백스가 자기의 상대를 외측으로 몰아내려고 하거나 풀백이 윙을 터치 라인쪽으로 몰아내려고 할 경우에는 도전 각도는 상대의 내측으로 들어가는 코스를 막아서 몰아낸다.

④ 상대를 내측으로 추격한다.

만약 백스가 상대를 내측으로 추격하려고 한다면 터치 라인쪽의 코스를 막아야 한다. 상대에게 압박을 가하고 있는 선수는 재빨리 턴할 수 있는 위치를 취하지 않으면 안 된다. 수비의 선수들은 턴할 때 90도의 턴으로 상대를 대응할 수 있어야 하고 결코 180도를 턴하지 않도록 해야 한다. 이것은 대단히 중요한 것이다. 180도를 턴하는 선수는 90도를 턴하는 선수보다 5m에 1m는 늦어지게 된다. 백스의 선수들은 재빨리 턴할 줄 알아야 하고 신체의 밸런스도 잘 취하지 않으면 안 된다. 수비 선수들은 볼에 도전할 때에 어떻게 하면 제일 좋은지, 180도 턴을 피하는 것이 얼마나 중요한 것인가를 빨리 습득하는 것이 좋다.

5) 양발로 서는 것의 중요성

볼에 도전할 경우, 양발로 서있다는 것은 대단히 중요하다. 필요 없이 넘어지는 선수는 넘어져 있는 동안 귀중한 시간을 상실하게 되는 것이다. 그 동안에는 그 팀은 10명으로 플레이하지 않으면 안 된다. 이러한 일은 자기 자신을 상대에게 팔아넘기는 일이기도 하다. 그뿐 아니라 넘어지는 선수는 육체적으로도 대단히 고통스러운 시합을 하게 되는 것이다. 그라운드에서 넘어졌다가 일어나는 것은 힘 드는 일일 뿐 아니라 원래는 뒤에서 추격하지 않아도 좋을 상대가 넘어지기 때문에 뒤에서 따라가지 않으면 안 되게 된다. 볼을 빼앗기 위하여 그라운드에 넘어져도 좋을 때는 다음의 두 가지 경우이다.

① 상대가 수비를 돌파해 왔을 경우

이것은 위험한 상태이고 선수 중에서 누군가가 이런 위험한 상태에 직면하게 된다면 상황에 대한 준비가 되어 있어야 한다. 다시 말해서 슬라이딩 태클을 하지 않으면 안 된다.

② 볼을 가진 상대가 골라인의 근방에 있을 때 백이 볼을 그라운드에서 밖으로 차내기 위하여 슬라이딩을 할 경우 그렇게 함으로써 그는 정확한 위치에 돌아갈 수 있는 시간을 얻을 수가 있다. 그렇지만 대부분의 경우 훌륭한 선수는 넘어지는 일이 적다는 것도 기억해 두는 것이 좋다.

6) 상대 선수가 볼과 같이 턴하는 것을 방해하라

상대가 볼과 같이 턴하는 것을 방해하는 것은 특히 최종 라인의 백으로서는 더욱 중요한 일이다. 볼과 같이 턴하는 것을 상대에게 허락하는 것은 상대에게 볼을 전방으로 패스하는 기회를 주게 되는 것이다. 상대 선수가 상대 골쪽으로 신체의 방향을 취하고 있는 동안에 볼을 빼앗겠다고 하는 것은 불필요한 프리 킥을 상대에게 주게 되는 위험을 지니고 있다. 이와 같은 경우에는 백스는 상대방이 볼과 같이 턴하려고 할 때 볼을 빼앗을 수 있는 가까운 거리에 접근하고 있는 것으로도 충분한 것이다. 만약 상대가 볼과 같이 턴하는 것을 저지하지 못했을 경우에는 다음으로 취할 최선책은 볼을 상대가 전방으로 패스하는 것을 막아야 한다. 그러나 이것은 그가 상대로부터 1.8m이상 떨어지지 않고 그리고 볼의 골문사이드에 있을 경우에만 가능한 것이다.

7) 상대의 패스 각도를 감소시킨다.

만약에 상대 플레이를 수비 라인의 전방에서 막아내지 못했을 경우에는 상대의 플레이를 한쪽 방향으로 한정시키는 것이 최선책인 것이다, 이렇게 함으로써 상대가 볼을 패스하는 각도가 감소되고 패스를 보낼 공간이 적어지기 때문에 패스의 가능성은 적어진다.

그렇게 함으로써 상대의 플레이를 예측할 수 있게 되고 따라서 마크를 더욱 강하게 됨으로써 볼을 빼앗기가 용이하게 된다. 축구는 상대적인 게임이다. 공격측의 플레이는 창조적이고 예측할 수 없는 것이 아니면 안 된다. 공격을 성공적으로 이끌어가는 중요한 방법은 공격 방향을 변경하는 것이다. 수비측의 일은 이것과는 반대인 것이다. 즉 상대의 플레이를 예측할 수 있도록 만들고 한쪽 방향으로 몰고 들어가는 것이다. 따라서 수비는 어중간하게 해서는 안 된다는 것을 이해하기 바란다. 전술적인 관점에서 볼 때 고도의 수준 높은 조직적인 플레이는 실제로 보고 있으면 감탄할 만한 일이다.

8) 전술 축소의 중요성

만약에 팀이 그의 선수를 2개의 골문사이에 크게 분산시켜 둔다면 넓은 스페이스가 선수들 중간이나 선수의 배후에 생기게 되기 때문에 압박은 불가능하게 된다. 그러므로 압박을 잘 하기 위해서는 팀 선수들이 너무 크게 벌어지는 것을 피하지 않으면 안 된다. 팀은 전술을 잘 숙지하여 그것을 유지하기 위하여 활발하게 활동하지 않으면 안 된다. 이것은 다음의 3가지의 방법으로 할 수가 있다.

① 볼이 상대방에게 빼앗기는 순간에 포워드의 선수가 수비에 들어가서 압박하는 것이다.

② 볼이 전방에 플레이 되었을 때 백스의 중반에 있는 선수가 올라가서 압박형태를 취한다. 볼이 전방에 플레이 되었을 때 특히 최전선의 1인에게 송구되었을 때 볼을 가진 선수를 서포터하기 위하여 백스나 중반의 선수들이 재빨

리 전방으로 올라가는 것은 대단히 중요한 일이다. 가령 볼이 상대에게 넘어갔을지라도 상대의 선수에게 대하여 어느 정도의 압박을 가할 수 있는 시간과 공간이 있게 된다. 백스의 선수들이 포워드의 선수들을 서포터하기 위하여 전방에 나가 있을 때, 볼을 빼앗긴 상대방 선수가 미처 수비에 돌아가지 않을 경우도 물론 있을 것이다. 2명의 포워드 선수가 오프사이드의 위치에 남아 있을 경우도 많다. 이와 같은 경우에 전방으로 재빨리 올라가는 것은 상대 팀의 선수 중에서 유효하게 플레이가 가능한 선수는 9인, 때로는 8인으로 줄일 수 있는 것도 가능한 것이다. 그러나 이것을 오프 사이드 트랩과 혼돈해서는 안 된다. 이것은 수비가 서포터하기 위하여 올라간 결과로 상대가 오프사이드 위치에 남아 있게 된 것이다. 상대 선수를 오프사이드 시킬 목적으로 한 것이다. 자기편이 볼을 가지고 있는 동안에는 위험은 절대로 존재하지 않는다. 사실 이것은 팀으로서 적극적인 방법을 취하기 위하여 구사한 전술의 결과의 일례이다.

③ 압박은 상대 팀이 볼을 터치 라인부근에서 가지고 있을 경우에 볼을 그라운드의 1/4의 지역에서 나가지 못하도록 선수가 그라운드를 사면으로 이동함으로써 만들어 낼 수가 있다.

4. 수비의 4가지 요점

수비에는 4가지의 요점이 있다. 그 중에서 가장 중요한 것은 상대에게 대한 압박인데 이것은 앞에서 이미 알아보았다. 나머지 3가지의 핵심 요인은 다음과 같다.

1) 수비에 대한 서포터 (지원)

2) 상대 선수를 추격하는 방법

3) 수비에 쫓기고 있을 때의 볼을 빼앗는 방법

1) 수비에 대한 서포터

수비에 대한 서포터는 볼을 가지고 있는 상대에게나, 압박을 가하고 있는 선수에게 대단히 필요한 것이다. 볼을 가지고 있는 상대 선수에게 압박을 가하고 있는 선수가 뚫리게 되면 그 상대 선수에게 즉시 압박을 만들어 내는 것이 서포터하고 있는 선수가 해야 할 임무이다.

(1) 압박을 가하고 있는 동료와의 거리

이상적인 거리는 도전하고 있는 동료에서부터 4~6m이다. 이 거리라면 다음 두 가지 목적을 달성할 수가 있다.

① 상대 선수가 다음의 일을 하기 위한 시간과 공간을 제한할 수가 있다.

② 만약 도전하고 있는 선수가 뚫렸을 경우에 이 정도의 거리라면 즉시 상대 선수에게 도전할 수 있다.

그 밖에도 고려해야 할 점이 있다. 만약 상대 선수가 대단히 발이 빠른 선수라면 그는 직접 압박을 가하고 있는 선수뿐 아니라 서포터하고 있는 선수까지도 동시에 뚫고 나갈 가능성이 있다. 이것은 타 선수들이 수비의 경우에 어떻게 위치를 취하고 있는지, 또는 그라운드의 어떤 지역인가에 따라서 크게 영향을 주는 문제인 것이다. 중반, 특히 터치라인 부근에서 윙은 빠른 스피드로 도전해오는 선수와 서포터하고 있는 선수 2인을 동시에 뚫고 나갈 가능성이 높다. 그러므로 서포터하고 있는 선수는 도전하고 있는 동료 선수들로부터 어느 정도의 거리에 있을 것인가를 결정하기 전에 다음 3가지 점을 고려하지 않으면 안 된다.

ㄱ. 동료의 백의 위치

ㄴ. 볼을 가지고 있는 상대 선수의 능력

즉 상대선수가 볼을 멀리 차 놓고 대쉬로 빠져나가는 것이 장기라면 약간 떨어져서 서포터하지 않으면 안 된다. 혹은 상대 선수가 드리블과 페인트로 빠져나가는 것을 좋아한다면 도전하고 있는 동료에게 가까이에서 서포터하지 않으면 안 된다.

ㄷ. 필드의 어느 지점에 있는가?

이상의 3가지 점을 충분히 고려한다면 성공적인 압박과 서포터가 이뤄질 것이다.

(2) 서포터 하는 선수의 각도

수비에서 서포터 하는 선수가 위치를 잡을 때 두 번째 문제는 압박하고 있는 선수에 대하여 어떠한 각도로 서포터 할 것인가 하는 것이다. 이 경우에는 3가지의 방법이 있다.

① 상대의 선수가 터치라인 쪽으로 압도를 당하고 몰리고 있는 경우

위치는 똑바로 후방에 취할 것이다. 이 위치를 취함으로 해서 상대 선수는 같은 방향으로 즉, 터치-라인을 따라서 달려가지 않을 수 없다. 이 위치를 취했을 경우, 상대에게 내측으로 들어가게 하는 것은 서포터할 때 저지를 수 있는 가장 기본적인 실수이다,

② 상대가 필드를 횡으로 가로 질러 가게 추격당하고 있을 경우

서포터하는 선수는 사면으로 위치를 취하여야 한다. 상대 선수는 여기에서도 동일방향으로 이동하지 않을 수 없게 된다. 그러므로 상대 선수는 드리블로 전방으로 나가든가 패스를 골의 방향으로 보낼 찬스가 주어지지 않는다.

③ 만약 확신이 없을 경우에는 45도의 각도에 위치를 취해야 한다. 이것은 특히 압박을 가하고 있는 선수가 충분히 거리를 좁히고 있지 않을 경우 제일 좋은 위치를 취하는 방법이다. 이와 같은 상황에서 상대선수는 전방이나 횡으로 이동할 수가 있다. 따라서 서포터 하는 선수의 임무는 어느 쪽의 경우에도 대응할 수 있는 위치에 있는 것이 좋다.

(3) 서포터 하는 선수의 책임

서포터 하는 선수의 책임은 적당한 거리와 각도에 위치를 선택하는 것이다. 그리고 압박을 가하고 있는 동료선수에게 필요한 모든 정보를 주는 것이다. 서포터

하고 있는 선수는 압박을 가하고 있는 동료가 상대에게 충분히 접근할 수 있도록 용기를 주지 않으면 안 된다. 또한 서포터 하고 있는 선수는 상대를 외측으로 몰 것인가 내측으로 몰 것인가를 압박을 걸고 있는 동료에게 전하지 않으면 안 된다. 특히 젊은 선수들을 지시할 경우에는 압박을 가하고 있는 선수로부터 지나치게 멀리 떨어져 있는 것이 서포터 할 때의 실수라는 것을 확실하게 인식시켜야 한다.

(4) 상대 선수를 추격하는 방법

수비선수에게 최대의 실수는 상대방 선수가 자기 배후에 들어가는 것을 허용하는 것이다. 상대 선수가 배후에 들어가는 것을 전혀 보고 있지 않는 선수는 더욱 큰 실수를 하게 된다.

① 항상 상대의 골 사이드에 있어라

상대 선수를 추격할 경우에는 이것이 제일의 원칙인 것이다. 그런데 골-사이드라는 뜻이 무엇인가를 완전히 이해해야 한다.

② 항상 볼과 상대를 시야에 두라.

상대를 추격할 경우에 필요한 두 번째 원칙은 항상 상대 선수와 볼을 시야에 두고 있어야 한다는 것이다. 언제나 볼만 보고 상대 선수를 보지 않는 선수를 '볼와처' (볼감시자)라고 부르고 있다. 이와 같은 선수는 상대 선수가 배후에 들어가는 것을 쉽게 허용하고 만다. 우수한 백스와 우수한 자동차 운전자 간에는 기술적으로 보아서 적어도 한 가지 유사점이 있다. 그들은 자기 전방에서 무엇이 일어나는가를 알고 동시에 자기의 능력으로 무엇을 해야 할지 알고 있다. 이것은 다 같이 중요한 것이기 때문이다. 우수한 백은 항상 어깨 너머로 주위를 탐지하고 상대선수의 이동에 대응하여 위치를 수정한다. 현대 전술에서는 미드필드의 중요성이 증대하여 백의 선수가 전방으로 올라가서 득점을 노리는 일을 강조되고 있다. 그러므로 포워드와 미드필드의 선수들은 반대로 수비의 책임을 이해하지 않으면 안 된다.

(5) 수비에 몰리고 있을 때 볼을 쟁취하는 방법

축구에서 볼 클리어에 실패하는 것이 실점에 연결된다고 하는 것은 사실이다. 자기 골 부근에서 백은 수비를 하기 위한 시간을 벌기 위한 방법으로서 볼을 탈취하지 않으면 안 된다. 상대방의 격렬한 공격에 의하여 압박당하고 있는 백스는 볼을 클리어 할 경우에는 다음의 4가지를 고려하여야 한다.

① 먼저 볼을 터치하라.

② 높이 차라.

③ 멀리 차라.

④ 터치-라인의 방향으로 차라.

① 먼저 볼을 터치하라.

아무리 킥을 잘하고 아무리 확실한 헤딩을 할지라도 상대방 선수보다 먼저 볼을 터치하지 못하면 이러한 기술은 이용 가치가 없는 것이다. 상대방보다 먼저 볼에 터치하려면 볼에 접근하지 않으면 안 될 것이며 또한 가능한 한 빨리 볼의 코스에 들어가지 않으면 안 된다. 높은 볼의 경우에는 점프의 상태에서 볼에 터치하지 않으면 안 된다. 백의 선수는 자기의 페널티 지역 내에서는 포워드보다 우위에 있다. 왜냐하면 보통은 볼이 골의 방향으로 날아오기에 볼을 마주보고 터치 할 수가 있기 때문이다. 따라서 터치한다는 것은 기술적인 문제일 뿐 아니라 결단의 문제이기도 하다. 특히 헤딩을 경쟁하는 것은 용기의 문제일 것이다.

② 높이 차라.

높이 찬다는 것은 시간을 의미한다. 패널티 에리어내에서 시간을 확보한다는 것은 수비측에 유리하다. 골 에리어내에서는 볼을 페널티 에어리어부근에 있는 상대방 선수에게 보내 주는 것보다는 공중으로 높이 차올리는 것이 차라리 유리하다. 볼을 높이 차려면 볼의 하부를 강하게 차지 않으면 안 된다. 높게 찬다는 것은 시간을 의미한다.

③ 멀리 차라.

볼을 멀리 찬다는 것은 높이도 물론 관계가 된다. 멀리 차려면 낮은 볼은 별로 효과가 없다. 선수가 많이 서 있는 복잡한 패널티 에리어내에서 낮은 볼은 멀리까지 날아간다고 단정할 수가 없기 때문이다. 볼을 골문에서 가급적 멀리 날려 보내면 실점 위기는 그만큼 감소된다.

④ 터치라인 방향으로 차라.

이것은 수비 선수에게는 가장 중요한 충고이다. 터치라인 방향으로 차게 되면 볼을 완전한 거리뿐만 아니라 안전한 각도로 차 낼 수 있기 때문이다. 그리고 가능하다면 상대의 라이트윙으로부터 보내진 크로스 볼은 상대의 레프팅윙의 방향으로 클리어해야 할 것이다. 그 방향에는 상대방 선수의 수가 적기 때문이다. 또한 수비수는 높이(고도), 거리, 방향을 생각하여 그러한 순서에 따라 볼을 플레이하지 않으면 안 된다. 자기 자신이나 팀이 완전히 상대에게 압박을 당하고 있을 경우, 그리고 페널티 에리어 부근에서 혼란에 빠졌다고 생각될 때는 볼을 멀리 그리고 각도를 꺽어서 클리어하지 않으면 안 된다. 시합 중에 볼을 터치라인 밖으로 차내는 것이 좋을 경우가 가끔 있다는 것을 이해해야 한다. 물론 어떤 사람은 이와 같은 축구는 저급한 축구라고 생각할지 모르나 확률로 따진다면 어떠한 것이 정당한 것인가를 쉽게 이해하게 될 것이다.

5. 스페이스를 만드는 방법

자기진영 부근에서 상대방 포워드에게 스페이스를 주지 않기 위하여 자기의 골을 향하여 백이 부채형으로 모아지면서 후퇴하는 것이 수비의 원칙이다.

1) 상대를 옆으로 벌리게 하는 것

축구는 상대적인 게임이다. 그러므로 상대의 스페이스를 제한하고 볼을 탈취하는 것이 수비의 원칙이라고 한다면, 공격의 원칙은 수비수를 횡으로 벌리게 하고 스페이스를 만들어 내는 것이다. 이것은 볼을 도로 빼앗은 순간에 신속한 전환이 이뤄져야 하는데 수비 선수가 특히 풀 백의 선수가 볼을 상대로부터 빼앗았을 때는 흔히들 긴장을 풀고 흐느적거리면서 자기들의 골의 방향으로 느리게 동작하는 것을 볼 수 있다. 볼을 상대로부터 탈취했을 경우에는 수비수들은 재빨리 위치를 벌리지 않으면 안 된다. 가령 풀백은 터치 라인쪽으로 이동할 것을 즉시 생각하고 가급적 신속하게 전속력으로 이동하지 않으면 안 된다. 그림4-1에서 0은 볼을 골키퍼에게 백패스를 하였다면 그는 o의 위치에 머물러 있을 필요는 전혀 없는 것이다. 볼이 골키퍼에게 가는 것을 방해할 위험성은 전혀 없기 때문이다.

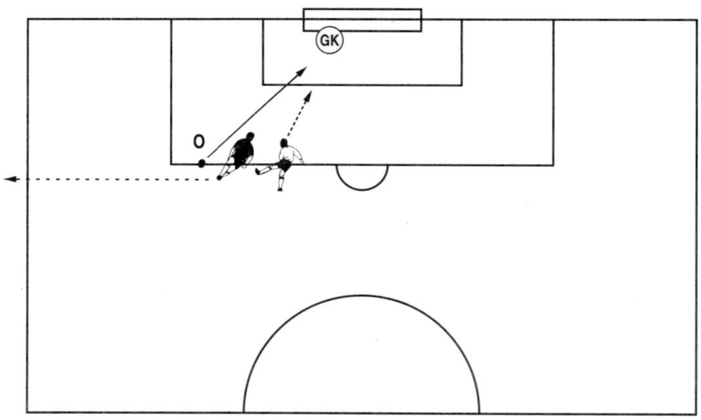

그림 4-1

그러므로 그는 터치라인에 벌려서 위치를 취하기 위하여 전속력으로 이동해야 할 것이다. o는 골키퍼가 볼을 잡기 전에 그와 같은 위치에 들어가지 않으면 안 된다. 반대로 공격측으로서는 볼이 패스되고 있는 사이에 크게 이동하여 충분한 스페이스를 만드는 것이 중요한 것이다. 백스가 이와 같은 활동을 재빨리 생각해

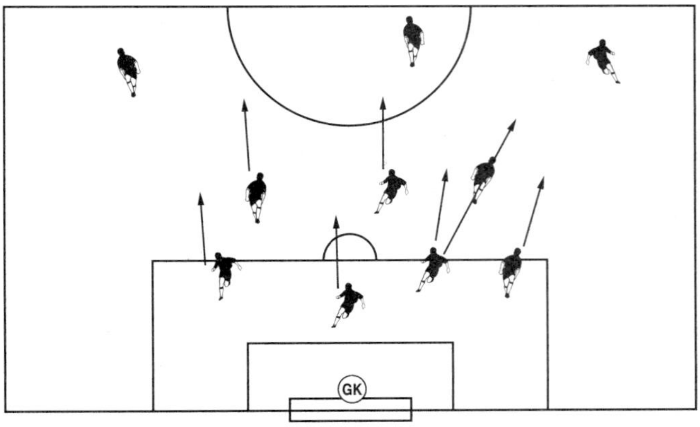

그림 4-2

그와 같이 움직이게 되면 많은 이득을 얻을 수 있을 것이다. 그림4-1 같이 대부분의 포워드들은 백이 횡으로 이동해도 그것을 추격하지 않고 도리어 볼을 추격하는 경우가 많기 때문이다. 자기의 페널티 에리어내에서 볼을 잡았을 때 골 방향으로 크게 차버리는 일이 많다. 그 결과 그들은 골에서 상대의 방향으로 이동하기는 하지만 상대의 백을 폭넓게 벌리게 하여 오픈 스페이스를 효과적으로 만들어 내지는 못한다. 그림4-2에서 x팀의 7인의 선수는 자기들의 페널티 에어리어로부터 밖으로 이동하고 있다. 이 팀의 최전방 선수를 포함해서 폭이 가장 넓은 곳이라도 약40m의 폭 밖에 플레이하지 않고 있다. 즉 페널티 에어리어의 폭과 같은 정도밖에는 안 된다. 이와 같은 방법으로 플레이하는 팀은 상대측을 도와주는 꼴이 된다. 수비로 들아간 상대 팀의 최대의 목표는 스페이스를 제한하는 일인데, 이 일이 공격측의 선수배치로서 자연적으로 이루어진 것이 된다. 만약 볼을 상대에게서 빼앗았다면 공격측의 선수는 넓게 벌려서 위치를 취하지 않으면 안 된다. 그렇게 함으로써 상대는 마크와 서포터를 동시에 행하기가 곤란하게 된다. 그림4-3에서는 x팀이 효과적으로 벌려서 위치를 취하고 있다. 골키퍼가 볼을 가지고 있는데 이 경우에 특히 x2와 x3의 달려 나가는 방향을 주의 하라. 그들은 단지 횡으로 이동하는 것이 아니라 골라인과 거의 평행으로 이동하고 있다. 이것은 똑같이 터치라인을 타고 위치를 취하고자 하는 x7과 x1에게는 스페이스를 만들어 내는 귀

그림 4-3

중한 기회가 되고 있다. 선수가 벌려서 위치를 취하는 것이 필요할 경우 양쪽 터치-라인으로부터 13~14m이내에 위치를 취하는 것이라고 생각하는 것은 잘못이다. 넓게 위치를 취하라는 것은 터치-라인까지 벌리라는 뜻이다. 이와 같은 상황에서 볼을 가지는 선수는 골키퍼인 경우가 많은데 볼을 패스할 경우에는 볼을 받는 선수가 터치라인 가까이에 위치를 취하기 이전에 볼을 보내는 것은 잘못이다. 즉 선수는 터치라인 근처에 위치를 취하기 전에 볼을 잡기 위해 벌려나가는 행동을 중지하지 않으면 안 되며, 볼을 상대 선수에게 인터셉트당할 위험성이 크다. 그 이유는 볼 스피드가 강해져서 달려 나가는 선수에게 도달하지 못할 경우가 나타나기 때문이다. 상대를 터치라인에서 터치라인까지 벌리게 하는 것과 관련하여 다음과 같은 중요한 몇가지 사항을 기억해 두는 것이 큰 도움이 될 것이다.

① 볼이 동료에게 패스되고 있는 동안에 그라운드를 될 수 있는 데로 넓게 커버할 수가 있는지를 신속히 결정해야 한다.

② 재빨리 움직여라.

③ 벌리라는 뜻은 크게 터치라인까지 나가라는 뜻이다.

④ 풀백은 최단거리로 터치 라인쪽으로 이동하라. 이것은 골라인과 평행으로 달려 나가는 것을 의미한다.

⑤ 선수가 벌려서 자기의 위치를 취하는 것을 확인할 때까지 패스는 하지 말라.

2) 상대를 종으로(골라인에서 골라인까지)분산시키는 일

상대를 골라인과 골라인 사이에 분산시키는 일은 상대의 전방 또는 배후에 스페이스를 만들어 내기 위해 중요하다. 그림4-4에서 x9가 x7로부터 패스받기 위하여 이동하고 있다. 그러나 o5는 따라가지 않고 있다. 따라서 스페이스(점선의 지역)는 o5의 전방에 생기게 된다.

그리고 x9는 전방으로 패스할 수 있고, 또한 드리블로서 전진할 수도 있는 위

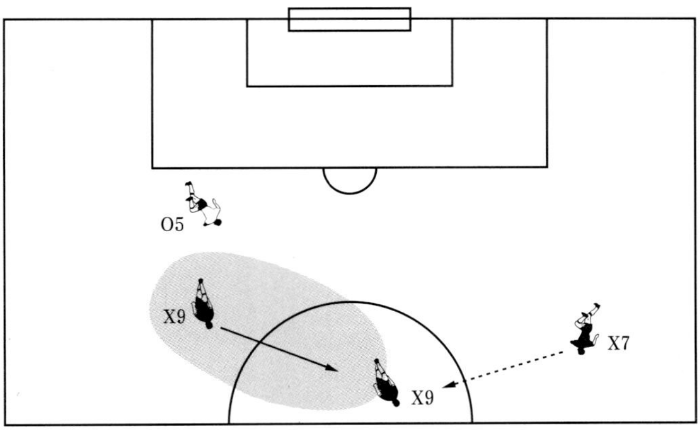

그림 4-4

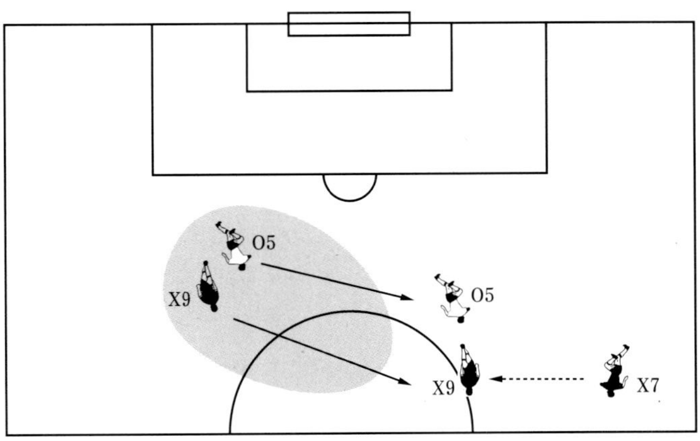

그림 4-5

치에 있게 된다. 그림4-5에서는 o5는 x9를 추격해 간다. 이 경우에는 스페이스가 o5의 배후에 생기게 된다. 이 두 가지의 보기에서 다음의 것을 알게 된다. 즉 o5가 x9를 추격하지 않고 프리하게 볼을 잡도록 놓아둔다면, x9에 대한 압박 부족과 같은, 수비로서의 문제가 생길 것이다. 만일 o5가 볼을 탈취하고자 이동하고 있는 x9를 추격해서 따라간다면 o5에 대한, 수비의 서포터가 문제될 것이다. 그 이유로는 수비수들 간에 큰 스페이스가 생기게 되기 때문이다. 볼을 가지고 있는 동료선수로부터 한 번 떨어져 나가는 동작을 하였다가 다시 급회전하여 볼을 가지고 있는 선수에게 가까이 접근하든가 또는 이와 정반대의 동작을 하게 되면 스페이스를 만들 수 있다. 이것은 간단한 기술인 동시에 평소에 효과적으로 이용할 수 있는 기술이다.

3) 방향 전환

백의 선수는 다음과 같은 두 가지 일에 반응하게 된다.

(1) 볼의 이동

(2) 상대의 이동과 동료 백의 이동

공격의 지점과 방향을 보다 빨리, 그리고 빈번하게 변경하면 상대의 백은 본래 있어야 할 위치로부터 끌려 나가서(공격측에) 스페이스를 제공하게 된다. 수비의 제일 목적은 상대의 공격을 일정한 방향으로 한정시키고 상대의 플레이를 예측하기 쉽게 하는 것이다. 그러므로 상대적으로 공격의 방향을 바꾸어서 다음의 플레이를 상대가 확실히 예측하지 못하게 하는 일이 중요하다. 그렇게 해서 스페이스를 만들어 내야 한다.

① 드리블의 방향과 반대 방향으로 패스한다.

그림4-6에서 x10은 우측으로 드리블을 해 나가다가 볼을 좌측으로 패스하고 있다. 이 때에 스페이스가 x11을 위하여 생기고 있다. 그 이유는 o2는 x10의 동작에 반응하여 x11로부터 떨어져 가서 그라운드 내측으로 이동하고 있기 때문이다.

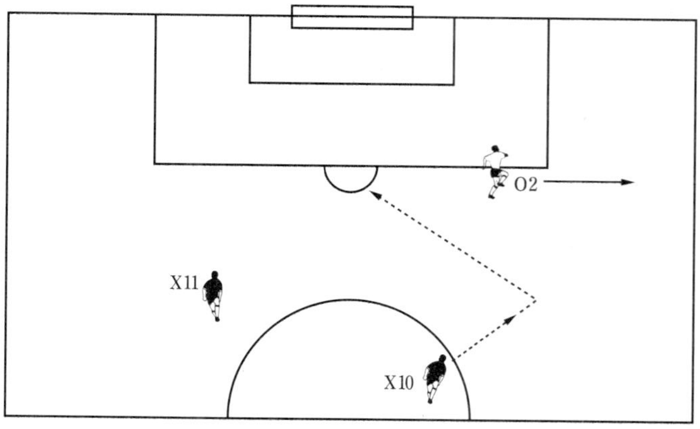

그림 4-6

② 크로스 오버(가로 교차하는 것)

이것은 두 선수 간에 타이밍을 잘 맞추기 위해서 어느 정도의 훈련이 필요하다. 그러나 그 동작은 기본적으로는 대단히 단순하다. 1인의 선수가 좌측에서 우측에서 이동하고 또 다른 1인 선수는 우측에서 좌측으로 이동한다. 그림4-7은 x1이 볼을 가지고 우측에서 좌측으로 이동하고 있다.

그리고 x2는 좌측에서 우측으로 x1의 방향으로 이동하고 있다. 2선수(x1, x2)는 각각 o1과 o2에게 마크당하고 있다. 그림 4-8은 x2가 x1으로부터 볼을 받기 직

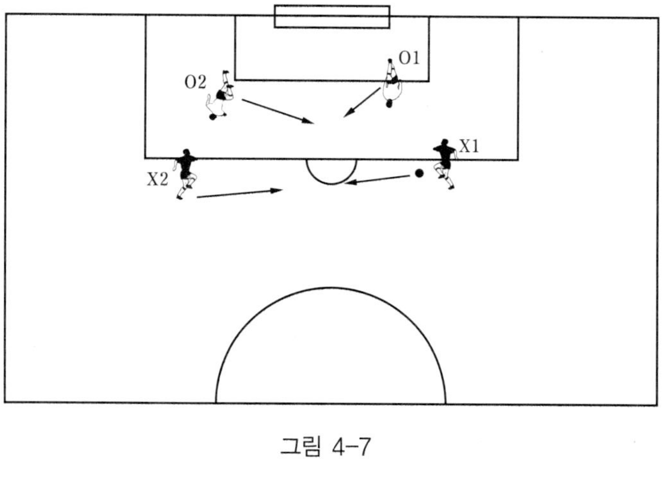

그림 4-7

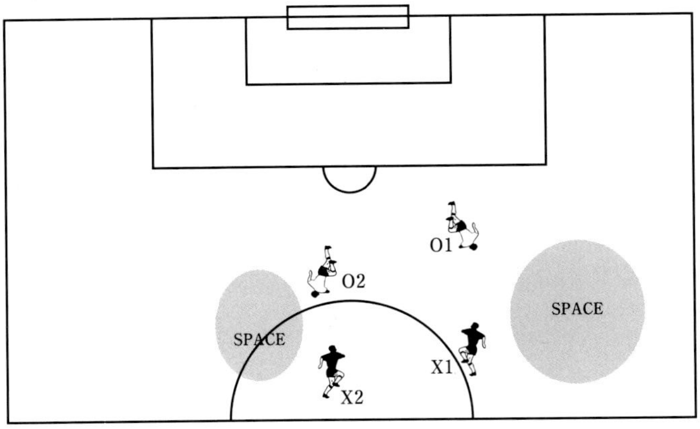

그림 4-8

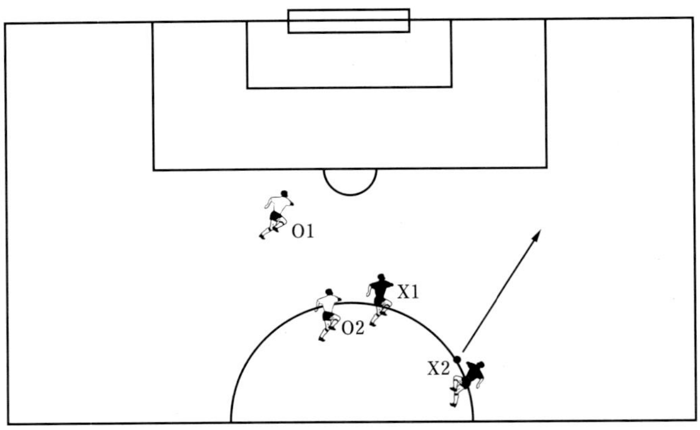

그림 4-9

전의 위치를 표시하고 있다. 스페이스가 두 선수의 양측에 생겨지고 있다.

그림4-9는 x2가 x1으로 부터 볼을 받고 스페이스에 달려 들어가서 볼을 전방에 패스하는 것을 표시하고 있다. 어느쪽 선수가 볼을 가지고 나가는가 하는 것은 문제가 아니다. x1이 볼을 가지고 그대로 (x2에게 패스하지 않고)빠져나갈 수도 있다. 그러나 두 선수가 상호 교차하는 순간에 신속한 스피드를 내지 않으면 안된다. 그렇게 함으로써 마크하고 있는 상대 선수를 유인해 낼 수가 있기 때문이

다. 이러한 경우, 볼을 드리블하고 있는 x1은 이때 볼을 상대로부터 스크린하지 않으면 안 된다. 그림4-7에 있어서 x1은 우측으로 드리블하기보다는 좌측으로 드리블해야 한다. 크로스 오버의 경우 물론 여러 가지의 변형이 있다. 이와 같은 플레이는 상대 수비가 공격의 방향을 일방적으로 제한하려고 하는 수비 전법을 사용할 경우에 특히 효과적이다.

③ 볼을 신속히 플레이할 것

모든 팀은 원터치 축구를 연습할 것이다. 원터치로 볼을 플레이하는 것은 가장 신속한 패스일 뿐 아니라 선수들이 그라운드 전체의 상황을 정확하게 파악하기 위하여 시야를 넓게 하고 패스를 하는 중요한 연습이 되기 때문이다. 원터치 플레이보다 더 빠르고 효과적인 축구는 없다. 그러나 원터치 축구는 공격의 방향을 바꾸고 그리하여 백스의 위치를 수정하는 것보다 빠르게 볼을 패스하기 위한 수단인 것이다. 따라서 그것은 스페이스를 만들어내는 가장 좋은 수단이라고 할 수 있다. 높은 수준의 게임을 하려고 생각한다면 팀은 정확하게 원터치 축구를 할 수 있도록 숙달하지 않으면 안 된다.상대방의 골에 접근하면 할 수록 볼을 신속하고 정확하게 플레이할 수 있는 능력이 더욱 중요하게 된다.

④ 페인트플레이

축구에 있어서 우수한 선수라고 하는 증거의 한 가지는 자기의 의도하는 바를 상대방이 알지 못하게 감출 수 있는 능력, 즉 페인트 플레이의 기능이다. 효과적인 페인트 플레이는 패스 드리블의 방향을 상대가 예측하지 못하게 하는 동시에 상대방의 예측을 빗나가게 하여, 공격측에 스페이스를 만들어 내는 것이다. 모든 선수는 자기의 플레이 특히 패스할 경우 상대가 예측하지 못하도록 협력하지 않으면 안 된다. 이러한 의미에서 발 사이드를 이용하는 인사이드 패스는 인스텝으로 보내는 패스보다 예측하기가 용이하다. 물론 대부분의 선수들은 발 사이드를 사용하여 볼을 패스한다. 그 이유는 볼을 보다 정확하게 플레이하려고 생각하기 때문이다. 그러나 이것은 상대가 예측하기 쉽고 따라서 상대가 보다 적당한 위치를 취하게 된다는 것을 알아야 한다. 상대에게 조금이라도 자기의 의도를 짐작하지 못하게 하기 위해서는 인스텝, 또는 아웃사이드로 패스하는 연습을 하는 일은 대단히 중요하다.

⑤ 드리블

드리블로 상대 선수를 제치고 빠져 나갈 수 있는 선수는 자기의 상대를 관여할 수 없는 곳으로 따돌리면서 스페이스를 만들 수가 있다. 드리블로 상대를 돌파한다는 것은 안정된 수비형태를 취하고 있는 선수에게 스페이스에서 혼란이 생기게 할 수 있기 때문이다. 이와 같은 기능을 가진 선수는 팀에서 대단히 중요하다. 그러나 모든 선수들은 드리블의 기능을 언제 어떠한 경우에 사용할 것인가를 충분히 이해하고 있지 않으면 안 된다.

이 드리블의 기술을 상대방의 골에 가까운 곳 즉 공격 지역에서 사용한다면 그 선수의 존재 가치는 대단히 크게 된다. 그러나 만일 이 기술을 자기의 골 부근에서 수비 지역에서 사용한다면 비록 성공률이 100%에 가까운 것이라 할지라도 그 선수에 대한 신뢰감은 저하될 것이다.

⑥ 우수한 볼 컨트롤

볼 컨트롤이 우수하지 못한 선수는 볼 컨트롤이 우수한 선수보다는 넓은 공간을 필요로 한다.

볼 컨트롤이 제대로 되려면 두 가지의 요소가 필요하다.

첫째는 볼 컨트롤의 원칙을 이해하는 일이고, 둘째는 연습하는 일이다.볼 컨트롤을 잘하기 위해서는 1g의 지식과 1톤의 연습이라는 것을 마음속 깊이 명심해 두어야 한다.

다음은 볼 컨트롤을 잘하기 위한 원칙에 관한 1g의 지식이다.

a) 볼의 컨트롤에 들어가라 만약 이 일에 실패한다면 볼을 제대로 터치할 수 없게 된다.

b) 신체의 어느 부분으로 볼을 컨트롤 할 것인가를 신속히 결정하라. 볼을 가

슴으로 컨트롤할 것인가, 무릎으로 할 것인가, 발로 컨트롤할 것인가를 빨리 결정하지 않으면 안 된다. 그리고 한 번 결심한 것은 결코 그 결심을 저해해서는 안 된다.

c) 볼이 접촉되는 신체의 부분을 당겨 완충작용을 하라. 이것은 상대의 펀치의 힘을 감소시키기 위한 권투선수의 동작과 같은 것이다.

d) 볼이 접촉되는 신체의 부분에 힘을 빼라. 만약 볼이 접촉되는 신체의 부분에 힘을 강하게 주게 되면 볼의 탄력은 감소되지 않고 멀리 달아날 것이다. 컨트롤 실패에 대한 우려는 볼을 컨트롤하는 신체에 "힘을 빼는 일"을 잘하지 못해서 생겨난다. 긴장으로 인해 적당히 힘을 뺄 수가 없기 때문이다. 자신감을 가지고 힘을 빼고 가벼운 기분으로 볼을 컨트롤하라.

6. 공격할 때의 서포터

1) 공격할 때 후방으로부터 서포터 하는 목적

공격할 때 후방으로부터 서포터 하는 목적은 첫째는 볼을 가지고 있는 동료에 대한 압박을 제거하는 것이고, 둘째는 볼을 가지고 있는 선수가 할 수 없는 일, 즉 볼을 전방으로 패스하는 것을 도와주는 일이다. 전방에 있는 선수는 특히 상대로부터 압박을 받고 있는 일이 많다. 그 압박으로부터 구출하는 원칙적인 방법은 볼을 가지고 있는 선수를 서포터 하는 것이다.

서포터는 언제나 중요하지만 압박을 잘하는 팀과 대전하기 위해서는 절대로 필요하다.

서포터 하는 선수는 먼저 서포터 할 수 있는 위치에 빨리 들어가는 것이 기본이 된다는 것을 이해해야 한다. 팀이 항상 볼을 재빨리 패스할 수 있다는 것은 서포터가 잘 되고 있다는 증거인 것이다. 서포터를 잘 해서 볼을 재빨리 플레이하는 팀에게는 압박을 하기가 어려운 것이 사실이다. 반대로 말한다면 서포터가 잘 되지 않는 팀은 훌륭한 공격을 하기가 어렵다. 그러므로 선수는 동료가 서포터를 필요로 할 때 서포터 할 수 있는 포지션에 신속히 들어가는 것을 항상 생각하고 있어야 된다. 훌륭한 서포터를 하기에 필요한 위치를 선정하기 위해서는 특히 중요한 2가지의 요소가 있다.

(1) 볼을 가지고 있는 선수와 서포터 하는 선수와의 거리

일반적인 상태에서 필요한 이상적인 거리는 9m~13m이다. 이것은 필드의 지역에 따라서 변화한다. 자기 골 부근의 수비지역에서는 수비 선수, 예를 들면 풀백을 서포터 하는 중앙수비수의 안전성을 고려하여 20m정도의 거리에서 서포터를 한다. 이 거리는 서포터 하는 선수에 의하여 시간을 부여해 준다. 이러한 경우의 공간은 시간을 의미하기 때문이다.

상대의 골 부근의 공격지역에서는 더욱 가까운 거리에서 서포터를 하는데 거리는 보통 4~6m이다. 그 이유는 공격수는 한정된 스페이스 내에서, 아주 빠른 스피드로 공격을 하는 것이 필요하기 때문이다.

그라운드 상황도 서포터의 거리에 영향을 준다. 만약 그라운드가 평탄하지 않고 울퉁불퉁하다면 서포터 하는 선수는 볼을 컨트롤하기 위해서 보통의 경우보다도 더욱 많은 시간이 필요하기 때문이다. 만약 그라운드가 평평하고 컨디션이 좋다면 서포터 하는 선수는 공격을 좀 더 빨리하기 위하여 가까이 접근할 수가 있다. 축구의 그라운드는 잔디의 상태에 따라서 볼의 패스가 빨라졌다가 늦어졌다가 한다.

시합에서 패스를 빠르게 할 것인가 어떤가를 결정하는 요인은 팀이 서포터를 충분히 잘 하는가에 달려있다. 만약 팀이 서포터를 충분히 잘 할 가능성이 있다면 그 때는 시합 중에 볼을 자기들의 팀에서 가지고 있는 시간이 길게 될 것이다. 어느 팀에서든지 시합 중에 볼을 가지고 있는 시간이 길면 길수록 그 시합이 지루해진다는 것은 틀림없는 사실이다.

(2) 볼을 가지고 있는 선수를 서포터 하는 각도

서포터를 할 경우 위치 선택의 제2 요인은 볼을 가지고 있는 선수에게 어떠한 각도에서 서포터 할 것인가 하는 것이다. 각도를 결정할 경우에 서포터 하는 선수는 다음의 두 가지를 고려하지 않으면 안 된다.

첫째, 어느 위치에 있으면 패스해 주는 볼을 받을 수 있겠는가를 고려하여 각도를 결정해야 한다.

두번째는 공격 기점을 변경할 수 있는 각도에 있는지를 고려해야 한다. 즉 그 지점에서 서포트하는 선수가 볼을 가급적 넓은 각도에서 전방으로 스루 패스를 보낼 수 있는 찬스를 가지고 있는지를 고려해야 한다.

2) 서포터 하지 않을 경우

훌륭한 서포터의 기능 한 가지는 '언제 어떤 때에 후방으로부터 서포터 할 것인가, 볼보다 전방의 위치에 들어갈 것인가' 하는 문제이다. 볼을 가진 선수가 더 이상 서포터를 필요로 하지 않게 되었을 때는 볼의 전방으로 달려 들어갈 것이다. 물론 모든 선수가 볼보다 전방에 나가서 위치를 취하라는 것은 아니다. 그 이유는 수비를 충분히 조직적으로 하기 위해서는 위험에 대처할 수 있도록 대비해야 하기 때문이다. 그러므로 수비는 항상 상대의 공격수와 같은 수의 선수로 조직되지 않으면 안 된다. 이와 같이 수비에 대한 문제를 고려한 다음, 공격하는 선수가 볼보다 전방으로 달려 들어가서 취하는 타이밍은 볼을 가진 선수가 서포터를 필요로 하지 않게 되었을 때이다.

7. 볼을 가지거나 가지지 않고 하는 공격

1) 볼을 가지고 하는 공격

팀이 볼을 가지는 순간에 팀의 선수전원은 상대를 공격하기 위한 조건을 적극적으로 생각하고, 동시에 볼을 가지고 있는 선수는 상대를 공격하는 일에 적극적이어야 한다. 볼을 가진 선수가 상대를 공격할 경우에는 다음과 같은 3가지 방법이 있다.

(1) 패스에 의한 공격

(2) 드리블에 의한 공격

(3) 슈팅

(1) 패스에 의한 공격

볼을 가지고 있는 선수는 볼을 전방으로 패스함으로써 공격할 수가 있다. 만약 볼을 1인, 또는 여러 명의 상대 배후에 패스할 수 있다면 더욱 효과적인 것이다. 볼을 가진 선수가 전방으로 패스할 찬스가 있는데도 불구하고 그것을 실패하였다면 그가 훌륭한 플레이를 하지 못했다고 하는 사실을 분명히 이해해야 한다. 선수들 중에는 패스를 한다기보다 책임을 다른 동료 선수에게 넘겨주려고만 하는 이도 있다. 패스의 잘잘못은 패스를 하는 지역과도 관계가 있다. 필드의 어느 지역에서는 좋은 패스라고 말할 수 있는 것도, 필드의 다른 지역에서는 좋지 못한 패스가 되는 수가 있다. 따라서 패스에 의해서 생기는 안전도와 위험도를 계산하지 않으면 안 된다. 어택존에서 선수는 좁은 각도를 통하여 협소한 공간에 스로우 패스를 보내기 위해서 필요할 때에는 어려운 기술을 사용하는 모험을 감행해야 한다. 공간지역에서는 어려운 패스에 성공한다면 그 성과는 대단히 가치가 있을 것이다.

따라서 볼을 보내는 선수는 위험한 일인 줄 알면서도 볼을 패스하게 된다. 그러나 수비지역에서는 안전성을 충분히 계산해서 패스를 해야 한다. 이 지역에서의 무책임한 패스로 예상치 못하는 실점을 자초하는 경우가 생길 수 있기 때문이다. 우연한 일이겠지만 중반에는 패스의 안전성과 위험성을 충분히 계산해야 하고 그 밸런스를 고려하지 않으면 안 된다. 패스는 성공률을 고려해야 하는 플레이의 일부라는 것을 명심해야 한다. 방어 지역에 있어서의 패스는 100% 정확한 것을 기대한다는 것은 당연하지만 공격 지역에서는 선수가 상대의 후방에 보내는 패스의 50%만 성공한다면 그 선수는 대단히 훌륭한 플레이를 했다고 말할 수 있다. 선수도 또한 자기가 가지고 있는 모든 기술과 그 기술을 발휘하는 자신감을 필요로 하는 곳은 수비지역보다 공격지역이라는 것을 이해하지 않으면 안 된다. 패스는 모든 기술 중에서 가장 중요한 기능의 하나로서 시합 중에서 가장 많이 사용되는 기능이기 때문이다. 보다 정확한 패스를 하기 위한 핵심은 다음과 같다.

① 정확성

대개의 선수는 방해하는 상대 선수가 없으면 25m이하의 거리에서 정확하게 패스를 보낼 수가 있다. 하지만 동료 선수와 상대 선수의 위치를 고려하더라도 볼을 정확하게 패스할 수 있어야 한다.

② 패스를 보내는 타이밍

어떤 선수는 패스를 지나치게 빨리 함으로써 그 볼을 받으려는 선수가 볼을 잡지 못하게 되고, 어떤 선수는 타이밍이 늦어서 패스의 코스를 봉쇄당하기 때문에 계획했던 대로 동료에게 볼이 전달되지 않는다. 항상 정확하게 적당한 타이밍으로 패스를 보내는 선수는 극소수이다. 패스를 보내는 타이밍은 동료와 상대의 위치를 정확하게 판단하는가 못하는가에 달려있다. 이러한 판단력을 키우기 위해서는 동료와 상대방을 두고 연습을 반복하지 않으면 안된다. 2대 1, 3대 2게임 등의 연습은 패스 능력을 길러주는 좋은 연습 방법이다.

③ 패스의 강도

패스의 강도는 동료 선수의 발 앞으로 보낼 때보다 오픈되어 있는 공간에 패스를 보낼 경우에 더욱 중요한 기술이다. 어떤 선수는 볼을 너무 강하게 차서 너무 빠른 패스를 보내기 때문에 볼이 목표 지점보다 멀리 날아가게 된다. 어떤 선수는 볼을 너무 약하게 차서 패스가 느리게 진행하기 때문에 필연적으로 상대에게 인터셉트당하고 만다. 볼을 적당한 강도로 패스할 수 있는 능력을 배양하는 것은 대단히 중요한 일이다.

④ 페인트 플레이

상대의 선수에게 자기가 보내려고 하는 방향과 정반대로 패스하는 능력이 있다면 우수한 선수라고 할 수 있다. 페인트 플레이로 패스 코스에 들어가려고 하는 상대 선수를 패스의 코스에서 벗어나게 하고, 볼을 상대의 중간에 생긴 틈으로 보낼 수가 있는 것은 전술적으로 매우 중요하다. 페인트 플레이, 즉 보이기 위한, 하는 척하는 플레이는 자신 있는 행동을 요구한다. 이러한 자신은 상대를 두고 연습하는 데서 습득할 수가 있다. 상대가 맨투맨으로 밀착 방어해 오는 시합을 할 때 상대방을 페인트 플레이로 속이고 유인해 내는 능력은 막혔던 코스와 공간을 만들어 낼 수 있도록 해 준다. 자기의 의도를 감출 수 있는 능력을 가진 선수는 상대가 대항하기에 대단히 곤란하다. 따라서 패스 연습을 할 때 상대를 두고 동료와 같이 페인트 플레이를 연습하는 것이 대단히 중요하다.

(2) 드리블에 의한 공격

일반적으로 패스는 드리블보다는 좋은 결과를 가져온다. 드리블보다는 패스하는 것이 볼의 속도가 빠르기 때문이다. 이것은 특히 미드필드에 있어서 철칙과 같은 것이다. 그러나 경우에 따라서는 패스하는 것보다도 드리블 하는 것이 훨씬 효과적인 플레이가 될 때도 있다. 드리블로 상대를 제치고 전진할 수 있는 기술이 있다면 자기의 상대를 플레이할 수 없는 곳에 따돌릴 수도 있고, 스페이스를 만들어서 공격의 기회를 얻을 수 있으며 상대를 교란하여 시합을 승리로 이끌어 가는 계기가 될 수도 있는 것이다.

(3) 슈팅

여기서는 특히 18m, 또는 그 이상의 거리에서 하는 롱 슛에 대해서 생각해 보자. 이 거리에서 하는 슛은 골과의 사이에 수많은 적과 동료가 있어서 골키퍼의 시야가 가려지는 일이 많고, 다른 선수에게 맞고 볼이 코스를 변경하는 수가 있다는 이점이 있다. 따라서 이와 같은 거리에서라도 슛할 찬스가 생길 때는 그것을 놓쳐서는 안 된다. 브라질 팀의 득점 중에는 페널티 에리어의 외측에서부터 오는 슛의 비율이 높다는 사실은 중요한 일이다. 현대의 작전은 페널티 에어리어의 외부에서라도 슛할 능력을 선수들에게 요구하고 있다. 골에서부터 18~25m 떨어진 곳에서 공격측의 선수는 다음과 같은 3가지의 가능성을 가지고 있다.

① 보다 골에서 가까운 곳에서 슛 찬스를 만들기 위하여 패스한다.

② 보다 골에서 가까운 곳에서 슛 찬스를 만들기 위하여 드리블한다.

③ 멀지만 그 자리에서 슛한다.

페널티 에어리어내에서 수많은 선수가 들어서 있을 경우에는 드리블과 패스로 골에 접근 하려고 하는 것 보다, 마음껏 골로 슛을 하는 편이 더욱 성공률이 높다는 사실을 잊어서는 안 된다.

2) 볼 없이 하는 공격

볼 없이 상대를 공격하기 위하여 전진하는 경우에는 2가지의 기본적인 목적이 있다.

(1) 상대의 선수를 좋은 위치에서 유인해 내는 것

이 경우에 기억해 두어야 할 2가지의 포인트가 있다.

먼저 가장 위험한 지역에서 수비수들은 공간과 각도를 좁히고 수비를 더욱 완전히 하기 위하여 자기들의 골 쪽으로 후퇴하려고 한다. 그러므로 공격측은 될 수 있는 대로 공격 라인을 넓게 하여 공격하지 않으면 안 된다. 또한 수비수들을 골의 정면 지역에서부터 끌어내서 보통 후방 선상의 외측으로 나가도록 노력해야 한다.

두 번째는 수비수들은 상호간에 서포터하려고 한다. 그렇기 때문에 공격측은 수비수가 상호간에 서포터 할 수 없는 위치로 끌어내기 위하여 서포터하고 있는 선수를 향해서, 또는 그들보다 더욱 전방으로 달려가지 않으면 안 된다.

(2) 볼을 가지고 있는 선수로부터 상대의 배후에서 패스를 받기 위하여 상대의 배후로 달려 들어가는 것

이점에 대해서는 이미 전장에서 논술하였지만 그것은 여기에서 다시 한 번 반복할 가치가 있을만큼 중요하다. 수비수들은 자기들이 전방에서 플레이하고 있는 상대에게는 그다지 방해를 받지 않는다. 수비수들은 자기들과 같은 라인까지 전진해온 공격수에 대해서도 그다지 어려움을 느끼지 않는다.

그러나 우수한 수비수라면 수비 전원이 상대에게 자기들의 배후에 들어가는 것을 허용하는 것은 엄청난 대가를 치러야 된다는 것을 알아야 한다.

8. 패스의 제문제

부정확한 패스는 팀을 간단히 붕괴시키고 만다. 정확하고 좋은 패스는 팀의 자신과 용기를 확고히 해준다. 그리고 좋은 팀웍이 없이는 정확한 패스는 불가능하다. 선수가 좋은 패스를 많이 보낼수록 그는 훌륭한 플레이를 하고 있는 것이다. 축구의 플레이는 패스의 연장(결과)이라 해도 과언이 아니다. 여기서 패스의 원칙을 알아보자.

1) 패스를 하는 자는 패스를 받는 자의 입장을 고려하여 패스를 해야 한다.

① 패스받기에 부드럽고 정확한 패스를 보내야 한다.
② 패스 받으려고 하는 선수의 동작과 그를 마크하는 상대방의 동작을 고려해 패스를 보내야 한다.

2) 패스를 받기 위한 동작

볼를 받으려고 하는 포워드가 패스된 볼을 기대하기 때문에 많은 패스가 수비수에 의하여 인터셉트 당한다.

3) 패스의 코스에 들어가라.

볼보다 전방에 위치를 취하고 있는 선수는 패스의 코스와 수비들의 위치를 파악하고 적절한 공간에 위치함으로써 패스를 하려는 선수에게 좋은 목표를 주게 된다. 그림 4-10에서 x9는 그라운드를 횡으로 이동하고 있다. 그러므로 x9가 이동하고 있는 목표에 대하여 강한 패스를 보내는 것을 불가능하게 하고 있다. 이런

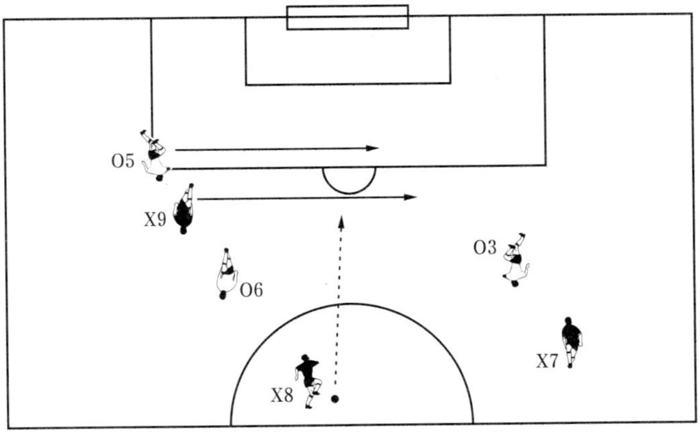

그림 4-10

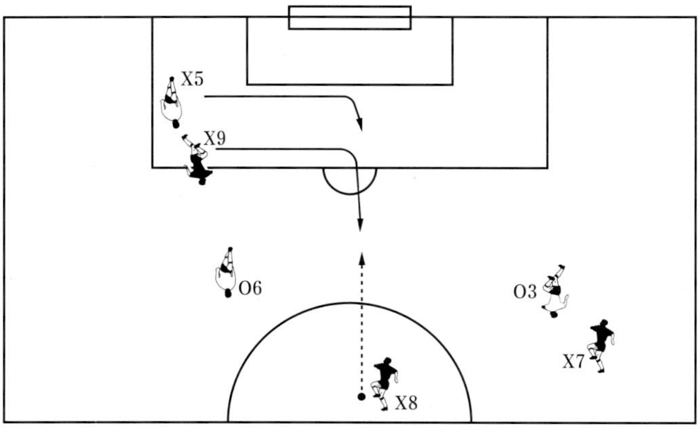

그림 4-11

동작은 잘못이다. 그림 4-11에서는 x9는 그림 4-10에 비하여 훨씬 좋은 동작을 하고 있다. 그는 o6과 o3의 중간이나 그들의 배후에 공간을 강화하고 있다. 이 위치에 유인한 다음에 x9는 패스의 코스의 정면으로 돌아 들어가고 있다. 이러한 동작은 x8이 보다 용이하게 패스를 보낼 수 있게 해주고 있다. 따라서 x9의 동작은 대단히 훌륭하고 또한 올바른 움직임인 것이다.

4) 볼을 전방으로 패스해야 할 시기와 후방에 패스해야 할 시기

만약 볼을 전방으로 패스를 보낼 수가 있다면 선수는 당연히 그렇게 해야 한다. 볼을 전방으로 패스하기 위해서는 다음의 2가지 요건이 되어야 한다. 만약 볼을 가진 선수가 상대의 압박에 걸려서 볼을 전방으로 패스할 수 없을 경우에는 후방으로부터 동료의 서포터가 필요하게 되며 서포터해 주는 동료에게 백패스를 한다. 많은 팀에서 서포터가 잘 안 되는 이유중 하나는 볼을 전방으로 패스할 수 없는 선수가 백패스를 하는 것이다. 만약 볼을 전방으로 패스할 수 없는 위치에 있을 경우에는, 선수가 재빨리 이러한 사실을 인식하고 볼을 전방으로 패스할 수 있는 위치에 있는 동료에게 패스를 해서 공격의 포인트를 찾는 것이 현명한 방법이다. 그런데 만약 선수가 볼을 전방으로 패스할 수 있는 위치에 있으면서도 볼을 전방으로 패스하는 것에 실패하였다면 그 선수는 플레이를 잘못하였다고 하겠다.

현대의 축구에서는 원칙적으로 중반 지역에 많은 선수를 배치하는 경향이 있다. 그러므로 상대의 골을 향하여 볼을 전방으로 패스하기보다 필드를 횡으로 가로지르는 패스를 보내는 경향이 많아졌다. 만약 중반 지역에 상대의 선수가 많이 있을 경우에는 볼을 그들의 배후로 보낼 수 있는 찬스를 노리는 것은 대단히 중요한 것이다. 상대 수비의 간격을 뚫고 볼을 전방으로 패스하여 중반지역을 돌파하기 위하여서는 다음의 3가지 점을 주의해서 행한다면 효과적인 패스가 가능하게 될 것이다.

(1) 패스의 정확성

(2) 패스의 단순성

(3) 패스의 속도

(1) 패스의 정확성

패스의 정확성을 유지하기 위해서는 동료의 발밑을 향하여 패스를 보내는 것이 필요하다. 이것은 볼을 받은 선수들이 재빨리 플레이하기에 도움이 될 뿐 아니라 수비들이 밀집한 상태에서 상대의 백이 볼을 잡을 찬스가 적어진다. 또한 전방의 공간에 달려 들어가는 동료 선수에게 보내는 패스는 그 강도를 정확하게 판단하지 않으면 안 되지만 그것은 대단히 어려운 일이다. 그러므로 발밑으로 정확하게 패스할 수 있다는 것은 자기의 골 부근에서나 중반에서는 가장 중요하다고 할 수 있다. 그러나 이 지역에서 효과적인 패스는 공간에 보내진 패스가 불필요하다는 것이 아니라 90%는 발밑으로 보내는 것이 좋다.

(2) 패스의 단순성

어떠한 시합에 있어서든지 곤란하고 어려운 장면의 플레이를 용감하게 하고자 하는 것이 아마추어 선수의 특징인 것으로 생각된다. 축구를 할 때 어떤 선수들은 수비측으로서는 절대적으로 안전한 위치에서 어렵고 힘드는 패스로 상대의 수비를 일격에 돌파하는 것이 보람있는 것같이 플레이를 한다.

왜 그들이 그렇게 하려고 하는가? 거기에는 2가지의 기본적인 이유가 있다. 한 가지는 그것이 얼마나 비효과적인 일인가를 이해하고 있지 않기 때문이고 다른 한 가지는 인내력 상실이다. 단순한 패스는 수비 지역과 중반 지역에서 최대한 유리하게 작용하며 인내심은 항상 충분한 대가를 가져다준다.

(3) 패스의 속도

빠른 패스라고 하는 것은 단지 다이렉트 패스를 의미할 뿐 아니라 2터치, 3터치 패스도 빠른 패스일 수가 있다. 빠른 패스라고 하는 것은 선수가 얼굴을 들고 패스의 찬스를 살피는 플레이를 의미한다. 그리고 빈번하게 공격 포인트를 변경하는 것도 의미한다. 모든 팀은 선수들에게 원터치 축구를 연습시키는 것이 필요하다. 이것은 볼을 패스하는 스피드를 빠르게 하기 위한 수단일 뿐 아니라 선수가 볼을 잡기 전에 주위 상황을 판단하는 연습도 병행해서 되는 것이다. 또한 선수가 동료를 서포터 하기 위한 포지션에 재빨리 들어가는 연습도 된다.

원터치 축구와 투 터치 축구 사이에는 많은 차이점이 있다는 것을 이해해야 한다. 상대가 언제나 압박해 올 수 있는 수준 높은 축구를 하기 위해서는 정확한 원터치 축구가 될 수 있도록 해야 한다. "볼을 빠르게 이동하게 하라"라고 말을 하는 사람들이 있다. 이것은 볼을 더욱 빨리 플레이하라는 것이다. 신속한 플레이는 효과적인 팀웍의 기본이 되는 동시에 플레이의 본질중 하나이다. 만일 플레이의 속도를 소홀히 하는 것은 좋지 못한 플레이라고 하겠다.

5) 페인트 플레이

자기가 플레이하려는 의도를 감추는 능력은 우수한 선수라는 증거의 하나라는 것을 재삼 강조하여 둔다. 페인트 플레이는 시간과 공간을 만들어 내고 상대의 압박을 돌파하는 수단인 것이다. 그리고 상대를 좋지 못한 위치로 유인해 내는 역할을 한다.

6) 무리를 해야 할 장소와 실패율을 계산해야 할 시기

공격지역은 포워드가 패스에 실패할 위험성을 계산한 연후에 볼을 어려운 각도에서부터 좁은 공간으로 보내지 않으면 안 되는 곳이다. 공격지역에서는 보다 효과적인 패스를 보내기 위해서는 다음 3가지의 요소가 필요하다.

① 훌륭한 기술

② 정확한 판단

③ 자신감

7) 패스할 때 유의할 점

(1) 볼과 함께 달리지 말라

(2) 필드를 가로지르는 패스를 하지 말라

(3) 약하고 부정확한 롱 패스를 하지 말라

(4) 상대방에게 수적 우위를 주지 말라

(1) 볼과 함께 달리지 말라

볼을 가지고 달리는 것은 수비 지역이나 중반 지역에서는 원칙적으로 피해야 한다. 볼과 같이 달리는 선수의 방향에서 곤란 상태에 들어가는 일이 많다. 그것은 볼과 함께 달리는 경우, 머리를 숙이고 있는 일이 많기 때문에 볼을 받을 수 있는 위치에 있는 팀 선수를 보지 못할 수가 있다. 또한 볼을 가지고 달리는 일이 볼 없이 달리는 것 보다 육체적으로 더욱 많이 힘이 든다는 것을 잊어서는 안 된다.

이렇게 불필요한 힘의 낭비로 인한 피로는 모든 선수의 힘을 감소시킨다. 볼을 가지고 달리는 일을 무리하게 하는 선수들은 피로에 빠져서 전력을 약화 시킬수 밖에 없다. 선수가 피로했을 때에 볼을 패스하지 않고 볼을 가지고 드리블한다면 그것은 전혀 가치가 없는 일이다. 수비지역과 중반지역에서 볼을 가지고 달리기에 치중하는 선수는 상대팀을 도우는 상황이 된다고 말할 수 있다. 공격 지역에서 드리블로 상대를 제치고 공격을 가하는 것은 앞에서 지적하는 것과는 전혀 다른 것이다. 그리고 이것은 이미 앞에서 말한 바와 같이 팀의 효과적인 공격 방법에서 중요한 요소의 하나이다.

(2) 필드를 횡으로 가로지르는 패스를 하지 말라

그라운드를 횡으로 패스된 볼은 큰 위험을 가지고 있다. 볼이 인터셉트 될지도 알 수 없고, 그리고 그러한 경우에는 2인의 선수가 간단하게 시합의 국면에서 제외되는 일이 생기게 된다. 그러한 위험은 수비지역에서 가장 크다. 경험이 많은 선수들은 효과적인 횡 패스를 사용할 수가 있다. 그러나 경험이 많은 선수일지라도 계산 착오를 하는 일을 볼 수가 있다. 만약 선수가 그라운드를 곧바로 가로지르는 패스를 절대로 하지 않는다면 이와 같은 패스로 말미암아 시합이 곤경에 빠지는 일은 없을 것이다.

(3) 약하고 부정확한 롱 패스는 하지 말라

약하고 부정확한 롱 패스는 몇 사람의 선수를 시합의 국면에서 제외시키게 된다. 공격팀은 보통 골라인에서 골라인까지 분산되어 있기 때문에 상대에게 스페이스를 제공하는 것이 된다. 만약 패스가 정확하다면 롱 패스는 결코 나쁜 것은 아니다. 그렇지만 의도한 것이 항상 정확하게 실현된다고 할 수 없다. 도리어 실패하는 일이 많다.

(4) 상대에게 수적 우위를 주지 말라

게임에서 선수가 집중력을 상실하게 되면 상대에게 수적 우위를 주게 되는 수가 많다. 집중력을 상실하기 쉬운 것은 다음의 3가지 상태이다.

① 피로해졌을 때

② 볼이 상대에게 넘어간 순간

③ 시합이 중단되었을 때

이외에도 상대에게 수적 우위를 주는 다른 상태도 있다. 가령 선수가 구두끈을 잘 매지 않았기 때문에 30초 혹은 그 이상 게임을 떠나게 되는 경우가 있다. 또한 불필요한 태클로 인하여 가끔 그라운드 상에 넘어지는 선수도 있다. 이것은 상대에게 수적 우위를 주게 된다.

9. 체력physical fitness

시합에서 일어나는 피트니스와 관계가 있다. 높은 수준의 피트니스를 육성하지 않고서 높은 수준의 플레이를 기대하기는 불가능하다. 더구나 현대의 전술은 개개인의 신체적인 파워와 지구력을 크게 요구하고 있다. 이러한 경향은 장래에도 변함이 없을 것이다. 그런데 축구에서 체력도 단순한 신체적인 체력을 의미할 뿐 아니라 정신적인 체력도 의미하고 있다. 신체적인 체력이 어디에서 끝나고 정신적인 체력이 어디에서부터 시작되는가를 정확하게 측정하는 일은 불가능한 일이다.

그리고 선수의 신체적 상황이 그 선수의 정신 상태에 어느 정도의 영향을 주며 그의 정신상태가 그 선수의 신체적 상황에 어느 정도의 영향을 주고 있는가를 알기도 불가능하다. 하지만 선수의 정신 상태와 육체적 상황 사이에는 관련이 있고 상호간에 영향을 주고 있다는 것은 확실한 일이다. 그러므로 체력을 신체적인 시점에서만 취급하고 신체적인 체력의 트레이닝에만 주력한다는 것은 잘못된 일이다. 선수의 트레이닝시의 힘을 지나치게 신뢰하는 것은 잘못이다.

경험에 의하면, 연습에서는 100%의 노력을 하고 있는 선수가 시합에서는 실력을 제대로 발휘하지 못하는 일이 종종 있다. 반대로 연습에서는 100% 이하의 노력밖에 하고 있지 않는 것같이 보이는 선수가 시합에서는 100% 이상의 힘을 발휘하는 일도 있다. 모든 선수들은 연습 시에 100% 노력을 하지 않으면 안 된다. 그러나 주의할 것은 시합에서 선수의 힘은 선수의 피트니스에 관한 신뢰할 만한 연구에 의하여서만 분류할 수 있다는 것을 이해하지 않으면 안 된다. 축구에 필요한 체력을 어떻게 획득하는가를 이해하기 전에 우리들은 축구 선수의 피로의 원인과 필요의 영향에 대하여 이해할 필요가 있다.

1) 축구 선수가 피로한 원인은 무엇인가?

축구 선수의 피로는 다음의 4가지 요인에 인해서 생기는 것이다.

(1) 러닝

(2) 관성을 이겨내기 위한 일

(3) 육체적 접촉

(4) 정신적인 집중과 긴장

(1) 러닝

모든 러닝은 피로를 가져온다. 축구 선수의 러닝은 항상 일정한 리듬을 가지고 있지 않다. 어떤 때는 빠르고 어떤 때는 적당한 속도로 또 어떤 때는 느리게 달린다. 90분간의 시합 중에서 1인의 선수가 얼마만한 거리를 달리는가에 대해서 정확하게 알기는 쉽지 않다. 그런데 1971년에 행한 영국 올림픽 팀과 세필드 웬즈디 팀과의 시합의 분석의 결과는 측정한 모든 선수가 11km에서 15km의 거리를 달리고 이 거리의 약 25%는 빠른 스피드로 달리고 있다. 다른 연구의 결과를 보더라도 이 거리는 대체적으로 정확한 것이라 하겠다.

그렇지만 15km나 달린 직후의 피로도, 즉 시합 중에는 10분간에 1.6km의 비율로 달린 직후의 피로도를 육상경기에서 같은 거리를 같은 페이스로 달린 것과 비교한다면 그의 피로도는 같지 않을 것이다. 생각해 보면 알겠지만 이와 같은 비교는 정당치 못하다 그 이유는 축구 선수가 시합 중에 느끼는 피로 중에는 다른 몇 가지의 요인이 포함되어 있기 때문이다.

(2) 관성을 이겨내기 위한 일

이것은 선수 각자의 체중에 대한 저항을 이겨내기 위한 힘을 말한다. 다시 말하자면 멈춘다든가 스타트한다든가 턴, 점프, 태클 혹은 넘어진 자세로부터 일어난다든가 하는 자기 몸을 자유자재로 움직이는 힘을 의미한다. 축구 선수가 한번 달려 나간 후 신체적인 측면에서 가장 어려운 것은 달리는 일을 계속하는 일이 아니고 멈추거나 방향을 전환하는 일이다. 특히 선수가 달리는 그라운드가 유연하다거나 또는 푹 빠지는 잔디일 경우에는 육체적인 노력은 더욱 크게 요구된다. 스피드에 여러 가지 변화를 붙여서, 달리는 방향을 일정한 스피드로 달리는것 보다 피로가 크다. 그렇지만 관성을 억제하여 구분을 지어서 스피드를 변화시키는 불규칙적인 리듬의 러닝은 그 이상의 피로를 가져오는 것이다. 축구선수가 하는 움직임은 이와 같은 종류가 많다. 그러나 이것만으로 축구선수의 피로에 관한 문제가 끝나는 것은 아니다.

(3) 신체적 접촉

축구는 신체적 접촉이 대단히 많은 스포츠이다. 헤딩을 할 때에 상대에게 도전을 하기도 하고 또는 도전당하기도 한다. 경우에 따라서는 볼이 아주 강한 강도로 선수에게 부딪치는 일도 있다. 선수가 신체적인 접촉에 의하여 고통을 당하는 모든 경우에 에너지는 소모되기 마련이다. 축구에 있어서 실제로 일어나는 신체적 접촉이 비록 규칙상으로는 적당한 페어플레이라 할지라도, 그것이 피로를 초래하는 하나의 요인이 된다는 것을 이해해야 한다.

(4) 정신적인 집중과 긴장

정신적인 집중이 피로를 초래한다는 것은 의심할 여지가 없다 시합 중에서 상대의 움직임을 주시하고 앞으로 전개될 일을 추측하여 모든 순간에 상대방보다 빨리 상황을 파악하는 일들은 피로를 야기한다. 그리고 시합에서 실패해서는 안되겠다고 하는 책임감과 좋은 플레이를 해보겠다는 욕망은 큰 긴장감을 초래하는데 이것은 피로의 원인중 하나인 동시에 우리들이 알고 있는 이상으로 에너지를 소모시키는 것이다.

2) 피로가 초래하는 영향은 무엇인가

① 일의 능률 저하
② 판단력 저하
③ 기술적인 능력 저하
④ 집중력 저하
⑤ 부상으로 인한 체력 저하

3) 체력은 피로해지는 것을 근절시키는 능력이다.

보다 좋은 체력을 몸에 지니고 있는 선수는 피로의 시작이 지연된다. 신체적으로 컨디션이 좋은 선수는 보다 우수한 플레이를 한다. 따라서 기본적인 과제는 어떻게 하면 피로하지 않도록 할 수 있는가 하는 것이다. 이것에 대한 답은 다음과 같다. “선수들은 보다 강한 체력을 몸에 습득하기 위하여 노력하지 않으면 안 되는 것이며 그것은 ‘과부하’ 의 원칙에 따라 트레이닝을 함으로서만 습득할 수 있는 것이다.”

4) 과부하의 원칙

과부하라는 것은 전주의, 또는 최후의 연습량보다 다소라도 많은 연습을 하는 것이다. 선수의 피트니스는 장기간에 같은 레벨(수준)이 보존되고 있지 않다는 것을 이해해야 할 것이다. 선수는 보다 좋은 피트니스를 습득하든가 아니면 동일한 피트니스를 하고 있어서는 보다 높은 피트니스를 몸에 습득하지 못하는 것이다. 최고라 해도 같은 피트니스를 보존하는 것밖에 안 된다. 트레이닝에 “과부하” 의 원칙을 적용할 경우에는 중요한 5가지 방법이 있다.

① 주어진 일의 횟수를 증가한다.
② 반복하여 스피드를 올린다.

③ 거리를 증가한다.

④ 운동시, 휴식 시간을 줄인다.

⑤ 부하를 증가한다.

5) 체력의 신체적인 요소

체력의 신체적인 요소에는 선수의 지구력과 근력으로 구분된다.

(1) 지구력

① 정적 지구력

② 똑같은 리듬의 지구력

③ 전신 지구력

④ 힘의 지구력

(2) 근력

근력을 키우기 위한 방법은 하나밖에 없다. 그것은 웨이트 트레이닝으로서 관성에 대항하는 중량 부권훈련을 의미한다. 근력은 힘과 스피드의 기초라는 것은 의심할 여지가 없다. 그리고 일반적으로 트레이닝의 효능을 아직 십분 이해하지 못하고 있는 것은 근력이 탄력을 상실한 결과를 선수들이 생각하지 못하고 있기 때문이다.

웨이트 트레이닝에는 충분한 관리와 컨트롤이 필요하다. 강도와 반복횟수는 적어도 좋지만 주의 깊게 선택해야 할 것이다. 또한 전신의 능력을 강화하는 것이 목적이다. 한 가지 중요한 것은 근력은 영속성이 있는 것이 아니라는 점이다. 가령 플레이 시즌의 트레이닝 시기에 획득한 근력은 시즌 중에 근력 트레이닝을 계속하지 않는다면 시즌 간에 점차로 감소한다. 근력의 저하는 트레이닝을 중지한 후 10일 정도부터 시작된다.

근력 트레이닝을 체력 전체의 트레이닝의 일부가 아니라는 생각은 근거가 없다. 체력 트레이닝을 할 경우에 근력 트레이닝은 최후를 위한 것이어야 한다. 동시에 피트니스 전체의 트레이닝은 선수들의 모든 연습을 종료한 후에 최종적으로 해야한다. 먼저 체력 트레이닝을 한 후에 전체적 트레이닝이나 부분적 트레이닝을 하는 것은 잘못이다. 피로가 심할 때 선수들은 새로운 것을 습득하려는 집중력이 결여되어 있다. 선수들이 일주일에 2회 연습을 할 수 있다고 가정한다면, 체력 트레이닝의 일부로서 전신 지구력을 위한 트레이닝을 1회째 시작해서 집중적으로 해나가는 것이 바람직하다. 7mile(11km)을 달리는 트레이닝 방식으로 하면 50분 이내에 충분히 할 수가 있다. 2회째의 연습일에는 연습의 일부로서 체력의 트레이닝 중에서는 지구력과 근력의 트레이닝을 집중적으로 해야 된다. 그런 경우에 4가지 주된 분야 중에서 연습 내용을 선택하는 것이 좋다. 대부분의 연습은 그 내용에 있어서 주의해야하는 육체적인 문제점이 중복되어 있기 때문이다.

(a) 힘의 지구력

지구력을 키우는 가장 좋은 연습방법으로서 Suttlerun이 있다. 그리고 관성을 이겨내는 일도 이 분야에 속한다. 또한 시합 중에서 하는 것 보다 장거리를 달리는 것도 여기에 포함된다. 달리는 거리는 합계 3,200m~3,600m 정도가 알맞다.

(b) 신체적 접촉

신체적 접촉 훈련에는 1대 1과 같은 연습 방식이 고려된다. 단 1대 1은 페어플레이를 해야 한다. 또한 동시에 가끔 몸과 부딪치는 연습도 하여야 한다.

(c) 정신적인 집중력

선수들은 축구의 어떤 중요한 포인트에서 집중력이 요구된다. 이것을 연습하기 위한 1가지 이상적인 방법은 소수의 사람으로 조건부 시합 형식의 연습을 하는 것이다.

(d) 능력

능력을 키우는 훈련은 하루연습 중 최후에 하는 것이 가장 좋다. 또한 능력 증진 트레이닝은 피트니스 트레이닝의 최후에 하는 것이 중요하다. 피트니스 전체의 트레이닝은 45분 이내로 한다.

6) 정신력

축구의 정신력은 다음의 세가지 분야와 깊은 관계를 가지고 있다.

(1) 열중도

(2) 공격성

(3) 자신감

(1) 열중도

이것은 자발성이라고 표시할 수가 있는 성질의 것이다. 열중도가 높은 선수는 자기 스스로가 자진하여 참가하고 자발성으로 어떤 일에 적극적으로 관여하고자 한다.

(2) 공격성

공격성이 없이는 고도의 플레이를 할 수 없다. 축구에 있어서의 공격성에는 다음과 같은 4가지의 측면이 있다.

① 볼에 대한 도전적인 공격성

축구는 한 선수가 상대를 이기기 위하여 경합하는 1대 1상황으로 구성되어 있다. 상대보다 빨리 볼에 터치하기 위하여 대시하고, 상대보다 더 높은 위치에서 헤딩으로 볼을 터치하기 위하여 점프한다. 상대로부터 볼을 빼앗기 위하여 태클이 이루어진다. 그런데 어떤 경우에 있어서도 공격성이 높은 선수가 모든 것을 얻는 승자가 되고, 공격성이 낮은 선수는 실패할 확률이 높다. 따라서 이러한 정신력과 도전적인 공격성은 체중과 신장보다도 중요한 것이다.

② 인내력

어떤 선수들은 신체적인 고통을 받았을 때에 즉시 플레이를 중지하는, 즉 고통에 대해 낮은 한계를 가지고 있는 선수가 있다. 그리고 이 신체적인 고통은 신체적인 활동에 의하여 생기는 경우가 대부분을 차지한다. 숨이 차서 가슴이 터지는 것 같은 상태에서 극도로 피로해진 다리, 그리고 머리가 현기증을 일으키며 토할 것 같은 기분 등이 있다.

인내력 강한 선수는 이러한 고통에서 자기 자신과 싸워나감으로써 목적을 달성하려고 하는 강한 마음으로 어려움을 견디어 나갈 수가 있다. 이것은 기본적으로 마음 상태의 문제인 것이다. 이것은 트레이닝에 의해서 강하게 할 수가 있다.

③ 볼을 패스할 경우의 공격성

볼을 패스할 때 실제로 아무 것도 생각하지 않는 선수도 있다. 그들은 볼을 패스하는 것이 아니라 그저 책임을 다른 선수에게 전가할 것만을 생각한다. 패스에서 공격적 플레이라는 것은 상대선수를 불리한 상황에 몰아넣어 찬스를 항상 생각하고 발견해 내는 선수를 말한다. 이러한 유형의 선수는 찬스가 있으면 언제나 볼을 전방으로 패스한다. 이런 선수의 패스 경향은 대단히 공격적이고 적극적인 것이다.

④ 찬스를 포착해서 득점할 경우의 공격성

득점할 수 있는 위치에 있는 선수의 책임은 그것을 알고 골을 노리는 일이다. 실제로 공격성과 책임 두 가지가 다 결여되어 있는데, 그것을 마치 이기적이 아닌 증거로 취급하는 일이 있다. 훌륭한 골잡이는 실패하는 것을 두려워하지 않는다.

(3) 자신감

자신이란 것은 궁극적으로는 자기에 대한 요구가 무엇인가를 알고 동시에 자신이 그 요구를 만족시킬 수가 있다는 것을 알고 있는 것이다. 자신은 냉정성과 권위를 가지게 해 준다. 그러나 축구 선수의 자신감은 한가지 요인이 아니라 다음과 같은 몇 가지의 요인이 결합된 것이다.

① 육체적인 도전에 직면했을 때의 자신

② 스피드와 능력, 지구력에 대한 자신

이것은 단순한 육체적인 문제가 아니라 실제로 최후까지 있는 힘을 다해서 싸운다는 것은 완전히 정신적인 문제인 것이다. 피로에 의해서 몸이 움직이지 않게 되고 체력고갈로 달리는 일을 그만두려고 생각되는 상태에서, 플레이를 더 이상 계속하기 위해서는 정신이 육체를 움직이지 않으면 안된다. 이것은 자기가 완전한 피트니스를 가지고 있다는 것을 알고 있는 선수에게만 존재하는 종류의 자신감인 것이다.

③ 임무를 선행하는 능력에 관한 자신

④ 팀의 작전에 대한 자신

10. 경기를 해 나가는 기초

1) 경기자와 경기

우수한 경기를 하기 위해 끊임없는 노력과 발전은 '스포츠'란 말과 연관되어 있다. 대부분 사람들은 자신의 운동 적성에 따라 종목을 고른다. 그 때문에 자신이 수월함을 느끼며, 경기에서 필요한 운동을 하는 데 용이하고 재미가 있는 종목이 운동하기가 즐거울 것이다. 성취를 통한 즐거움 때문에 그 사람은 개인적인 능력을 개선하기 위해 연습과 훈련에 매진하게 된다. 축구 경기에서 운동에 필요한 개인의 능력은 경기의 골격을 이루는 작전에서부터 특별한 포지션의 활동에 따라 매우 차이가 있다. 따라서 경기 형태에 따라 분류한 축구 선수의 중요한 선천적인 특성은 다음과 같다.

① 운동신경의 변화. 즉, 이동과 적절한 속도(말하자면 필요한 방향 변화의 속도)와 관계되는 다양하고 능력 있는 재능

② 반응 속도.

③ 접촉 능력(사회적 관계)

④ 정신력

⑤ 실행력과 판단력

이러한 기초적인 특성과 경기의 적합성이 축구인을 특정짓는다.

2) 경기를 잘하려는 의식과 의지

경기를 잘 한다는 것은 어떤 일을 할 때 가능한 수단을 목적에 맞게 성공적으로 활용한다는 것이다. 경기의 중요성은 경기에 임하는 선수들의 자세와 정신력의 강도에 달려 있다. 이러한 것은 모든 것을 쉽게 해낼 수 있다고 자부하는 선천적 재질을 가진 선수가 노력과 의지력 부족으로 만족스럽지 못한 경기를 하게 되는 경우, 그 결과로 증명된다. 이러한 경기자들은 트레이닝을 하는 동안 연습을 너무 적게 했기 때문에 진실로 노력을 들여서 배우지 않았다. 선수는 진지하게, 그리고 적극적으로 그의 모든 경기를 개선하기 위해 자신을 평가하는 것을 배워야만 한다.

영국 속담에 "선수에게 홀로 연습하도록 가르쳐라"는 것은 가장 좋은 목표일 뿐만 아니라 우리가 추구해야만 하는 것이다. 경기를 잘해 나가기 위한 선수들의 활동과 책임에 대한 이러한 요구는, 그들이 경기를 잘하도록 의지력을 강하게 한다. 여기에서 가장 중요한 것은 코치와 선수들 간의 협동적인 관계이다. 선수는 높은 수준의 경기를 하기 위해, 연습 때 요구되는 것이 무엇인지 깨달아야만 한다. 1급의 축구에서는 여러분이 생각하고 계획을 세울 것을 원하는 것이 가능하다. 공격하고 수비하는 철저한 지식에 기초를 둔 전술과 경기 내용은 선수를 평가하는 중요한 척도가 된다.

특히 오늘날 코치들은 선수들이 침착하고 냉정하게 그리고 기술적이고 결정

을 잘못한 점이 나타날 때 지도할 수 있는 대책을 세우기 위해 사전에 계획을 짠다. 여기에서도 기초적인 특성이 더 많이 나타나는 것은 말할 나위도 없다. 때에 따라 코치는 선수의 여러 가지 타입을 하나로 결합하고 싶어질 때가 있다. 신속한 동작을 하기 위해서 선수 자신을 경기에 집중시키고 게임에 적합하게 함으로써, 어려운 상황에서도 최상의 능력을 발휘하도록 요구한다. 훌륭한 선수는 특수 상황에 직면하여 복잡한 상황에서, 자신의 감정을 잘 조절하여 순간순간 적합하게 대응 조치를 취할 수가 있어야 한다. 따라서 어떻게 대응하는가 하는 중대한 결정을 하는 데는 필요한 정신적, 지적 지도가 필요하다.

훌륭한 선수는 타의에 의해서나 주어진 상황에 대해서 그 자신에게 짐을 지우게 하거나 혼란을 가져서는 안 된다. 이러한 감정의 변화를 잘 컨트롤함으로써 경기에서 선수는 적응하고 대처해 나갈 용기를 발견한다. 항상 변하는 경기 상황에 따라 성공과 실패 사이에 일어나는 다양한 체험은 선수에게 강한 정신력과 의지력을 길러준다.

3) 컨디션

컨디션이란 경기를 하는 데 적합한 트레이닝을 통해 얻어지는 신체 조건을 말한다. 모든 경기를 자신감있게 하기 위해서는 사전에 신체적 조건이 잘 갖추어져 있어야 한다. 트레이닝의 종류를 선택하는 것도 경기에 특수성과 선수의 성질에 따라 달라진다. 컨디션의 효과는 경기에서의 모든 행동에서 나타난다. 모든 행동의 가능성을 지닌 축구 경기는 그 자체의 법칙이 있다. 축구는 육상이나 체조처럼 사전에 프로그램이 짜여진 일련의 반복이 아니다. 똑같은 상황은 다시 일어나지 않기 때문에 선수는 같은 편 선수와 호흡을 맞추기 위해 새로운 연습과 반복에 시간을 써야한다. 이러한 트레이닝을 통해 즐거움과 자발적인 의지를 키워나가는 것은 경기하는 동안의 여유있는 마음과 관계있다는 것을 느낄 수 있도록 조절하는 것이 필요하다. 따라서 전문적이 트레이닝을 하여 최상의 컨디션을 가지고 경기를 할 수 있도록 해야 한다.

4) 스피드

스피드란 말은 매우 복잡하며 축구 경기에서 구별되어 사용된다. 단거리 경주에서 빠른 경기자는 경기에서 절대 질 수 없다. 신속하게 대응하고 예견할 수 없는 상황을 인식할 수 있는 능력은 경기에서 스피드를 조절할 수 있는 절대적인 요인이다. 영국 속담에 그러한 선수를 보고 "그는 경기를 읽는다."라고 하는데 그 의미는 모든 상황을 신속히 종합 분석을 해서 동료들의 의도를 평가하고 상대가 어떻게 대응할 것인가를 예견하는 것을 뜻한다. 선수는 공과 함께 있거나 없거나 끊임없이 움직인다. 왜냐하면 그가 있는 곳에 공이 올 때를 대비해서 경기에서 열심히 선수가 뛰는 것은 매우 가치가 있기 때문이다. 무엇보다 선수가 공을 가질 때는 짧게, 스텝을 바꾸며 변화 있게 한다. 왜냐하면 항상 빠르게 방향을 바꿀 수 있게 하기 위해서 이러한 달리기는 전술의 수단이 되기 때문이다.

단거리를 뛰고 표적에서 빨리 벗어나는 힘은 자유롭게 뛰는 데서 나타난다. 공이 패스될 때, 상대의 문전으로 공을 몰고 갈 때, 상대방에게 돌진할 때, 똑같이 수비자가 반대 방향으로 빨리 뛰어갈 때, 패스를 인터셉트할 때, 뛰려고 하는 선수를 빼낼 때, 등등에서 나타난다. 무엇보다도 달리는 속도를 갑자기 변화시키고 천천히 뛰다 갑자기 최고 속도로 뛰는 변화를 주기 위해서는 그 자신이 두 가지 성질을 잘 조화시켜야 한다.

또한 선수들이 수비진 사이로 너무 빨리 뛰어 들어서, 그 동안 공을 몸에서 너무 멀리 띄어 놓아 컨트롤할 수 없게 되어 공을 잡지 못하고 놓치는 경우가 많다. 따라서 스피드는 단거리의 가속능력, 기술의 기동성, 작용과 반작용의 스피드 등과 연관되어 있기 때문에 축구경기에 있어서 대단히 중요하다.

5) 스테미너

축구는 전 후반 45분씩 총 90분간 진행되므로 많은 힘이 요구된다. 작전상으로 보면 보통 경기는 많은 경우에 단거리의 속도가 요구된다. 예를 들면 보통 경기는 많은 경우에 단거리의 속도가 요구된다. 공격할 때 공을 가지고 최고 속도로 상대방 골문으로 나아가고, 다시 골문으로 슛을 하고 마치자 말자 수비자는 자기 위치로 최고 속도로 돌아온다. 그들이 골문으로 되돌아와서 수비 역할을 할 수 있는 것은 잘 훈련된 힘과 스테미너가 뒷받침 되어야 한다.

축구에서 경기하는 데 우리는 단지 일반적인 가치에만 관계하는 것이 아니고 최신 과학적 지식과 끊임없이 비교해야만 한다. 이 때 다른 종목에서 하고 있는 트레이닝 방법을 맹목적으로 모방해서는 안 되며, 축구 선수를 쉽거나 어려운 선수로 취급해서는 안 된다는 것을 알아야 한다. 이러한 기본적인 인식은 축구를 시작하기 전에 축구 선수들에게 인식시켜야 한다. 축구 선수에게 달리기 트랙은 필요하지 않으며 이러한 단조로운 연습은 부담으로 생각한다. 그것은 자발적인 활동을 못하게 하며 축구 선수의 성질과도 맞지 않고 경기를 위한 실전 연습에도 위배된다.

6) 힘force

축구 선수의 힘은 언제나 확신과 기술로 연결된다. 우수한 선수는 기술적인 능력과 힘과 운동신경에 민감하게 최적으로 적용될 때 큰 역할을 한다. 트레이닝을 하는 동안 힘의 훈련은 잘 적용되는 실전과 동등한 연습을 통해 이루어진다. 이러한 특별한 힘의 소비는 외적 컨디션, 속도를 증가시키는 상태, 경기 진행상태, 날씨, 다양한 조건에 따라 크게 좌우된다.

힘은 수비로부터 피하고 공에 돌진하는 데 필요할 뿐만 아니라 의지력과 뛰고 서 있는 다리에도 필요하며, 뛰어드는 선수와 부딪칠 때도 필요하다. 축구 경기가 격렬한 태클을 하지는 않지만, 다양한 몸의 접촉과 테크닉으로 이루어지기 때문에 온몸의 트레이닝은 기본적이다. 태클하는 기술은 적당한 힘과의 관계에서만 전술적 의미를 갖는다. 런던의 아스날 팀의 트레이닝을 보면 강하고 약하게, 밀고 하는 특별한 태클이 매우 행해지고 있음을 본다. 영국 축구가 동적이고 힘 있는 특징을 가지는 것은 경기에서 선수들의 전투적이고 의욕적인 자세뿐만 아니라 힘이 지배하는 데에서 나온다. 가장 기본적인 것은 젊은이들의 스포츠이다. 15세에 축구를 직업으로 선택한 유망한 젊은이들이 하루에 30분씩 가벼운 아령과 무거운 공으로 연습한다.

먼저 이러한 연습은 다리와 엉덩이와 팔의 근육을 발달시키기 위해서 한다. 어릴 때 일찍이 힘의 트레이닝을 하면 매우 좋다. 그것은 일반적인 진보와 숨은 힘에 관계된다. 힘을 기르는 것은 원기를 돋구는 것과 같다. 축구 선수에게 가능한 한 다양하고 재미있게 연습하게 하는 것은, 사려 깊은 일련의 행동이다. 이러한 연습을 자주 하므로 반복 동작의 효과가 나타난다. 매일 연습하는 경우, 시합시간 이전에는 일주일에 3번 힘을 기르는 연습을 하고 시합 시간 중에는 하루에 30분간 일주일 2번 한다. 힘을 기르는 것은 다음과 같다.

① 기구로서 공을 사용하여 자기 체중을 이기는 것(점프와 밀어 올리는 연습)

② 파트너와 대항해서 자기 체중을 이기는 것(밀고 당기는 연습, 서로 무거운 공을 비트는 연습)

③ 점프하고, 기대고, 뛰고 오르고, 구부릴 때 힘든 숨결을 대비해서 체중에 1/5 1/3의 다른 사람의 체중을 견디는 것

1~2분간의 각각 연습 사이의 간격에서, 힘이 트레이닝 후에 계속 유지되는 연습과, 공을 다루는 연습 사이의 간격이 적절한 균형을 이룬다. 소위 말하는 트레이닝에서 한결같은 연습은 피하여야 한다는 뜻이다.

7) 자세attitude

자세는 경기에 영향을 주는 정신력과 감정으로 해석될 수 있다. 정신적, 물리적(신체상의) 힘과 경기를 하는 기본기는 서로 연관성이 있다는 것은 경험으로 알 수 있다. 경기를 잘하기 위한 신체적인 조건과 의지와 기술은 감정과 기분에 대한 정신적 교육이 수반되어야 한다. 이러한 동적인 활력과 감정의 균형은 먼저 경기를 자극시키고 그 사람의 능력을 증가시킬 수 있으며, 다른 경기자들을 더욱 활기있게 자극시킨다. 힘과 능력으로 경기의 의식을 결정짓는다. 경기하는 동안 주어

진 상황에서 그 문제를 해결하고 장애와 어려움을 극복하는 것은 이것과 관련이 있다. 해결의 기쁨은 훨씬 더 의도적이고 상황이 어려울수록 더 크다.

반면에 실패는 감정적인 척도로서 잘 나타나며 확실히 감정의 균형, 잠재력, 자신력을 자극시킨다. 성공을 경험하고, 능력에 대한 자신감이 있다고 해서 경기에서 언제나 능동적인 영향을 주지는 않는다. 열심히 뛰어서 한 점을 넣었지만, 자만심으로 활력을 상실해서, 상대가 공격에서 힘을 독점화하는 경우가 자주 있다. 반대로 처음에는 실패했지만 결국 경기에서 이길 수 있다는 확신으로 다시 힘을 내는 경우가 있다.

각각의 경기는 시합에서 나타나는 연관된 최상의 행동과 힘에서 어떤 긴장을 야기한다. 이러한 긴장에서 승리한 경우는 감정의 균형과 정신의 안정성에서 나온다. 대부분의 사이드에서는 홈경기를 할 때 원정 팀이 감정의 균형을 맞출 수 없게 하는 작전이 나온다. 자기쪽 사이드는 팬들로 가득 차고 골을 빨리 넣어 줄 높은 기대에 차 있다. 그들은 그에 대응해서 미리 계획을 짜 놓는다. 현명하고 조직적인 수비로 인해서 득점 후 수비를 잘하면, 상대편의 많은 선수들은 신경질적이고 여유가 없고, 어떤 실망하는 경우를 유발하는 경우가 일어나게 된다. 계속되는 혼란과 불안정성, 수비의 약해짐 때문에 작전이 성공하게 된다. 시합에 이길 수 있는 힘은 경기에 집중할 수 있고 외부 상대가 변화하는 것에 흔들리지 않는데서 나온다. 안전, 집중, 자기능력에서 흔들리지 않는 자신감과 더불어 목적의식은 성공적인 경기에 실질적으로 필요하다.

특별한 기술은 전체 경기를 통해서 힘을 기르고 보존하는 코치의 지도에서 나타난다. 이것을 하려면 새로운 경기에 대비하여, 특별한 연습으로 상대에게 대항할 준비를 하는 코치의 정력적이고 집중적인 연구가 필요하다. 경기 기간 중 폼의 변화는 안전한 지역에 놓으려는 작전 자들에 의해서 가끔 결정된다. 그들은 받지도 않는다. 폼은 어떻게 자극하느냐에 관한 문제다. 여기에는 많은 이유가 있으며, 또 그들의 훌륭하고 경험 많은 코치에 의해 예리한 선수가 위기 전에 인식되고 독특한 상대 선수와 싸운다. 게다가 적당한 이유 없이 극복되어야 할 폼을 잃는 수가 있다. 그 이유는 알 수 없고 또 적절하게 대체되지도 않는다. 어떤 과정에 트레이닝 시작은 폼에 큰 영향을 준다. 여기에 코치는 선수들과 집중해서 새로운 점을 연구해야 한다. 언제나 새로운 발전을 하기 위해 코치는 어떻게 마음을 통하는가를 이해해야 한다.

8) 트레이닝

트레이닝은 경기에 구조적으로 적응하여 개인적인 능력을 최대한 발휘하기 위해 선수가 언제나 주의를 기울여야 하는 교육적인 과정이다. 코치가 연구해야 하는 중요한 일은 선수들에게 활기찬 트레이닝을 지도하는 것이다. 여기에서 경쟁은 가장 큰 효과를 거둔다. 경기는 자유로운 경기를 창작하는 것이다. 모든 상황은 자유롭고 창의적이지만 조직적인 운동과 관련되어서는 호흡이 맞는 행동이어야 한다. 아무도 도와주지 않으면 어떤 문제도 해결할 수가 없다. 트레이닝을 하는 동안 앞으로 경기를 더 잘할 수 있게 할 여러가지 요인들 역시 고려되어야 한다.

선수들이 실력을 기르는 연습을 하는 동안 독자적이고 책임 있는 트레이닝이 필요하다. 트레이닝은 독단적인 연습이 아니다. 코치는 선수들 개개인의 재능과 능력을 최대한 개발하기 위한 연습과정을 지도하는 사람이다. 연습은 억지로 해서는 안 되며 코치가 명확한 해답이나 고정된 인상을 주는 도구가 되어서도 안 된다. 또한 독자적이고 활력있으며, 가능한 한 경쟁 상태를 잘 나타나게 이뤄져야 한다. 선수는 자기의 창조적인 힘과 행동으로 경기에 대비한 연습을 쌓아야 한다.

트레이닝은 코치의 개인적인 포용력을 필요로 하며 코치는 선수와 같은 동료가 된다. 선수는 코치가 그에게 관심을 가지며 그의 능력을 가장 잘 알고 있다는 것을 알아야 한다. 또한 선수가 눈앞에서 이탈하거나, 트레이닝에서 무시되어서는 결코 안 된다. 코치는 팀 운영을 위해 개개 선수들의 능력의 중요성을 언제나 알고 있어야 한다. 그렇게 하면 자신감을 높이고 훈련할 태세가 갖추어진다. "스타"(잘하고 인기 있는 선수)만을 중심으로 연습이 주어져 다른 선수가 소외감을 느끼도록 해서는 안 된다. 시합을 앞두고 의논하고 토론하는 것은, 연습을 확실히 하고 선수들과 코치의 의식을 더욱 뚜렷하게 한다. 트레이닝은 단지 경기를 위한 선수들의 신체적 훈련만을 뜻하는 것이 아니고 정신적, 지적 기초를 굳건하게 하는 것이다.(한 선수의 능력에서 의지력, 목적의식, 자기 보조력 등을 굳건하게 한다.) 좋은 지도와 트레이닝에 필요한 개인적인 연습을 경제적으로 하는 능력이 코치에게 필요하다.

① 방법적

② 생물학적, 심리학적 기초 지식

특징 있는 선수를 돕기 위해 그는 노력하고 연습해야 한다. 결코 트레이닝은 지루한 것이 되거나, 경기에 패했다고 벌을 주거나 위협을 주는 것이 되어서는 안 된다. 그렇게 하면 진정한 트레이닝의 목표를 잃게 되고, 선수와 코치 사이의 불신감으로 경기와 효율이 떨어지는 결과를 가져온다. 트레이닝의 범위는 연습 기간 내에서는 비중을 크게 해야 한다. 그것은

① 연습 정도

② 연습 목표

③ 첫 경기 비중

④ 선수와 그들의 능력과 나이를 구별해서 연습하는 생리적인 기본 능력을 기초로 한다.

트레이닝 형태는 그들 선수들의 특징에 따라 여유가 있는 한 경기처럼 하는 것이 좋다. 게다가 나이 많은 선수는 연습 중 쉬는 시간을 많이 하여 나이에 맞게 적절한 운동을 자주 연습해야 한다. 트레이닝은 가능한 한 실전 시합처럼 하고, 모든 신체적 정신적으로 다양하고 변화 있는 연습이어야 한다.

9) 테크닉

테크닉이란 득점을 하기 위해서 경기하는 동안 공을 컨트롤할 수 있는 기술을 의미한다. 축구처럼 다양한 기술이 요구되는 종목은 없다. 공격에 대한 수비가 강

해질수록 볼에 대한 기술은 더욱더 필요하다. 결과적으로 숙달되는 과정에서 중요한 테크닉은 가능한 한 실제 경기와 똑같은 긴장된 상태 하에서 연습되어야 한다. 경기하는 선수는 공을 가지고 자기의 실력을 발휘하기 위해서 상대 선수와 동료 선수들 속에서 긴장하면서 배워야 한다. 정신 집중과 경계심은 다소간 좀 흩어지지만 공에 집중하게 된다. 패스하는 요령과 시간이 다소간 흐른 후의 득점, 공을 가졌을 때의 각 선수들의 행동은 각각 상황에 따라 다르며 독립적이다. 이점에서는 브라질 선수들은 굉장한 우월성을 보여준다. 복잡한 공간과 긴장 상태에서 그들의 실력을 나타낼 수 있는 것이 그들의 우월성이다. 때로 그들은 가끔 테크닉 실력을 발휘할 때 옛날 교과서와는 매우 다르게 하는 것을 볼 수 있다. 이러한 탁월한 성질은 뒷마당에서 하는 어릴 때의 경기에서부터 습득된 창의적인 기술 때문이다.

10) 전술

전술이란 상대방에 대해 승리를 하기 위한 모든 힘과 방법을 체계적으로 활용하는 것을 의미한다. 이러한 목적을 달성하기 위해 수비와 공격에서 가능한 한 효율을 높이고 개인과 팀의 전술, 개인과 그룹의 경기 운영과 힘 등 모든 부분이 상호 조화를 이루어야 한다. 전술적으로 훌륭한 동작은 선수가 수비와 공격의 위치 범위 내에서 기본 의무만을 하는 것이 아니라 주어진 상황에 따라 적절하게 공격과 수비를 할 수 있어야 한다. 더욱 발전된 축구를 하기 위해서는 선수의 재능과 의향에 맞게 선수를 구성하는 것이다.

수비자이거나 공격자이건 간에 각각의 선수는 수비와 공격을 알아야 하며 공격할 때 수비로 전환하거나 그 반대일 때 사려 깊고 신중하게 빨리 그 상황에 대처해야 한다. 만일 선수가 처음으로 어떤 경기에서 문제점을 발견하고 해결하였다면, 그 선수는 단지 좋은 전술과 그 전술을 성숙하게 잘 구사하는 것만 원할 것이다. 이렇게 얻어진 경험은 코치의 몇 가지 조언으로 보충되면서 실제 경기에서는 전술적 경기 의식이 넓어지고 종합화되는 것이다. 그러나 전술의 발전에 대한 것은 이론적이 아니라 실제 경기에서 상호 유기적인 움직임으로서 완성될 수 있다.

11) 공정함fairi play

격렬하고 사나이다운 경기에서 승리하기 위한 양 팀의 노력은 우리가 말한 모든 힘과 경기력을 기르고 활력화 시키는데서 나온다. 그러나 올바른 경기는 선수들이 정정당당하지 않고는 생각할 수 없다. 승리하기 위한 모든 노력은 상대 선수와 함께 경기를 존중하는 스포츠 정신 아래서 규칙의 위반 없이 공정하게 경기를 해야만 비로소 의미를 가진다고 할 수 있다. 경기를 하는 힘이란 승리를 하기 위한 잔인하고 무분별한 싸움이 아니라 예술적인 경기의 방법을 동원하는 것이다. 즉 경기 전술, 영리한 머리, 좋은 경기를 하기 위한 정신력 등으로 축구의 전술적으로 완성도를 높일 때 좋은 경기라 할 수 있다.

chapter 5

위치별 특성과 연습방법

1. 골키퍼
2. 백 수비선수
3. 센터 백(중앙수비수)
4. 미드필드 선수
5. 공격형 미드필더
6. 센터포워드(중앙공격수)
7. 윙
8. 수비에 대한 공격
9. 적절한 훈련

chapter_5

위치별 특성과 연습방법

팀의 조화와 숙달된 기술은 선수 개개인이 팀을 위하여 어떻게 경기를 운영하느냐에 달려있다. 선수들은 경기 시스템의 순서 내에서 시합할 수 있는 기본기는 물론 갖고 있다. 기본기는 선수가 담당하고 있는 포지션에 따라 다르다. 이러한 기본적인 의무와는 달리, 각 선수들은 그가 할 수 있는 범위 내에서 다른 기능도 수행해야 한다. 수비선수는 공격으로 전환하기도 하고, 스트라이커는 수비를 떠맡기도 한다. 각 선수들은 각자 역할을 수행하기 위해 특별한 기본기를 갖추고 끊임없이 그 기능을 발전시켜야 한다. 이것은 다양성 있는 특수훈련에 의해서만 가능하다. 천부적 재능을 지닌 선수는 팀의 어떠한 포지션을 맡더라도 그 역할을 능히 다할 수 있다. 이 경우 선수는 자신감을 갖고 맡은 바를 실행하며 최선을 다할 수 있게 된다. 선수의 숙련도는 선수의 기술적, 전략적 행동과 경기운영의 효율적인 면에 나타난다.

특수훈련의 목표는 선수의 기술적 · 전략적 기본기를 향상시키며, 나아가 게임의 발전 가능성을 넓히는 데 있다. 우리는 각 선수들이 침착하며, 경기 운영에 확고한 신념을 지니도록 해 줘야 한다. 코치와 개개 선수가 직접 접촉함으로써 성공적으로 훈련할 수 있다. 선수들은 코치가 단지 일반적인 겉치레로 선수에게 대해 준다고 생각해서는 안 된다. 선수들은 시종 일관 코치와 개인적으로 유대를 깊게하는 것이 경기 운영과 기술 향상에도 필요 불가결함을 알아야 한다. 이러한 직접적인 접촉이 선수 모두와 번갈아 이루어짐으로써, 코치는 훈련 의욕이 생기게 된다.

코치는 선수들과 적극적으로 의논해서 해야 할 일을 구상하며 계속적으로 인내하며 문제를 타협하려고는 하지 않는다. 선수들은 적극적인 자세로 훈련해야 한다. 코치는 나름대로 자신의 맡은 바를 점검할 것이며, 또한 중간 중간 업무를 재설정하고, 목표를 취소하거나 확대하는 등 성공적인 경험으로 이끄는 방법을 알고 있다. 특별한 트레이닝을 거치는 동안, 코치는 선수와 개별적으로 특성을 점검할 수 있게 된다. 더욱이 코치는 훈련을 통해서 선수와 친밀하게 되고, 따라서 코치는 영향력을 발휘해 심리적으로 갈등 있는 선수들의 행동상 특이점을 고쳐줄 수 있는 기회를 만들어 준다.

선수는 자신의 행동반경이 설정되어 있으며, 그리고 경쟁적인 주위 분위기 내에서 훈련함으로써 서로가 서로에게 자극을 받게 된다. 이러한 경쟁적인 분위기의 적응을 통해 새로운 발전으로 촉진되며 그 결과 기술적 전략적 행동을 기르게 된다. 코치는 선수들을 제어함으로써, 처음에는 다소간 수동적 행동을 취하도록 만들지만, 그래야만이 가능한 한 실전 경기와 유사한 긴장된 상황을 이루어서 선수들이 저항력을 갖추도록 지도할 수 있다. 선수는 자기 나름대로 해결의 실마리를 찾도록 애쓰고, 독창적으로 행동하기 위해서는 코치의 지도를 따라야 한다. 특수한 트레이닝은 격렬하고 빈번한 움직임을 필요로 한다. 그리고 이것은 기술 전략적인 지도와 연결될 때 최고로 신뢰할 수 있는 훈련의 수단이 될 수 있다.

1. 골키퍼

골키퍼는 수비의 최후선으로서, 골을 막는 기술과 믿음직한 태도는 팀 전체의 게임에 활력을 불어넣는다. 골키퍼는 올바른 방향으로 공을 질러 주거나 던져 줌으로써 공격할 수 있도록 도와준다. 공을 던지거나 질러줄 경우 상대편 공격진이 수비진열로 다듬어지기 전에 공격할 수 있도록 대상이 되는 선수를 잘 선별해야 한다. 이때 중요한 것은 각 선수가 공이 정확하게 우군 수비 진영의 수중에 들어갈 때 즉시 공격으로 전환하는 것이다. 이때 제한된 방어 위치가 나타나기 때문에 개방된 위치로 뛰어듦으로써 효율적으로 게임할 수 있다. 공격의 효율성은 이러한 빠른 경기 운영과 신속한 주력 및 골키퍼와 공격을 시도하는 필드 선수들과의 협력에 달려 있다.

수비에서 좋은 방향으로 급속히 전환시킨 공격의 움직임은 골키퍼를 포함시킨 훈련을 통해서 날카롭고 기민하게 연습되어야 한다. 골키퍼는 공격과 수비가 가장 격렬하게 맞부딪치는 불안정한 필드에서 경기한다. 이에 따라 선수의 경기 운영기술은 지적 · 신체적 제요소와 골 문전에서 경험한 극적인 순간을 사전에 고려해서 선수 자신이 특별히 요구되는 기술을 갖춰야 한다.

골키퍼의 경기 양상은 다음과 같이 요약될 수 있다. 골키퍼는 신체적으로 우수해야 하고, 평균 신장이상이어야 경기에 유리하다. 다방면에 적합한 유연성과 곡예 선수 같은 기동성이 있어야 한다. 또한 탄력성이 뛰어나야만이 공을 뛰어서 잡거나 전력으로 찔러줄 때, 공을 주먹으로 때려 칠 때, 적절한 대처를 할 수 있다. 그 가운데 중요한 주된 기술은 어떤 위치에서라도 공을 잡거나 품에 안기도록 하는 것이다. 낮게 들어오는 공도 잡아야 하며, 공을 주먹으로 내칠 수도 있어야 한다. 골키퍼는 골킥을 할 때, 또는 손이나 팔위로 혹은 어깨 너머로 던져줄 때 인스텝킥으로 찰 수 있어야 한다. 공을 골포스트나 바를 넘기게 할 수도 있어야 한다. 골키퍼의 주된 역할은

1) 위치선택
2) 페널티 지역을 관장
3) 수비할 때 조직 편성법과 수비 지시
4) 공격자의 임무라고 말할 수 있다.

1) 위치선택

골키퍼는 골라인 앞에서 위치를 취한다. 경기 도중에는 어느 쪽으로도 수비할

수 있고, 머리위로 급히 떨어지는 공을 잡을 수 있도록 슛의 각도를 좁히고 있다. 어떠한 환경에서도 대응하기 위해 골키퍼는 게임이 진행되기 전에는 포스트 중간에 주목한다. 골키퍼가 골라인에서 벗어나거나 공을 쫓아갈 수 있는 범위는 위치와 주력 및 점프력에 달려 있다. 터치라인 가까이서 혼전 중일 경우나 코너킥이 주어진 경우, 골키퍼는 골포스트 뒤쪽 지점으로 부터 1/3가량 떨어져 있어야 한다. 이 위치는 골키퍼가 그의 머리 위를 지나치는 크로스에 손이 닿을 수 있으며, 동시에 뒷전 1/3 위치에서 다른 포스트 쪽으로 슛한 공을 막기 위해 뛰어나올 수 있는 곳이다.

신체적으로 몸이 큰 수비선수가 공중게임에서 순응력과 힘이 좋을 때는 골키퍼를 도와주기 위해 앞쪽 포스트에 위치해야 한다. 코너킥의 경우, 다른 선수들도 역시 뒷편 1/3 가까이에 위치해야 골키퍼가 볼을 몰아내려 할 경우 빈 골문을 지킬 수 있다. 골키퍼의 위치는 그의 기술과 행동 향상에 매우 중요하다. 특수한 훈련을 통해 자신감을 가지고 시합할 때마다 변하는 상황에 신속히 연결시킬 수 있는 다양한 위치를 체득해야만이 슛을 막을 수 있다.

2) 페널티 지역의 관장

골키퍼는 공격 지점을 빨리 파악함으로써 그가 골문에 머물러야 될지 앞으로 나아가 있어야 될지를 가릴 수 있다. 골문에서 벗어나 있다면, 공을 잡을 수 있으리라는 예상이 확고해야 한다. 행동이 자유로울 때 공을 손에 꽉 질 수 있다. 이는 골키퍼 측에서는 가장 안전한 수비 방법이기 때문이다. 만약 공을 잡기위해 뛰어올라야만 될 때, 골키퍼는 가능한 한 공을 위험 지역으로부터 펀칭하는 편이 더 나을지도 모른다. 그에게 허락된 포지션에서 양 주먹이나 한 주먹으로 실패했을 상황이라도 모두 가장 안전한 방법이다.

이러한 기술을 연마하기 위해 골키퍼는 훈련을 통해서 공이 위에서 시계추와 같은 방향으로 갈 경우를 가상해서 연습해야 한다. 적절한 훈련효과는 모의 시합 훈련을 통해서 이루어지며, 이때 신속한 결정과 변화하는 상황에 따라 적절하게 적응하는 능력이 요구된다. 양 사이드에서 크로스로 교차되는 공이 골키퍼를 중심으로 꺾어서 들어올 때, 그 공이 강하던 약하던 미드필드 쪽에서 페널티 지역의 땅에 닿기 전에 공이 날아오기 때문에 골키퍼는 다섯 명의 상대편 포워드진의 움직임에 대항에서 수비해야 한다. 템포나 슛의 연속은 코치의 지시에 따라야 되므로 골 키퍼는 출발 위치에서 움직일 방향을 결정할 수 있다.

3) 수비진 구성과 지시자

경험상 좋은 골키퍼는 훌륭한 필드 플레이어이다. 이점은 선수가 움직이는 방향을 지시하는 데 상당히 도움을 준다. 훌륭한 골키퍼는 상대방이 공격하는 동안 일어나는 모든 일을 파악하여, 그의 앞에서 수비하는 선수의 수비태세를 점검한다. 골키퍼는 게임을 볼 수 있기에 결과적으로 늘 수비진의 결점을 잘 알 수 있고, 이 경우 정확하고 명료하게 소리쳐 지시를 내림으로써 올바르게 수비진을 재편성하게 해준다. 그러나 이러한 지침은 상대측의 공격이 결정적일 경우 이전에 이루어져야 됨은 물론이다. 실제로 리베로는 주로 진행을 지시하는 책임이 있다. 이점에서 골키퍼는 결정적인 수비진 구성과 지시도 실전과 같이 연습해야 한다.

4) 공격시의 행동

골키퍼가 공을 갖고 있을 때, 그는 팀에서 첫 번째 공격 선수인 셈이다. 공을 던지거나 킥해서 찔러주거나 라인 아웃된 볼로 공격을 시작하거나 간에 골키퍼는 효과적인 공격을 위해 공을 오래 갖고 있지 않아야 된다는 것이다. 물론 공을 빨리 주려면 모든 선수들이 수비에서 공격으로 신속히 전환될 자세가 되어야 하고 골키퍼가 적극적으로 공을 전해줄 수 있도록 위치를 잡아 주어야 한다. 경기장 내의 모든 선수는 활동 범위를 좌우로 넓혀 줌으로써 골키퍼가 가장 적절한 위치에 있는 선수에게 공을 줄 수 있도록 해 줘야 한다. 맨 먼저 골키퍼는 미드필드 내의 선수에게 전열을 가다듬도록 주의를 환기시키고 자신이 공격을 진행하는 데 가장 필요한 주도권을 갖고 있음을 알아야 한다.

일단 골키퍼가 공을 잡으면 수비진들 중 윙쪽의 선수에게 줄 가능성이 가장 커진다. 골키퍼가 자기편이 밀린다고 판단했을 경우 숏 · 패스를 하는 것은 위험하다. 이런 이유로 골키퍼는 필드에서 떨어지는 공을 몰아내서 공격의 선봉에 있는 선수에게 공이 가도록 해야 한다. 이 경우 수비선수는 항상 빈 공간을 더 잘 이용할 수 있다. 왜냐하면 공이 센터 포워드쪽에 떨어지면 수비선수는 달려가서 공을 차지할 만한 거리가 공격선수보다 가깝기 때문이다. 이에 대비해서 골키퍼는 공격의 출발 위치 선정에 최선을 다해야 한다. 그러나 경험에 비추어 보건데 골키퍼와 미드필드 내의 선수사이에 볼 연결은 훈련 시에는 너무나 도외시 되는 경우가 많다.

이점을 극복하기 위해 훈련 시에는 골키퍼를 포함한 실제 경기와 같은 상황 밑에서 고된 연습 경험을 통해 공을 던져 주거나 찔러주거나 붙잡는 기술을 익히도록 해야 한다.

5) 골키퍼의 특성

골키퍼의 경기 태도나 발전 가능성은 두뇌와 신체조건, 체질 및 태도와 관계가 있다. 강인한 다이빙력, 충동적인 욕망과 의지로 자신을 내세울 때 골 에어리어 안에서의 복잡한 상황가운데서도 상대편의 강한 공격을 저지할 준비가 갖춰지게 된다. 또한 빠른 판단력으로 팀 구성의 위치관계를 이해함으로써 상대편의 공격 의도를 알 수 있다.

그러나 골키퍼가 위치를 너무 미리 생각한 나머지 필요한 다른 행동을 할 수 없을 정도여서는 물론 안 된다. 힘을 쌓고, 기본기를 할 수 있는 위치를 늘 고수해야 한다. 유능한 골키퍼란 팀 전체에 믿음직한 태도를 보여주어 선수들의 사기를 고무시키는 위치에 있는 중요한 선수이다. 그러하기에 늘 믿음직하고 든든해야 경기에서 불안함으로 인한 동요가 일어나지 않게 된다. 게임 진행연결에 미숙하거나 관객의 반응을 얻지 못해서는 안 되며 경기를 단념하거나 체념해서도 결코 안 된다.

6) 골키퍼의 훈련

과학적이며 체계적인 훈련을 통해 경기를 수행하는데 필요한 요소들을 보강 개발할 수 있다. 골키퍼는 훈련에 온 힘을 다해 임할 때 자신감을 갖고 기술 · 전략적 능력을 키우게 되며 나아가 골키퍼가 갖추어야 할 침착성을 체득하게 된다. 골키퍼를 위한 훈련은 반복적으로 실행함으로써 효과가 있다. 골 슛 연습은 골키퍼의 방어력을 늘려준다. 계속해서 슛 연습을 할 때 두 개의 공이 너무 빠른 간격으로 들어오면 오히려 기술적인 자세를 익히는데 좋지 않다. 완전히 둥글게 쏘는 슛은 골키퍼의 기술을 점검할 기회이며 골키퍼의 신뢰도를 파악 할 수 있는 연속된 훈련의 결말인 것이다. 골키퍼의 훈련은 단지 슈팅력에 제한되어서는 안 되며, 골키퍼에게 자신의 능력과 확신을 강화시키는 계기가 되어야 한다.

① 골키퍼는 굴러오는 공을 잡을 때 머리를 숙이고 손바닥을 바깥쪽으로 짝 펴서 상체 쪽으로 끌어당긴다. 공 뒤쪽에 서 있는 자세에서 공을 구부려 잡을 때 무릎을 구부리고 다리를 벌린다면 공은 그 사이를 지나칠 수가 없게 된다.

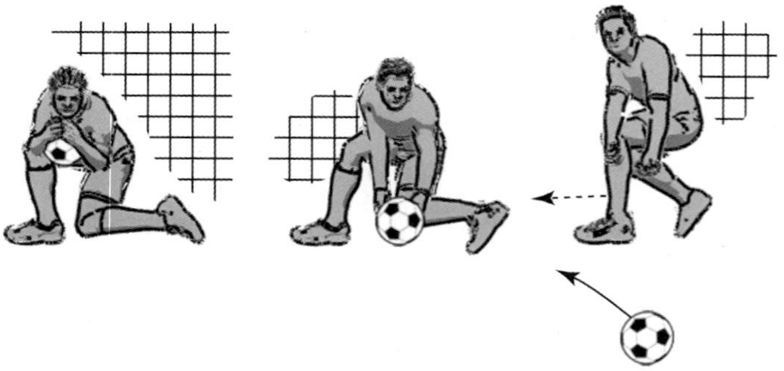

그림 5-1

② 골키퍼는 가슴 높이로 들어오는 공을 허리에 안기도록 잡는다. 이때 손은 아래쪽으로 향하도록 손을 뒤로 당기면 된다. 안전을 위해 공을 몸에 끌어 안는 것이다. 항상 몸은 공 뒤에 있음을 잊지 말아야 한다.

그림 5-2

③ 공이 가슴 윗 편이나 높은 볼일 경우 손을 내밀어 잡고 몸쪽으로 당기며 손등이 얼굴을 향하도록 한다. 골키퍼가 달려 나가거나 점핑으로 잡을 때는 한 발을 사용하여 공중으로 뛰어오르도록 해야 한다.

그림 5-3

④ 상대편 포워드들이 점프했을 때, 이에 맞서 골키퍼는 위험성을 덜기 위해 가능하면 양 주먹을 사용한다. 가슴에서 출발하여 주먹을 꽉 쥐고 강하게 공을 때릴 때, 공을 처리하기 좋은 방향이나 위험성이 없는 지역에서 정확히 행동해야 한다.

그림 5-4

⑤ 골키퍼쪽으로 공중 볼이 슛으로 들어올 때, 몸을 던져서 잡아야 하고 잡을 때 손바닥이 공 뒤에 붙도록 해야 한다. 일단 공을 안전하게 잡으면 몸 쪽으로 공을 당겨 끌어안아야 한다. 몸이 떨어질 때 팔 윗 쪽으로 배가 닿도록 해야 한다. 그렇게 하지 않으면 위액 분비막이 파손될 우려가 있다.

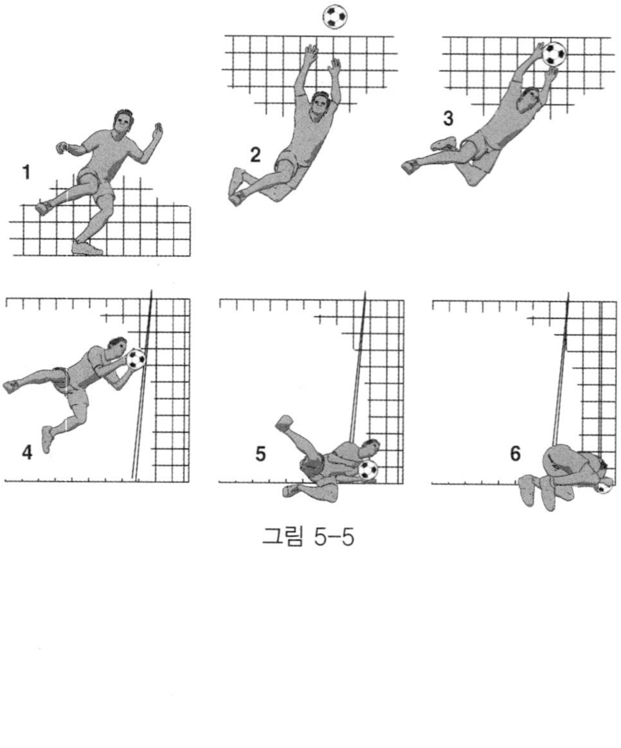

그림 5-5

⑥ 공의 처리는 드롭 킥, 손에 쥐고 차기, 골 킥 또는 던져주는 경우가 있는데 이것은 공격 가능성에 따라 결정된다. 골키퍼에 대한 신뢰감은 거듭되는 연습을 통해 가상이나 실전 게임을 통해서 키워진다.

그림 5-6

⑦ 크로스바 쪽으로 떨어지는 공은 상대편 포워드진에게 공이 가기 전에 골키퍼가 골대 뒷전으로 밀어내든가, 수비진이 공을 따내기 위해 함께 점프해줘야 한다. 비슷한 연습을 자주 할 경우, 골키퍼는 공이 날아오는 것에 대한 판단법을 익히게 되며 어느 순간 뛰어 올라야 될 지도 알게 된다. 적절한 순간 높이 뛰어 오를 수 있어야 골키퍼의 기술이 정확하다고 할 수 있으며 그러한 능력을 가져야만 수세에서 빠져 나오게 된다.

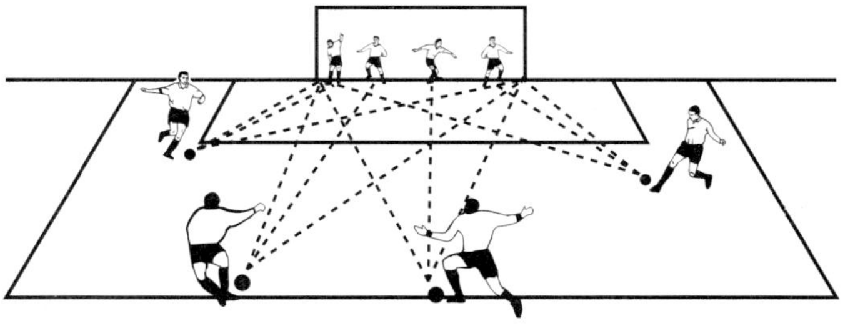

그림 5-7

⑧ 골키퍼는 수세에 몰리는 가상 연습게임을 훈련해야 한다. 시선은 공에서 벗어나지 않고 깨끗하고 기교 있는 연습을 하도록 한다. 높이 뛰어오르는 것은 상대 선수가 펀칭한 볼을 다시 헤딩하지 못하도록 하는 데 필요불가결한 대처 방법이다.

골키퍼는 수비의 최후방에 위치한 선수로서 전열을 주의 깊게 살펴보고 지시해 줘야 하며 공격의 최선방으로서 해야 할 책임이 크다. 능력, 신뢰감, 확고한 연대성을 갖추고, 과열된 경기나, 어려운 슛들을 막기 위해서는 등뼈가 튼튼하도록 해야 한다. 자신감과 결정력은 그 자신은 물론 팀 동료들의 사기를 북돋아 주게 된다. 골키퍼의 전술적인 능력 향상과 강화를 위해 다방면의 특징적인 상황을 실전과 같이 연습함으로써 요령이 체득되는 것이다. 시시각각 변하는 수 많은 환경에 대처해서 공과 키커에 주의해야 한다. 숙련된 위치 선정은 골키퍼가 어느 방면의 공이든 막을 수 있게 해 준다.

골문 중앙에서 마크하는 것은 상당히 편하고 합당한 것이다. 골키퍼는 라인상에 있을 필요는 없다. 슈팅의 각도를 좁히기 위해서 슛하는 방향으로 위치를 다소 변경해야 한다. 각도를 좁히면 매우 날카로운 각도에서 오는 슛도 막을 수 있다. 이런 식으로 위치를 변경함으로써 머리위로 로빙되어 들어오는 볼을 막거나 크로스바 너머로 공을 넘길 수 있다.

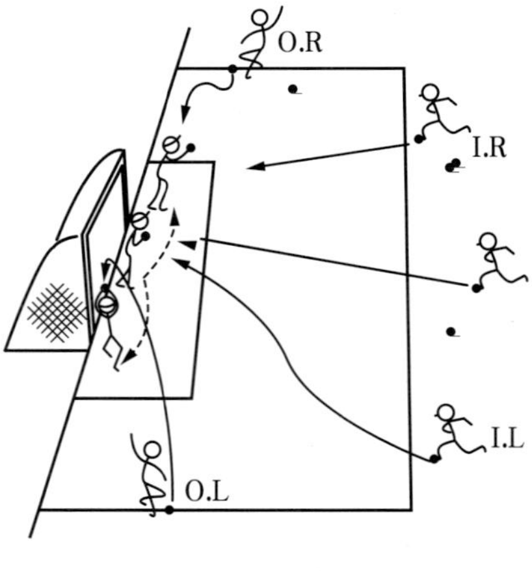

그림 5-8

① 이 연습과정에서 4명의 포워드진은 골문 앞에서 공격의 간격을 자유로이 연결하고 있다. 골키퍼는 계속해서 자리를 옮겨야만 계속되는 공격팀의 위치 변경에 임할 수 있는 것이다.(그림 5-8)

② 골키퍼는 뒷편 1/3가량이 떨어진 곳에 있어야 골라인 가까이에서 접근하는 공이 크로스바를 향해 뛰워질 때도 막을 수 있다. 코너킥 때도 뒷편 1/3위치에 있어야 한다.(그림 5-9)

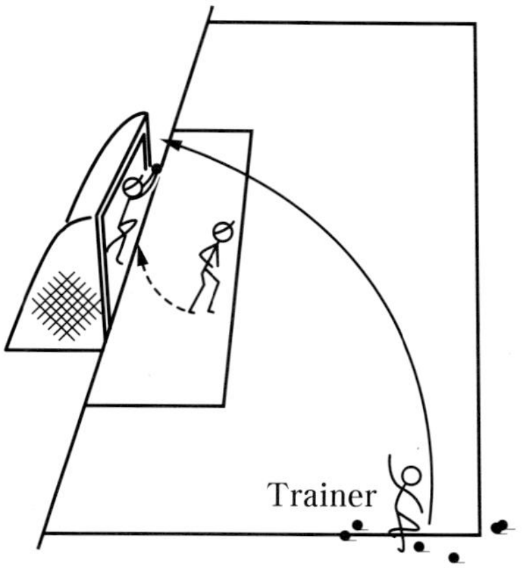

그림 5-9

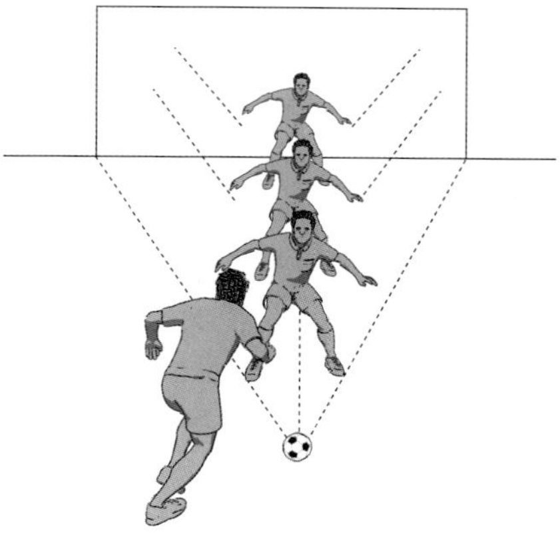

그림 5-10

③ 공격진이 골라인을 따라 골문 쪽으로 드리블 했을 때 골키퍼는 골문으로의 직접 슛을 견제하기 위해 앞쪽 가까이에 서 있어야 한다.(그림 5-10)

④ 상대편 공격진이 혼자서 뚫고 들어올 때, 골키퍼는 몸을 구부려 웅크린 자세로 접근해야 한다. 이렇게 함으로써 공과의 각도를 좁히고 공격 선수가 공을 지나쳐 흘려버리게 할 수 있는 것이다. 또, 포워드가 이런 식으로 들어올 때 공을 잡으려고 몸을 던질수도 있다.

⑤ 포워드진 선수들은 자유롭게 콤비를 이루고 윙쪽에서 공격을 시도한다. 골키퍼는 크로스되는 공을 잡아서 밖으로 던져 줌으로써 당장 공격의 방향을 바꿔버린다. 골키퍼는 페널티 지역을 통제하는 기술이 체득되어져야 한다.(그림 5-11, 5-12)

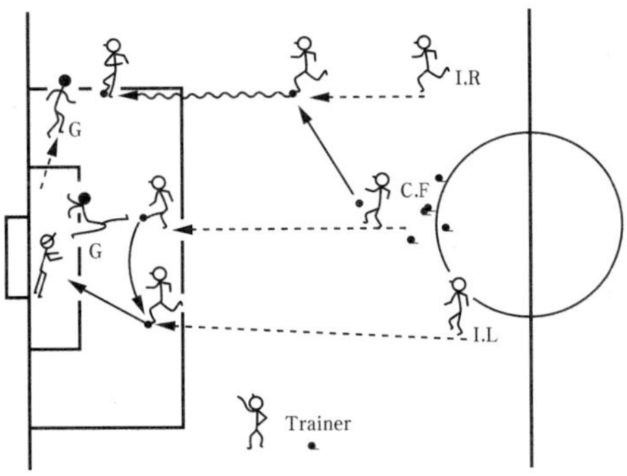

그림 5-11

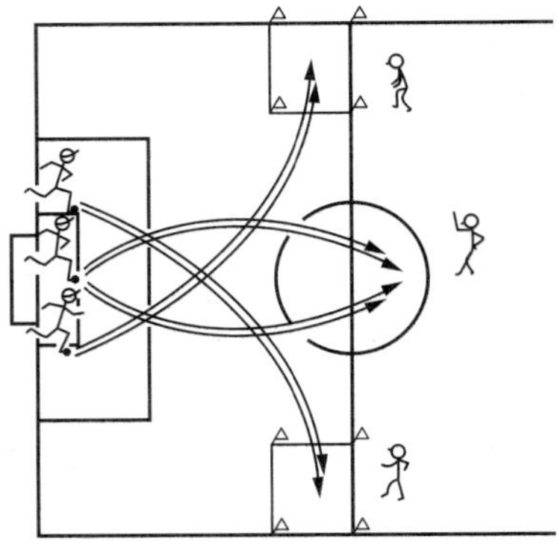

그림 5-12

⑥ 일단 다시 한 번 공격이 앞쪽 윙에서 이뤄진다. 띄워진 공은 페널티라인 상에나 그 부근에 떨어지게 된다. 스트라이커들은 이 공의 방향을 변화시키려 애쓴다. 골키퍼는 위험지구 내에서 주먹으로 공을 펀칭하게 된다. 이러한 방식으로 연습하게 되면 포워드진들은 실제 경쟁 상태에 들어감으로써 수동적인 출발을 벗어나게 된다.

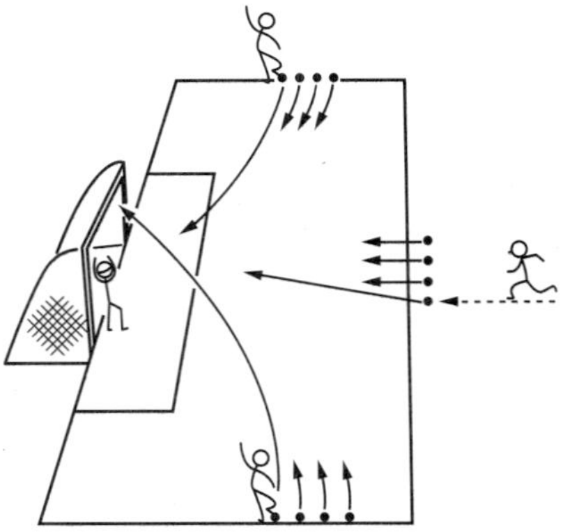

그림 5-13

⑦ 공을 정확하게 던지고 정확하게 찔러 줘야 한다. 공을 잘 막았다면 골키퍼는 자유로이 활동할 만한 위치에 있는 자기편에게 공을 킥하거나 던져 주어

그림 5-14

야 한다. 만약 자기편이 수세에 몰려 있다면, 중앙공격수가 기다리고 있는 하프라인 너머의 필드로 찔러주는 편이 낫다.

연습 : 페널티 지역에서 인사이드 포워드들은 높은 공을 거듭해서 찔러준다. 3명의 스트라이커는 3명의 수비선수의 규제 밑에서 공을 뽑아내도록 해야 한다. 골키퍼가 공을 일단 잡으면 포워드진 중의 한 선수는 던지거나 킥하는 것을 방해하게 된다. 이러는 동안 수비선수는 위치를 바꾸어 빨리 공격으로 전환하게 된다. 골키퍼가 공을 갖고 있는 동안 공격과 수비의 전환이 끊임없이 바뀌야 한다. 공은 윙에게 던지도록 하거나 달려 들어가는 공격수 선수에게 킥해 주도록 해야 한다.

⑧ 4명의 공격진과 3명의 수비선수 및 한 명의 골키퍼가 대항해 있다. 이런 경우 코치는 행동을 수정해 주거나 지시해 준다. 골키퍼의 모든 기술 및 전략상 행동은 훈련의 주된 목적이다. 즉, 위치 선정을 알아야 하고 수비 진영을 가다듬게 해야 하고 예기치 않은 슛이 날아오는 데 빈틈이 없어야 된다. 그래야만 크로스 되는 공도 잡을 수 있을 뿐 아니라 공을 잡을 수 없다고 판단한 혼란의 와중에서는 펀칭할 수도 있다. 공격 전환은 신속해야 한다. 다른 어떤 팀 포지션보다도 골문에서의 경기태도는 가장 뛰어난 재능을 필요로 한다. 감지력으로 예기치 않고 종잡을 수 없는 공에 대처할 것들을 미리 예견해서 위험을 제거하는 것이 골키퍼의 중요한 조건인 것이다. 이러한 재능을 실전과 유사한 상황에서 연습을 해야만 가능하게 된다.

집중적이고 사려 깊게 어떤 상황의 근거를 알려면, 기술 전략적 훈련과 연관시켜 서로 경쟁심을 고취시킨 다음 자신의 능력 범위 내에서 파악해 나갈때 선수들에게 신뢰감을 갖게 할 수 있다. 골키퍼의 마음의 자세는 실력 있는 팀이 되기 위한 가장 중요한 기본요소이다. 코치가 다른 팀들과 연습할 때 골키퍼는 골 문 밖에서 혼자 연습해야 한다.

각 연습 종목의 시간 분배 : 기분전환을 하고 활기찬 마음으로 공을 쥐고 1분간 있는다.

① 공을 공중으로 던지고 가볍게 뛰면서 점프해서 되도록 높은 위치에서 공을 잡아 몸 쪽으로 안전하게 껴안는다.

그림 5-15

② 두 개의 공을 1개는 왼편, 1개는 오른편으로 점프해서 잡을 만한 범위로 코치를 중심으로 해서 차 준다. 골키퍼는 좌우로 하나씩 골라서 다이빙한다. 잡을 때에는 양손으로 잡는다. 주의점 : 다이빙할 때마다 팔꿈치로 하지 말고 몸이 닿도

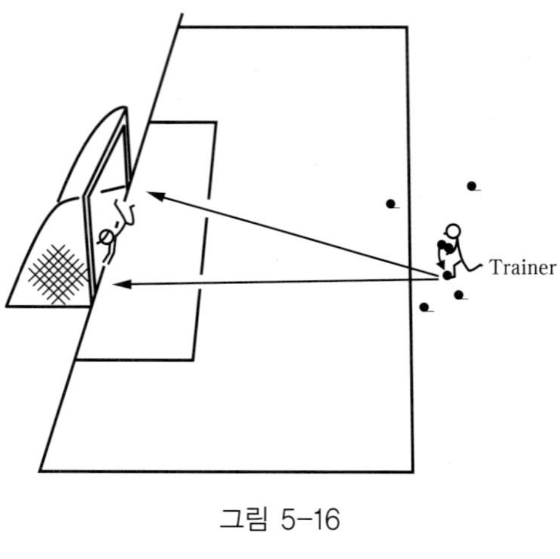

그림 5-16

록 해야 한다.

③ 골키퍼는 수직으로 공을 띄우고 코치가 찔러준 두 번째 공을 잡기 위해 다이빙한다. 물론 점핑 가능한 범위 내에서 하도록 한다. 이때 재빨리 일어나서 떨어지는 첫 번째의 공을 잡도록 한다. 처음 연습의 경우 공이 한 번 땅에 바운드되어도 괜찮다.

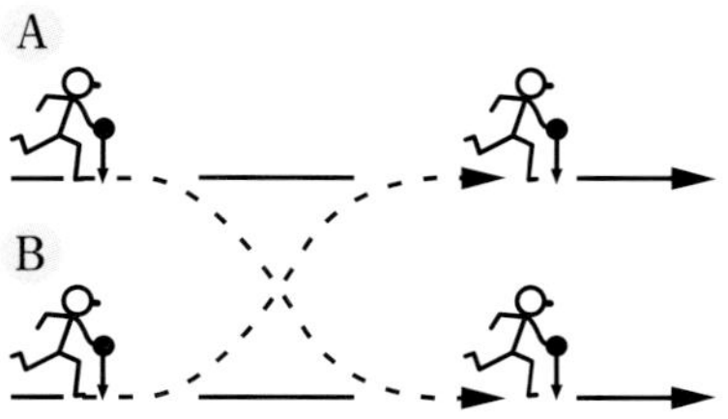

그림 5-17

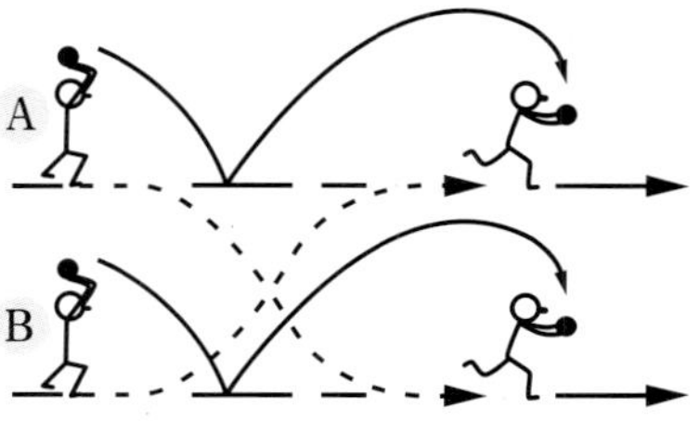

그림 5-18

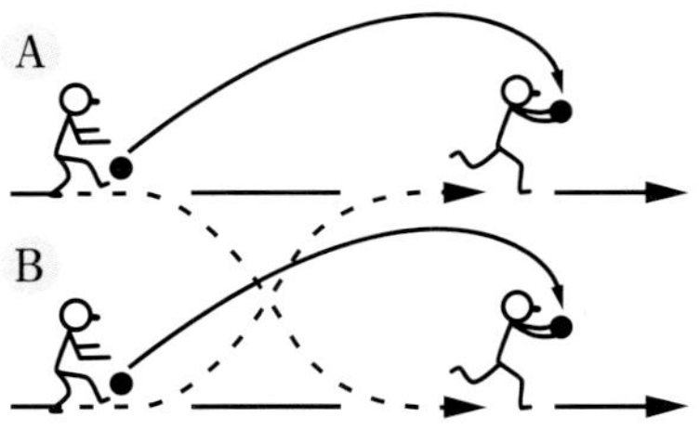

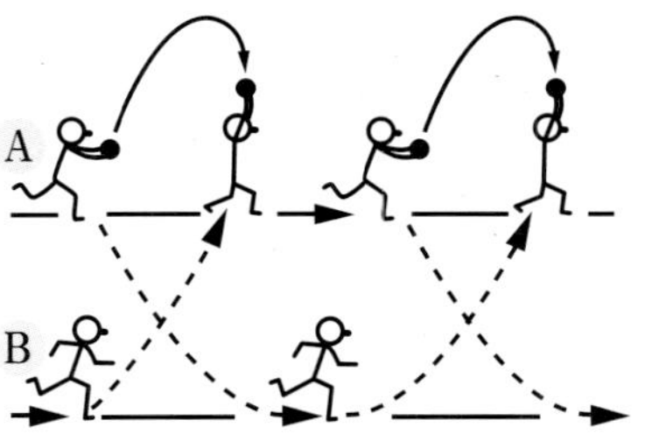

④ 두 명의 골키퍼가 10~15m 간격으로 떨어져서 서 있다가 공을 낮거나 높게, 사이드로, 혹은 반쯤 땅에 닿듯이 교대로 던져 준다. 이렇게 함으로써 골키퍼는 서로서로 위치를 빨리 변경시키는 능력이 자라게 된다.

⑤ 두 명의 골키퍼는 한 명이 공을 던지거나 공중으로 크로스 패스하면 사이드 방향의 위치로 재빨리 달려간다. 골키퍼는 뛰어 나와서 주먹으로 공을 펀칭시켜 상대 선수가 위치를 새롭게 하도록 해준다.

⑥ "수세에 몰린 경우의 연습", 한 명의 골키퍼가 골문에 있다. 페널티 지역으로부터 계속해서 공이 왼쪽, 오른쪽으로 또는 골문 슛이 쇄도한다. 4~5명의

포워드진이 골문 앞에 흩어져서 공을 크로스 시키거나 위치를 변화시키려고 한다. 포워드진이 재빨리 위치를 바꿈으로써 외곽지대에서 슈팅할 수 있다.

2. 백 수비선수

두 명의 수비선수는 상대팀의 공격을 윙 쪽에서 막아내야 한다. 상대편 선수는 재치 있고 민첩해서 위치 선정과 전환이 빠르고 트릭도 쓸 줄 안다. 백 수비선수의 주 임무는 윙 윗 쪽에서 수비를 떠맡도록 해야 하며, 성급한 1대 1방어는 지역 방어에 좋지 않다. 수비선수의 경기운영시 행동은 이러한 기본적인 포지션으로부터 파악할 수 있다. 임무가 정확해야 안정감을 갖고 적절히 경기를 운영할 수 있기 때문이다. 그러므로 모든 수비선수는 기본기를 가지고 있어야 한다. 수비선수는 두 가지 기본이 되는 측면에서 나눠 볼 수 있다. 기능의 범위는 서로 다르기 때문에 무엇보다도 먼저 수비선수는 상대편 선수가 전심전력과 집중력을 지니고 달려올 때 이에 맞서서 직접 응해야 되며, 가장 효과적으로 상대선수를 물리치고 최적의 경기를 할 수 있어야 한다.

수비선수의 모습은 안정감과 확신감을 가지고 수비하려는 의욕으로 이어질 때 나타나며, 따라서 제한된 범위 내에서 경기하게 된다. 공격에 있어서 제한성을 안고 있을 뿐만 아니라 모든 수비선수는 상대선수를 신속하게 마크하고 유연하게 다른 수비 선수와 접해야 되며 공격을 위해서라도 주도적인 역할을 하게 된다. 이렇게 경기를 효율적으로 이끌기 위해서는 수비선수의 위치 선정이 무엇보다 필요하다. 그러나 개개 선수의 재능과 기술에 따라 이러한 역할에 일일이 구애 받을 필요는 없다. 게임의 진행은 수비 선수가 기교 있게 공격에 수비한계를 넘어서서 가담할 수 있고, 선수 자신의 능력과 기술에 의해 상대편 문전 앞을 교란시킬 수도 있다. 수비선수의 전략적인 기본 임무는 아래와 같다.

1) 위치 선정

2) 수비

3) 공격 플레이

1) 위치 선정

윙 선수가 상대 선수와 직접 임했을 때, 다음과 같이 포지션을 취한다.

① 자기편 골문과 가까운 곳에 위치한다.

② 사이드라인선 상에서 공과 가까운 쪽을 커버한다. 즉 공이 패스될 것이라고 예상되는 사이드를 커버한다.

③ 공격 선수와 충분한 거리를 유지함으로써 공격진의 패스를 인터셉트할 충분한 속력을 낼 수 있고, 패스가 짧을 경우 상대 선수보다 먼저 공을 커버하고 공을 따 낼 수 있다.

④ 공을 몰고 오는 상대 선수를 터치라인 근처까지 유도함으로써 상대편 선수의 활동 범위를 좁히도록 한다.

⑤ 인터라인을 따라서 서로 위치를 변화시키고 있는 윙들을 따른다.

⑥ 자신과 상대 공격 선수와의 거리를 골포스트 쪽으로 위치함으로써, 볼 작동을 상대 선수가 못하게 하고 공을 잡을 수 없도록 한다.

리베로에서와 같이 공에 적응하고 지역 내의 커버를 하기 위해 수비선수는 공격수 앞에 위치한다. 수비 선수가 공격해 오는 상대 선수 사이를 선정할 때 윙들이 서로 위치를 바꿈으로써 신속을 기할 수 있다면, 수비 선수는 상대 선수 커버를 위해 다시 제 자리로 돌아가도 된다.

2) 수비

적절한 위치를 선별하고 상대 선수의 공격 의향을 재빨리 판단하는 능력과 상대 선수를 물리칠 수 있는 침착한 행동은 수비의 난점을 극복시켜 준다. 계속적인 관찰과 감시로 공격팀을 보는 것은 직접 공격해 오는 상대 선수의 특성을 알아차리는 능력과 함께 빠르고 잘 컨트롤된 수비력을 위해 필수불가결한 조건이다.

우수한 수비 선수는 상대팀 선수에 대해 어떻게 대처해야 하는지를 알고 있다. 대체로 게임을 통해 상대를 파악한 후에, 그에 맞는 계획을 세우고 상대편의 장점에 맞는 특수 훈련을 쌓게 된다. 천부적인 기술을 가진 선수는 강력한 드리블이 강하고 트릭도 잘 쓰지만 결코 비상한 재능을 노출시키지는 않는다. 결과적으로 수비 선수는 상대편이 공을 잡을 수 없도록 해야만 한다. 늦게 공을 잡을 때는 강하고 규칙에 어긋나지 않도록 인터셉트해야 된다. 태클을 시도할 때 수비 선수는 기술적으로 뛰어난 상대편이 대체로 감수성이 민감하므로 뒤편에서 하도록 해야 한다. 즉 흥분한 상태에서 공격해오는 상대 선수를 제지해야 하며, 강한 드리블이나 트릭을 쓰는 윙이 공을 터치아웃 시키도록 만들어야 한다. 이런 식으로 수비 선수는 윙들이 움직여야 할 공간을 좁혀가야만 효율적으로 격퇴시킬 것이다. 만약 윙이 드리블해서 들어올 때 부근에 상대팀의 선수가 있다면 1대 2의 움직임을 갖춰야 한다. 이 경우 스피드가 있는 공격 선수가 수비 선수에게 접근하는 것은 드리블 해 오는 것이 속임수를 위한 교묘한 술책이기 때문에 더 위험하다. 후자의 경우 윙 선수는 수비 선수에게 몰래 접근해서 갑자기 스피드나 움직임을 변경시키고 돌파를 시도하게 된다. 페인팅 동작은 수비 선수를 혼돈시키는 요인이 된다. 인사이드에서 수비 선수를 젖히기 위해 갑작스레 속도를 빠르게 하거나 머뭇거리는 식의 드리블은 이러한 이유에서이다. 페인팅 동작은 윙 선수가 위험지역을 지나 골문으로 가는 길목을 열기 위한 수단으로서, 수비 선수는 이 위험한 통로를 막아주어야 한다. 윙 선수는 아웃사이드에 있는 수비 선수를 젖히고 치고 들어가는 데 이 점을 이용하거나, 다리 동작이나 공을 빼내거나 다른 속임수를 써서 수비 선수를 동요시키려고 한다.

몇몇 윙들은 목표 지점까지 페인팅해서 들어갈 수 있고, 아웃사이드에서 다시 인사이드로 공을 옮길 수 있다. 수비 선수가 연습중에 강력한 드리블이 가능한 선수를 상대로 맞아 연습이 이루어질 경우 적절한 대응 속도를 알 수 있고 적당히 조절된 스타일을 알 수 있게 된다. 수비 선수가 빈번하게 모든 페인트 동작을 다 따라 붙는다면 그는 자제력 부족으로 수비를 제대로 못하게 된다. 그러한 수비 선수는 상대의 계략에 지나치게 대응하게 되므로 그러는 사이에 윙 선수는 수비 선수를 밖으로 이끌어 내기 위해 짧은 거리에서 드리블한다. 이때 공격의 방향을 재빨리 변화시키면 수비 선수는 오히려 뒷편에 처지게 되어 버린다. 따라서 수비 선수는 공격 선수의 기만섞인 움직임, 즉 인터라인 밖으로 자신을 끌어내려는 의도를 알고 함부로 따라 다녀서는 안 된다. 공격 선수가 결정적으로 목표를 향해 뛰어들 때 인터셉트하기 위해 윙 선수가 다가오도록 내버려두는 편이 낫다.

주력이 좋고 신체가 강한 윙 선수는 스피드로 수비 선수를 뛰어 넘으려고 저돌적인 행동으로 강력한 전진을 할 것이며 그럴 때 수비 선수는 그 태도를 제대로 파악해야 된다. 그런 경우 1대 2의 동작을 주시해야 하며 스루 패스의 형태로 잘 봐야 한다. 너무 자주 공격하는 선수는 최고의 속도로 수비 선수를 향해 드리블해 오며 약 5m거리에서 수비진에 대해 3각 패스를 해 온다. 동시에 그들은 수비 선수 앞쪽에서 스루 패스 하기 위해 앞으로 나가다 갑자기 멈춘다. 전술적인 방법으로 단거리로 맞서기 위해 거리를 두고 마크해야 한다는 점을 다시 강조한다. 윙 선수의 저돌적인 행동을 모두 알 수는 없다. 결과적으로, 선수들의 움직임은 예측이 불가능한 편이다. 이 점은 경기 상황을 관망하는 태도 및 선수들의 재능과 직감력에 달려있다. 따라서 수비 선수는 윙 선수들의 다양한 팀플레이에 적당한 훈련으로 맞서야 한다. 무엇보다도 언제 공격하고 인터셉트 할 것이며, 거리를 두고 맞서야 될지 따라 붙어야 될지를 잘 판단해야 한다.

3) 공격 플레이

일단 수비 선수가 공을 차지하게 되면, 즉시 공격으로 전환해야 된다. 수비는 공을 차서 안전하고 의미 있게 공격을 행해지기 전까지 계속되어야 한다. 공격의 시작은

① 공을 안전하게 패스하고, 미드필드에서 특이한 기술로 공격을 의도한 대로 선수에게 연결 시켜주는데, 이 선수는 상대 선수의 저지 없이 공을 전달하는 데 가장 적합한 위치에 있어야만 한다. 자기편 골문 앞쪽에서 사각형 꼴

로 패스하는 것은 위험하므로 가급적 삼가야 한다.

② 수비 선수는 공을 앞쪽으로 몰고 나감으로써 공 · 수를 겸하는 셈이다. 위험스러운 드리블을 삼가고 행동을 완벽하게 한 후 골문이나 크로스로 슛해야 한다. 일단 공격이 끝났을 때는 다시 수비위치로 빨리 돌아와야 된다. 아직까지 공격이 계속되고 있다면 리베로는 백 커버를 위해 위치 구성을 대신 떠맡게 된다. 수비 선수의 대응 공격은 적절한 순간 이루어지며 매우 효과적이다. 말하자면 상대편 선수가 전력을 다해 공격해 오다가, 공을 빼앗긴 경우 수비 선수는 인터셉트 결과 공격 선수를 뒷편에 남겨 놓도록 하게 된다. 즉 수비 선수가 패스를 가로 채려하거나 상대편 선수가 슬라이딩 태클로 인해 운동장에 넘어지거나 골키퍼가 공을 잡았을 때, 수비 선수는 자신의 수비 위치를 떠나 터치라인 쪽으로 뛰어가야 한다. 수비 선수가 공격에 적극 참여하는 것은 결과적으로 그 팀이 득점을 하는 데 수비 선수의 수비 능력이 천부적 재능과 특수한 대응력으로 맞서주는 셈이다. 수비 선수라면 자기가 맡은 공격 선수의 행동과 앞으로 행동하려는 의도를 잘 알고 대항해야 한다. 공격하는 선수일 때는 적극적이고 창의적으로 경기해야 주도권을 잡고 좋은 플레이를 할 수 있다. 그렇게 하기 위해 공에 과감히 맞서야 되고 행동을 적절하게 마무리짓기까지는 공을 놓치지 말아야 한다. 이 점이야말로 특수 훈련에서 적응시켜야 할 요점인 것이다. 이때 공격시의 제한 요소가 제거되고 개인의 발전 가능성도 커지게 된다. 또한 코치는 지속적인 수비력을 강화시키고 수비 선수의 공격력을 향상시킴으로써 공격과 수비의 균형을 갖출 수 있게 됨으로써 축구의 매력과 인기를 유지하고 증진시키는 데 기여할 수 있다.

수비 선수의 공격은 윙에서부터 시작되므로 윙 선수의 경기 운영과 비슷하게 된다. 수비 선수는 공을 갖고 필드 윗편으로 움직이면서 1:2 동작을 취하며 공을 크로스 패스할 수도 있고 슈팅할 수도 있다. 가능하다면 필드 윗편으로 갈 때 필요 없는 태클을 삼가해야 한다. 그러나 기교 있는 태클은 특수한 훈련과정에서 배워야 할 중요한 목표의 하나다. 수비 선수는 자신의 능력 범위 내에서 공격에 참가해야 하고 이 범위 내에서 감독의 지시에 따라 공격연습을 해야 한다. 따라서 무엇보다도 수비 선수는 수비 위주여야 하고 기술적으로 필요시에는 개개인의 능력에 따라 공격으로 변할 수 있다.

4) 특수성

수비 선수는 대체로 몸이 좋고, 신체적으로 중간치 이상이어야 한다. 파워가 있어야 마크 당할 때 재빨리 벗어날 수 있고 점핑도 잘 해낸다. 이러한 저돌적인 스피드는 달리는 스피드나, 곡예사 같은 교묘한 책략이나 빈틈없는 솜씨와 밀접하게 연결되어 있다. 수비 선수는 스태미너가 있어야 기술 · 전략적인 업무를 이행할 수 있다. 이 같은 능력은 수비할 때 빠르게 적응하는 움직임을 다하거나, 가볍게 뛰어 역 공격을 하는 경우, 공격에 참가했다가 공격이 끝날 때는 즉시 수비 위치로 되돌아오는 경우에 용이하게 작용한다. 날카로운 집중력, 지속적이고 잘 조련된 주의력과 최적의 활력은 상당히 빠르게 변화하는 상대편의 움직임에 대처하기 위해서는 필수적인 조건이다.

5) 특수 훈련

① 미드필드 내의 선수는 그 지역에서 숏패스나 스루 패스를 하게 된다. 수비 선수는 공을 잡기 위해 전 속력으로 달려서 윙 선수가 잡기 전에 공을 잡아야 되며 미드필드 선수에게 다시 전해준다. 윙 선수는 수비 선수를 혼란시키기는 하나 처음에는 기술적인 수단을 교란시키려고 머뭇거린다.

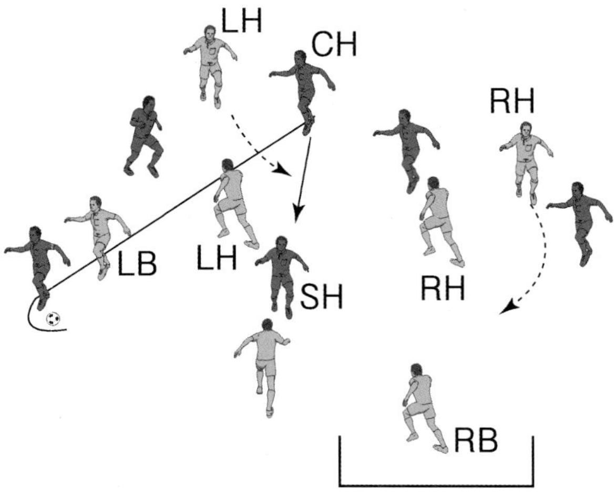

그림 5-19

② 미드필드 CH 선수는 공을 왼쪽으로 찌르면 수비 선수 측에서는 오른쪽에서 플레이하는 셈이다.

ㄱ. 수비 선수가 정확히 드리블해서 미드필드 CH 선수에게 공을 길게 연결시킨다.

수비선수의 패스를 받은 CH 선수는 다시 LB 선수에게 패스한다.

(이때 공을 오래 갖고 있지 말 것)

③ B선수가 A선수에게 크로스 패스하면 보조하려고 달려오는 B선수에게 다시 연결한다.

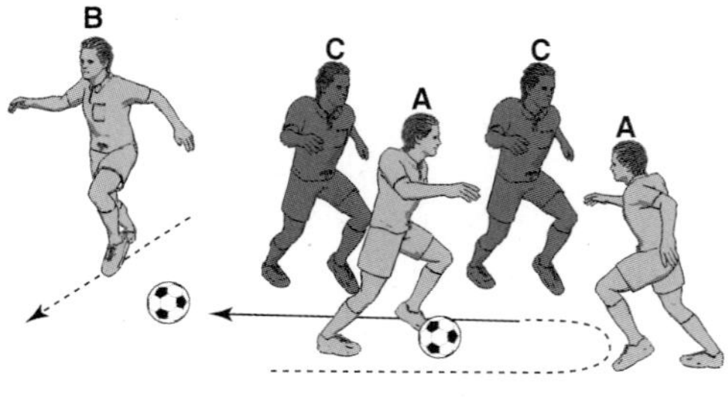

그림 5-20. 마커의 수비방법

④ 수비 선수는 윙 선수가 공을 못 잡도록 할 수는 없다는 것을 알게 된다. 이 경우 공격해 들어오도록 내버려 둔다. 윙 선수는 수비 선수를 젖히고 페인팅하면서 달려들도록 유도하게 된다. 수비 선수는 인사이드 내로 커트해 오는 것을 막아야 한다. 아웃사이드에 간격을 남겨 놓는다. 이런 식으로 수비 선수는 윙 선수가 지나치지 못하게 대항해야 한다. (가능하면 슬라이딩 태클로)

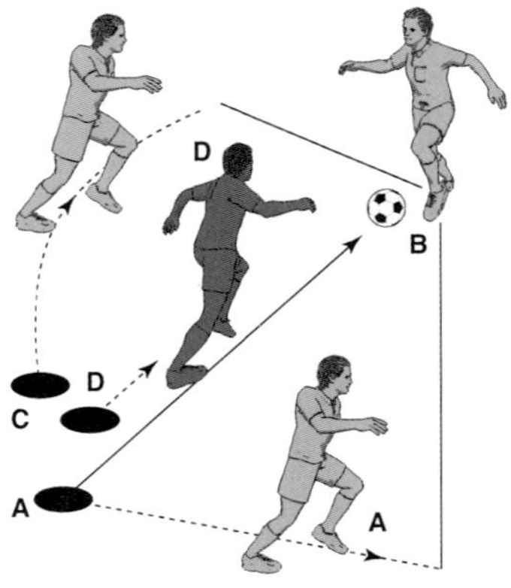

그림 5-21
자유로운 위치를 잡는 방법

⑤ 윙 선수가 수비 선수를 젖히고 나갈 때 계속 따라 가는 것은 무의미하다. 이때는 리베로가 윙 선수를 막고 수비 선수는 리베로의 위치로 와야 된다. 일단 리베로가 공을 뺏으면 미드필드 선수나 수비 선수, 골키퍼 중에서 센터 포워드 앞에 공을 갖다 줄만한 선수에게 패스한다.

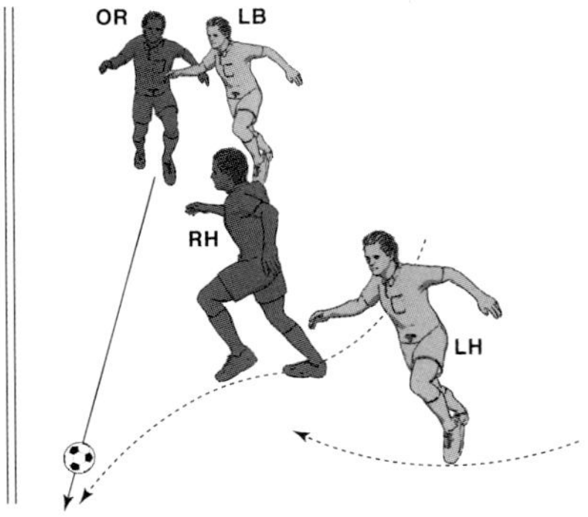

그림 5-22

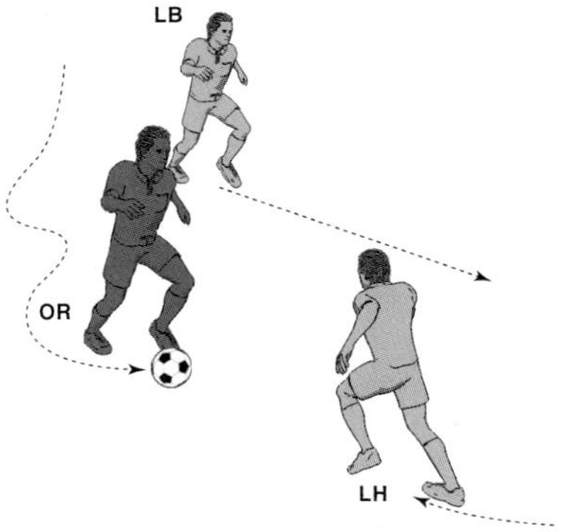

그림 5-23. 일단 놓치면, 곧 커버링한다.

⑥ 미드필드 선수는 윙 선수에게 패스하면 윙은 수비 선수를 향해 드리블해 나간다. 수비선에 저지를 받아 공을 뺏긴다. 수비 선수는 맞 공격에 나서서 윙

을 젖히고 미드필드 선수와 1대 2로 움직이면서 깊이 들어가 기다리고 있는 센터 포워드에게 크로스 패스해 준다. 이때 골문에서 반대편으로 같은 조직을 구성시켜야 한다.

주의 : 이때 강력한 움직임이 필요하며 연습시에는 풀백이 둘 다 교대로 한다. 수비 선수와 맞서는 선수는 처음에는 앞을 가로 막기는 하되 움직이는 기교를 방해하지는 말아야 한다. 그래야 실전에서 행동력을 보일 수 있다.

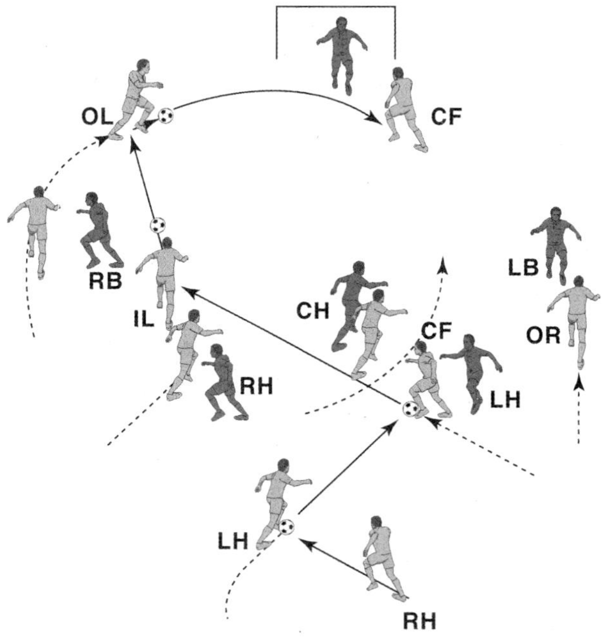

그림 5-24. 라이트하아프로부터의 공격

3. 센터 백(중앙수비수)

센터 백은 '저지 선수'라 하며 상대편 공격 선수나 공격 선봉과 맞서 수비의 중심부에서 플레이한다. 이러한 스트라이커를 물리치기 위해서는 신체적으로 강해야 한다. 왜냐하면 그들은 슈팅력이 좋고 공중 제어권을 장악하기 때문이다. 점프력이나 마크 속도 및 빠르고 침착한 대응책과 힘은 인스텝을 이용한 신중한 경기와 마찬가지로 센터 백의 주 임무이다. 빠르게 공간을 연결하는 드리블과 골문 슛을 위해 방향을 바꾸는 기술로 신속히 공격에 참가하게 된다. 기술적인 임무는 풀백과 유사하다.(참조 : 수비 선수를 위한 특수 훈련)포지션은 인라인이며 공에 가장 가까운 사이드에서 상대편을 커버한다. 패스를 커트한 후 센터 포드에게 상대 선수가 다가오기 전에 패스해주고 드루 패스를 할 경우 빨리 해야 한다.

공격 선수가 윙쪽에서 바깥쪽으로 움직일 경우, 풀백과의 연결시와 같이 따라가거나 대항한다. 수비에 참여할 때는 힘 있게, 그러나 신중하고 정확히 해야 한다. 상대 선수의 기본적인 장점과 힘을 잘 알아 차려야 되며 이러한 것들을 파악해서 대처해야만 최대한으로 공격을 저지하고 상대팀을 이길 수 있다. 상대편끼리의 패스가 이뤄지기 전에 인터셉트해야 한다. 이때 빼앗을 자신감이 있을 경우에만 가능함은 물론이다. 제때에 공까지 미치지 못한다면 수비 선수는 공격 선수의 1대 2나 기교 있는 터닝, 또다른 기교에 속아 넘어갈 수도 있다. 센터 백이 센터 포드에게 공을 주기 위해 볼을 커트하려 할 때, 상대 선수가 센트 백 쪽으로 교묘하게 위치해 있게 되면 수비 선수는 공격 선봉 선수가 공격으로 전환했을 때 아웃라인쪽으로 볼을 차내야 될 것임을 알게 된다. 따라서 센터 백은 공을 잡으러 갈 때 공격 선수에게 너무 바싹 붙는 것은 피해야 한다. 인라인선의 위치를 고수하고 상대 공격 선수와의 거리를 잘 생각한 후 센터 포드 선수가 공격으로 바꾸는 것을 분리시키도록 한다. 센터 백이 아웃 라인에 위치해 있다면 리베로가 공을 따라 붙어야 되며 센터 포드를 마크하도록 한다. 센터 백은 이 경우 이중 커버를 위해 리베로의 위치로 돌아와 줘야 한다. 공격 출발은 윙 선수에게 패스함으로써 시작된다. 이때 가장 적합한 스트라이커에게 롱패스를 해줘도 된다. 능력상 가능하다면 공격과 수비를 기회에 따라서 참가할 수도 있고 공을 라운드 볼로 줘서 슛을 하게 해줄 수도 있다. 만약 공격할 경우라면 같이 참가해 줘서 보조가 될때 공격이 이루게 되는 것이다. 단지 그 경우는 수비에 약점을 노출시키지 않도록 해야 된다. 공격 진출은 수비 위치로 되돌아 올 수 있는 범위에 한정되어야 한다.

1) 센터백의 신체적 조건

센터 백은 크고 강하며 신체 좋고 힘이 센 선수라야 마음대로 득점하려고 달려드는 상대방 선수를 막을 수 있다. 강인성 외에 조직력이 있어야 한다. 센터 백은 의지가 굳고 과감하며 목표가 분명하게 행동해야 한다. 몹시 과열된 순간에도 심리적 안정을 찾아 냉정하고 동요되지 않을 수 있어야 한다. 센터 백은 침착성을 지녀야 하며, 그래야 수비의 중심으로서 기둥 역할을 하게 된다.

2) 특별 트레이닝

① 센터 백은 센터포드 쪽으로 가는 공을 가로채야 한다. 센터포드는 열심히 뛰어서 미드필드 선수가 패스나 사이드로 혹은 스루 패스나 쇼트패스로 이어줄 것을 예상하면서 움직여야 한다. 일단 센터 백이 공을 잡게 되면 백 선수중

ㄱ. 공과 거리상 가까운 윙이나

ㄴ. 다른 편 윙에게 전해준다. (주의점 : 처음부터 달려들지 말고 성실하게 어울려서 행동한다.)

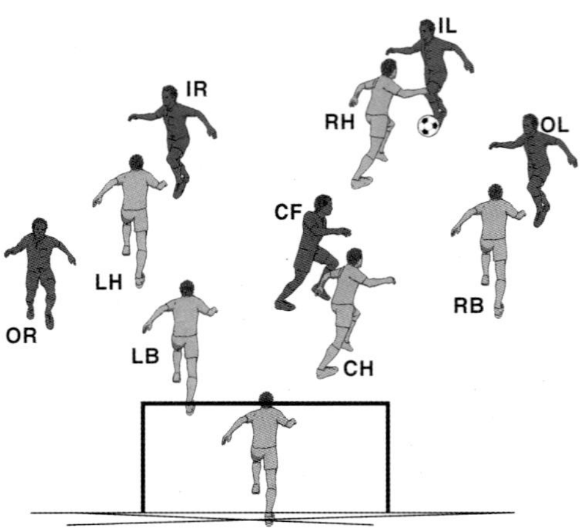

그림 5-25. 포지션을 잡는 방법

② 위치를 잘 보도록 하라. 패스하리라 예상되는 위치에 있는 상대 선수 쪽으로 자리를 잡아라. 두 명의 미드필드 선수가 각자 공을 갖도록 하라. 센터백이 먼저 쇼트패스를 막게 하고 그 다음 롱 패스에 임하도록 한다.(패스는 낮고 땅에 반쯤 닿을 정도로 한다)조직적인 패스로 미드필드 선수에게 다시 행한다.

③ 센터 백은 윙 쪽의 센터 포드와 맞선다. 미드필드 선수는 처음에는 윙 선수에게 공을 이어준다. 그런 후 센터 포드는 윙 선수 쪽으로 가서 드루 패스를 받아온다. 이때 센터 백은 인터셉트에서 빼앗으려 한다. 조직적인 패스로 미드필드 선수에게 이어준다. 주의 : 미드필드 선수는 센터 포드와 센터 백이 센터 지역으로 다시 옮긴 후에만 움직인다.

그림 5-26. 상대방 백을 현혹시키는 동작을 한다.

④ 센터 백은 드리블해 오는 센터 포드 선수에 맞선다. 센터 백은 센터 포드가 공을 잡는 것을 막을 수 없다. 센터 포드는 천천히 드리블하며 센터 백을 유인한다. (주의점 : 속임수에 넘어가지 말아야만 보다 먼저 공을 빼낼 수 있다.) 센터 포드가 전력 질주로 센터 백을 젖히려 할 때 대들어라(슬라이딩 태클로)

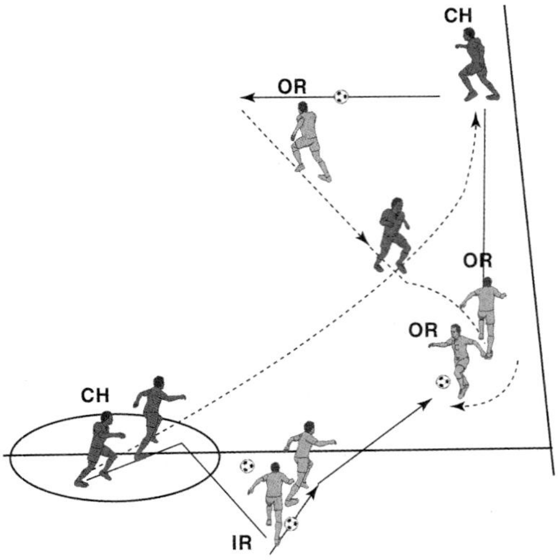

그림 5-27. 상대방 백을 현혹시키는 동작을 한다.

⑤ 헤딩을 이용한 훈련 : 미드필드 내의 선수가 하이볼로 공을 차주면 센터 백은 a)MFP 2번 선수가 달려오는 길목에 헤딩으로 연결해 주거나 b)두 명의 윙 선수에게 길게 헤딩 연결한다. MFP 2번 선수와 윙 선수는 MFP 1번 선수에게 다시 패스해 준다. (연습 도구 : 공을 여러개 갖고 빠르게 연속적으로 패스할 만한 위치에 센터 백을 놓아둔다. 센터 포드는 활동을 증가시킨다.)

⑥ 센터 백은 크로스 패스해 준다. 미드필드 선수는 번갈아 가면서 윙 선수에게 패스한다. 윙 선수 둘은 이 때마다 공을 드리블해 가서 크로스 패스한다. 센터 백은 MFP 2번 선수에게 헤딩으로 연결하거나 MFP 1번에게 롱패스해 준다. (연장 연습 : 2명 이상의 상대 선수를 짝 지워 주어서 달려들게 한다. 공을 여러개 사용하도록 하고 더 빨리 연속적으로 크로스시킨다.)

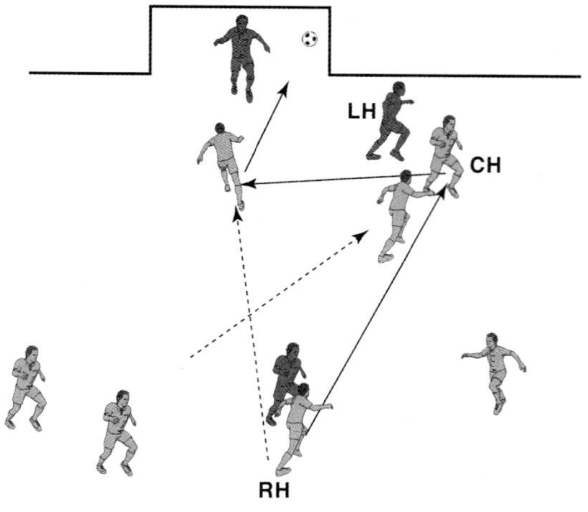

그림 5-28

⑦ 센터 백은 발리킥을 연습한다. 미드필드 선수와 두 명의 윙이 발리킥을 주거나 센터 백 수비 지역 내로 크로스해 준다. 센터 백은 발리킥을 처리해서 미드필드 선수에게 이어주고 미드필드 선수는 다시 윙에게 이어준다. (주의점 : 발리킥이 여의치 않을 경우에는 다른 방법도 괜찮다. 연장 연습 : 공을 더 빨리 연속적으로 주도록 한다.)

⑧ 센터 백은 공을 일단 잡으면 공격해야 한다. a)센터 백은 필드 윗 쪽으로 드리블 해 나간다. 윙 선수나 미드필드 선수와 1대 2로 해 나간다. b)윙 선수와 패스하면서 나간다. 이때 볼을 백 패스하거나 드리블할 수도 있으며 1대 2로 나아가다가 골문으로 슛하는 움직임을 취하게 된다. (주의점 : 모든 기술적 기교를 다 발휘하라. 같은 상황을 반복하되 위치를 정반대로 바꾸도록 한다.)

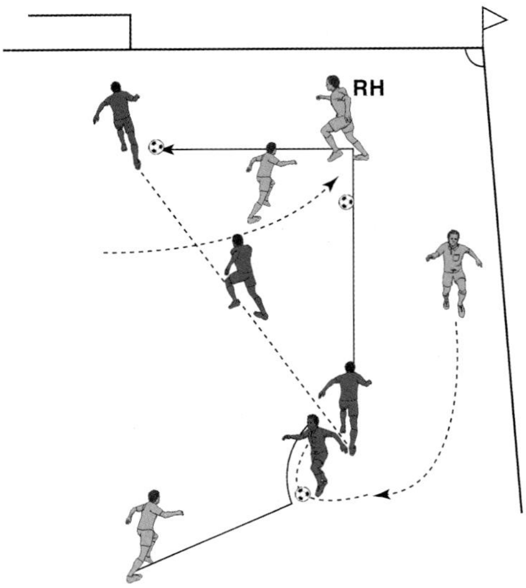

그림 5-29

4. 미드필드 선수

미드필드 선수는 공격에서 가장 중요한 역할을 한다. 그는 공격이 좀 더 안전하고 빠른 속도로 이루어지도록 결정해 준다. 예를 들면 가능한 단 한 번으로 미드필드를 수비할 수 있다. 그렇기 때문에 많은 연습을 통해서 수비를 맡은 팀 동료와 상대의 움직임에 대해 어떠한 상황에도 대처할 수 있도록 의견을 조정하는 것은 미드필드 선수에게 요구되는 중요한 조건이다. 미드필드에서는 세 가지 유형의 선수가 통합되는데 그들의 특별한 특성에 따라 채워져야 할 기본적 임무가 있다.

① 창조적 계획자

② 미드필드의 첫번째 수비자

③ 두번째 공격선봉으로서 미드필드의 역할

미드필드의 독창적인 계획자로서 공격을 지휘하고 이끈다. 미드필드 계획자는 지적이고 전술적으로 명석한 경기이해, 빈틈없는 정신집중, 넓은 시야와 명령으로 임무를 수행한다. 그는 강인한 기질과 정력이 있으며 안으로 파고드는 힘이 있는 동시에 경기를 컨트롤할 수 있는 진지한 책임의식과 목적의식이 있다. 따라서 미드필더는 우수한 신체적인 조건을 가지고 있으며, 전술을 이해하고 특별한 기술을 익혀야 한다. 만일 다른 선수가 공을 가졌으면 그는 지역을 방어하고 사람을 마크하는 방법을 알고 있어야 한다.

전술적 기본 의무는

① 독창적으로 사려 깊은 공격을 시작한다. 그는 경기속도와 리듬을 결정하고 공을 패스할 적절한 시기를 선택할 줄 안다. 적당히 경기 형태의 진행에 맞게 언제나 공을 패스한다.
② 지역을 연결하는 패스로 두 번째 공격 선봉으로 나섬으로써 공격에서 동력 구실을 한다. 그는 삼각패스와 벽의 역할을 한다.
③ 벽 역할을 함으로써 삼각패스를 하고, 홀로 적을 뚫고 슛을 한다.
④ 빈 장소가 있으면 갑자기 속력을 내어 드리블하고 뛰는 스트라이커에게 공을 연결하여 패스한다. 또는 패스하는 대신 그 자신이 수비를 뚫고 골문에 직접 슛을 한다.
⑤ 태클로부터 자신을 지킬 수 있다.
⑥ 계획자이며, 또한 결정적인 역할도 한다.
⑦ 공을 놓치면 재빨리 수비로 바꾸며 미드필드에서 상대의 공격을 지연시킨다. 골문 앞에서 수비위치로 같이 들어가며 상대공격을 마크하고 싸운다. 수비를 하고 난 후 뛰어서 공을 다시 잡도록 한다.

1) 미드필드의 특별한 특성

미드필드 선수는 전형적인 운동선수이며, 스테미너와 특별한 창조적 능력을 지니고 있다. 안쪽으로 돌파하는 강한 힘을 지니고 있고 자유로운 결정에 따라 경기행동을 정하며, 순간적인 위험에 대처하는 의지를 지녔다. 그는 또한 긴장하면서도 확실한 집중과 넓은 시야를 지녔다. 그러한 특성 때문에 경기를 예측하고 이해하며 경기의 복잡한 상황속에서도 넓은 지역을 통솔한다. 그의 놀라운 우수성은 공격 때 빠른 변화에서 나타난다. 기질과 예리함, 그리고 넘치는 힘으로 경기를 컨트롤하며, 자기소유와 균형을 취한다. 경기에는 특별한 지침이 없으며 퇴진이란 없다. 특별히 그가 열심인 상대방에게 영향을 받거나 상대선수가 첫 승리를 하는 것은 제의한다. 동적인 재능과 적합한 성질로 그는 공을 가장 좋은 상태에서 컨트롤하며 가장 예리하도록 경기상황에 맞춘다. 미드필드 선수는 개성적이고 변화있게 경기를 한다.

2) 미드필드의 트레이닝

① 미드필드 선수는 '짧은 패스' 를 연습한다. 3명 내지 더 많은 선수가 정해진 지역에서 자유롭게 움직인다. 뛰는 선수에게 하는 각각 패스는 다시 돌려진다. 미드필드 선수는 ㄱ) 공에 두 번 터치하며 ㄴ) 직선으로 보낸다. 그는 낮고, 높은 공을 교대로 차며 공을 돌리는 것은 같은 순서로 한다. 패스하고 옆쪽으로 뛴다.

② 미드필드 경기자는 발목을 사용하여 30m 가량 떨어져 뛰고 있는 자기팀 동료에게 공을 패스한다. 리턴 패스는 반드시 몰고 와야 한다.

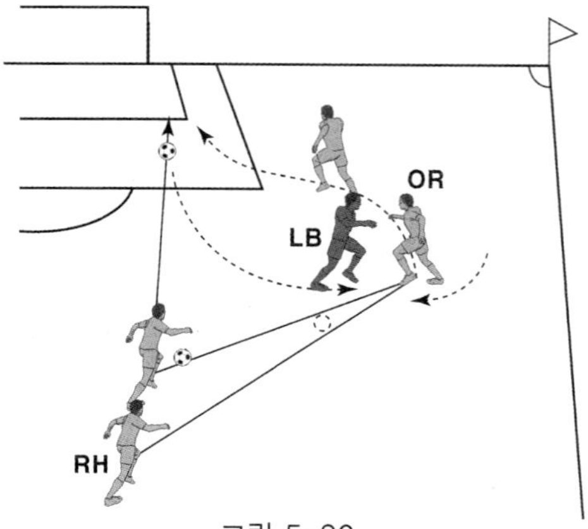

그림 5-30

③ 공격방향으로 약간 돌아서 공을 접하고 수비 사이에서 활동한다. 일단 미드필드 경기자가 안전하게 공을 처리하면 그의 패스는 신속함을 요한다. 패스되는 공을 향해 달리는 것을 주의해야 한다.

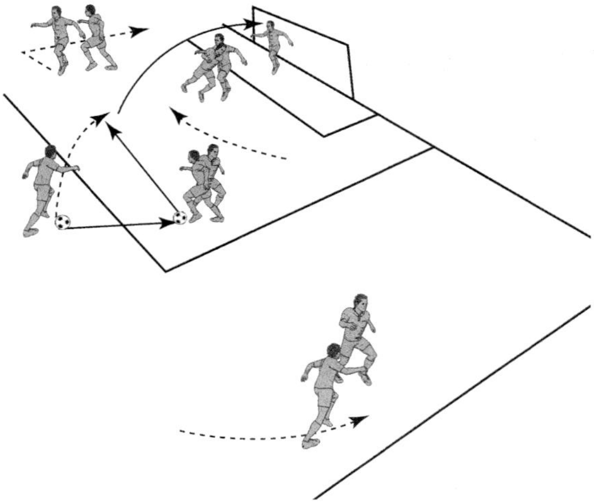

그림 5-31

④ 공을 잡고 드리블 하라. 공을 패스할 시기를 정하라. 양 진영에서 1대1로 붙어서 달린다. 중앙의 경기자는 그 그룹 사이에서 움직인다. 모든 패스는 미드필드 선수에게 돌아간다. 그는 번갈아가며 양 그룹을 이어주고 달리다가 기회가 오는 경우에 한해서 공을 패스한다. 경기하는 양 진영 사이에 간격을 띄우는 롱 패스를 하라.

⑤ 미드필드 선수는 1대2 움직임을 한다. 양편의 골대 사이에서 미드필드 선수는 3대3으로 패스를 따라 포지션으로 달려간다. 사각패스를 받은 선수는 앞으로 달려가서 골 방향으로 향하는 다른 그룹과 힘을 합한다. 이번에는 사각 패스로 움직이며 놀라운 포지션을 확보하고 골대에 차 넣는다.

그림 5-32

⑥ 미드필드 경기자는 태클을 한다. 순서로 두 명의 미드필드 선수는 서로 반대편으로 경기하는데, 공을 잡았을 때 번갈아가며 양 진영에 있는 자기 동료 선수에게 공을 패스한다. 그들은 이제 달리기를 시도해야 하며 힘을 주어 다른 편 진영에 공을 차 넣는다. 경기자 사이의 간격을 넓히는 롱 패스를 하라.

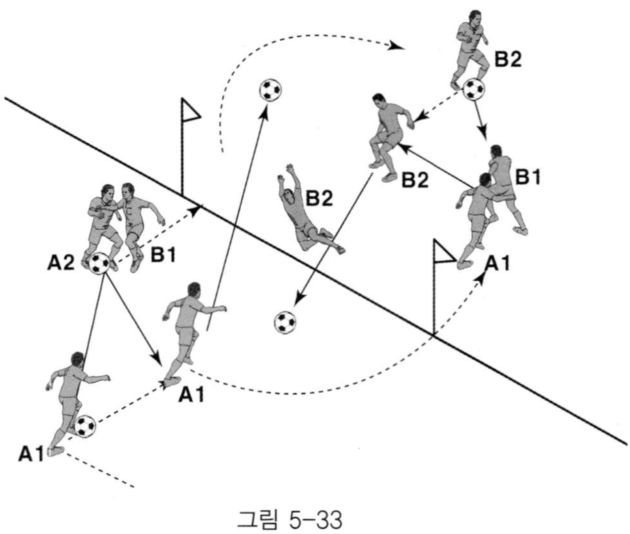

그림 5-33

⑦ 미드필드 선수는 먼 거리에서 골에 슈팅을 한다. 미드필드 선수는 양편 골대사이에서 3명의 스트라이커와 함께 경기한다. 한편에서는 B에 대한 A, 또 다른 한편에서는 A에 대한 B로 서로 패스를 할 때 각 패스를 골로 향하며, 쇼트 패스로 저지선을 뚫거나 깨끗하게 앞으로 달려 나가기 위해 드리블을 하고 있거나, 두 번째 선봉장과 함께 골대에 숏을 하고 있거나, 다시 패스를 리턴해 주는 미드필드 선수에게 다시 돌아와야 한다.

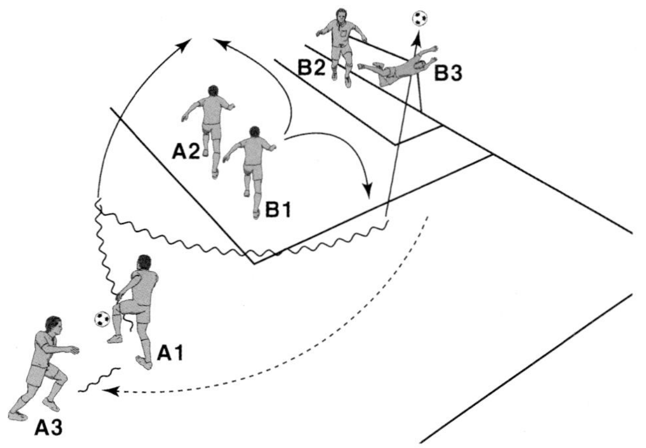

그림 5-34

⑧ 미드필드 선수는 스트라이커를 몰고 간다. 세 팀이 번갈아 가면서 두 골대를 방어한다. A와 함께 B를 공격하고, B와 함께 C를 공격하고, C와 함께 A를 공격한다. 공격하는 동안 슈팅이 가능할 때 비로소 모든 패스가 그에게 돌아가는 것이다. ㄱ) 중앙의 경기자는 그가 패스를 따라 벽으로서 역할을 하는 경우에 1대2 움직임을 하고 ㄴ) 놀라운 윙의 변화를 행한다.

3) 수비형 미드필더

수비형 미드필드 선수는 우선적으로 방어적인 자질이 갖추어져야 한다. 그는 사람과 경기장을 모두 포용하는 방법을 마스터한다. 그가 또 다른 적을 맞는 데 요구되는 특별한 전략적인 수단이 없다면 (영국과 멕시코에서 베켄바워가 영국의 노련한 보비 찰튼에게 대항해서 경기 할 때처럼) 항상 두 번째의 선두를 막아야 한다. 그의 방어와 활동에서의 움직임은 강인한 드라이빙과 결코 지칠 줄 모르는 체력으로 특징지울 수 있다. 그의 공격 활동은 비교적 좁은 영역으로 제한되지만 집중력과 주위력은 제한된 환경 이상으로 발휘해서, 경기장 환경에 즉각적으로 대처해 가는 것이다. 그는 자기 자리에서 앞쪽으로 공격을 하며 주로 링커와 연결되어 있다. 그러나 그는 드리블링과 태클에서 매우 강인하고 치명적이다. 곧 공격할 때는 극도로 강인함으로 프란츠 베켄바우어가 멕시코에서 영국에 대항할 때 보여 주었던 바와 같이 자기를 상대하는 적에게 방어임무를 위탁할 수 있다. 적합성 견지에서 보아 미드필드 선수는 많은 스테미너를 가져야 한다. 또한 다재다능한 능력을 가진 이 미드필더 선수는 우선 첫째 방어진에 필요한 요소이며 동적인 공격에 대해서도 매우 효과적이다. 그리고 주장으로서 강력한 능력자이다.

5. 공격형 미드필더

공격형 미드필더는 센터포워드 바로 뒤에서 뛰며 행동반경은 가장 넓다.

양쪽 윙의 최상의 공격지점 내에서 앞으로 나오고, 그리고 자기편 골문 앞에서 방어의 역할을 하려 들어올 수도 있다. 전술적인 기본의무는 결과적으로 매우 다양하다.

① 볼에 대한 영리한 운영은 공간을 활용해야 하고, 앞에 길을 트며, 동료들에게 뚫고 나갈 수 있는 기회를 만들어 준다.

② 두 미드필드 선수와 수비 선수로부터 공을 받아 공격할 수 있게 한다.

③ 득점하기 위해, 뚫고 들어가기를 시도한다. 말하자면 그는 센터포워드가 뛰어 들어가는 것을 이용하여 센터포워드를 벽으로 삼아 1대2의 움직임으로 공격 선봉의 위치에 선다.

④ 미드필드 방어 선수가 앞으로 나아 갈 때는 그가 미드필드를 방어한다.

⑤ 그의 방어 작용은 그의 주변에 있는 공을 가진 상대 선수를 방어하며, 미드필드에서 공을 지연시키고, 골문 앞에서 방어를 견고하게 한다.

1) 공격형 미드필더의 특성

공격형 미드필더가 되려면 좋은 신체적인 조건을 갖추어야 한다. 그는 스테미너의 표본이 되어야 하고, 항상 싸우기 위해 꾸준히 준비를 하고 있어야 한다. 방어에서 공격으로 들어가는 속력, 다재다능함, 그리고 창조성, 이것이 미드필더가 공격하는 데 있어서 갖춰야 할 요소이고, 공격할 때 반응할 능력을 보여준다. 그는 자신의 의무를 꾸준히 신중하게 이해해야 한다. 항상 멀리 뛰어야 하고, 항상 움직여야 한다. 결과적으로 그는 팀에서 다방면의 공격 수단이 된다. 무엇보다도 공격시 모두가 뛰어나갈 수 있게 하며 효과적이 되도록 한다. 공격 선두로서 공격하는 선수의 타입은 쉽게 상대선수와 접촉한다. 그리고 항상 준비가 완전해야 하고 경기를 이끌어 갈 수 있다. 이러한 특이한 장점 때문에 그의 기본적인 임무를 완수하기 위해서는 미드필드 선수의 잘 조화된 플레이(또한 그 팀의 잘 합동 되어서 하는)가 가장 중요하다.

6. 센터포워드(중앙공격수)

우리는 센터포워드로서 우베 젤러와 게르트 뮬러라는 유명한 두 선수를 알고 있다. 센터포워드는 최선의 공격지점에서 가장 중요한 역할을 한다. 전술상 임무는

① 골문에서 미드필드로부터 접근하든지 또는 윙까지 공격을 원만하게 하기 위해 크로스를 통한 전환이나 혼자 몰고가는 등을 통해 득점을 하는데 기여해야 한다.

② 선두의 공격 선수로서 패스를 하는 지역을 만난다. 일대이 이동일 때 그는 벽으로 뛴다.

③ 여러 가지 속도로 뛰면서, 공이 없이도 상대편 선수를 묶어두어야 하고, 스코어 포지션에 위치해야 한다. 다른 공격 선수를 위해 공간을 만들고 돌파해 들어가며 슛을 쏜다.

④ 센터포드는 그가 볼을 뺏겼을 때 볼을 다시 얻기 위해 상대방을 쫓아간다.

1) 센터포드의 특성

강인한 의지와 볼을 몰고 가는 힘. 자신을 보호할 수 있는 결정력, 꾸준함 등이 그를 긴박한 상황에서도 긴장하지 않고 행동하게 한다. 그는 주어진 상황에서 가장 빠른 해결책을 찾으며 쉬우면서도 안전하게 플레이를 한다. 순식간에 행동하고 반응할 수 있는 능력은 큰 압력하에 놓여있는 타이트한 페널티 지역에서 놀랍고 직관적인 행동을 용이하게 한다. 센터포드는 방심하지 않고 볼을 얻기 위해 기다리고 준비해야 한다. 그리고 적의 골문 앞에서 순간적인 득점 찬스의 이점을 얻기 위해서도 그러하다. 그는 강한 투쟁심을 가져야 하고 볼이 추적하지 않는 상태로 가는 것을 허락해서는 안 된다.

센터포드는 경기에 강하고 피로를 곧 회복하는 선수다. 마크를 뚫는 스피드, 점프능력처럼 박차를 가하는 스피드가 뛰어난 선수이다. 게다가 남보다 앞서는 경기운영 능력을 지니고 있다. 그는 적을 이기기 위해 고용된 선수라고 단순하게 말할 수도 있다. 따라서 강한 슛을 하고 모든 상황에 있어 정확하게 볼을 머리로 받을 수 있어야 한다. 실제로 그가 볼을 얻으려는 의지는 볼을 헤딩할 때 매우 공고할 만한 확신을 한다. 상대편의 네트 뒤에서 볼을 얻는 데 중요한 책임을 갖는 센터포드는 결론적으로 팀에서 중요하며 개성이 있는 선수다. 그러나 다른 선수들이 그를 돕는 것을 필요로 한다. 왜냐하면 그들의 도움을 통해서 그는 진실로 그 자신의 재능을 펼칠 수 있기 때문이다.

2) 센터포드의 트레이닝

① 센터 포드는 공을 몰고 골문을 향해 전진한다. 두 명의 수비자는 공을 가로채지 않고 센터포드의 진로를 방해한다. 만일 한 수비자가 그 보다 더 빠르면 센터포드는 즉시 다른 수비자의 뒤에 포진한다. 센터포드는 그림에 그어진 선에서 슛을 한다. 다른 선수가 반대 방향에서 그에게 공을 패스하면 센터 포드는 방어 자세를 취한다.

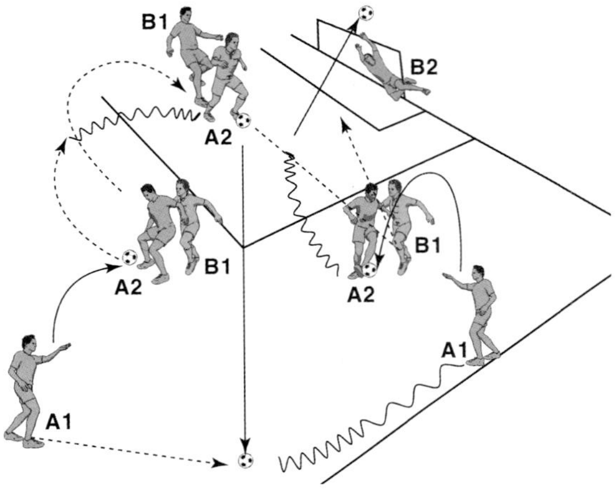

그림 5-35

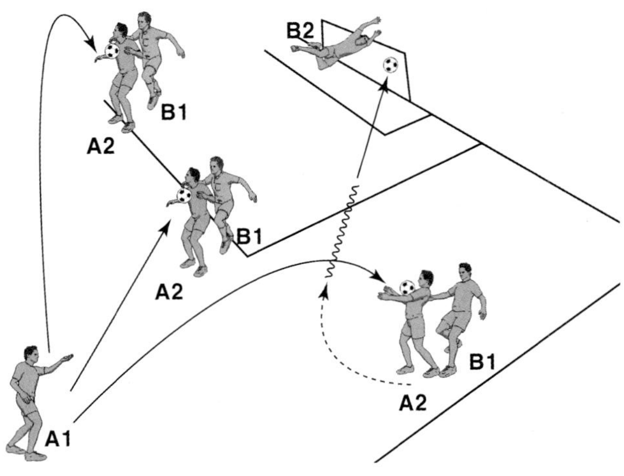

그림 5-36

② 센터포드는 상대방의 방해를 적당히 조절하며(낮거나 정지 시키지 않고, 높게) 골문을 향한다. 볼은 발의 안쪽, 바깥쪽, 가슴, 발등을 사용하여 공을 받거나 움직인다. (관찰하라 : 적절한 시기에 상대편으로부터 방해를 받지 않도록 공을 향해 달려라.)

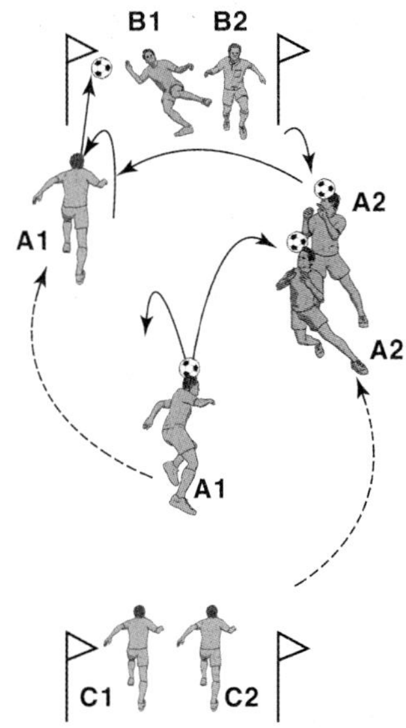

그림 5-37

③ 만일 가능하다면 센터포드는 재빠르게 달리고 공을 즉시 미드필드선수에게 되돌려 준다. 또한 센터포드는 중간으로 달려가서 그가 달리는 방향으로 공중으로 날아온 공을 받아서 슛을 한다. 또한 센터포드는 재빨리 움직여 미드필드선수에게 공을 다시 차주고 그리고 적진을 뚫고 들어가 그의 머리를 넘어 날아오는 볼을 잡아서 슛을 한다.

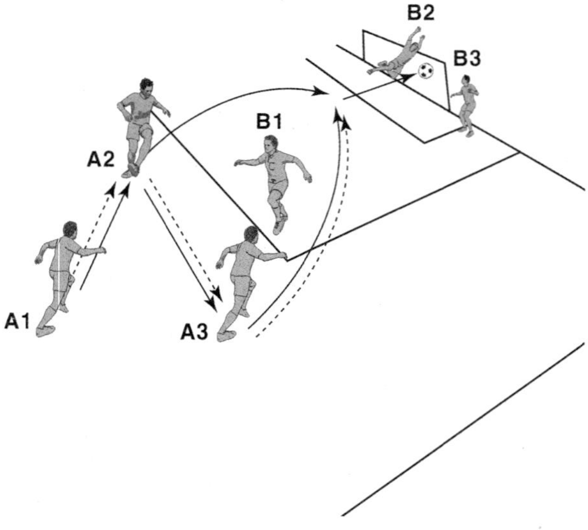

그림 5-38

④ 센터포드는 미드필드선수로부터 연결된 볼을 재빠르게 자유로운 지역에 있는 선수에게 직접 긴 패스를 해준다. 그리고 센터포드는 선수 그로부터 볼을 되받아 골문으로 향하면 곧이어 슛을 한다.

⑤ 미드필드 선수는 뛰는 선수에게 헤딩으로 패스하거나, 센터포드에게 길고 높은 패스를 한다. 선수는 다시 공을 미드필드선수에게 주거나, 윙에게 부드럽게, 또는 강하게 패스하기 위해 드리블링을 한다. 센터포드는 크로스 패스를 받아 헤딩슛을 한다.

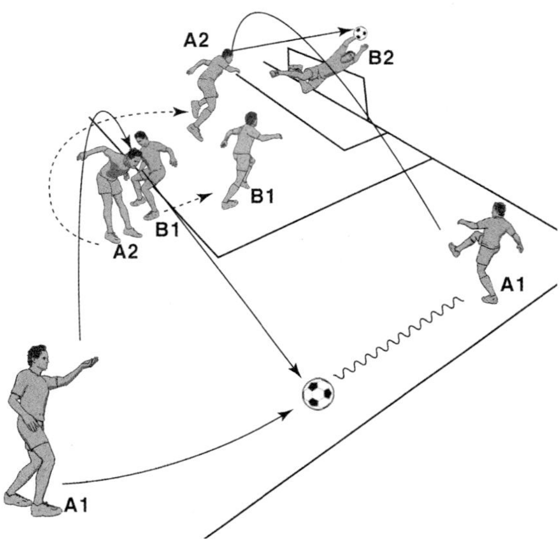

그림 5-39

⑥ 센터포드는 머리를 사용해서 골문을 가로지르게 헤딩슛을 한다. 크로스 슛은 부드럽거나 세게 슛한다. 라이트윙과 교대하고 1대2 운동을 하기 위해 교체한다. 공이 오기 전까지 그 수비자는 계속 수비하는 것을 멈추지 않는다.

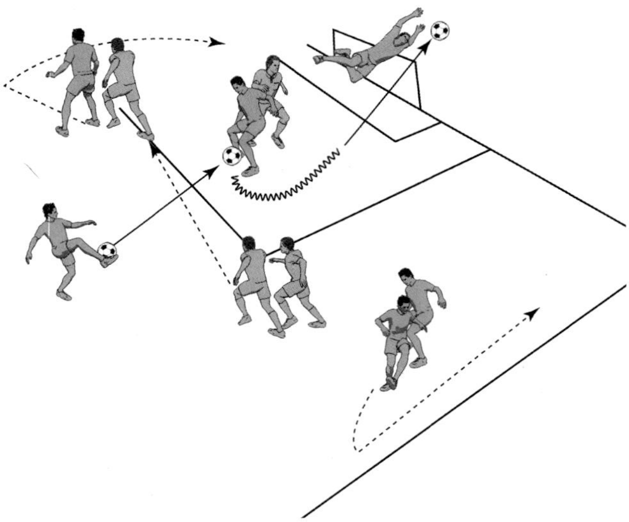

그림 5-40

⑦ 센터포드는 두 수비자로부터 공을 지켜야 한다. 끊임없이 자유롭게 뛰기 위해서 센터포드는 미드필드선수에게 도움을 주어야 하는데 미드필드 선수는 여러 가지 방법으로 패스하며 그에게 패스할 기회를 주어야 한다. 단지 센터포드만 슛한다. 센터포드는 찬스를 만들어 그것을 이용한다.
(변화)롱 슛을 하든지 머리만으로 득점한다.

⑧ 센터포드는 3명의 동료와 4명의 상대 선수와 경기하며 테크닉과 전술적인 면을 연습한다. ㄱ) 바로 뛰며, 경기에 뛰어들어 돌파구를 찾는다. ㄴ) 1대2 운동을 시작한다. 미드필드 선수를 위해 벽의 구실을 하든가 패스를 다시하고, 혼자 뛰며 1대2 운동을 유도한다. ㄷ) 수비는 코너 플랙 부근에 작은 골 두 개를 만들어 뒤받아 공격하며, 센터포드는 그 상대편을 좇아 미드필드에서 다시 공을 빼앗으려 한다.

7. 윙

윙은 항상 꼼꼼하고 쾌할한 선수다. 드리블하는 데 강하고, 태클을 영리하게 한다. 또한 빨리 움직이고, 마크를 빠르고 철저히 한다. 그는 경기에서 재치와 결단력, 죽지 않는 투지력이 각별하다. 이런 특징과 자질 외에도, 윙은 삼각패스하기 위해 높은 공과 낮은 공 모두를 다룰 수 있어야 한다. 또 빠른 속도의 공을 가로챌 수 있어야 하고 예리한 슛을 할 능력이 있어야 한다. 요즘 강화된 수비체제의 관점에서 보면 공격으로 전환할 때 그가 지닌 전술상의 중요성은 각별한 것이다.

터치라인에서 그가 플레이 한 결과로 공격의 돌파구가 만들어진다. 그리고 그의 동료를 위하여 경기의 공간을 만들고, 한 윙과 다른 윙과의 빠른 패스를 하기도 한다. 터치라인을 따라 대시의 결과로 상대편 수비를 뚫을 수 있다. 상대편을 차단하면, 그는 상대편의 골 획득 통로를 차단할 수 있다. 그는 슛을 하거나 가로질러 차는 등 공격하는 움직임은 광범위하다. 윙은 또한 그라운드의 안쪽을 향해서서 다른 자기편의 윙에게 빨리 공을 전환한다. 나아가 그는 최종 공격수와 함께 자리를 바꾸며 달려온 자기편 수비에게 자리를 비워 주기도 한다. 그의 직접적인 임무는 맞은편에서 공격을 연속하려 할 때 신속하게 수비수를 따돌림으로써 수비자의 의도를 봉쇄하는 것이다.

또 비슷한 경우로, 슛에 맞서는 수비의 체제와 미드필드에서의 수비체제에도 참여한다. 상대편이 자기편의 골을 향하여 프리킥을 할 때 그는 수비벽을 따라 윙을 막아야 하고 그리고 자기편의 동료가 공격할 수 있도록 수비자로서의 위치를 고수하여야 한다. 이와 같은 모든 활동의 가능성은 특별한 훈련에 의하여 강조되어져야 한다.

미드필드 경기자는 낮은 크로스 패스로서 윙이 받을 수 있고, 움직일 수 있도록 해야 한다. 윙은 공을 몰아서 가야하고 또한 상대편의 수비를 따돌려야 한다. 센터포드가 크로스 패스를 전환시킨다. 골키퍼는 미드필드선수에게 공을 주면 그는 바깥 왼쪽으로 갈 듯이 패스한다.

(주의 : 수비자는 계속 수동적인 자세로 움직인다. 그는 윙에게 압력을 가한다. 그러나 기술적인 움직임의 연습을 방해하지 않는다.)

미드필드 경기자의 패스는 윙에게 천천히 굴리거나 똑바르게 한다. 윙은 공을 받아 공격 방향으로 돌린다. 그는 그리하여 상대편 수비자를 빼돌리고, 미드필드 경기자와 삼각패스를 하며 나아간다. 그가 가로 질러가면, 전적으로 강하게 차거나 부드럽게 차거나, 센터포드에 의해 공은 전환된다.

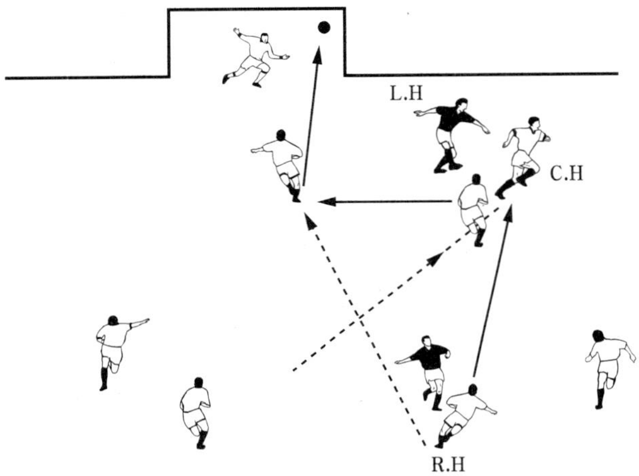

그림 5-41

미드필드 경기자는 하나의 벽으로써 윙이 공격에 가담했을 때 윙을 보조한다. 윙은 수비자를 빼돌리고, 미드필드선수는 윙이 페인트를 사용하여 수비를 빼돌릴 때 뒤에서 받쳐준다.

(다른 속임수)

옆의 그림과 같이 미드필드선수가 윙에게 주면 윙이 다시 백패스하고 미드필드 선수는 윙이 수비를 따돌려 앞질러 간 사이에 윙에게 다시 패스를 한다.

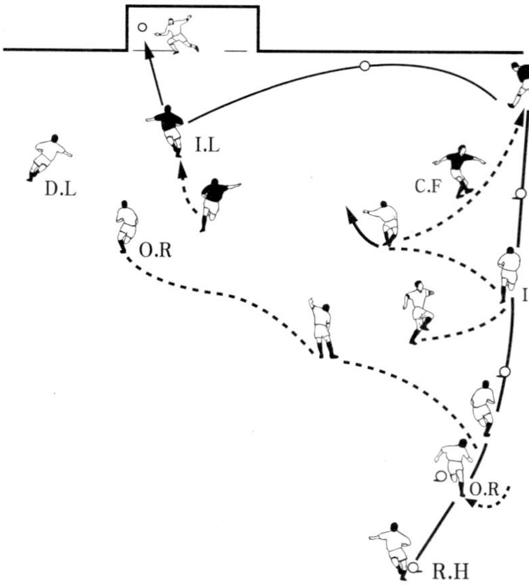

그림 5-42

① 미드필드 선수는 윙에게 짧은 패스를 하고 수비를 공에 끌어들인다. 윙은 공이 튀게 놓아두어 지나가게 하고 미드필드 선수도 공을 지나가게 둔다. 크로스 패스로 센터포드에게 주거나 다른 윙에게 준다.

② 수비는 공에 접근하지 않는다. 윙은 공을 가지고 돌아와 수비와 맞선다. 속도가 있게 드리블해서 벽을 이용하여 수비를 지나친다. 미드필드 선수의 스루 패스에 따라 움직여 볼을 크로스 패스한다.

③ 수비는 미드필드 선수로 부터의 사각패스를 인터셉트 하려고 한다. 윙은 자신이 움직여 볼을 크로스 패스한다.

미드필드 선수는 윙에게 가장자리로 공을 주거나 혹은 그를 따라가며 공을 패스한다. 윙은 공을 연결해 주거나 센터포드에게 공을 가로질러준다.

(다양한 예 : 미드필드 선수는 공을 윙으로부터 받는 일이 있다. 그러나 차후 공의 흐름을 잡는 주도권은 다음에 이야기하기로 한다. 센터포드는 윙에 따라서 움직여 윙은 직접 자신이 슛을 한다.)

센터포드는 미드필드에서 윙에 이르는 직각 패스를 받아 윙의 위치(터치라인을 따라)로 움직인다. 윙은 센터포드에게 패스를 해 주고, 미드필드는 센터포드의 자리로 간다. 윙은 미드필드 선수자리로 가서 보조한다. 센터포드는 윙에게 볼을 다시 건네준다. 윙은 슛을 한다.(변형) 센터포드는 앞으로 가로지른다. 미드필드 선수는 볼이 윙 앞에 떨어지도록 그냥 두며, 윙은 슛을 한다.(드롭킥이나 발리킥)

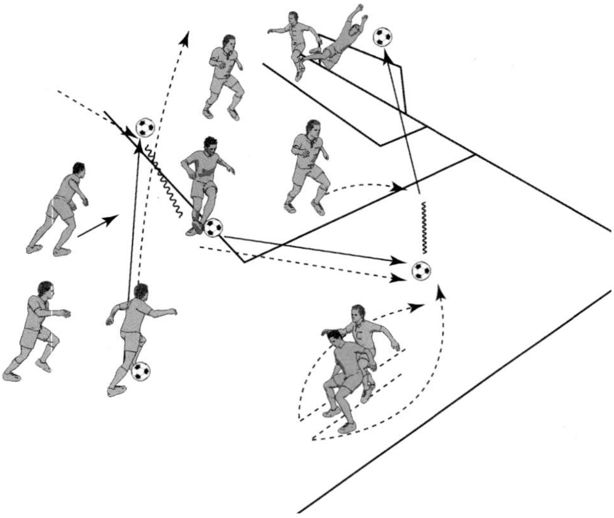

그림 5-43

미드필드 선수의 패스를 받아 윙이 안쪽으로 공을 모는 사이 공격의 선봉에 있던 한 사람은 윙쪽으로 달려나간다. 윙은 센터포드에게 공을 패스하고, 골 쪽으로 수비자를 따 돌리고 달린다. 센터포드는 공쪽으로 움직인다. 센터백을 그와 함께 유도하고 소위 '속임수패스'를 써서 윙에게 다시 패스해 준다. 윙은 골로 몰고가 슛을 한다.

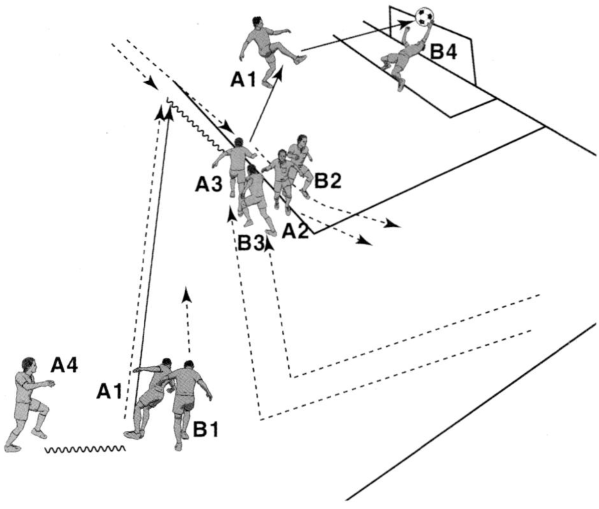

그림 5-44

수비에 대한 공격. 4명의 공격수와 2명의 미드필드 선수가 5명의 수비를 공략한다. 윙은 미드필드의 패스를 받아, 센터포드에게 횡단 패스를 한다.

(변형) 윙이 즉시 과감한 수비를 편 수비자에게 공을 빼앗긴다. 윙은 그를 따라서 방해한다.

(주의) 기술이 좋고 재치 있는 윙들은 경기에서 수비를 파괴하는 공격을 완전하게 쓸 수 있다. "수비를 파괴하는 공격"은 경기장 어디에서나 쓰인다. 두 사람의 미드필드 선수는 윙으로서의 역할을 한다. 이들은 왼쪽과 오른쪽으로 나누어서 공격을 한다. 만일 수비자들이 공격에 가담하면, 미드필드 선수는 수비자의 역할을 대신한다.

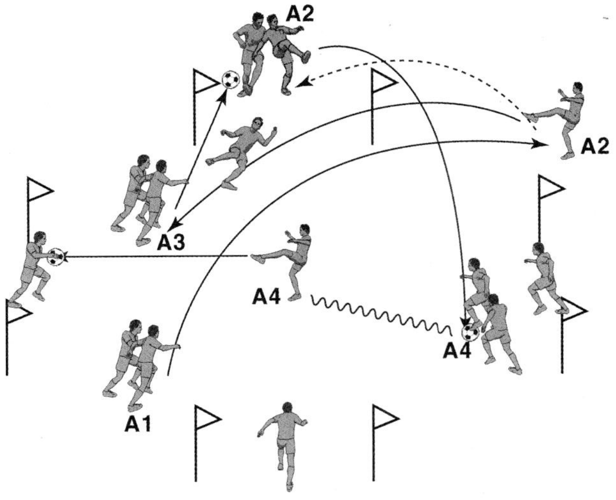

그림 5-45

8. 수비에 대한 공격

대응자세를 갖춘 조직된 수비를 공격하는 방법. 이것은 두 사람의 공격자와 두 명의 윙이 가담하는 공격이라고 가정한다. 공격자는 2명의 미드필드 선수의 지시를 받는다. 수비는 센터백과 2명의 수비자와 지역을 방어하는 리베로로 조직되어 있다.

이 연습은 모두 상상될 수 있는 기술 좋고 재치가 있으며 특별하거나 일반적인 재능의 주요한 면이 발휘되는 것이 특징이다. (특히 상대에 대한 재능의 정도)주요한 면은 행동의 복합적인 결정이 아니다. 복합적인 결정은 가능성에 따라 자유롭게 행동한다. 이 연습의 주요한 목적은 경기자 각각의 새로운 상황에 맞추고 경기활동을 자유로운 상황에 따라 하도록 하는 것이다. 예를 들어 1대2 동작을 할 때 경기자는 시작된 1대2 동작을 완수할 것이냐 또는 1대2 동작보다 더 좋은 것을 할 것이냐를 선택한다.

공격 뒤에 있는 2명의 미드필드 선수는 공을 가능한 신속히, 그리고 안전하게 패스를 할 임무가 있다. 이것은 재빠른 주력과 동작의 변화를 모든 공격자에게 요구한다. 공격자에 대한 직각의 패스는 다시 미드필드 선수에게 패스되어야 하며, 이것을 공격자들이 반복할 때는 미드필드 선수에게 공이 가서 공격이 시작된다. 이때 수비자는 다시 제자리로 돌아온다. 미드필드선수가 안쪽으로 들어갈 때, 안쪽의 수비자와 리베로는 그들이 맡고 있던 자리를 바꾼다.(볼에 가까운 쪽으로)

① 중앙의 선수들은 그들의 패스와 더불어 나아가고 공격 선수들을 끌어내기 위해 벽으로 지원을 해준다.
② 중앙 선수(미드필드 선수)들은 벽으로 공격선수들을 이용하고 홀로 뚫고 나아간다.

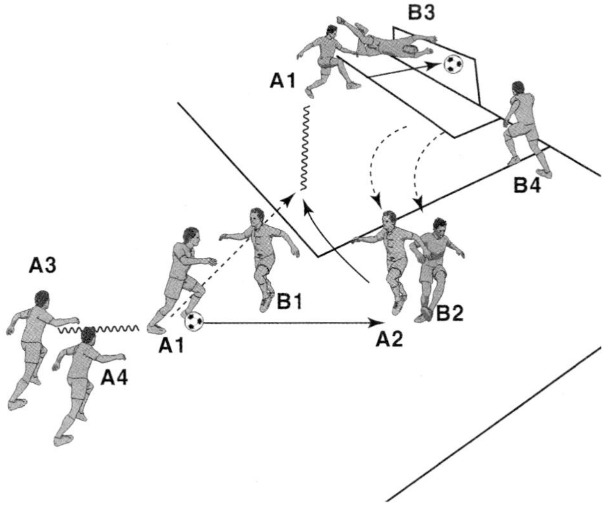

그림 5-46

드리블하고 다른 선수를 향하여 달린다. 드리블하고 있는 선수의 동반자는 그로부터 공을 받는다. (가까운 거리에서 볼을 절대로 패스하지 말 것)

(훈련의 중요한 양상)뚫고 나아가기 위해서 드리블과 공격 시도를 하며 발리

로 볼을 가지고 운반하고 헤딩하여 긴 거리에서 슛 한다.

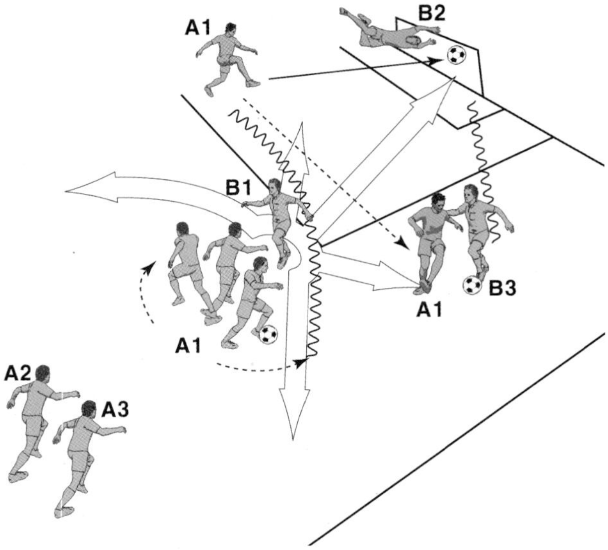

그림 5-47

방어에 대한 공격은 경기 구역의 양쪽 편에서 행해진다. 두 미드필드 선수는 교대하여 곧 바로 맨 처음의 한 사람이, 그리고 나머지 한 사람이 공격한다. 볼을 잡은 방어 선수는 반격하고 다른 목표를 위해 움직인다. 중앙 선수 중의 하나는 뒤에 남아서 그를 위하여 완전히 커버한다. 역습하는 수비선수는 그의 공격 동작을 완화해야 한다.

(주의) 조직의 이러한 형태는, 특히 경쟁자의 공격과 수비 행위의 모든 가능성을 만족시키며, '방어에 대한 공격' 게임을 완료하는 데 매우 효과적이다.

9. 적절한 훈련

1) 두 명이 연습할 때

축구게임은 스피드, 스테미너와 힘을 아주 독특한 형태로 필요로 하는 것이 특징이다. 전속력으로 달리는 능력, 출발점을 빨리 벗어나는 것은 언제나 전술적으로 볼이 있거나 없는 경쟁적 상황에 관련되어 있다. 그러므로 전술적으로 명확히 달리는 경우에 '스타트' 는 반대편 방향으로 전환하는 스피드가 관건이다.

게임 중 달리기의 스피드는 직선상의 일정한 양이 없다. 그것들은 동작의 각각의 형태에서 너무 다양하다. 경기를 하는 동안 달리기의 전술효과는 선수개개인의 다른 달리기 특성뿐만 아니라 그 상황에 따라 달리는 방향과 속도의 변화에 달려있다. 이러한 상황에 따른 달리기 행위들은 트랙 위로 똑바로 달리는 것에 비교된다. 적당함은 여러 가지 해석들을 할 수 있는데, 사람의 독특한 스피드, 스테미너, 그리고 힘은 선수가 변화무쌍한 경쟁적인 환경에 의하여 공급되는 것이다.

그림 5-48

이 연습의 중요한 목적은, 코치가 선수들을 발전하게 하고 선수들의 경기력을 향상시키는 데 활동적인 협력을 하기 위한 동기를 일으키는 것이다. 코치의 암시는 선수들의 생각과 그에 따른 연습의 이해력과 서로 느끼는 책임감, 경기구조의 규율 내에 숨어 있는 능력을 발전시킨다.

수비나 공격에 있어서 개개선수들의 기본적 특성과 행동능력에 따른 특별한 특성의 효과에 의존하는 WM시스템과 현재의 시스템과 비교해서 WM시스템은 결코 엄격하고 판에 박힌 전형이 아니라 여러 가지 형태로 변형될 수 있는 것이다. 활발한 서로의 변화와 스트라이커끼리 위치를 자주 바꾸는 것, 즉 인사이드 포드와 스트라이커 사이의 자리 변화나 인사이드 포드가 풀백을 막을 때, 풀백이 전방으로 나아갈 때 그들을 감싼다. 이것이 명백한 WM시스템과 그 변화의 모습이다.

그 자주적인 '수비의 힘' 은 언제나 수비의 힘 대신 득점하기 위한 공격이 시도로서 나타난다. 수비와 공격의 반대적인 자극은 계속 앞으로의 경기를 결정할 것이다. 상업적으로나 국제경기에서 갖게되는 높은 관중의 기대는 선수들이 경기하는데 큰 심리적 영향을 크게 끼친다. 이 모든 것의 결과는 코치나 선수와 관련자 모두가 책임을 져야 할 것이 있다.

긴장된 경기상황에 관계없이 가끔 근본적인 경기 개념으로는 얻어져야 하지만 경기의 아름다움을 보고 확신해야 한다.

내셔널 리그에서 홈팀의 경우 확실하게 실력이 나타나는 것은 좋은 일이다. 승리는 전술적인 잔재주보다는 힘의 능력과 수준에 의존한다. 영국 축구는 이 경우의 본보기이다.

일례를 들어보면 살케, 카이렐스 라우텐, 위렌 버너그, 보루시아 돌트문트, 스튜트 가르트, 자르 브뤼겐 등은 힘의 수비, 공격의 밸런스와 열심히 하는 경기를 제일로 지향한다. 1954년 월드컵은 4-3-3 전법을 모방한 구조로서, 선수들을 충분히 분배하여 배치한 것임을 알 수 있다. 공격시에는 세 명의 강력한 스트라이커가 헬무스 한, 오트말 월터, 한스 쉐퍼의 모습으로 있었고 그뒤에 마치 현대식의 '사자' 스트라이커 막스 볼로크가 미드필드로부터 나와 있었다. 프릿치 월터는 미드필드에서 게임을 이끌어 나가는데 천재적인 기술을 발휘 했으며 주로 같은 클럽 동료인 호르스트 넥켈의 어시스트를 받았다. 호르스트 넥겔은 항상 부지런히 뛰었고 제자리를 아주 충실히 지키는 선수였다. 레프트 하프 칼마이는 세 명의 수비진들인 히브리히, 포시할, 팔메이어를 효율적으로 뒷 받쳐 주었다.

WM시스템에서는 공격형으로 게임을 이끌어 나가기 위해서 두 명의 하프백이 위와 같은 역할을 한다. 한 사람이 이 공격에 가담할 때 다른 한 사람은 안전을 위해서 뒤로 처져서 수비할 준비를 한다. 안쪽 포드들도 비슷한 식으로 행동한다. 사실상 인사이드 포드의 경우는 하프백이 수비의 기선을 잡았을 때 역시 공격의 주도권을 잡아야 한다.

현대 축구에서 미드필드 선수는 인사이드 포드와 하프백의 역할을 모두 해야 한다. 공격과 수비를 동시에 할 수 있어야 한다는 말이다. 공격 중심의 축구가 더 좋은 경험을 쌓을수 있게 하며 플레이의 형태를 결정하는 데 아주 좋다. 또 게임 능력이 발달되는 데도 좋다. 그러나 이런 좋은 효과들은 수비의 대폭적인 강화와 놀랄 만한 신속성과 공격과 수비의 재빠른 전환을 모든 선수들에게 요구한다. 그러기 위해서는 볼이 앞으로 나아가거나 뒤로 가는 데에 따라서 선수들의 모든 정신이 볼에 집중되어야 한다. 그러한 고도의 게임을 하기 위해서는 선수들의 신체적인 적응성과 더불어 정신적인 침착성이 요구된다. 현대 축구는 점점더 강렬해져 가고 있으며 아래 사항과 같은 것들이 구비되어야 한다.

① 상대편의 방어나 상대편이 계속 따라 다니는 곳에서, 보다 빨리, 보다 효과적으로 또 급작스럽게 빠져 나와라. 그때그때의 상황에 따라서 빈자리를 찾아가서 볼을 다루는 것을 잊지말라.
② 태클에 있어서 좀더 기술적인 행동이 필요하다. 공에 좀더 과감하게 매달리고 아무리 어려운 상황하에서도 계속 앞으로 나아가야 한다.
③ 드리블 형태는 패스로서 상대편이 전혀 손을 못 쓰게 해야 한다.
④ 항상 슛을 쏠 준비가 되어있고, 또 공중전에 강한 골문 앞의 포워드진들이 공격에 들어갈 때 가장 중요한 위치를 점유하고 있는 윙들은 긴 거리에서도 슛을 쏴야 한다. 크로스 패스보다는 백패스를 주로 사용하라.
⑤ 상대편의 골을 향해 공격할 때는 공격지역에서 갑자기 튀어나오는 것이 효과적이다.
⑥ 상대편 진영에서 포지션 없이 자유롭게 뛰어 다니는 선수는 의외로 효과적인 결과를 얻을 수 있고 적의 수비를 교란시키는 데 가끔 의외의 성공을 거둔

다. 이런 선수는 또 상대편 진영에서 적의 기습에 멋진 수비를 할 수도 있다.

⑦ 적진을 돌파하고 슛을 쏘는 스트라이커들은 과감성과 기동성을 갖춰야 한다. 공격과 수비에서 선수 개개인의 능력을 최대로 발휘하기 위해 선수의 자질에 따라 적재적소에 선수를 배치할 때 시스템의 중요성이 크게 강조된다.

감독은 모델 시스템을 무조건 모방해서는 안 된다. 그러한 모델에 맞는 타입의 각 선수들이 데리고 있어야만 가능하다. 게임은 결국 선수들의 공동이해, 경기능력, 그리고 조화와 균형에 의해 결정된다.

일반적으로 전법 지식에서 볼에 악착같이 매달리고 볼을 가지고 앞으로 나아가려는 적극적인 자세는 선수 개인의 신체적 특성과 더불어 그 팀의 잠재력을 좌우한다. 어쨌든 행운이 승패를 좌우하는 일은 절대 없다. 노력이 가장 필수적인 것이다. 팀의 모든 잠재력이 게임의 승패에 크게 반영되지만, 반드시 승리가 보장되는 것은 아니다.

긴 안목으로 보면 결국 승자는 '부지런함' 에 있는 것이다. 게임에 지거나 이길 수 있다. 그러나 게임 내용에 있어서 불충실한 것은 절대로 있을 수 없다. 만약 선수가 일찍 포기하고 자신이 쌓아온 노력에 대해 소극적인 자세를 취하고 기꺼이 공격하고 수비에 임하지 않는다면 그 게임에서는 반드시 질 것이다. 이기리라는 격려와 승리에 대한 자극은 계속적으로 반복되어야 한다. 그리하면 선수들은 열심히 싸울 것이고 승리는 한발 더 가까워진다. 승리는 끊임없는 노력의 결과이며 선천적으로 축구 자질을 가지고 있는 선수에게도 노력은 반드시 필요한 것이다. 그래서 축구에는 게으른 천재보다 부지런한 둔재가 더 낫다는 명언이 있다.

chapter 6

시스템의 본질과 변천과정

1. 시스템system이란?
2. 시스템의 변천
3. 시스템의 이해
4. 축구에 있어서의 시스템의 필요성
5. 어떤 시스템을 선택할 것인가?
6. 시스템의 기능향상
7. 현대축구의 전술분석

chapter_6

시스템의 본질과 변천과정

1. 시스템system이란?

축구 경기를 보다보면 '포메이션Formation' 또는 '시스템system' 이란 말을 자주 듣는다. 솔직히 축구에 대해 좀 아는 사람 치고 경기 관전평을 말할 때 '포메이션'과 '시스템' 이란 용어를 사용하지 않는 사람이 드물 정도로 많이 사용하는 용어이다. 포메이션이란 경기장을 크게 공격지역, 중원, 수비지역으로 나눌 때 각 지역에 몇 명의 선수를 배치하는가를 숫자로 나타낸 것이다. 일반적으로 포메이션을 말할 때 골키퍼는 제외한다. 예를 들어, 요즘 보편적으로 쓰이는 4 · 4 · 2 포메이션의 경우 수비수 4명, 미드필더 4명 그리고 전방 공격수 2명을 위치시키며, 4 · 4 · 2와 흔히 비교되는 3 · 5 · 2 포메이션의 경우 3명의 수비수, 5명의 미드필더 그리고 2명의 포워드(투톱, 전방 공격수)를 위치시킨다.

흔히 포메이션을 보면 그 팀의 색깔을 알 수 있다고들 한다. 그러나 포메이션 자체는 그리 무게를 가지지 못한다. 해당 팀의 전술 운용과 플레이 스타일을 어떻게 단 세 개의 숫자로 표현할 수가 있겠는가? 4 · 4 · 2를 쓰더라도 브라질과 일본은 매우 큰 차이점을 보이지 않는가? 그것은 단순히 브라질 선수들이 일본 선수들보다 개인기량과 조직력이 뛰어나기 때문만은 아니다. 4 · 4 · 2 포메이션을 실제로 경기장에서 어떻게 운영하는가에 무엇보다 큰 차이가 있기 때문이다.

어찌 보면 포메이션은 단순히 경기 지역별로 몇 명의 선수를 배치하는가를 의미할 뿐이다. 더욱 중요한 것은 주어진 포메이션을 어떻게 운용하는가 하는 것이다. 이것이 바로 흔히 듣는 용어인 '시스템' 이다. 즉 포메이션은 '숫자배치' 를 말하며 '포메이션의 실제적인 운용' 을 시스템이라 하는 것이 옳을 것이다. (그러나, '4 · 4 · 2 시스템' 이라고도 많은 사람들이 사용하고 있으니 굳이 용어의 차이를 설명하는 것은 무의미한 일일 것이다.)

그렇다면 도대체 왜 많은 사람들이 "우리 팀의 포메이션은 3 · 4 · 3으로 공격에 포인트를 두고 있으며" 하는 식의 말을 많이 하는가? 그리고, 포메이션을 바꾼다는 사실만으로도 각양각색의 해설이 나오고 전술운용과 선수 배치는 어떻게 하고, 그로 인한 우리 팀의 장점은 무엇이고 단점은 무엇인가...하는 식의 구구절절한 분석들이 나오는가? 단지 세 개의 숫자일 뿐인데 말이다!

축구 경기는 11명이라는 제한적인 인원의 선수들이 가로x세로 약 50×100 제곱미터의 공간에서 각자 주어진 역할을 충실히 수행해야 하는 경기이다. 포메이션을 말하는 숫자는 골키퍼를 제외한 10명의 선수를 나타낸다. 즉, 한 선수가 경기장에서 대략 10%의 역할을 담당해야 한다는 말이다. 그러나 포메이션의 숫자에서 '1' 이라는 숫자가 움직이는 것은 10% 이상의 변화를 가진다. 예를 들어, '3 · 5 · 2' 포메이션에서 '4 · 4 · 2' 포메이션으로 바뀌면 미드필드에서는 원래 '5' 에서 '4' 로 줄어들게 되니까 20%의 손해를 보는 것이고 수비에서는 원래 '3' 에서 '4' 로 늘어나는 것이니 33.3%의 증가가 생기는 것이다. 단 한 명의 선수를 다른 곳에 배치하더라도 그만큼의 무게 이동이 발생하는 것이다. 그렇기 때문에, 포메이션은 비록 단 세 개의 숫자로 표현되지만 팀 전술운용의 기본적인 틀과 색깔을 표현한다고 하겠다. 따라서 포메이션에서 숫자 '1' 이 차지하는 비중이 얼마나 큰지를 알 수 있다.

지금까지 지구상에서 치러진 수많은 축구경기 그리고 수많은 전술응용을 단지 세 개의 숫자만 가지고도 그토록 많은 의미를 부여할 수 있는 것은, 아마도 수많은 경기를 통해서 해당 팀의 플레이 특징이 포메이션이라는 광범위한 틀을 통해서 어느 정도 요약이 가능하기 때문일 것이다. 포메이션은 바로 수많은 축구전술이 해당 팀에서 어떤 형태로 표현될지, 그리고 어떤 문제점과 장점, 전술 응용이 가능할지를 가늠하게 해 주는 첫 번째 출발점인 셈이다.

2. 시스템의 변천

1) 1·1·9 시스템

1863년대의 시스템으로 이 당시의 전법을 흔히 메스드리블 시스템이라고 한다. 1866년까지의 오프사이드 룰이 대단히 엄격하여 지금의 럭비경기와 같았다. 볼보다 그 전방에 있는 플레이어는 플레이를 할 수 없었기 때문에 1867년까지의 전법은 대체로 드리블링을 주체로 할 수밖에 없었다. 즉 드리블을 하는 경기자의 좌우를 받쳐주는 드리블 전법이다. 이때의 기본 방침이 바로 1·1·9 시스템이다.

그 당시는 GK가 없었기 때문에 9명의 Foward, 2명의 Behind로 불리었지만 이후 1952년 수비 보강을 위하여 드디어 GK가 등장하게 되며, 8명의 포워드, 1명의 골커버(지금의 스위퍼와 비슷), 1백(지금의 스토퍼와 비슷), 1 GK의 수비를 생각하는 시스템이 등장했다.

2) Kick and Rush 시스템

1866년 축구사의 커다란 획을 긋는 규칙개정이 있었다. 그것이 바로 오프사이드의 완화이다. 예전에는 공보다 앞에 있는 선수는 공을 잡을 수 없었다. 즉 전방으로 패스가 불가능하고 럭비처럼 뒤로만 패스해야 했다. 그러나 규칙개정으로 인해 상대방 수비수(GK포함) 3명(현재는 2명)이 지키고 있는 선까지 나가서 공을 잡을 수 있게 되자 그동안 주류를 이룬 드리블 전법을 뒤바꾸는 혁명적인 전술이 생긴다. 즉 후방의 백들은 가능한 상대진영으로 길게 차주고 포워드들은 그 길게 보내진 공들을 잡아서 드리블하는 이른바 킥 앤 러쉬 전법이 나온 것이다. 그리하여 이 같은 전법에 편리하도록 1870년경에는 7 Foward, 2 Half백, 1 백, 1GK의 시스템이 나타났다. 그러나 그 후 포워드들의 드리블 능력향상과 백들의 킥력이 강화됨으로써 백이 1명으로는 모자라는 문제가 발생했다. 그래서 포워드중의 1명을 끌어내려 백을 보강하는 6 Foward, 2 Half백, 1 GK의 시스템이 1875년경부터 쓰이기 시작했다.

3) 콤비네이션 패싱 시스템

경기자의 기술이 향상됨에 따라 패스를 주고받는 2인 이상의 콤비네이션 플레이가 발달하기 시작했다. 이 콤비네이션 패싱 전술이 처음 등장한 것은 1883년 브리티시 FA컵 쟁탈전에서 스코틀랜드가 처음으로 들고 나왔다. 스코틀랜드가 들고 나온 시스템은 전원이 각기 자기 위치에 분산하여 패스로 연결하는 방식으로 W형으로 배치된 5명의 포워드, 3명의 Half Back, 2명의 Back, 1명의 GK로 이루어진 이른바 피라미드식의 배치였다.

4) 2 · 3 · 5 시스템

2 · 3 · 5 시스템은 1930년대에 획기적인 시스템 변화를 일으킨, 일명 피라미드 시스템으로 공격수가 8명인 19세기 말의 축구에서 공격수와 수비수 사이의 공간을 활용하기 위하여 공격수 중에서 2~3명을 하프백으로 후진시킨 공격중심의 시스템이다. 위치에 따라 골키퍼 1번, 라이트 풀백 2번, 레프트 풀백 3번, 라이트 하프 4번, 센터 하프 5번, 레프트 하프 6번, 라이트 윙 7번, 라이트 인사이드 8번, 센터포워드 9번, 레프트 인사이드 10번, 레프트 윙 11번으로 위치에 따른 고유번호가 주어졌으며 선수의 위치가 변하면 번호도 변했다.

이 3명 하프 시스템은 수적으로 보면 백 2명에 하프 3명, 포워드 5명의 2 · 3 · 5 시스템이었는데 시대의 흐름과 더불어 5명의 포워드는 패스에 변화를 주기 위해 인사이드에 있는 2명의 포워드가 끌어들이는 듯하게 위치하게 되었다. 수비는 지역방어를 펴고 양 사이드 하프는 미드필더를 지키는 동시에 상대 윙을 마크, 백 2명은 중앙으로 포지션을 잡고 골 앞의 수비를 맡았다. 센터하프는 매우 광범위하게 움직여 공격에서는 자기편 포워드에 패스를 보내는 이음새 역할을 하고, 수비에서는 상대의 하프 3명과 포워드 중의 3명, 합하여 6명을 마크한다. 그 때문에 이 시스템은 '어태킹 센터 하프 시스템' 이라든가 '로빙 센터 하프 시스템' 이라 불렀다.

그림 6-1

5) 스리백 시스템

패스를 이용해 공격을 하고 수비를 플레이어의 배치로 생각하게 된 뒤, 시스템이 한층 전술과 깊이 관련되게 되었다. 공격의 방법으로 패스가 많이 쓰임에 따라 자기측보다도 상대 골 측이 3명의 상대 플레이어가 없는 지역으로 들어가, 후방으로부터의 자기편 패스를 받는 것이 금지되게 되었다. 이것이 오늘날 말하는 '오프사이드' 이다. 오랫동안 3인제 오프사이드의 룰로 시합이 행해졌으나 서서히 수비의 기술이 향상되어 피차간에 득점 찬스가 적게 되었다.

축구의 묘미가 골네트에 찌르는 슛에 있음은 옛날이나 지금이나 변함이 없다. 그 점에서도 이 현상은 바람직한 것이 아니었다. 그 때문에 1925년에 오프사이드 룰의 개정이 행해졌다. 이 개정에 의해서 3명의 오프사이드가 2명으로 바뀌게 된다. 이에 따라 시스템에도 여러 변화가 일어난다.

백 2명의 3명 오프사이드에서는 상대 골키퍼는 거의 골 앞에 있으므로 공격측은 백 2명 앞에서는 패스를 주고받을 수 없고, 대부분의 경우 스루 패스를 이용한 공격은 불가능하다. 그러나 2명 오프사이드가 된 것으로 포워드는 상대편 2명의 백 중간에서 패스를 받을 수 있게 되어 매우 득점하기 쉽게 되었다. 각 팀은 포워드에 뛰어난 플레이어를 두어 득점력을 높이는 데 힘썼다. 그 결과 당시의 영국에서는 골의 수가 일시에 30%이상이나 증가했다고 했다.

6) WM 시스템

그림 6-2

1925년까지의 오프사이드 규칙은 공격수에게 지극히 불리하고 득점수도 적었다. 그래서 축구를 더욱 재미있게 하기 위해 FIFA는 1925년 3인제 오프사이드 규칙을 2인제로 변경했다. 그 결과 공격수의 활동범위가 비약적으로 증대하였고 게임의 흥미가 더해졌다. 반면에 수비수는 불리하게 되어 새로운 방어 시스템을 갖추게 되었는데, 이를 3 · 2 · 2 · 3 혹은 WM 시스템이라 한다. 이 전술은 수비를 강화하기 위하여 공격수에서 두 명을 빼서 수비에 배치한 것으로 1958년경까지 유행하였다. 이러한 3 · 2 · 2 · 3 시스템은 1950년대에 세계 축구계를 휩쓴 헝가리 팀에 의해 3 · 2 · 3 · 2 시스템으로 변형되어 유행되기도 하였다.

7) 4 · 2 · 4 시스템

4 · 2 · 4 시스템은 1958년 월드컵 대회에서 브라질에 의해 처음으로 도입되었다. 브라질 팀은 이 대회에서 4 · 2 · 4 시스템을 완성하여 선보였고 위대한 선수

그림 6-3

인 펠레와 함께 세계 축구 팬들의 마음을 사로잡으면서 월드컵의 승자가 되었다. 이후 4·2·4 시스템은 광범위한 인기를 얻어 빠르게 확산되었다. 4·2·4 시스템은 선수들의 기동성과 포지션의 교체를 강조한 최초의 시스템이었다. 이 시스템에는 모든 선수들에게 수비와 공격의 역할이 주어졌다. 4·2·4 시스템은 선수들이 운동장의 특정한 지역에서 플레이하도록 제한을 받지 않기 때문에 토털사커의 개념을 도입한 전술이다.

각각의 포지션별 배치와 역할은 다음과 같다. 4명의 수비수는 한 명의 최종수비수(스위퍼), 한 명의 중앙수비수(스톱퍼), 두 명의 날개(윙) 수비수로 구성된다. 윙 수비수와 중앙수비수는 1 : 1로 상대의 공격수를 수비하고 최종 수비수는 세 명의 수비를 뒤에서 커버한다. 그래서 최종수비수를 자유로운 수비수라고도 부르며, 그는 특정 공격수를 전담 마크하지 않는다.

두 명의 미드필더(링크맨)는 수비수와 공격수를 연결하는 실과 같은 역할을 한다. 미드필더는 공격할 때 공격수를 지원해야 하며 상대편이 공격해 올 때는 수비수에 앞서서 수비라인을 형성해야 한다. 이들의 역할에 따라 6명이 공격을 할 수 있고, 6명이 수비를 할 수도 있는 것이다. 공격은 보통 2명의 측면 공격수(윙) 2명의 중앙공격수(스트라이커)로 구성된다. 스트라이커 중 한 명은 선두에서 공격하기 위해 상대방 수비진영 깊숙이 위치한다. 다른 공격수는 필요한 경우 미드필드에서 도움을 주기 위해 보통 물러서 있는다.

8) 4 · 3 · 3 시스템

4 · 3 · 3 시스템은 선수들의 기동력과 포지션의 교체를 강조하고 동시에 공격과 수비 사이의 균형을 이루기 위해 만들어졌다. 4명의 수비수는 4 · 4 · 2 시스템에서와 같은 방식으로 2명의 윙 수비수와 중앙 수비수, 최종 수비수로 구성된다. 중앙 수비수는 보통 상대 팀 중앙 공격수를 전담 수비한다. 반면에 윙 수비수는 측면 지역에 있는 공격수를 수비한다. 4 · 3 · 3 시스템은 양쪽에 윙 미드필더를 두고 한 명의 중앙 미드필더를 배치한다. 중앙 미드필더는 이 시스템의 핵심이다. 그는 창조적인 게임메이커가 되어야 하고, 좋은 패스능력과 득점력을 가지고 있어야 한다. 또한 중앙 미드필드를 수비하기 위해서 공중 볼을 잘 처리하고 강력한 태클도 할 수 있는 선수이어야 한다.

3명의 공격수는 전방으로 바로 달려나갈 수 있도록 위치한다. 2명의 측면 윙 선수는 공격할 때 폭을 넓혀주고, 중앙 공격수는 중앙에서 공격의 목표가 되어야 한다. 3명의 공격수 모두는 뛰어난 기동력을 보여야 하고 수비수를 혼란시키기 위해 그들의 위치를 기동성 있게 교체할 수 있어야 한다. 그렇게 해서 미드필더나 수비수가 전방으로 움직일 수 있는 공간을 확보한다. 공격수들은 자기 팀의 득점 전부는 아니지만 대부분의 골을 책임진다.

4 · 3 · 3 시스템은 미드필더뿐만 아니라 수비수들도 전방으로 움직여서 팀의 공격에 공헌할 수 있다. 이는 일반적으로 오버래핑 전술로 이루어진다. 오버래핑이란 수비수들이 수비 진영에서 공격 진영으로 이동하면 수비수 앞에 있던 팀 동료와 공간이 겹쳐지는데 이때 수비수가 좀더 위협적인 공격 위치로 가는 것을 말한다. 만약 이때 달려가는 시점이 정확하다면 오버래핑을 한 수비수나 미드필더는 기습적으로 상대방을 공격할 수 있어서 좋은 득점 기회를 얻을 수 있다.

9) 카테나치오(빗장) 포메이션

브라질이 4 · 2 · 4에 이어 4 · 3 · 3 포메이션을 내놓자 다른 나라들도 수비를 강화하는 방법을 찾았다. 그중 스위스의 칼 라판Karl Rappan이 고안한 '리베로Le Verrou : Swiss Bolt' 라는 시스템이 있었다. 공격적인 센터하프와 실점을 막는 센터 백을 한 명씩 배치하는 것이 핵심인 진형이었다. 그러나 스위스가 축구의 종주국이나 선진국이 아니어서 다른 나라들의 관심을 끌지 못하고 사라질 뻔했다.

그림 6-4

이탈리아의 네레오 로코Nereo Rocco가 이 시스템을 되살려 발전시켰다. 베로우의 원래 모습은 전통적인 두 명의 풀백 뒤에 한 명의 수비를 더 두어 센터포워드 9번의 침투를 2중으로 막는 것이었다. 로코는 3명의 풀백 뒤에 수비 한 명을 세워 1 · 4 · 3 · 2나 1 · 3 · 4 · 2 또는 1 · 3 · 2 · 4가 되도록 하고 '카테나치오' 라고 이름을 붙였다. 이 수비가 세계적으로 잘 알려진 스위퍼(빗자루)이다. 스위퍼의 임무는 수비를 뚫고 들어오는 공을 빗자루로 쓸어내듯이 걷어내는 것이다. 이 포메이션은 실점을 철저히 막아 이기지 못할 경우 최소한 비기기 위한 시스템이다.

10) 리베로 시스템

이탈리아의 인터 밀란 감독 헬레니오 헤레라Hellenio Herrera는 카테나치오의 스위퍼를 보다 넓게 활용하는 방안을 찾아냈다. 수비에만 전념하는 것이 아니라 공격에도 참여하는 새로운 '리베로' 를 탄생시킨 것이다. 헤레라는 이 새로운 전술로 성공을 거뒀다. 그러나 진정한 의미의 리베로는 1974년 월드컵에서 우승한 서독의 베켄바우어가 공격능력을 최대한 발휘하면서 완전한 위치로 자리 잡았다. 보통 스위퍼와 리베로를 같은 의미로 쓰고 있지만, 엄밀히 말하면, 스위퍼는 수비 전담자이고 리베로는 공격과 수비를 겸하는 선수이다.

11) 4 · 4 · 2 시스템

그림 6-5

1966년 런던 스타디움에서 월드컵 우승을 차지한 축구종가인 잉글랜드의 4 · 4 · 2 시스템은 현대 축구에서 미드필더의 장악은 팀 승리를 위해 절대적으로 필요하다는 것을 말해주고 있다. 4 · 2 · 4 시스템에서 나타난 문제점은 두 명의 미드필더에게 너무 과중한 역할이 부여된다는 것이다. 또한 브라질과 같이 공격력이 강한 팀이 나타나면서 수비를 강화해야 할 필요도 생겼다. 그래서 미드필드를 장악하여 미드필더의 부담을 덜어주고, 상대의 공격을 전방에서부터 차단하기 위하여 양 윙 공격수를 뒤로 후퇴시키는 4 · 4 · 2 시스템을 만들었다. 이론적으로 미드필드를 장악하는 팀은 그 지역에서 수비와 공격에서 우위를 차지할 수 있다. 4 · 4 · 2 시스템에서 선수의 책임은 4 · 2 · 4 시스템과 다소 유사하다. 4명의 수비수중 3명은 대인방어를 하고 나머지 최종 수비수는 뒤에서 커버 플레이를 한다.

미드필드에는 양 측면에 1명씩, 중앙에는 2명이 배치되어 모두 4명이 위치한다. 2명의 중앙 미드필더의 능력과 역할은 서로 보완적이어야 한다. 1명은 공격형 미드필더라고 부르고 반면에 다른 한 명은 수비적인 역할을 더 많이 부과해서 수비형 미드필더라고 부른다. 4 · 4 · 2 시스템에서 진정한 윙은 없다. 양 측면의 윙 미드필더는 공격 시에 전방으로 움직여 공격을 폭넓게 하도록 해야 한다. 만약 이들이 공격으로 변화를 이루어내지 못하면 4 · 4 · 2 시스템은 수비적인 전술에 머물게 된다.

12) 토털 사커

4·4·2와 4·3·3은 현대축구의 기본 전술로 여겨지고 있다. 그러나 1974년 네덜란드는 전혀 새로운 축구 모델을 선보이며 축구 전술의 새장을 열게 된다. 1974년 서독 월드컵에 출전한 네덜란드는 현란한 개인기, 강인한 체력, 요한 크라이프, 요한 네스켄스, 루트 쿠롤 등 최고의 스타를 배출해내며 이른바 '토털사커'라는 혁명적 시스템을 창출했다.

토털사커는 수비, 미드필드, 공격 등 고정적인 포지션의 개념에서 탈피하면서 전원공격, 전원수비 등 현대축구의 기초를 제공한 것이다. 따라서 네덜란드의 '토털사커' 는 새로운 시스템의 도입이라기보다는 축구에 대한 기본 개념을 무너뜨렸다는 의미를 지니고 있다. 네덜란드의 토털사커는 선수들의 플레이 형태도 근본적으로 개조시켰다. 공격수는 골을 넣는 것만이 주목적이 아니라 상대수비 분산, 찬스 연결, 심지어 수비까지 깊숙이 가담해야 된다. 양쪽 풀백은 90분 내내 공격과 수비를 오가며 터치라인을 장악해야 한다. 중앙 수비수는 상대팀의 공격수를 무력화시키는 1차 임무 외에도 큰 키를 이용한 '공격폭격' 으로 득점도 해내야 하며, 미드필더들은 넓은 시야, 빠른 드리블링, 날카로운 전진 패스, 재빠른 수비 가담 등 올라운드 플레이어가 아니면 도태될 수밖에 없게 되었다.

1986년 멕시코 월드컵 때의 아르헨티나, 1990년 이탈리아 월드컵 때의 독일이 3·5·2 시스템으로 정상에 등극했지만 3·5·2는 기존의 '토털사커' 에 4·4·2, 4·3·3을 융통성 있게 접목시킨 '변형' 이다. 세계 축구사에 전무후무한 혁명을 일으켰던 네덜란드의 토털사커, 농구의 올코트 프레싱을 연상케 하는 초강압 수비, 미드필더진의 다이나믹한 움직임, 공격진의 핵탄두급 폭발력은 전 세계를 진동시켰다.

네덜란드의 토털사커를 혁명이라고 부른 것은 전원 공격 전원 수비로 기존의 포지션 개념을 완전 무색하게 만들었기 때문이다. 최전방의 랩, 렌젠브링크가 GK

용그블로에드에 직접 볼을 받는가 하면 최후방의 한, 크롤, 수르비어가 기습적으로 공격에 가담해 많은 골을 터트리는 등 리베로의 개념을 처음 도입시키는 계기가 됐다. 현란한 개인기와 전광석화 같은 드리블링, 대포알 슛팅으로 '축구 외계인'의 별명이 붙은 크라이프, 넓은 시야와 칼날 패스로 팀플레이를 리드한 네스켄스 콤비의 게임메이킹은 토털사커의 핵심이었다. 1974년 네덜란드 대표팀은 1970의 브라질 대표팀과 함께 월드컵 역사상 가장 위대했던 팀으로 손꼽히고 있다.

13) 3 · 5 · 2 시스템

1990년 이탈리아 월드컵에서 우승한 서독이 허리를 강화시킨 3 · 5 · 2 시스템으로 상대팀의 공격을 미드필드에서 차단하는 압박축구를 구사했다. 이 시스템은 최근에 개발한 것으로서 3명의 수비수, 5명의 미드필더, 2명의 공격수를 배치하는 것이다. 수비수는 상대방 공격수를 막는 2명의 중앙수비수와 중앙 수비수 뒤편에 위치하는 최종 수비수로 구성된다.

미드필드 중에 한 명은 최종 수비수 앞에서 최종 수비수의 역할을 맡는다. 특정한 상대방 선수를 마크하는 전통적인 수비성 미드필더와는 달리 최전방 수비수는 중앙 수비수들의 전방지역에서 1차 지역방어를 한다. 최전방 수비수의 주된 책임은 상대선수가 수비의 중앙으로 침투하는 것을 방해하고 패스를 가로채는 것이다. 남은 4명의 미드필더는 일반적으로 운동장을 가로질러서 최전방 수비수 앞에 배치되는데 2명은 중앙에, 2명은 양 측면에 위치한다. 공격수 2명은 수비진의 표적이 되어 상대방 진영 깊숙이 들어가 수비수를 유인한다. 그렇게 함으로써 미드필더가 활발하게 움직일 수 있는 공간을 확보해 주는 역할도 수행한다.

3. 시스템의 이해

1) 포메이션에 집착하지 말자!

앞에서 잠시 언급했듯이 포메이션에서 주어진 숫자는 어디까지나 숫자일 뿐! 이 숫자들이 어떤 의미를 가지며 실제 경기에서 어떤 차이점을 보여주는가를 보는 것이 중요하다. 바로 주어진 포메이션에서는 어떠한 경기 운용이 가능한가? 즉, 포메이션의 운용 방법을 의미하는 '시스템' 을 이해하는 데 주안점을 두어야 할 것이다.

예를 들어, 4 · 4 · 2 포메이션이라 할지라도 네 명의 수비수를 일자로 배치하기도 하고 중앙의 두 명은 아래로 처지고 양옆의 두 명은 좀 더 공격쪽으로 배치하기도 한다. 심지어 4 · 4 · 2 포메이션을 쓰면서도 4명의 수비수 중 1명에게 스위퍼 역할을 주기도 한다. (이것을 흔히 "변형 4 · 4 · 2"라고 말하며 따로 구별하고 그냥 "4 · 4 · 2"라고 할 때는 "4명 일자수비에 지역방어를 쓴다"고 말하는 경우가 많다.)

여기서 알 수 있듯이, 포메이션은 팀 전술이 어떻게 운용될 수 있는 가를 제시하는 '단서' , 또는 '대략적이고 포괄적인 표현' 정도로 보면 될 것이다. 너무 포메이션이 나타내는 숫자에만 집착하지 말자는 이야기다. 정작 그 팀을 특징짓는 것은 포메이션의 숫자를 어떤 선수들이 채우고 어떤 장단점이 있으며 동료 선수들과 어떤 역할을 주고받는가가 중요하다. 특히, 다음과 같은 사항에 대해서 단순히 포메이션만 가지고 논하는 것은 매우 설득력이 부족하다

2) 선진축구와 후진축구

4 · 4 · 2를 사용하는 팀은 선진축구이고 3 · 5 · 2를 사용하는 팀은 후진축구인가? 앞서 말했듯이 주어진 숫자(포메이션)를 어떻게 주무르는가가 중요한 것이지 숫자 자체만으로 선진축구니 후진축구니 하는 말을 쓰지 말자. 제 몸에 맞고 어울

리는 포메이션, 그리고 상대방에 따라 효과적으로 쓰일 수 있는 옷을 입는 것이 중요하다. 또한 주어진 포메이션에서 얼마나 창의적이고 효과적인 결과를 얻어내는가가 중요하다.

3) 공격축구와 수비축구

여기서도 마찬가지다. 숫자만으로 볼 때는 4 · 4 · 2 보다 3 · 5 · 2가 더 공격적이어야 한다.(수비수 숫자보다 미드필더 숫자가 더 많다.) 하지만 4 · 4 · 2의 네 수비수중 좌우 양쪽의 측면 수비수(흔히 윙백이라고 한다)가 막강한 공격력과 침투력을 가진 브라질 같은 팀은 공격력 또한 막강하지 않은가? 반면 3 · 5 · 2라 할지라도 5명의 미드필더 중에서 한 명은 중앙 수비형 미드필더, 좌우의 두 명이 수비에 치중하는 경향을 나타낼 때는 말이 3 · 5 · 2지, 5 · 3 · 2에 가깝지 않을까? 포메이션을 통해서 "공격적이다" "수비에 치중한다" 라는 말을 할 수 있지만 그것은 어디까지나 팀 전체의 선수배치를 말하는 것일 뿐, 해당 팀이 "공격적인" 팀인지 "수비에 치중하는" 팀인지는 포메이션의 운용을 말하는 '시스템' 이라는 말이 더 잘 표현한다고 할 수 있다.

4) 지역방어와 대인방어

지역방어와 대인방어는 수비 전략을 크게 양분할 때 쓰는 말이다. 물론 이들을 상황 상황에 따라 적절히, 그리고 창의적으로 적용하는 것이 중요하지만 대개 지역방어와 대인방어로 구분하면 무리가 없다. 같은 포메이션이라 할지라도 팀이 지역방어를 구사하는지, 아니면 대인방어를 구사하는지에 따라 많은 차이가 나타난다. 즉, 4 · 4 · 2나 3 · 5 · 2 라는 말이 지역방어와 대인방어를 구별하는 것은 아니라는 말이다.

5) 재미있는 축구와 재미없는 축구

이것 역시 포메이션만으로 말하는 것은 설득력이 없다. 우리 한국 프로축구 경기를 보고 "재미없다"고 말하면서 "우리도 4 · 4 · 2 포메이션을 써서 재미있는 축구를 해야 한다"고 하는 경우가 많은데, 사실상 4 · 4 · 2를 쓰지 않기 때문에 재미없다고 말하기는 힘들다. 포메이션 보다는, 수비 전술과 방식, 공격 전개 방식, 선수들의 경기 스타일과 같은 것이 더 중요하다. 브라질 팀의 경기가 재미있는 것은, 그리고 유럽의 명문 리그가 재미있는 것은 그 팀들의 포메이션 때문이 아니라, 선수 개개인의 역량과 경기 스타일, 팬의 사랑과 여기에 부합하기 위한 선수 및 클럽의 공격적인 전술운용 등이 한데 어우러졌기 때문일 것이다.

4. 축구에 있어서 시스템의 필요성

1) 균형 있게 선수를 배치한다.

105m×68m의 운동장은 혼자 감당할 수 없는 공간이다. 이렇게 큰 공간에서는 아무리 우수한 all-round 플레이어일지라도 혼자 이를 감당할 수 없다. 그리고 아무리 우수한 선수들로 짜여진 팀일지라도 상대 팀을 꺾으려면 이 넓은 공간에 선수들을 균형 있게 배치해야 한다. 세로와 가로의 균형, 공격과 수비의 균형이 잘 갖추어졌을 때 강팀이 만들어진다. 혼자서는 축구가 되지 않는다. 11명의 선수가 똑같이 중요한 존재들인 것이다.

2) 경기할 지역을 정해 준다.

경기장을 세로로 3등분해서 생각해 본다. 자기는 어떤 지역을 맡을 선수인가 센터라인이 튼튼하면 팀이 강해진다.

3) 시스템의 통일이 필요하다.

대표팀, 국내 톱 수준의 리그가 팀의 견본이 된다. 자기 팀은 어떤 시스템을 채용할 것인가는 자유다. 어떤 팀도 이상으로 삼고 있는 팀의 이미지가 있어 그 이미지에 가까운 팀의 시스템을 채용하는 경우가 많다. 시스템을 통일하면 개성이 십분 발휘될 수 있으며, 축구 시스템이나 플레이 스타일이 어린이에서 어른에 이르기까지 통일된다면 어떤 장점이 있는가 생각해 보면, 각 단계를 올라가더라도 큰 차이가 없게 되며 경험이나 연습의 축적이 살아 있다는 것이다.

5. 어떤 시스템을 선택할 것인가?

많은 시스템이 축구의 긴 역사 속에서 나타나고 사라졌다. 어떤 시스템이 최고일까?

그것은 팀을 구성하는 선수들의 전술적인 능력과 체력에 달려있다. 왜냐하면 팀의 능력을 감안하지 않은 시스템과 선수들의 체력요소를 감안하지 않은 시스템을 선택하면 팀의 경기력을 극대화할 수 없기 때문이다. 그러므로 어떤 팀에 알맞은 시스템이 다른 팀에는 적절하지 않을 수도 있다. 따라서 시스템은 반드시 선수들의 약점을 최소화하고 팀 장점을 극대화시킬 수 있는 것을 선택해야 한다.

6. 시스템의 기능향상

플레이어의 진보가 시스템을 바꾸고, 플레이어의 능력이 시스템의 효과를 향상시킨 사실만큼은 불변의 진리다. 1958년 스웨덴 월드컵에서 4-2-4 시스템으로 우승한 브라질은 젊은 펠레의 출현도 있었지만 가린샤, 바바, 자갈로 등 전원이 테크닉에 뛰어난 플레이어였다. 1966년 영국의 우승은 보비 공격면에서 찰톤의 공헌이 크다. 서독이 준우승을 한것은 스위퍼를 쓴 4-3-3 시스템의 성과이다.

1974년 서독월드컵 결승은 서독과 네덜란드간에 대전에서 다 같이 리베로를 배치한 4-3-3 시스템이었다. 서독의 베켄바우어는 그 탁월한 테크닉과 전술안으로 전원을 지휘, 전대미문의 뛰어난 리베로로서 많은 축구팬을 매료시켰다. 그를 둘러싼 플레이어도 개별의 포지션의 명수로 짜여져 완벽할 정도로 4-3-3 시스템을 잘 소화했다

이에 상대하는 네덜란드는 명선수 크라이프와 그를 따르는 10명의 플레이어도 토털사커의 견본이라고 할 만한 모습을 보여주었다. 특히 크라이프의 그림자가 되어 움직인 니스켄스의 존재는 이 시스템에 아주 잘 어울렸다. 1978년 월드컵에서 우승한 아르헨티나는 4-3-3의 유럽형에 가까운 시스템으로 등장했다.

파사렐라가 리베로로서 수비를 굳히고 미드필드의 알디레스로부터 공격을 전개하며, 하프인 켐페스가 곳곳에서 타이밍에 맞춰 뛰어들어 득점을 거듭했다.

1982년 스페인 월드컵 결승은 이탈리아가 서독을 압도했는데, 이탈리아는 끈질긴 수비를 바탕으로 로시에 이어지는 4-3-2-1이라고도 할 수 있는 공격 형태를 보여 주었다. 수비에서 공격으로 들어갈 때의 스피드가 인상적이었다. 또 4위인 프랑스는 플라티니를 축으로 거칠게 움직여 도는 질레스, 재주 넘치는 티가나로 이어지는 예술적이라고 할 수 있는 미드필드를 구성했다.

2차 리그에서 이탈리아에 패한 브라질도, 소크라테스, 지코, 팔칸 등을 갖춘 미드필드에서 밸런스와 스피드가 산뜻하여, 미드필드가 중심이 되는 4-3-3 시스템의 완성이라고 할 만한 플레이를 보였다. 그리고 1986년 멕시코 월드컵 우승의 아르헨티나 역시 마라도나가 미드필드와 톱 양쪽에서 고도의 테크닉을 유감없이 발휘했는데, 결코 마라도나의 원맨팀이 아니라, 각 포지션에 뛰어난 플레이어가 갖추어졌고, 명장 비랄드 감독의 지휘도 빛났다. 아르헨티나는 브라운을 수비의 밑바탕에 비티스타를 수비의 전선에 배치하고, 공격에서는 부르차가와 바르다노가 마라도나와 합세해서 눈부신 전개를 보였다.

1987년 남미선수권에서는 각국이 4-5-1에 가까운 포진으로 비어 있는 공간의 양 사이드를 공략해 들어가 중앙을 파고들게 되었다. 쌍방이 이것을 노려 미드

필드로 공격해 들어갔기 때문에 하프 웨이라인을 끼고 두터운 사람의 울타리가 생겨, 그 사이에서 교묘한 기술이 빛났다. 1988년 유럽선수권에서도 우승한 네덜란드는 공격이 빠른 배겡 디펜시브 스크린을 두고 얇게 느껴지는 백 라인으로부터 쳐 올라갔고, 준우승의 소련도 완전한 투톱에 날카로운 수비로 4-4-2를 완성시켰다.

축구의 시스템은 현재까지는 단순한 약사에 지나지 않으며, 전술의 겨우 일부를 차지할 뿐이라고 할 수 있다. 중요한 점을 집약하면 다음과 같다.

(1) 공수의 재빠른 전환

(2) 정확하고 수준 높은 개인기

(3) 상대 패널티 에어리어로 돌진하는 결단

(4) 90분간 쉬지 않고 뛰는 지구력

그러나 어떤 시스템에서도 결과적으로는 플레이어가 성패를 결정짓는다. 뛰어난 플레이어로 시스템을 짤 때, 거기에서 비로소 전술이 생기게 되는 까닭이다.

7. 현대축구의 전술분석

축구경기의 축구 전술 변화는 시스템의 변화로 연결되는데 현대 축구의 전술분석은 최근 사용되는 시스템과 선수들의 움직임으로 분석해 볼 수 있다. 최근 경기 상황을 분석해 보면 선수들의 체격 및 체력 조건은 계속 향상되어 경기장내에서의 선수들 움직임이 더욱 빨라졌고, 상대적으로 이용할 수 있는 공간은 줄어들면서 지속적인 움직임이 요구되어 체력적인 공간을 창출하기 위한 부담은 더욱 높아지고 있다. 이는, 빠른 공격과 수비 전환을 통해 공격과 수비시 수적 우위를 활용하는 축구의 기본원리인 전원공격, 전원수비 전술로 이어지면서 공격과 수비에 최대한의 유연성을 보장하는 4 · 4 · 2와 3 · 5 · 2시스템이 주로 사용되고 있다.

포지션별로 살펴보면 최근 경기 규칙의 개정으로 가장 많은 변화를 보이는 것이 GK다. 5초 이상 볼을 소유하지 못하는 규칙과 백패스 금지 때문에 볼을 발로 조정하는 시간이 늘어났고, 활동 영역도 골에어리어에서 패널티 에어리어로 확장되면서 때에 따라서는 스위퍼 역할까지 감당하는 GK가 늘어나고 있다. 수비수의 경우 눈에 띄는 변화는 스위퍼의 위치변화와 윙백의 공격가담이다. 이전까지는 중앙 수비수의 뒤에서 동료 수비수의 커버플레이를 담당했던 스위퍼를 아예 배치하지 않거나 오히려 중앙 수비수 앞쪽에 배치하여 과감히 공격에 가담시키고 있다. 그리고 윙백은 최종 수비라인에 위치하기보다는 미드필더진에 위치하며, 좌우 측면 공간 활동을 통한 공격을 주도하고 동료에게 득점기회를 만들어주거나 직접 득점하기도 한다.

미드필더는 윙백을 미드필더, 또는 수비라인에 포함시키는 것에 따라 4~6명으로 구성된다. 최전방 공격수 아래에 위치하면서 플레이메이커 역할을 공격형 MF와 중앙 수비를 담당하는 MF등으로 구분될 수 있다. 특히, MF는 뛰어난 개인기와 상대수비를 단 한 번의 날카로운 패스로 무너뜨릴 수 있는 패싱능력과 90분과 계속 뛸 수 있는 체력 등이 특징으로 나타난다.

최전방 공격수는 2~3명으로 구성되는데, 수비 가담보다는 공격진에 계속 위치하면서 결정적인 슈팅기회를 득점으로 연결하는 선수이다. 폭발적인 순발력, 스피드와 현란한 개인기로 상대 수비를 압박하고 순간적인 득점 기회를 놓치지 않는 골경정력이 뛰어난 선수가 요구된다. 브라질의 호나우도 선수가 현대 축구 최전방 공격수의 가장 좋은 예이다.

이러한 현대 축구의 포지션별 활동형태는 각 선수 개인의 개인기와 공간 창출을 위한 움직임에 바탕을 두고 이루어진다. 특히 선수들의 개인기 및 창의력과 팀 전술의 조화 정도에 따라 팀의 경기력이 결정 되는데, 팀에 소속되어 있는 각 선수 개인의 능력을 최대화 할 수 있는 형태의 포메이션 운용이 이루어져야 팀의 경기력을 극대화할 수 있다.

1) 전통적 한국축구 VS 일본축구를 비롯한 축구 선진국의 비교

우리나라 축구는 전술적인 틀의 기복이 많은 전술을 구사한다. 쉽게 말해 잘

풀릴 때는 잘되는데 안 될 때는 무참히 깨지는 축구가 한국축구의 보편적인 전술이다. 이는 선진축구와 후진축구의 전술차이로 보통 축구 후진국과 경기할 때는 제 플레이를 하는데 비해 축구선진국과 경기 할 때는 제 플레이를 못한다. 그 이유를 살펴보면 다음과 같다.

일반적으로 한국축구는 공격수와의 미드필더 사이의 간격, 또 미드필더와 수비수의 간격의 폭이 큰 편이다. 최종수비수인 스위퍼에서 공격수까지의 거리는 엄청난 거리를 보이고 있다. 이런 전술적인 틀 때문에 수비수들은 미드필더를 거치는 플레이보다는 한 번에 공격수에게 패스를 해서 그의 능력에 맡기는 단순한 전술을 구사한다.

이런 전술은 공격수가 컨디션이 좋고 상대편 수비가 허술한 경우에 통하는 전술이다. 근데 상대수비가 견고하고 공격수가 컨디션이 나쁘면 득점은커녕 체력이 바닥나는 것은 물론이고 다리에서 쥐가 날정도로 뛰어도 대패하기도 한다. 5:0으로 진 네덜란드전이 대표적인 경우라고 할 수 있다. 수비수에서 한 번에 공격수로 패스를 하다 보니 당연히 패스의 정확도가 떨어졌기에 나온 결과이다.

수비 미드필더에서도 대인마크에만 의존하다보니 한 선수만 수비하다보면 체력은 후반에 바닥나고 공격가담(오버래핑)은 거의 힘들게 된다. 현대축구는 전원공격, 전원수비라고 할 만큼 공격수와 수비수가 따로 없고 수비수가 골을 넣는 경우도 상당히 많다. 그러나 3-5-2의 전술적인 틀과 대인마크만 고집하는 시스템으로는 세계무대에서는커녕 아시아 무대에서도 통하지 않을 것이다.

2) 일본축구를 비롯한 세계축구의 전술

기본적인 틀인 4-4-2 지역방어와 일자수비 시스템에서 보듯이 수비수 미들과 공격 미들과의 간격이 좁은 것은 물론이고 공격 미들간의 간격도 수비미들과 공격미들과의 간격만큼 좁다. 이것은 압박을 가하는 압박축구의 틀이다. 공격할 때 2-4-4시스템을 쓸 때도 있다. 공격 미들에서 공격선까지 오버래핑하고 수비의 윙백들은 공격 윙 역할까지 하도록 오버래핑을 한다. 경기 초반에 공격적으로 압박을 가하고 수비수와 골키퍼간의 거리가 멀어지고 전원 공격선으로 이동하는 시스템이다. 이러면 골키퍼가 스위퍼역할까지 하면서 골키퍼의 역할이 중요해진다. 즉, 수비수와 공격수가 따로 없다. 특히 윙이 따로 없고 윙백이 윙 역할까지 하는 전술이다. 수비 시에도 공격진들은 상대의 최종수비라인에서부터 압박수비를 해야 된다. 전원이 상대진영에서부터 압박수비로 즉시 인터셉트를 한 후 빠른 공격을 하는 것이다. 그리고 수비 시에는 적절히 오프사이드 트랩을 이용하고 있다.

그리고 수비지역에서 수비수들은 가만히 있는 것이 아니라 그 지역 안에서 상대공격수들이 자기가 맡은 지역으로 오면 수비 2~3명이 순간적으로 에워싸게 되어, 유기적인 커버 플레이가 가능하게 된다. 즉, 힘도 별로 들지 않고 험한 파울을 내지 않으면서 순간적으로 에워싸는 것만으로도 상대공격수의 실책을 유도 할 수 있다. 그런데 우리는 대인마크로 인하여 상대만 따라다녀야 하고 상대를 놓치면 절대 안 된다고 생각하기 때문에 수비수들은 거칠게 태클을 한다. 백태클로 퇴장을 당하는 하석주선수의 경우와 같은 최악의 상황이 대표적인 예이다.

3) ′98 프랑스 월드컵에서의 전술

(1) '아트 사커' 의 등장

80~90년대를 거치면서 두드러지는 전술의 변화상을 엿볼 수 없었던 세계 축구팬들은 ′98프랑스월드컵을 통해 오랜만에 커다란 변화의 물줄기를 관찰하게 됐다. 새로운 스타일의 축구는 월드컵 개최국인 프랑스가 예술의 나라였던 때문인지 '아트 사커' 로 명명됐다. 아트 사커의 근간은 남미의 개인기에 유럽의 힘과 조직력이 조화를 이룬 종합축구를 의미한다. 개인기에 의존하던 남미 출전팀들은 힘과 조직력을 더했고 유럽의 몇몇 나라는 화려한 개인기를 접목, 공통의 스타일을 만들어 낸 것이다.

한국이 월드컵 본선 첫 승과 16강 진출이라는 숙원을 풀기는커녕 멕시코, 네덜란드전에서 망신을 당하고 만 것은 실력이 달리기도 했지만 이같은 세계축구의 조류를 읽지 못하고 구태의연한 플레이를 펼친 데에도 원인이 있다. 패권을 다툰 세계 최강 브라질과 개최국 프랑스, 북유럽 '쌍두마차'로 부상한 노르웨이와 덴마크, 그리고 처녀출전에 4강까지 오른 크로아티아 등이 아트사커의 전도사였다. 반면 잉글랜드와 독일은 개인기를 덧붙이는 데 소홀한 나머지 종전처럼 힘과 조직력만 믿다가 좋은 성과를 거두지 못했다.

chapter 7

기본전술과 시스템의 연습

1. 개인전술 플레이
2. 그룹전술 플레이

chapter_7

기본전술과 시스템의 연습

팀 경기인 축구 경기의 특징은 전술적인 플레이이다. 대전하는 상대 팀에 따라 자기 팀의 전법이 결정된다. 그러나 전법이 정해지고 실천되려면 전술을 구사할 수 있는 수준이 도달되어 있어야만 한다. 대전하는 상대 팀에 대응할 수 있는 종합적인 전법을 구축하기 위해서는 다음과 같은 전술적인 단계가 요구된다.

개인 전술 – 대인 기능으로서의 전술적인 플레이

그룹 전술 – 협동기능으로서의 전술적인 플레이(시스템 플레이를 포함함)

상대성을 내포하는 경기 장면의 변화에 따라 움직여야 하는 대인 기능으로서 전술적인 플레이는 일반적으로 개인의 전술적인 플레이라고 할 수 있다. 즉, 기본기술을 소유한 경기자가 상대의 움직임을 고려하고 대인 플레이가 이루어지는 것이다.

예컨대, 방해자인 상대의 위치와 움직임에 대응하여 자기의 드리블링, 트래핑 혹은 움직이는 방향과 속도 등을 장면에 알맞도록 판단하고 그 전술적인 판단을 기초로 하여 플레이를 해야 한다. 이와 같이 개인의 기술을 상대측에 대응하여 적절하게 활용할 수 있도록 플레이를 하는 것을 개인 전술의 요점이라고 할 수 있다.

한편 협동 기능으로서의 그룹 전술이라는 것은 자기측 경기자와 협동적인 플레이로 공격과 수비를 할 때 효과적인 플레이를 하기 위한 콤비네이션 플레이라고 할 수 있다. 예를 들면, 공격을 할 때 패스를 하는 자는 패스를 받기 위해 이동하는 자기측 경기자의 이동 방향과 위치를 고려해야 한다. 또한 상대측 경기자의 위치와 이동 관계를 파악하고 패스의 타이밍, 공의 속도와 방향등을 선정한 패스를 하여야 한다. 이와 같이 패스를 하는 자와 패스를 받으려는 자의 사이에서 이루어지는 플레이를 콤비네이션 플레이라고 하며, 이를 그룹 전술이라고 한다.

이상과 같은 개인 전술상의 수준과 문제점, 그리고 협동 기능의 수준 등을 자기 팀과 상대 팀의 입장에서 충분히 고려하여 팀 자체가 소유하고 있는 종합적인 전력을 최대한으로 발휘할 수 있도록 전력을 구성하게 된다. 즉, 그 종합적인 전력이 구성되고 그 작전에 따라 팀 경기가 이루어질 때 팀 전술이 형성되었다고 할 수 있다. 보다 자세한 팀 전술과 관계되는 것은 지도편에 설명하기로 한다. 또한 전술적인 문제를 엄격하게 구분하려고 할 때에는 복합적인 성격을 갖게 되는 경우가 많기 때문에 그 지도면에 있어서도 이점을 충분히 고려해야 한다.

경기가 일어나는 장면이나 전술적 연습을 하는 장면을 형성할 때 개인에게 국한시켜 해석 할 때는 개인 전술에 국한시킬 수 있으나 개인의 플레이 장면을 포함시킨 지역적인 플레이를 고려해야 하기 때문에 콤비네이션 플레이에 속하게 된다. 특히, 전술적인 플레이를 고려할 때에는 공을 점유하고 있을 때의 플레이와 공을 점유하고 있지 않은 입장에서의 플레이가 포함되기 때문에 더욱 복합적인 성격을 가지고 있다고 할 수 있다. 그리고 특히 전술 연습을 위하여 다루어야 하는 내용은 어디까지나 개인의 기본 기술을 기초로 이루어지기 때문에 지도 면에서 볼 때 기본 기술과 전술의 지도 내용이 중복 되는 경우가 많다. 그럼으로, 여기서 취급하는 전술상의 지도 내용은 복합적인 성격이 존재한다는 것과 중복되는 점은 생략되었음을 인식해 주기 바라며, 여기에서는 중요한 몇 가지만은 다루기로 한다.

1. 개인전술 플레이

공을 컨트롤하고 기본 기술을 경기 중에 충분히 발휘하기 위해서는 개인의 전술적인 플레이에 대한 기초를 올바르게 익혀 두어야 한다. 이러한 전술적인 플레이는 상대의 직접적인 방해를 피해가며 유리한 입장에서 공격에 임하는 공격적 플레이와, 상대의 공격을 적극적으로 방해하고 공을 점유하며 공격으로 이전하기 위한 수비에 대한 전술로 구분할 수 있다.

1) 공격시의 개인적 전술 플레이

(1) 프리 러닝을 하자.

패스를 받으려고 하는 자는 대인 방어를 하고 있는 상대측 경기자로부터 떨어져 자유로운 위치로 이동해야 한다. 이와 같이 패스를 받기 위해서 자유로운 위치로 움직이는 것을 프리 러닝이라고 한다. 대인 방어로 마크를 당하고 있는 자에게 공을 패스하더라도 도중 차단을 당하게 되든지 혹은 공을 받는 순간에 차징이나 태클을 당하게 되기 쉽다. 상대측 경기자에게 마크 당하고 있을 때에는 상대를 떼어 놓고 패스를 받을 수 있는 장소로 움직인다.

그림 7-1

그림 7-2는 패스를 받을 수 있도록 자기를 마크하고 있는 상대를 떼어버리고 패스를 받을 수 있는 위치로 이동하고 있는 프리 러닝을 하고 있음을 나타내고 있다. 경기 중 공격측이 항상 패스를 받기 위해서는 상대측의 마크로부터 벗어나도록 해야 하며, 적극적

그림 7-2

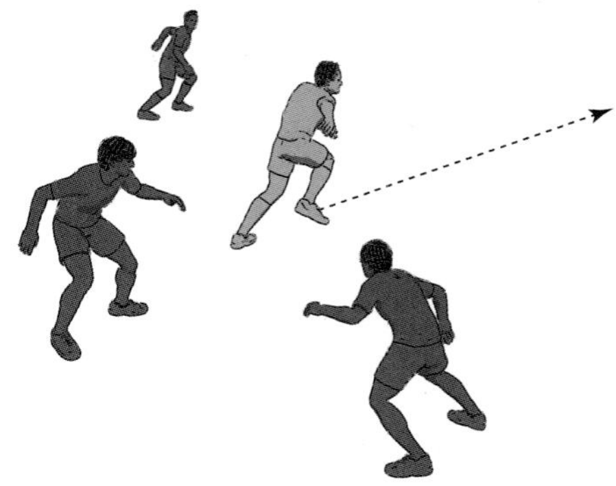

그림 7-3

그림 7-4

인 마크를 벗어나기 위해서는 패스의 타이밍에 맞도록 재빠르게 속이는 모션을 이용하여 상대를 떼도록 해야 한다.

그림 7-3 과 같이 수비자의 수비가 가능한 지역이 있다. 이와 같이 수비가 가능한 지역 내에서는 패스를 받는다고 하더라고 상대에게 차징을 받아 공을 빼앗길 염려가 있기 때문에 다른 지역으로 이동하여야 한다. 그림 7-4에서 검은 부분은 수비자에 의해 패스가 불가능해진 지역이다. 공격측은 이러한 사각dead angle의 지역 내에서는 패스를 받을 수 없다. 그러므로 사각 지역을 벗어난 자유 지역(패스가 가능한 지역)으로 이동하도록 해야 한다.

그림 7-5에서 수비측 D에 의해서 C에게 패스가 불가능하게 되었고 B가 패스가 가능한 위치로 이동하였기 때문에 A는 B에게 패스가 가능하며 B는 패스를 받아 효과적인 공격에 임할 수 있게 되었다. 그림 7-6과 같이 공을 패스하려는 순간에 공격진의 두 사람이 사각 지역으로 이동한다면 곤란하다. 상대측 한 사람에게 세 사람이 마크가 되어 버린다. 따라서 항상 패스가 가능하도록 프리 러닝을 하여 계속적인 공격을 할 수 있도록 해야 한다.

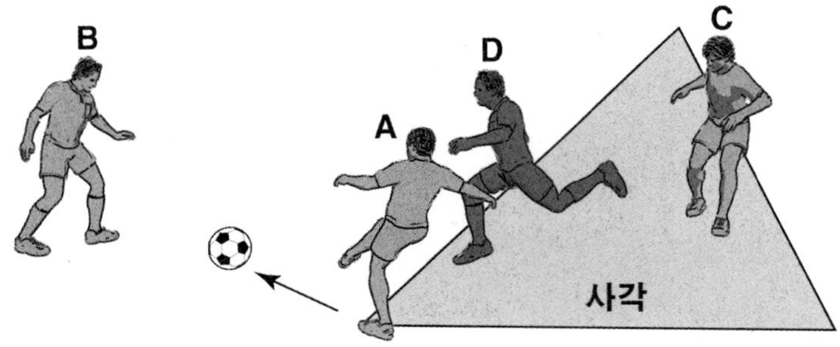

그림 7-5

(2) 프리 러닝의 연습

프리 러닝을 지도할 때 단계적인 연습 과정을 위해 다음과 같은 사항에 주의하도록 하자.

그림 7-6

[연습 1]

초보자들에게는 공을 사용하지 않고 연습시의 형태에 대해서 정확하게 설명하도록 하고 움직임에 대하여 시범을 보이도록 한다. 이동 요령이 이해되면 공을 사용하여 패스를 하면서 이동 방향을 이해하도록 한다. 공을 사용하면서 이동하는 요령을 이해하게 되면 상대를 놓고 하도록 한다. 상대의 수는 공격자의 수보다 적게, 그리고 수비측의 동작을 처음에는 소극적으로 하도록 하여 공격측의 연습에 주안점을 둔다. 수비측과 공격측의 인원수의 차이는 처음에

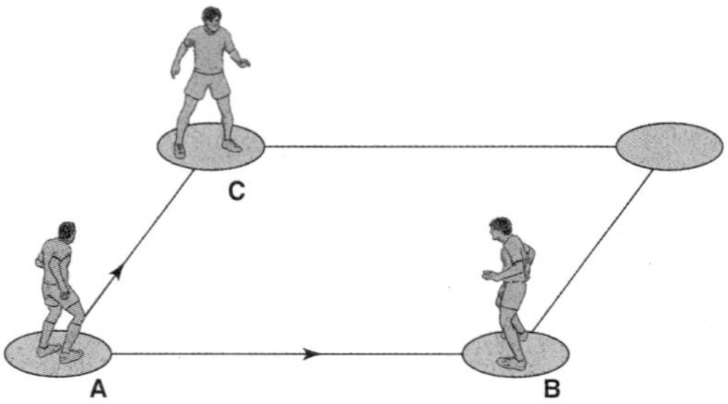

그림 7-7

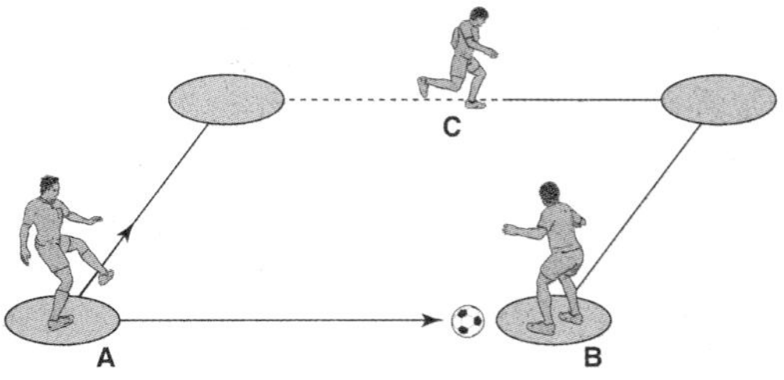

그림 7-8

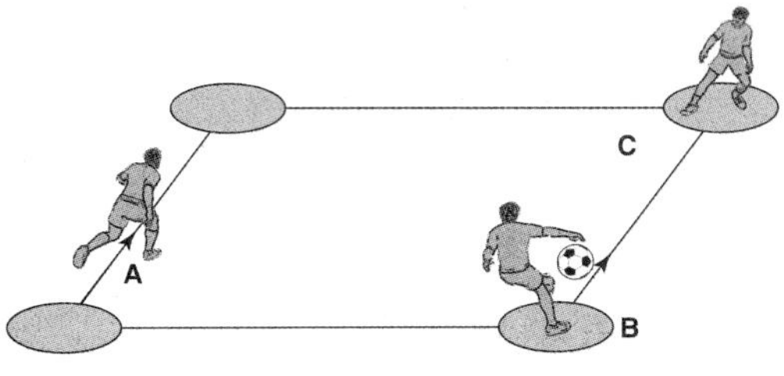

그림 7-9

는 2명 정도로 한다. 공격측의 움직임과 기능이 향상되면 수비측의 움직임을 적극적으로 하도록 하고 인원수도 최후에는 공수간에 동수의 인원이 같도록 한다.

최후 단계에서는 적극적인 대인 마크로 적극 수비를 하며 공격측은 순간적으로 재빠르게 이동하여 패스를 받을 수 있는 장소로 움직인다.

그림 7-7과 같이 한 변이 10m 정도가 되는 정방향을 만들어 네 곳의 각에 직경 1m의 원을 그리도록 한다. 세 사람이 A.B.C의 원에 위치하고 A가 공을 가지고 있다. 반드시 공을 좌우로 패스할 수 있도록 움직이게 하면서 프리 러닝을 하도록 한다. 그리고 그림 7-8과 같이 A가 B에게 공을 패스하면 C는 이동하여 B의 우측 원에 달려가서 공을 가지고 있는 B가 좌우 양쪽으로 패스가 가능하도록 패스의 코스를 만든다.

그림 7-9는 B가 C에게 패스하면 A가 이동하여 C의 우측 원에 달려가며 C가 좌우측으로 패스가 될 수 있도록 프리 러닝을 하고 있다. [연습 1]의 세 가지 그림과 같이 패스를 할 때에는 정확하게 원을 향하여 하도록 하고 공이 패스되면 프리 러닝을 하는 선수는 재빨리 스타트를 하여 논스톱 킥으로 연속적으로 패스와 프리 러닝을 하도록 한다.

[연습 2]

그림 7-10은 A가 공을 가지고 있다가 B에게 패스를 한 즉시 대각선으로 달려간다. B의 우측 원에 C는 패스가 되어 A가 이동함을 확인하고 B의 좌측 원으로

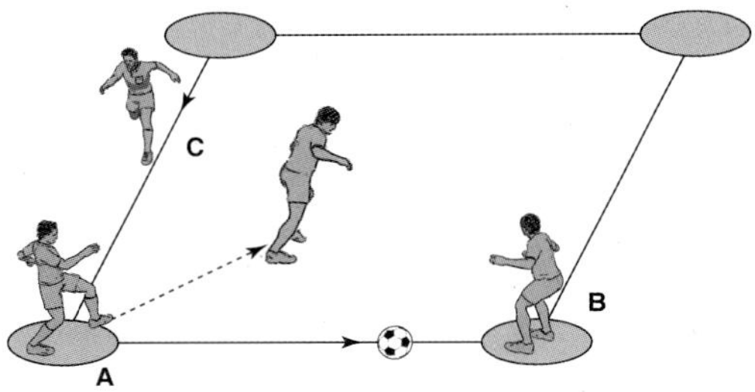

그림 7-10

이동하여 B의 좌우측 패스 코스를 형성한다. 즉, 패스가 되면 두 사람이 프리 러닝을 하여 패스 코스를 만들도록 한다. 이때 패스를 한 사람은 패스와 동시에 대각선상의 원으로 대시하며 패스를 한 사람의 이동을 보고 C는 즉시 스타트를 하여야 한다. 이동 방법에 익숙해지면 세 사람이 원내에 위치하여 즉시 패스를 하고 연속적으로 패스와 프리 러닝을 하도록 한다.

[연습 3]

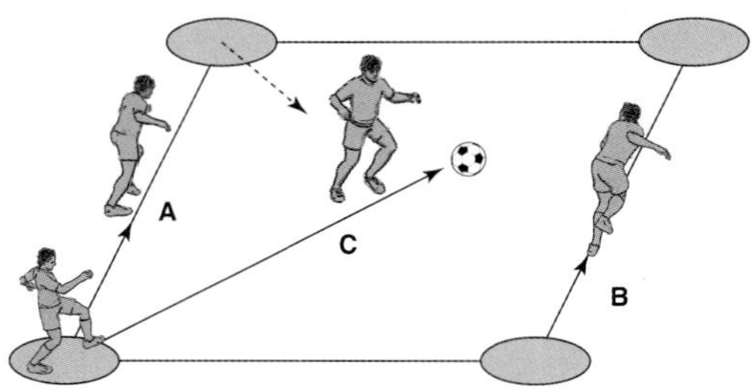

그림 7-11

그림 7-11에서 A는 대각선의 원으로 패스하면 B가 이동하여 그 공을 리시브한다. C는 B가 스타트 하는 것을 확인하고 대각선으로 달리며 B가 있던 원으로 이동한다. A는 패스를 한 다음 B, C의 움직임을 보고 C가 위치하였던 원으로 이동한다. 세 사람이 이동을 하면서 공을 중심으로 좌우측에 패스가 가능하도록 만든다.

A의 패스 속도와 B의 이동 속도가 합치되도록 패스가 되면 B, 혹은 C가 공을 리시브하기 위해 재빨리 스타트하며 늦어진 사람이 대각선으로 달려 패스를 할 수 있는 코스로 만든다. 동시에 A는 B, C의 이동을 확인하고 공을 리시브 한 사람에 대하여 또 다른 패스 코스를 열어주도록 이동한다.

[연습 4]

3대 1로 하는 프리 러닝을 하도록 한다. 그림 7-12와 같이 수비측이 C에게 패스할 수 없도록 패스 코스를 방해하면서 A에게 접근할 때에는 B에게 패스를 한다.(수비가 A의 정면으로 접근하여 올 때에는 C에게로 패스를 할 수도 있음) C는 A가 B 에 패스하는 것을 보는 순간 대시하여 B의 오른쪽 방향의 원으로 이동하며 A와 함께 B가 좌우 양쪽으로 패스할 수 있는 코스를 열도록 한다. 그리고 패스된 공을 따라 수비측이 B에게 접근하게 되면 그림 7-13과 같이 B는 C에게 패스를 한다. B가 C에게 패스를 하면 A는 C의 우측의 원으로 달려가서 패스의 코스를 만들도록 한다. 수비자인 D는 적극적으로 플레이하여 공을 빼앗도록 한다.

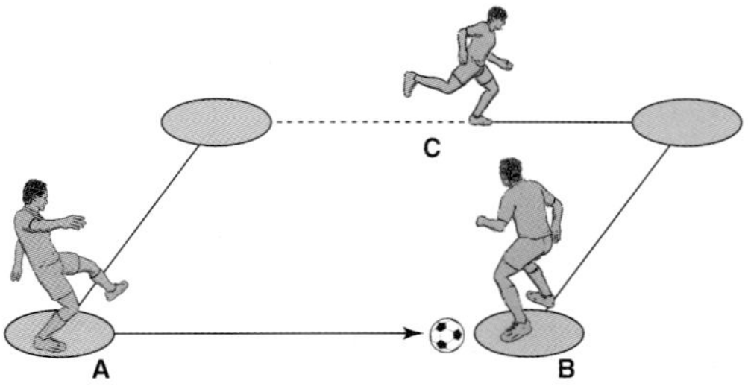

그림 7-12

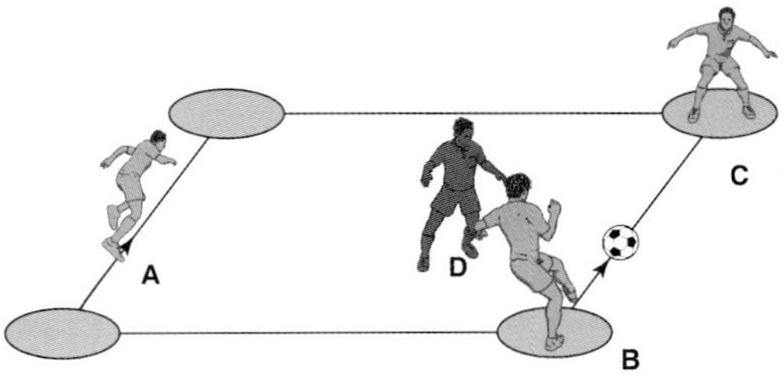

그림 7-13

세 사람이 정확한 패스를 연속적으로 하도록 하면, 수비자는 공격측이 패스 미스를 범하도록 적극적으로 달려든다. 그리고 공격자들은 패스가 되면 재빨리 프리 러닝을 하여 패스의 코스를 좌우로 열도록 한다. 세 사람의 패스는 수비자의 움직임에 따라 변화시킬 수 있고, 패스는 원 터치(원터치), 혹은 투 터치(two 터치)플레이로 변화시킬 수 있다.

[연습 5]

그림 7-14와 같이 A가 B에게 패스하고 대각선 방향의 원으로 달려간다. 그리고 C는 B의 좌측에 패스 코스가 열리도록 A가 있던 곳으로 프리 러닝을 한다. D가 B에게 접근하더라고 A와 C가 좌우로 프리 러닝을 하여 패스 코스를 만들어 놓았기 때문에 B는 패스를 할 수 있다. 패스가 되면 재빨리 프리 러닝을 하도록 한

다. 수비자의 움직임에 따라 패스 코스를 변화시키며 논 스톱패스를 하거나 때로는 페인트 모션을 이용하여 패스를 연결 하도록 한다. 수비측의 움직임을 적극적으로 함으로써 패스의 속도가 재빠르게 이루어지도록 한다.

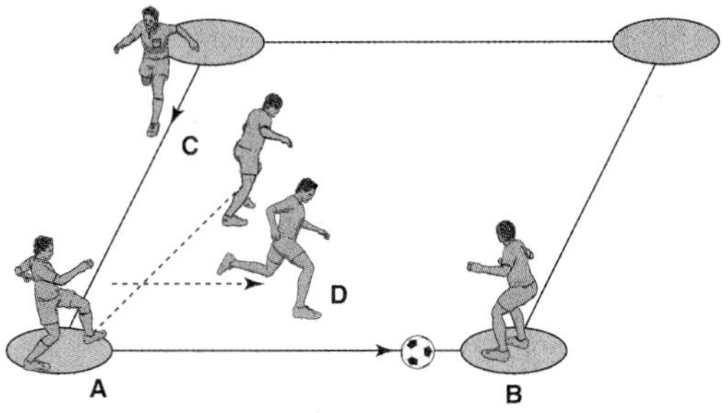

그림 7-14

[연습 6]

그림 7-15와 같이 3대 1형태로 실천적인 프리 러닝 연습을 하도록 하자. 공을 가지고 있는 자의 좌우 방향으로 패스를 할 수 있도록 패스 코스를 만든다는 것을 원칙으로 프리 러닝을 하는 것이다.

그림 7-15와 같이 A가 공을 점유하였을 때 B와 C는 수비측의 D에 의하여 생겨나는 사각(패스가 불가능한 지역)으로부터 벗어나, A의 좌우로 이동하여 공을 중심으로 하여 프리 러닝하는 연습을 한다.

그림 7-16은 그림 7-15의 상태에서 A로부터 B에게 패스된 경우 C와 A의 프리러닝의 움직임을 나타낸 것이다. A와 C는 B의 좌우로 달려가서 패스 코스를 만들도록 한다. 그림 7-17은 그림 7-16의 상태인 B가 공을 키핑한 상태에서 C에게 패스를 했을 때, A와 B의 프리 러닝의 움직임을 나타낸 그림이다.

그림 7-15

A와 B는 C의 좌우로 이동하여 패스를 받을 수 있도록 움직인다. 프리 러닝은 재빠르게 움직이도록 하며 논스톱 패스로 연속적으로 프리 러닝을 하도록 한다. 그림 7-18은 4인이 프리 러닝을 연습할 때 필요한 기본 위치이다. 공을 점유하고 있는 A의 좌우에서 패스를 받을 수 있도록 B와 C가 위치하고 A의 정면에서 패스를 할 수 있도록 D가 위치한다. 즉 공을 중심으로 좌우측과 앞 방향 등 세 방향으로 패스가 가능하도록 위치한다.

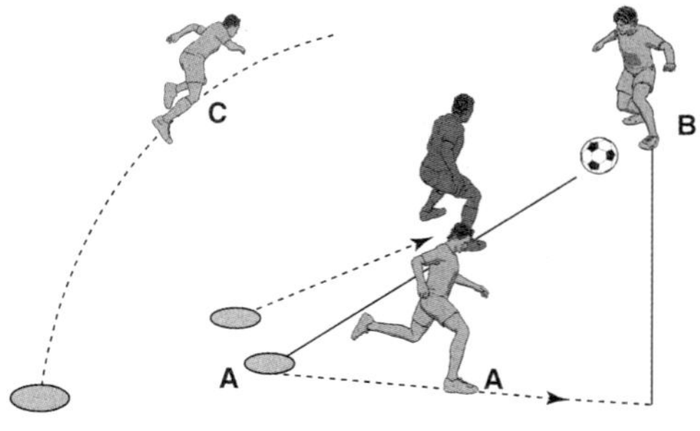

그림 7-16

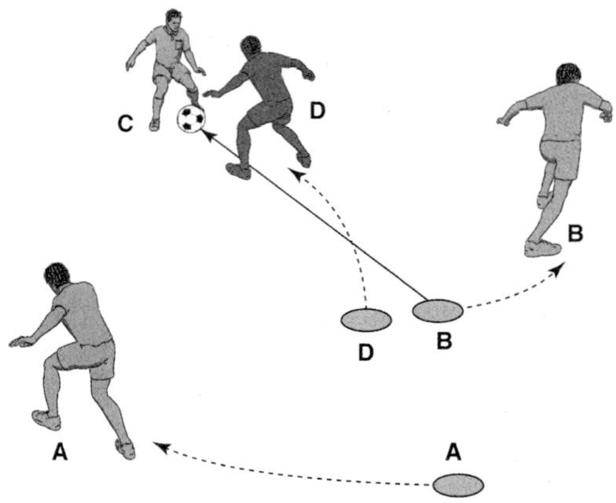

그림 7-17

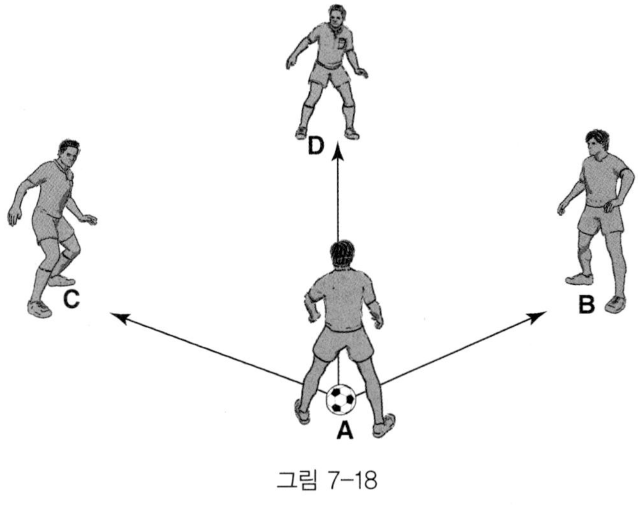

그림 7-18

[연습 7]

그림 7-19는 그림 7-18의 기본적인 위치에서 A가 B에게 패스를 하였을 때 각 경기자가 프리 러닝하는 방법을 나타낸 그림이다. B의 좌우에 A와 D가 프리 러닝으로 패스가 가능하도록 이동하고, C는 B로부터 전방의 패스를 받을 수 있도록 위치한다.

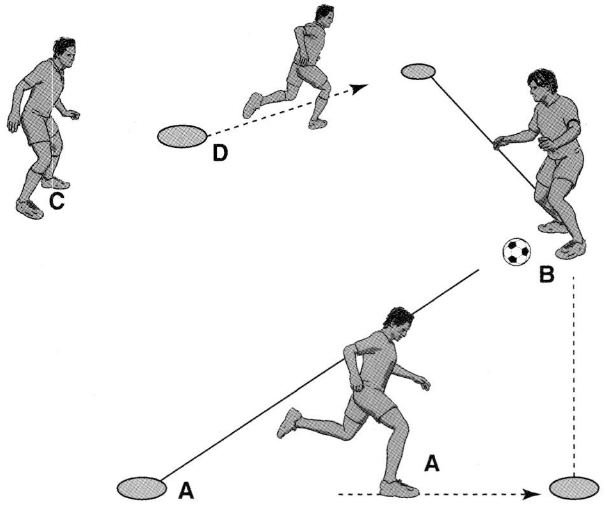

그림 7-19

그림 7-20은 그림 7-19에서 B가 D에게 패스를 하였을 때 각자의 프리 러닝을 하는 방법을 표시한 그림이다. D의 좌우에 C, B가 이동하며 전방에 위치하여 세 방향으로 패스의 길을 열도록 한다.

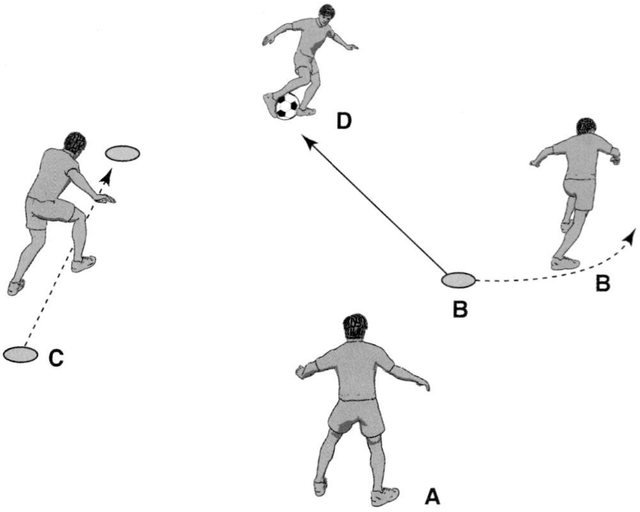

그림 7-20

그림 7-21은 그림 7-20에서 D가 공을 점유한 장면에서 정면에 위치한 A에게 패스하였을 때 B, C는 A의 좌우로 이동하고 D는 제자리에 있는다. A는 좌우측 C, B와 정면 B에게 패스를 할 수 있도록 프리 러닝을 한다.

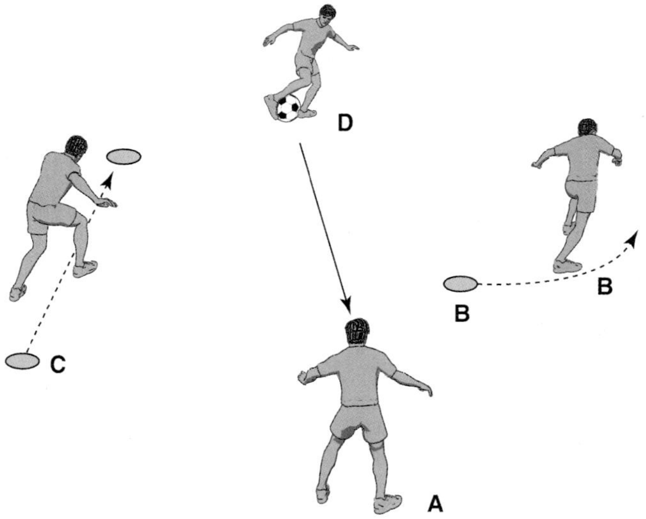

그림 7-21

[연습 8]

아래 그림 7-22는 네 사람(A, B, C, D)의 공격진에 대해 수비측 두 사람(E, F)이 위치할 경우 A로부터 세 방향으로 패스가 행해지는 것을 표시하였다. 즉 4대 2 형태로 프리 러닝을 연습하는 방법이다.

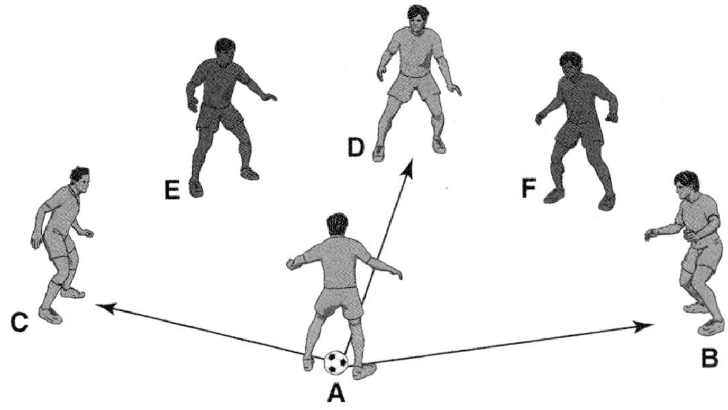

그림 7-22

그러나 그림 7-23과 같이 E, F가 C, D에게 패스를 할 수 있는 코스를 방해할 경우는 A는 B에게 패스하도록 한다. 그러나 공격측은 수비측의 방해를 피할 수 있도록 각각 유리한 방향으로 프리 러닝을 하여 패스의 코스를 만들도록 해야 한다.

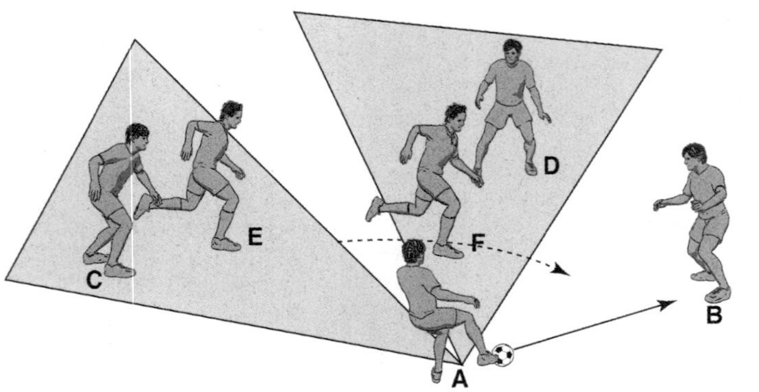

그림 7-23

즉 네 사람의 움직임은 프리 러닝의 기본형을 활용하여 공을 중심으로 좌우의 양측과 전방의 패스 코스를 형성하도록 재빠르게 움직인다. 공을 키핑한 사람은 두 사람의 수비의 위치를 순간적으로 판단하여 도중에 차단당하지 않도록 하면서 좌우 방향과 앞 방향으로 번갈아 패스하도록 한다.

[연습 9]

그림 7-24는 2대 1의 형태로 공방의 연습을 하는 방법이다. 이러한 연습에서는 패스를 한 자는 패스와 동시에 프리 러닝을 하는 것이 중요하다. A는 B의 움직임을 보아 패스를 하고, 즉시 프리 러닝을 하고 C는 패스를 받는 B에게 달려가서 접근할 때 C는 A의 움직임에 맞도록 C를 피해 패스하고 프리 러닝을 하도록 한다.

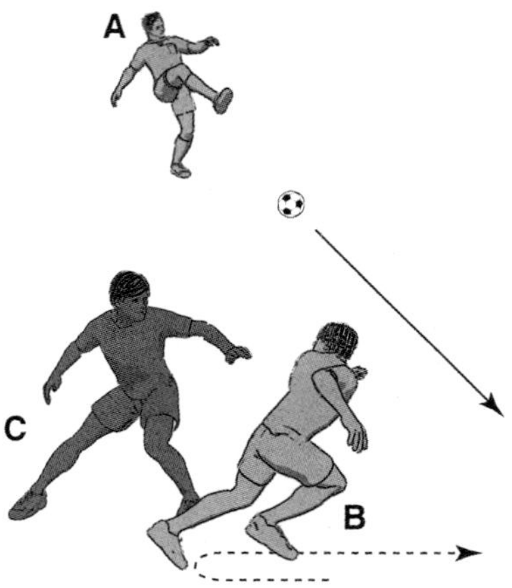

그림 7-24

그림 7-25는 마크를 당하고 있는 상대로부터 프리 러닝을 하여 패스를 받는 연습 방법이다. A가 공을 가지고 있고 C는 B를 향하여 B의 움직임을 따라 마크한다. B는 C의 마크로부터 패스를 받을 수 있도록 프리 러닝을 하여 패스를 받도록 한다. 위의 경우와 같이 2대 1의 프리 러닝의 연습에서는 패스 코스가 제한되어 있기 때문에 3대 1, 4대 2에 비하여 보다 민첩하고 빠르게 프리 러닝을 하지 않으면 패스가 연결되기 힘들다.

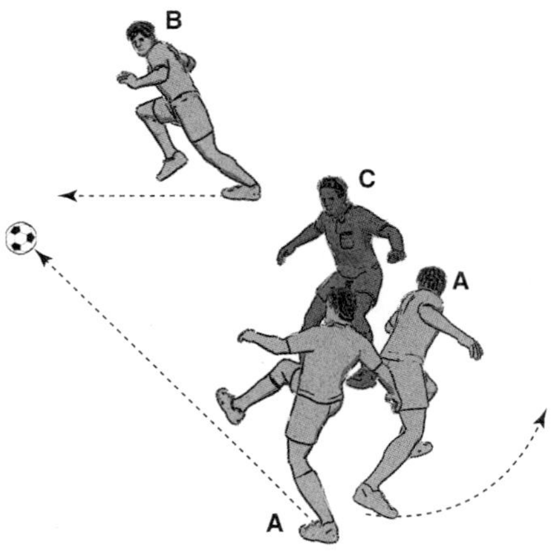

그림 7-25

상대의 마크로부터 벗어나기 위해서는 달리는 페이스를 변화시켜 프리 러닝을 하여야 한다. 또는 달리는 방향에서 갑작스럽게 방향을 바꾸어 턴을 함으로써 상대의 마크로부터 벗어나도록 한다. 때로는 페인트를 사용하여 마크로부터 벗어날 수 있다. 우측으로 달리는 모션을 쓰고 좌측으로 달린다든가 혹은 우측으로 천천히 달리다가 급정지를 한다든가 혹은 반대로 회전하여 달리며 마크로부터 벗어난다.

2) 방어시의 개인전술

(1) 기본적인 수비 방법

① 자기측의 골과 상대측을 연결하는 선상에서 수비를 하자. 수비는 그림 7-26과 같이 마크를 해야 하는 상대와 자기 측의 골을 연결하는 선상에서 골대에 등을 향하도록 해야 한다. 이러한 위치를 확보해야만 상대에게 슈팅을 그리고 커트인(cut 인)하여 패스를 받는 것을 방어할 수 있게 된다. 공을 주시한 나머지 자기가 마크한 공격자를 놓치지 않아야 한다.

그림 7-26

그림 7-27

② 인터셉트Intercept를 하여 공을 자기 것으로 만들도록 하여야 한다. 수비자라 하더라도 항상 수비의 입장에만 놓여서는 안 된다. 기회를 보고 상대에게 패스되는 순간을 이용하여

공을 인터셉트하도록 해야 한다. 단 이 때 타이밍이 맞아야 한다.

공격자의 앞에 나서면서 인터셉트를 한다. 실패할 경우 수비자로서 큰 위협을 느낄 때가 있으므로 위치, 거리 등을 고려하여 자신이 있을 때 패스를 도중 차단하도록 노력한다. 그러므로 상황에 대한 순간적인 옳은 판단이 필요하다.

③ 상대측이 패스를 받는 순간에 정당하게 차징을 하여 상대의 밸런스를 파괴하여 공을 빼앗도록 한다. 공을 받는 순간에는 한쪽 발로 체중을 지지하며 공을 컨트롤해야 하는 경우가 많기 때문에, 이와 같이 불안전한 자세에 차징을 가함으로써 상대측은 몸의 자세가 불안전하며 밸런스를 잃게 된다.

그림 7-28

공을 컨트롤 하려는 순간이기 때문에 차징에 대응하는 대비책의 준비가 갖추어지지 못할 경우가 많으므로 차징의 효과가 더욱 크다. 차징은 팔을 몸에 붙인 자세에서 상대의 어깨부위에 어깨를 사용하여 하도록 해야 하며, 패스되는 공을 주시하여 리시브하는 순간에 차징을 하도록 하며 공의 속도와 상대의 자세를 파악하여 하도록 해야 한다.

④ 공격측이 패스를 받는 순간, 혹은 공을 컨트롤하는 과정에서 기회를 보아 태클을 하도록 한다. 패스되는 공을 인터셉트를 하지 못할 경우, 그리고 차징을 가해 공을 빼앗을 수 없을 경우 태클을 하여 상대의 공격을 차단하도록 해야 한다. 태클을 할 때에는 올바른 위치에 서서 준비 태세를 갖추고 공과 상대의 모션을 주의하여 살펴

그림 7-29

본 후, 상대가 공을 컨트롤하는 과정에 조그마한 틈만 보여도 태클을 하도록 한다.

⑤ 원 사이드 커트(원 사이드 cut) 수비 태세로 기회를 보아 적극적으로 대결하도록 한다. 상대가 패스된 공을 완전하게 받았을 때에는 패스를 할 코스를 한정하여 마크하도록 하는 것이 유리하다. 일반적으로 터치라인 방향으로 패스를 하도록 패스 코스를 개방하고 안쪽에서 바깥쪽으로 접근하는 방식으로 마크를 적극적으로 하도록 한다.

그림 7-30

이와 같은 원 사이드 커트의 수비 태세를 가짐으로써 후방의 수비는 자기가 마크하는 공격자에 대해서 더욱 적극적인 수비 태세를 가질 수 있는 방어 콤비네이션 플레이를 할 수 있다. 그리고 이러한 수비 방법으로 생긴 사각 내에 존재하는 상대자를 마크하는 결과가 되므로 효과적인 수비 방법이 된다. 이때 공과 상대측의 움직임에 주의를 하는 것은 물론이고, 사각의 지역에 상대를 놓이도록 할 때에는 좌우로 고개를 돌려 간접 시야로 상대의 위치를 확인하도록 한다.

(2) 수비의 개인적 전술 연습

[연습 1]

제한된 지역에서 공격자의 움직임을 방해하고 마크하는 연습을 한다. 그림 7-31과 같이 3~4m 간격의 라인과 평행되게 해서 공격측은 라인을 넘어서지 않고 페

그림 7-31

인트 모션, 혹은 달리는 속도, 달리는 방향 등을 변화시켜 수비의 대인 방어로부터 벗어나려고 한다. 수비측은 뒤에 골이 있다고 가정하고 공격자가 전진하려는 방향의 코스를 방해한다. 또한 라인을 따라 달릴 때에는 정당한 차징을 하여 라인 밖으로 내 보내도록 한다. 공을 사용하지 않고 상대를 적극적으로 마크하도록 하기 위해서는 상대의 움직임을 올바르게 판단하고 민첩하게 움직이도록 해야 한다.

[연습 2]

그림 7-32와 같이 공격측의 B는 수비자 C의 마크를 벗어나기 위해 프리 러닝을 하여 패스를 받도록 움직인다. 수비자 C는 철저하게 대인 방어를 하여 패스가 이루어지지 못하도록 민첩하게 움직이도록 한다. 이때 C는 공격자 A와 공을 주시하지 말고 B의 이동만을 주시하고 적극적인 마크를 하도록 한다. A와 B는 공을 패스할 수 있도록 프리 러닝을 하여 패스의 길을 열도록 하며, 수비자인 C는 공격자의 움직임에 민첩하게 반응하여 대응적인 동작을 하도록 한다.

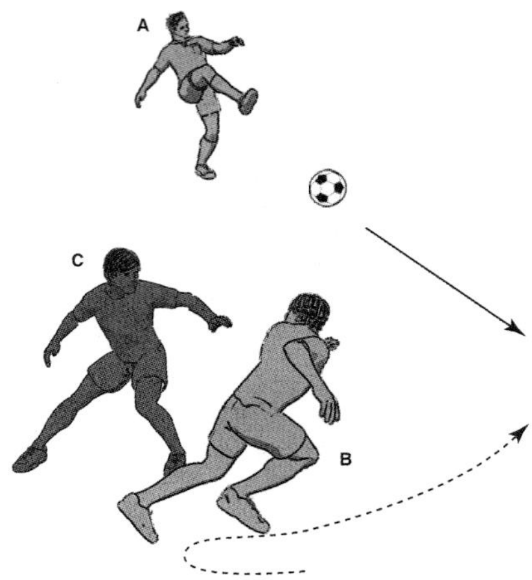

그림 7-32

[연습 3]

패스를 받으려는 상대자의 앞에 나서면서 패스된 공을 인터셉트하는 연습을 한다. 그림 7-33과 같이 패스를 받으려는 자의 뒤에 위치했다가 패스가 행해지는 순

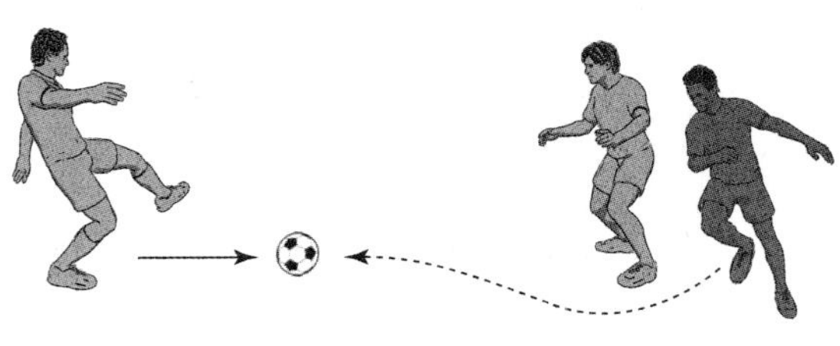
그림 7-33

간 앞으로 나서면서 인터셉트를 하도록 한다. 또는 상대자의 좌측 혹은 우측의 측면에 위치한 상태에서도 인터셉트를 하는 연습을 하도록 한다. 패스된 공의 속도와 패스 코스를 올바르게 판단하여 상대의 방해를 피하면서 움직이는 민첩성이 필요하다. 또한 패스된 공을 향해 스타트하는 타이밍을 잘 선택하도록 해야 한다.

[연습 4]

공격과 수비가 3대 3의 형태로 인터셉트 연습을 한다. 그림 7-34와 같이 3대 3으로 공격, 방어의 연습을 하며 프리 러닝을 통해 연속적으로 패스를 하도록 한다. 수비자는 자기가 마크하고 있는 상대에게 패스되어지는 공을 인터셉트 한다. 또한 자기가 마크하고 있는 상대 외에도 공을 점유하고 있는 상태나 패스를 하려는 상황을 판단하여 민첩하게 움직여서 인터셉트를 한다. 인터셉트를 하여 공을 점유하면 공격자로서 패스를 하도록 한다.

그림 7-34

[연습 5]

상대가 공을 리시브하는 순간에 차징을 하는 연습을 한다. 공을 받는 순간에 어깨를 사용하는 정당한 차징을 상대측 측면과 후방에서 하도록 한다. 차징을 할 때에는 상대측이 차징을 하는 반대측 발로 체중을 지지하고 있는 순간에 하는 것이 효과

그림 7-35

적이다. 그리고 패스된 공의 코스와 속도를 판단하고 상대가 리시브하는 순간에 팔을 몸쪽으로 붙이고 차징을 하도록 해야 한다. 공이 플레이할 수 있는 지역 밖에 있을 때 하는 차징은 반칙이 되므로 주의하도록 하자.

[연습 6]

태클링을 하도록 한다. 제한된 지역 내에서 골을 향해서 한 사람이 공을 갖고 공격을 하며 다른 한 사람이 수비의 역할을 한다. 1대 1의 형태에서 공격자가 불안전하게 공을 컨트롤할 때 기회를 보아 태클링을 하거나, 수비자가 페인트 모션을 하여 공 컨트롤에 혼란을 주어 태클의 기회를 만들도록 한다. 골대를 이용할 때 공격자는 득점에까지 플레이를 계속하도록 하며, 제한된 지역 내에서 할 때에는 공을 빼앗기면 교대로 공격자의 역할을 하도록 한다.

그림 7-36

[연습 7]

아래의 그림과 같이 2대 2의 형태로 두 사람이 공격, 다른 두 사람이 수비 역할을 한다. 공을 점유했을 때에는 수비자의 마크로부터 벗어나서 프리 러닝을 하여 패스 연결을 하도록 한다. 수비측은 상대가 공을 잡으려고 할 때 인터셉트하거나 차징을 가하여 공을 빼앗도록 하며 기회를 보아 태클을 하도록 한다. 2대 2형태로 제한된 지역 내에서 하거나 골대를 사용하여 공격과 수비의 연습을 하도록 한다.

그림 7-37

3) 슈팅

축구의 최종 목표는 상대측의 골에 공을 슈팅을 하여 득점하려는 데 있다. 슈팅은 공을 차든지 헤딩을 함으로써 이루어진다. 골키퍼나 상대측의 수비를 속이고 슈팅을 하기 위해서는 전술적인 판단하에 개인의 기본 기술인 킥킹 혹은 헤딩이 이루어질 때 더욱 효과적이다. 이러한 뜻에서 슈팅을 개인의 전술적인 내용에 포함시켜 다루기로 한다.

(1) 슈팅의 기본

① 골을 향한 슈팅의 각도(범위)를 고려해야 한다. 그림 7-38의 그림에서 A지점에서 슈팅을 할 때와 B지점에서 슈팅을 행할 때 슈팅의 각도를 비교하면 A지점에서의 슈팅각도는 크며 따라서 득점의 확률이 크다고 볼 수 있다.

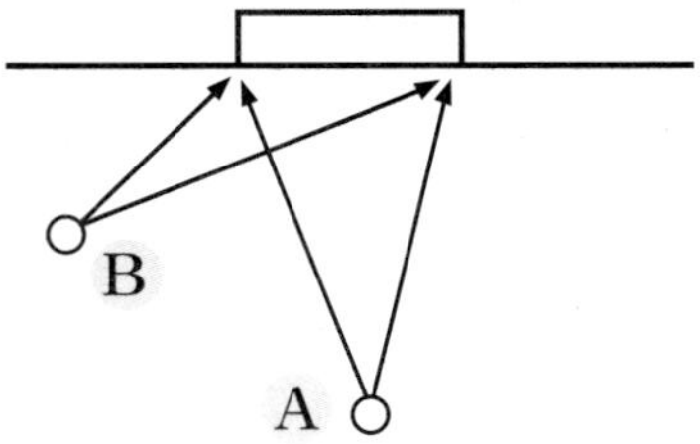

그림 7-38

② 슈팅을 할 때 목표를 생각하자.
골키퍼의 위치에 따라 슈팅의 목표지점이 달라지는 것이 사실이다. 그러나 골의 우측에서 슈팅을 할 때에는 좌측 골포스트를, 좌측에서 슈팅을 할 때에는 우측 골포스트의 방향으로 슈팅을 하는 것이 일반적인 원칙이라 할 수 있다.

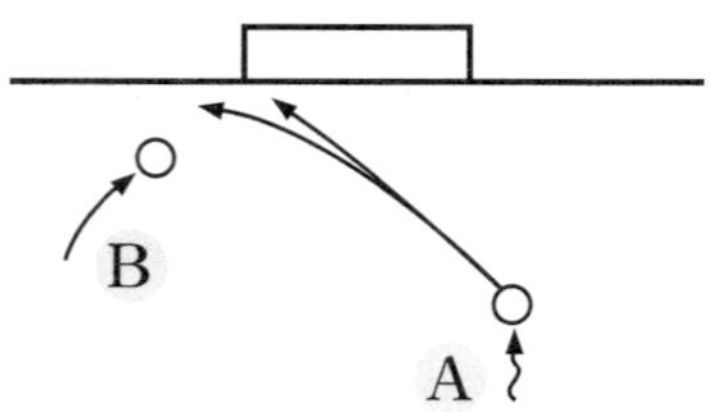

그림 7-39

이와 같이 역 사이드의 골포스트를 향해 슈팅을 하였을 때 잘못 슈팅되어 골 밖으로 나오는 경우, 반대 방향에서 달려오는 자기측 경기자(그림 7-39에서 A는 슈팅을 한자, B는 반대측에서 달려온 자)가 다시 한 번 슈팅을 할 수 있는 기회를 갖게 되는 경우가 있다.

③ 좌우의 양발을 자유자재로 사용하여 슈팅을 할 수 있어야 한다. 몇 분의 일이라는 시간을 다투게 되므로 순간적인 슈팅 찬스를 놓치지 않기 위해서는 양쪽 발을 다 사용할 수 있어야 한다. 우측에서 오는 공을 슈팅하기 위해서는 좌측 발을 사용하는 것보다 우측 발로 슈팅을 하는 것이 유리하다.

④ 자신을 갖고 강한 슈팅을 할 수 있도록 연습하자.
슈팅을 행할 때에는 목표 지점을 향해 자신있는 슈팅을 해야 한다. 그리고 슈팅은 낮은 공으로 골포스트에 가깝도록 강하게 하는 것이 득점하는 데 유리하다.

(2) 슈팅의 연습

[연습 1]

드리블링을 하다가 슈팅을 한다. 그림 7-40과 같이 드리블링의 방향, 속도를 변화시키며 때로는 페인트모션을 가미하여 슈팅과 연결하도록 한다. 드리블링의 방향 전환의 각도도 크게 변화시키도록 한다.

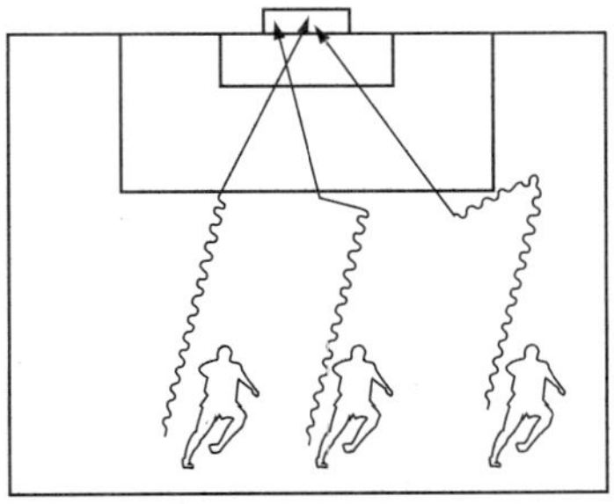

그림 7-40

[연습 2}

포스트 플레이를 이용하여 슈팅을 한다. 그림 7-41에서는 A가 포스트 플레이의 역할을 한다. B는 드리블링으로 전진시키면서 A에게 패스를 한다. A는 공을 다이렉트 패스로 B에게 전하고 골을 향해 달려가며, B는 그 공을 반대측의 포스트 부근으로 슈팅을 한다. B의 슈팅이 끝나면 C가 천천히 드리블을 하고 B는 포스트 플레이의 역할을 맡고, A는 C의 본래의 위치로 이동한다. 세 지점에 위치한 사람들은 슈팅이 끝나면 다음의 위치로 이동하여 계속하

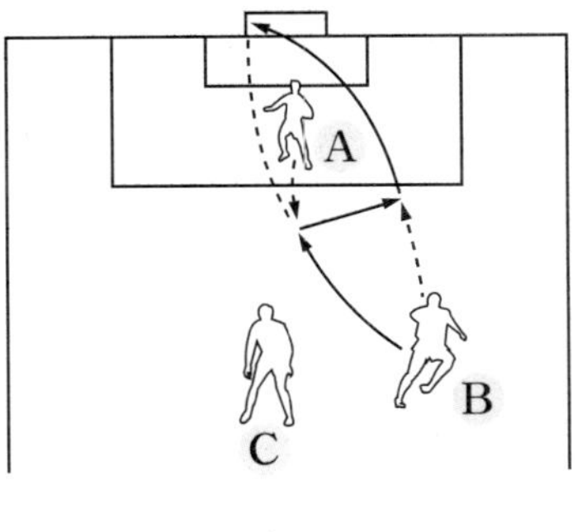

그림 7-41

여 슈팅이 가능해지도록 움직인다.

그림 7-42

[연습 3]

측면에서 패스되는 공을 슈팅하도록 한다. 측면에서 패스를 하는 자는 공을 지면으로 슈팅을 하는 자의 5m정도 앞 지점으로 패스하도록 하며 슈팅을 하는 자는 앞으로 대시하여 달려 나오면서 직접 슈팅과 연결한다. 패스의 타이밍에 맞추어 대시하도록 해야 하고, 패스의 방향을 좌우측으로 변화시켜 연습하도록 해야 한다.

[연습 4]

측면에서 발리 킥volley Kick으로 슈팅을 연습하자. 초보자에게 공을 던져주어 발리 킥으로 골을 향해 슈팅을 하도록 한다. 처음에는 제자리에서 슈팅을 하도록 하고 숙달이 되면 4~5m 앞으로 달려 나가면서 슈팅을 한다. 좌우측에서 공을 던져주어 양 발로 슈팅이 가능해지도록 한다.

그림 7-43

그림 7-44

그림 7-44와 같이 후방에서 패스되는 공을 받아 슈팅을 하도록 하자. 공의 스피드와 패스 코스를 보고 어느 지점에서 슈팅을 할 것인지를 빨리 판단하고 앞으로 대시하여 공과 접촉하도록 한다. 처음에는 한 번 트래핑을 하고 슈팅을 하며 다음은 패스된 공을 다이렉트 킥으로 슈팅을 한다.

[연습 6]

로빙 볼로 센터링centering한 공을 헤딩으로 슈팅한다. A는 터치라인을 따라 드리블링으로 코너지역 가까이 가서 로빙으로 골에 에어리어 외각으로 헤딩 슈팅을 한다. 드리블링과 센터링의 타이밍에 맞추어 대시해 나가면서 강한 헤딩을 하도록 한다.

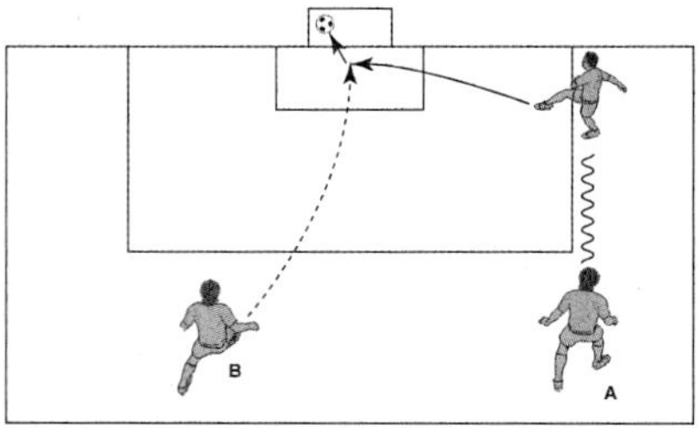

그림 7-45

[연습 7]

낮은 높이로 강하게 센터링한 공을 가까운 쪽의 골포스트 앞으로 달려가 슈팅을 하도록 한다. 센터링은 높은 공, 낮은 공, 혹은 지상으로 속도가 빠르게 하며 센터링의 공의 성질에 따라 헤딩과 발리 킥으로 슈팅을 하도록 한다. 센터링의 지점을 좌우측으로 바꾸어서 하도록 한다.

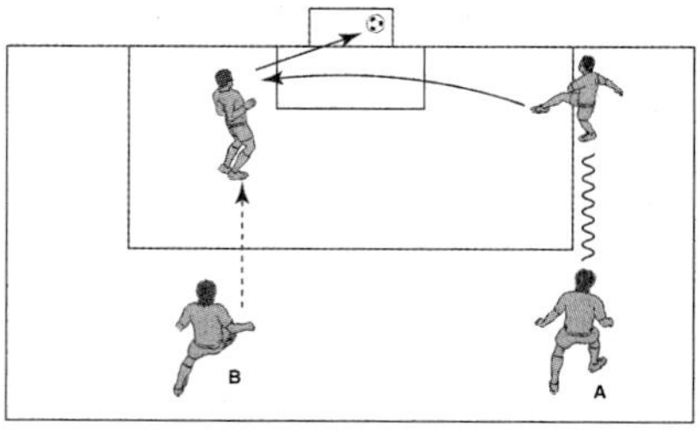

그림 7-46

[연습 8]

A가 센터링을 하는 타이밍에 맞추어 B는 A로부터 가까운 골포스트, 그리고 C는 먼 곳의 포스트를 향하여 달려 나가면서 A로부터 센터링된 공을 C가 슈팅을 한다. B는 가까운 포스트의 방향에서 슈팅을 하는 체하고 골키퍼의 시선과 주의를 돌려놓고 C로 하여금 슈팅을 하도록 한다.

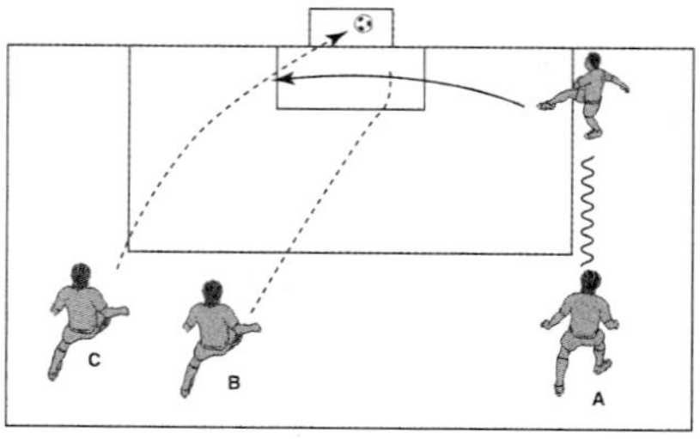

그림 7-47

[연습 9]

골 라인 부근까지 드리블링한 공을 각도가 깊은 센터링을 하거나 후방으로부터 달려오는 사람에게 패스를 하여 슈팅 하도록 한다. 슈팅을 하는 자의 위치를 B, C, D등으로 변화시켜 슈팅을 하도록 하며, A의 위치도 좌우측으로 변화시키도록 한다.

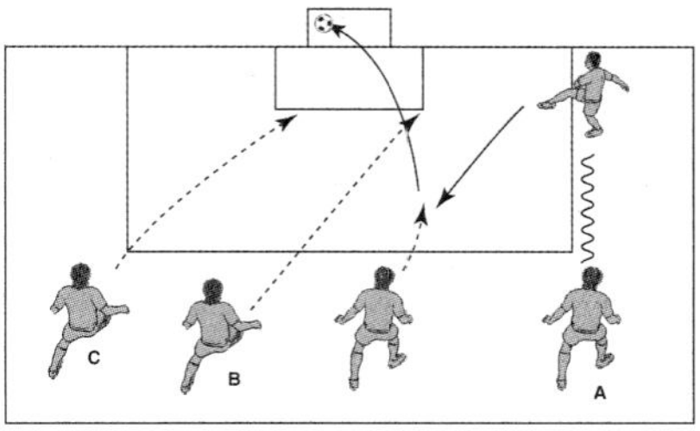

그림 7-48

2. 그룹전술 플레이

그룹 전술의 플레이란 일반적으로 협동 기능이라고 할 수 있는 콤비네이션 플레이라고 할 수 있다. 개개인이 연마한 기본 기술을 충분히 활용하고 다른 경기자와의 긴밀한 협력에 의하여 효과적인 공격과 수비를 하며 팀이 채택한 시스템 Sytem을 최고로 활용할 수 있도록 하는 기반이 그룹 전술의 협동 기능이다. 축구는 단체 경기로서 개개인의 기능과 기본 기술을 기반으로 하여 서로 협력한다. 전체 팀의 경기력을 최고로 발휘하기 위해서는 부분적인 지역과 장면에서 일어나는 플레이의 연결을 잇는 그룹 전술이 가장 중요하다고 할 수 있다.

1) 패스

패스는 공을 찬다든지 트래핑을 하는 연습으로 생각할 수 있으나 공을 패스하고 받기 위해서는 여러 방향으로 민첩하게 움직여 프리 러닝을 해야 하며 타인과의 협동적인 플레이가 요구되므로 그룹 전술의 영역에서 취급하기로 했다. 성공적인 패스를 위해서는 다음 사항에 주의해야 한다.

① 시간적 여유가 있을 때 속히 패스를 하도록 한다. 상대측에게 완전히 마크

가 되어 버린 후에는 패스를 할 방향이 통제되어 버리게 된다. 그리고 프리 러닝과 다음 동작에도 제약을 받게 되므로 효과적으로 패스를 할 수 없다.

② 공을 자기측에게 보냄으로써 패스가 올바르게 행해지는 것이 아니다. 상대측의 수비 태세, 위치 등을 고려하고 패스를 받을 자기측의 상황을 파악하여 공의 코스, 패스의 타이밍, 공의 스피드와 성질 등을 고려한 패스를 하도록 해야 한다.

③ 패스를 하였다고 플레이가 끝나는 것이 아니라, 패스를 한 후에는 또 다른 다음 동작으로 계속 연결되도록 움직여야 한다. 또는 패스 앤 고Pass and go의 형식으로 다음의 패스를 받기 위해서 유리한 위치로 재빨리 프리 러닝을 해야 한다.

④ 상대측에게 마크를 당하고 있을 때에는 방향을 급전환한다든가 달리는 속도를 변화시킨다든가 혹은 페인트 모션을 하여 마크로부터 벗어나 프리 러닝을 하여 패스를 받을 수 있도록 움직인다.

⑤ 패스의 타이밍을 올바르게 판단하여 패스를 하도록 한다. 자기측의 움직임은 물론이며, 자기를 마크하고 있는 상대측의 움직임과 위치 등을 판단하여 직접적으로 패스를 할 것인지, 한 번 트래핑을 할 것인지 아니면 공을 키핑하는 시간을 연장시켰다가 패스를 할 것인지를 정확히 판단하여 하도록 해야 한다.

(1) 패스를 받는 기본 위치

그림 7-49에서 1번 그림과 같이 상대측의 배후로 달려 들어가면서 패스가 연결되면 더욱 효과적이다. 수비측을 기만하여 앞으로 전진하면서 패스를 받을 수 있도록 하는 것이 바람직한 방법이다. 2번 그림은 상대를 자기의 등 뒤에 위치하도록 하고 패스를 받는다. 즉 공과 상대측의 사이에 자기가 위치하고 패스를 받도록 한다. 3번은 패스를 받으려는 자의 바로 발밑으로 패스를 하여 상대로 하여금 공을 빼앗을 수 없도록 하는 것이다. 4번은 전면이나 측면으로 패스의 연결이 불가능할 때 패스를 받으려는 자가 후방으로 후퇴하면서 패스를 받는 위치를 나타

낸다. 5번은 패스를 받으려는 위치가 사각 지역 내에 있어 패스 연결이 불가능하다. 패스를 받으려는 자는 사각 내에서 벗어나도록 해야 한다.

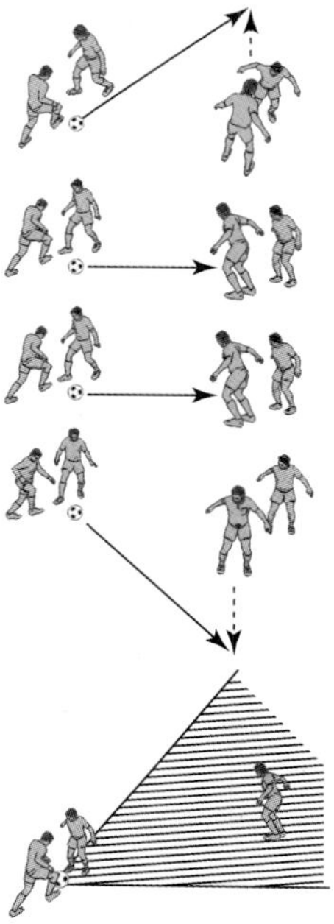

그림 7-49

(2) 패스의 기본 형태

① 두 사람이 하는 지그재그 패스

그림 7-50과 같이 5~10m의 간격을 두고 같은 방향으로 평행으로 달리면서 공을 주고받는 패스를 한다. 다이렉트 킥으로 한다. 롱패스의 연습을 하기 위해서는 두 사람의 간격을 40~60m의 거리로 두고 로빙으로 패스를 하도록 할 수 있다. 롱 패스를 행할 때는 한 번 트래핑을 하고 패스를 하도록 한다.

② 삼각 패스

두 사람이 7~10m의 간격으로 평행으로 같은 방향으로 이동하면서 패스를 한다. 그림 7-51에서 A는 2~3보 드리블링을 하고 우측으로 B에게 패스를 하고 재빨리 앞으로 대시를 한다. B는 직접 그 공을 A에게 리턴 패스를 하며, 다시 A는 2~3

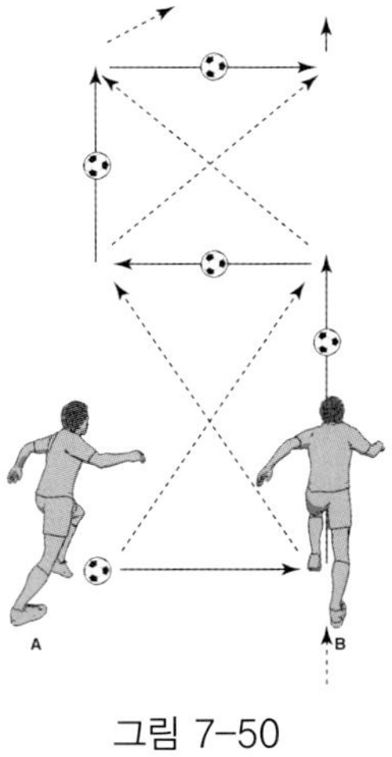

그림 7-50

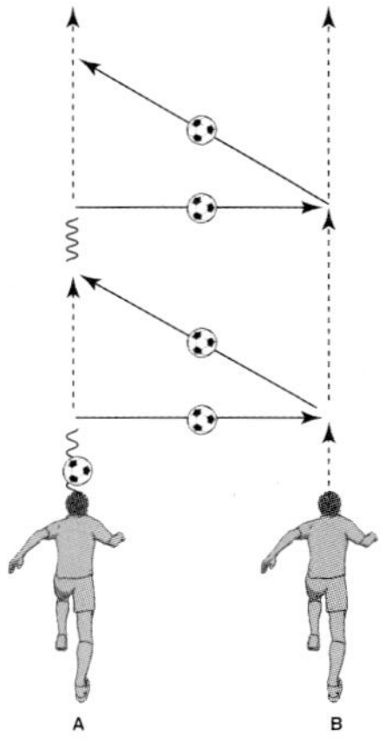

그림 7-51

보 드리블링하고 측면으로 패스를 한다. A는 가상적으로 드리블링을 할 때 상대와 접근하고 패스를 한 다음 상대를 제쳐놓고 앞으로 프리 러닝을 한다는 생각으로 재빨리 달려 나가도록 한다.

③ 전방 패스

그림 7-52와 같이 B는 7~10m정도 앞으로 달리는 A의 우측과 좌측, 혹은 바로 뒤 방향으로 패스를 한다. A는 그 공을 한 번 컨트롤하고 그 장소에 정지시키는 기분으로 짧게 측면, 혹은 후방 패스를 하고 다시 앞으로 대시하면서 B로부터 패스를 받도록 한다. 실제로 두 사람의 간격은 일정하지 않다.

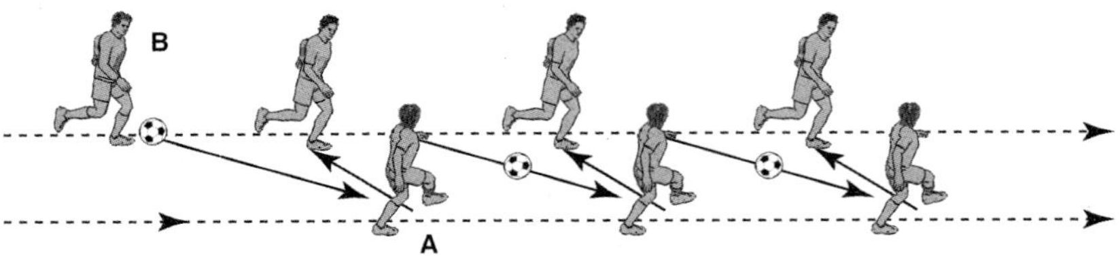

그림 7-52

④ 종횡 패스(앞과 측면으로 하는 패스)

그림 7-53과 같이 A와 B가 10m 정도의 간격을 두고 A는 우측의 B에게 횡 패스를 하고 B의 전방으로 사선 방향으로 대시한다. B는 A가 한 패스를 받아 논스톱 패스로 A에게 종 패스를 한다. B는 종 패스를 하고 재빨리 사선 방향으로 달려가 A로부터 횡 패스를 다시 받도록 한다. 정확하게 종 패스와 횡 패스가 되도록 하며 패스를 한 후 지체없이 자기의 방향으로 달리도록 한다.

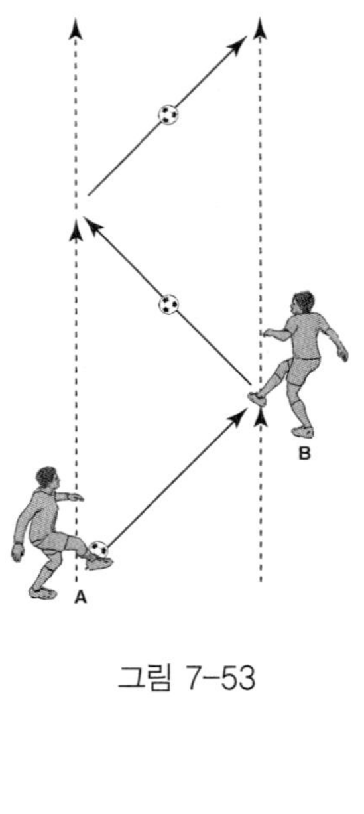

그림 7-53

⑤ 원주상을 달리는 세 사람의 패스

그림 7-54와 같이 반경 7~8m의 원의 중심에 A가 위치하고 B, C는 적당한 거리를 두고 원주상을 달린다. B가 A에게 패스한 공을 A는 논스톱 패스로 달리고 있는 C에게 패스한다. C는 그 공을 트래핑하고 다시 A에게 패스한다. 이렇게 A, B, C가 패스를 연결하도록 한다.

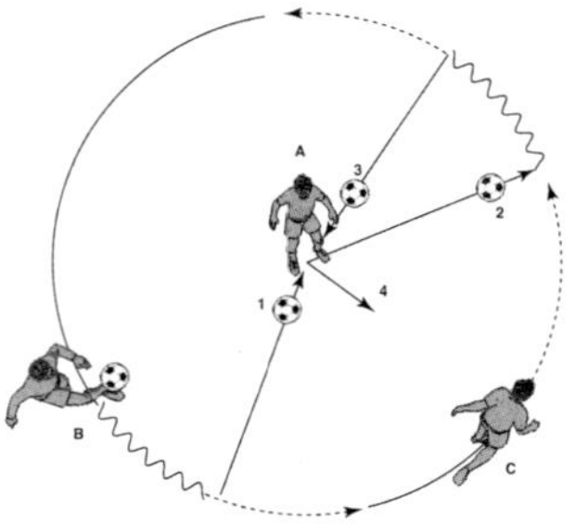

그림 7-54

⑥ 세 사람이 평행으로 달리면서 하는 패스

그림 7-55와 같이 세 사람이 같은 방향으로 평행되게 달리면서 측면 패스 혹은 사선으로 패스를 옆 사람과 하도록 한다. 패스는 옆 사람 간에 하기도 하고 한 사람 건너에 있는 자에게 패스를 하기도 한다. 세 사람이 일직선상에 위치하지 않고 삼각형의 형태를 이루는 위치로 달릴 때 패스의 코스가 많아지고 패스의 형태에 변화가 있다.

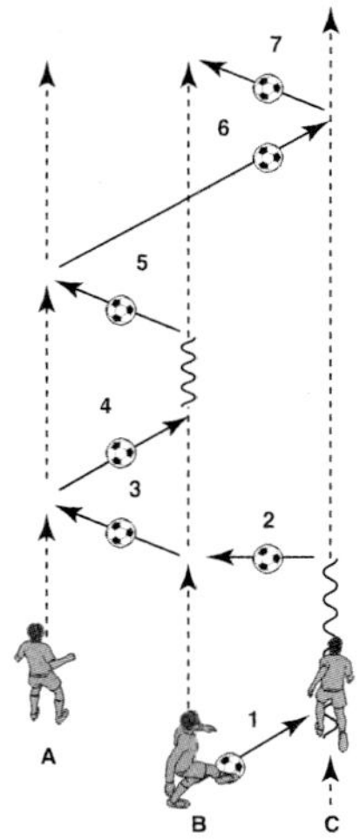

그림 7-55

⑦ 위치를 바꾸면서 행하는 세 사람의 패스

그림 7-56에서 B는 C에게 패스하고 C의 후방을 통과하여 C의 우측으로 달린다. C는 A에게 패스를 하고 A의 뒤를 통과하여 좌측으로 달려간다. 이와 같이 패스를 하고 외각으로 달려가는, 즉 자기의 위치를 변화시키면서 패스를 한다. 패스를 한 후에 재빨리 이동하여 다시 패스를 받을 수 있도록 이동하여야 하며, 정확하게 패스가 행해짐으로써 논스톱 패스로 연결을 가질 수 있다.

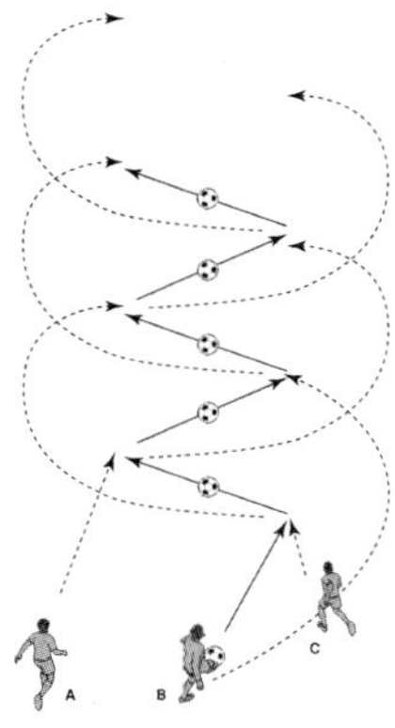

그림 7-56

[연습 1]

그림 7-57과 같이 원형의 형태에서 패스 연습을 한다. 경기자들이 원형의 형태에서 자유로운 방향으로 패스를 하도록 한다. 그러나 패스를 한 사람은 패스와 동시에 패스를 받는 자의 위치로 대시해야 한다. 이러한 연습은 패스를 한 다음에는 새로운 위치로 이동해야 하는 점에 의의가 있으며, 서로 위치를 바꾸어가며 패스를 한다.

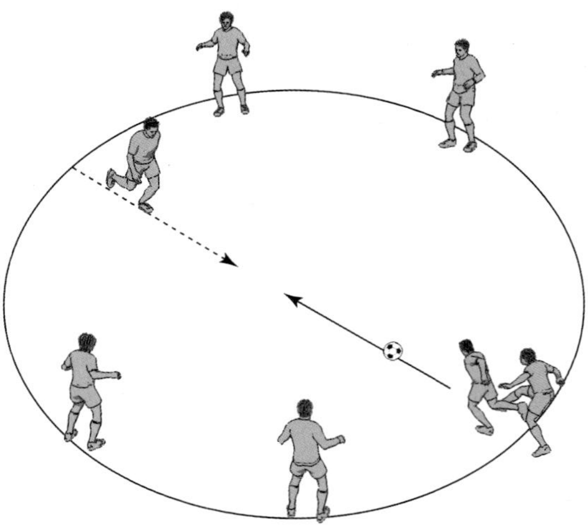

그림 7-57

[연습 2]

세 사람이 10~15m의 거리를 두고 삼각형의 형태에 위치하여 서로 패스를 한다. 그림 7-58에서 A는 B에게, B는 C에게, C는 A에게 패스를 하도록 한다. 각자는 패스를 받으면서 한 번 컨트롤하고 패스를 하도록 한다. 즉, 패스를 하기 전에 패스할 곳을 확인하고, 공을 컨트롤하여 목표하는 곳에 패스하도록 하는 원칙을 지키면서 패스를 연결시켜야 한다.

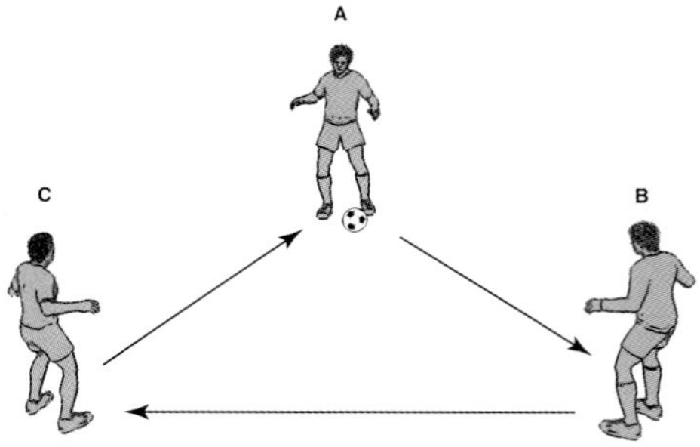

그림 7-58

[연습 3]

패스할 곳을 확인하고 공을 컨트롤하며, 그리고 패스를 하는 방법으로 그림에서 A는 B에게 패스를 한다. C는 A의 패스와 동시에 B로부터 패스를 받을 수 있도록 새로운 위치로 프리 러닝을 한다. B는 A로부터 패스가 행해졌을 때 C의 움직임을 확인하여 새로운 방향으로 정확하게 패스를 하도록 한다.

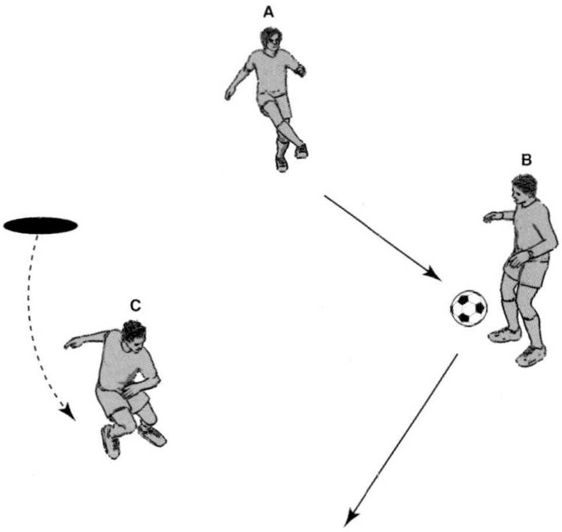

그림 7-59

다음에는 C가 A에게 패스를 하고 B는 A로부터 패스를 받을 수 있도록 프리 러닝을 하여 위치를 변화시킨다. 이때 A는 B의 이동을 확인하면서 정확하게 B에게 패스해야 한다. 이러한 패스를 되풀이하며 트래핑을 하지 않고 직접 연속적으로 패스를 하도록 한다. 패스된 공을 리시브하기 전에 이동하는 자기 측의 위치를 확인하는 것이 가장 중요하다.

[연습 4]

그림 7-60과 같이 A와 B는 각각 공을 점유하고 있는 상태에서 A와 B는 교대로 C에게 공을 패스하고 C는 패스된 공을 다시 리턴 패스로 연결하도록 한다. C는 A와 B로부터 오는 공을 재빨리 리턴 패스한다. 세 사람이 두 개의 공을 사용하기 때문에 A와 B는 자기의 공을 주시하면서, 다른 공의 이동을 보고 타이밍을 맞추어 계속 패스한다.

그림 7-60

[연습 5]

터닝하면서 반대의 방향으로 패스하도록 한다. 그림 7-61과 같이 세 사람이 일직선상에 위치하고 중앙의 위치에 있는 B는 A혹은 C로부터 받는 패스를 재빨리 반대 방향으로 터닝을 하여 반대측의 경기자에게 패스하도록 한다. A와 C는 B로부터 패스를 받을 때에는 위치를 이동하면서 패스를 받도록 하며, B는 터닝을 하기 전에 패스를 받을 자의 움직임을 확인하고 정확하게 패스를 하도록 한다.

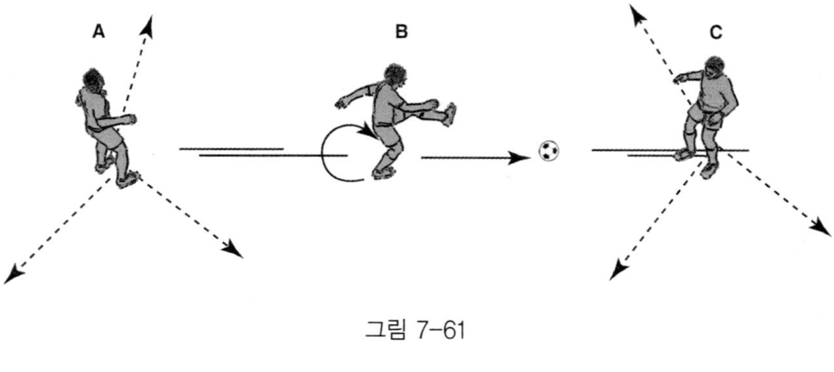

그림 7-61

[연습 6]

그림 7-62와 같이 세 사람이 동일 방향으로 달리면서 패스한다. 중앙에 있는 자는 좌우측의 사람보다 다소 뒤에 쳐져 있을 때에는 A로부터 받는 공을 리턴 패스로 C에게, C로부터 패스를 A에게 리턴 패스를 한다. B가 A와 C보다 전방에 위치했을 경우에는 A와 C로부터 받는 공을 뒤로 터닝을 하면서 반대측에게 리턴 패스를 한다. 세 사람이 위치를 바꾸어서 패스를 하도록 한다.

그림 7-62

[연습 7]

그림 7-63에서 A는 B에게 패스를 하고, B보다 전방으로 달려 나간다.

B는 한 차례 공을 컨트롤한 다음 C에게 패스한다. C는 B로부터 받은 공을 로빙 공으로 A에게 정확히 패스하도록 한다. 앞으로 달려 나가는 A의 움직임에 맞도록 패스를 하여야 한다. C는 B로부터 받는 공을 한 차례 트래핑을 하거나 논스톱으로 직접 A에게 패스하도록 변화시킨다.

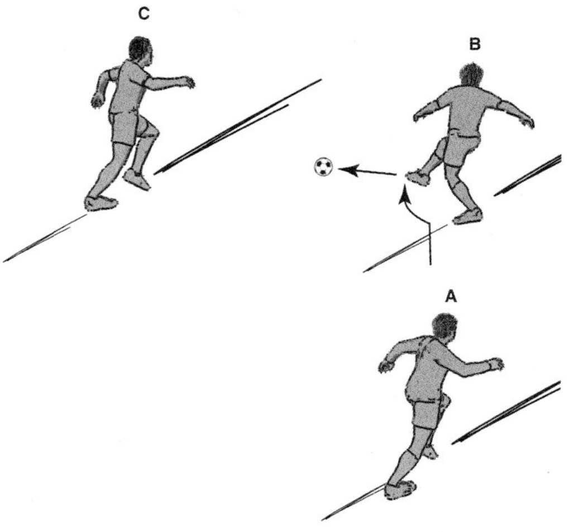

그림 7-63

[연습 8]

숏 패스와 롱 패스를 혼합으로 하는 패스이다. 그림 7-64에서 B와 C가 짧은 패스를 두세 번 주고받는 사이에 A는 전방으로 스타트한다. A가 15~20m 앞으로 달려 나갔을 때 C가 A에게 롱 패스로 정확하게 공을 보내도록 한다. C가 A에게 공을 패스하려는 몸가짐을 보이면 B는 A를 향해 달려가 접근하여 A와 짧은 패스를 계속한다. 다음에는 C가 앞으로 전진하여 A로부터 롱 패스를 받으며 이상과 같은 것을 되풀이 한다. 숏패스와 롱 패스로 연결하는 형태의 패스이다.

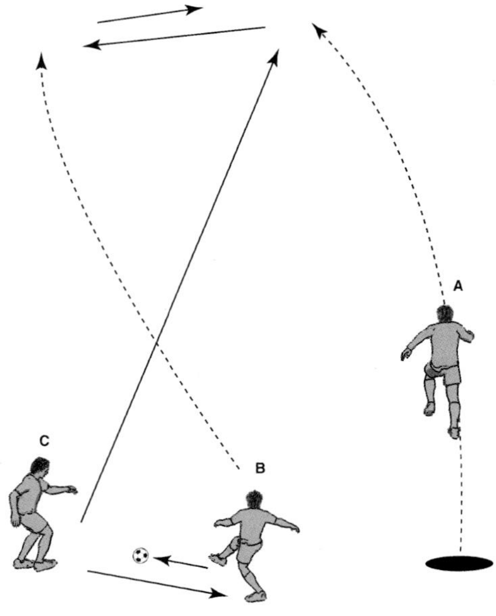

그림 7-64

[연습 9]

세 사람이 크로스 패스를 하면서 전진한다. 그림 7-65와 같이 A와 B는 크로스 패스를 하며 A는 A′에서 공을 받고 앞으로 달려온 C″와 크로스 패스를 하고, A에서 공을 받도록 한다. 같은 방법으로 A″는 C″와 크로스 패스를 하고 앞으로 달려 나온 B″와 다시 크로스 패스를 한 다음 본래의 위치로 돌아가게 된다.

세 사람이 위치를 변화시켜 이상과 같은 패스 형태를 되풀이하도록 한다. 이동하는 위치의 순서를 익히고 나면, 가능한 한 공을 리시브할 때 컨트롤 하지 말고 직접 패스로 연결하도록 한다.

2) 콤비네이션 플레이(combination 플레이)

축구의 기본 기술과 개인 전술의 내용을 학습한 후에는 팀으로서의 경기 능력을 향상시키기 위한 플레이를 학습해야 한다. 여기에서는 팀플레이에 도움이 될 수 있는 부분적인 콤비네이션에 대한 것을 예를 들어 그림으로 설명하기로 한다. 특히 패스의 기본적인 방법에 익숙한 후에는 그것을 실전에 활용하는 능력이 더욱 필요하다.

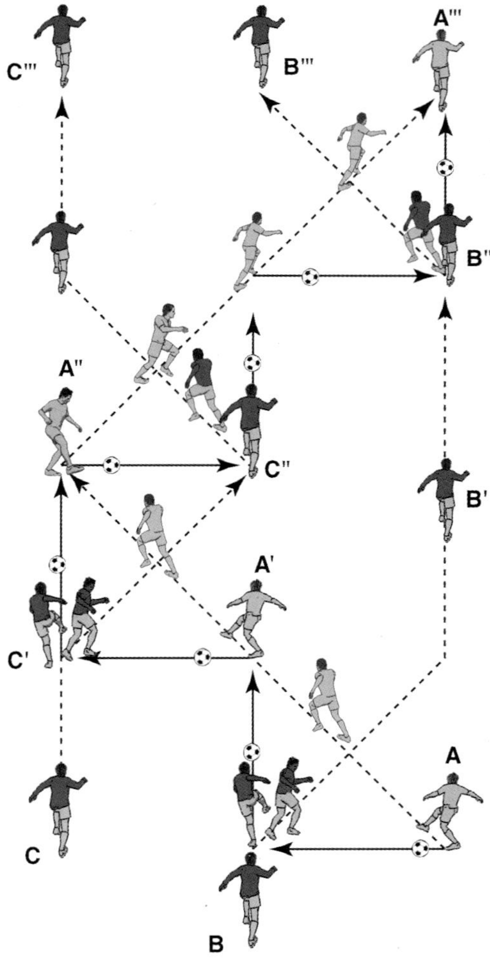

그림 7-65

(1) 윙wing과 인사이드의 콤비네이션 플레이(○표→공격, 표→수비)

공격 RW이 공을 킥하고 있을 때 RI는 좌측으로 달리는 듯이 페인트 모션의 동작을 하여 수비측 LH를 기만하고 우측으로 달려온다. RW은 달려오는 RI에게 패스하고 동시에 앞으로 달려가며 RI로부터 패스를 받도록 한다. RW은 수비측의 LB보다 앞서 달리도록 하며 RI는 논스톱 킥으로 전방으로 패스를 하도록 한다. 그림 7-67과 같이 자기의 수비측에서 연결되는 공을 공격 RW가 후퇴하여 받는 순간에는 수비 LH도 접근한다. 이때 공격 RW은 약간 후퇴하여 RI로부터 패스를 받아 논 스톱 킥으로 측면의 전방으로 패스한다.

RI는 RW에 패스를 하면서 동시에 윙의 반대 방향으로 회전하여 전방으로 민첩하게 달려나가 RW으로부터 연결되는 패스를 받도록 한다. RI는 RW에게 패스와 동시에 달려 나가는 민첩한 동작이 요구된다. 그림 7-68에서 공격 RW은 수비 LH을 향해 드리블링을 할 때 수비 LB와 LH은 공을 주시하고 공을 향해 이동하게 된다. 이 때 RW은 전방으로 패스를 한다. 공격 RI는 수비 LH가 공을 향해 집중되는 순간 LH의 뒤를 돌아 전방으로 달려가서 RW으로부터 연결되는 패스를 받도록 한다.

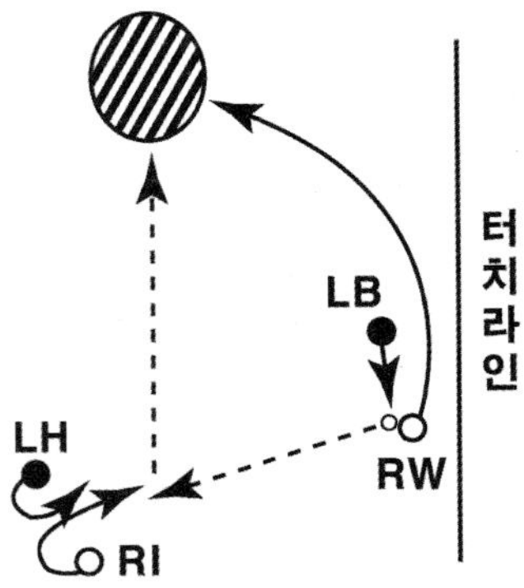

그림 7-66

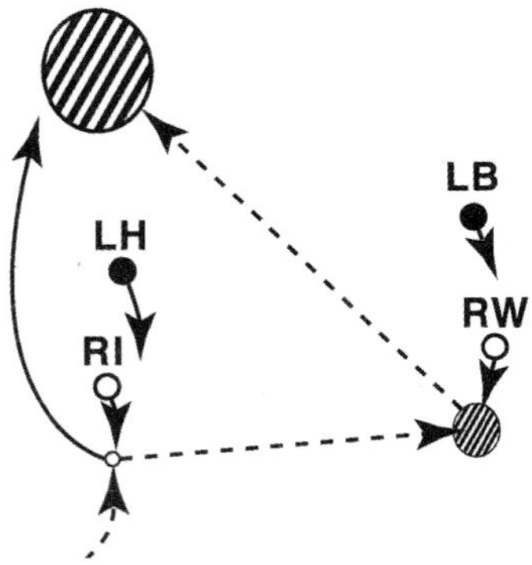

그림 7-67

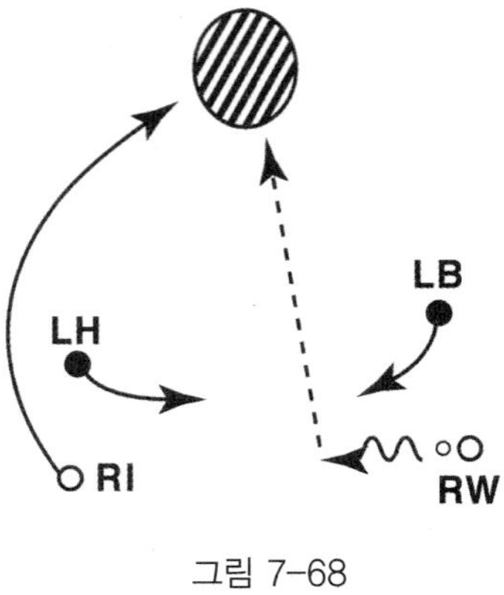

그림 7-68

(2) 센터 포드와 인사이드의 콤비네이션 플레이

그림 7-69는 공격 RI가 공을 가지고 있다. 이때 공격 CF는 후퇴하면서 RI로부터 패스를 받고 논 스톱 패스로 전방으로 연결한다. RI는 CF에게 패스를 하면서 동시에 수비 LH을 제치고 전방으로 달려가 CF로부터 패스를 받도록 한다. RI의 패싱 후에 달려가는 것과 CF의 패스의 타이밍이 중요하다.

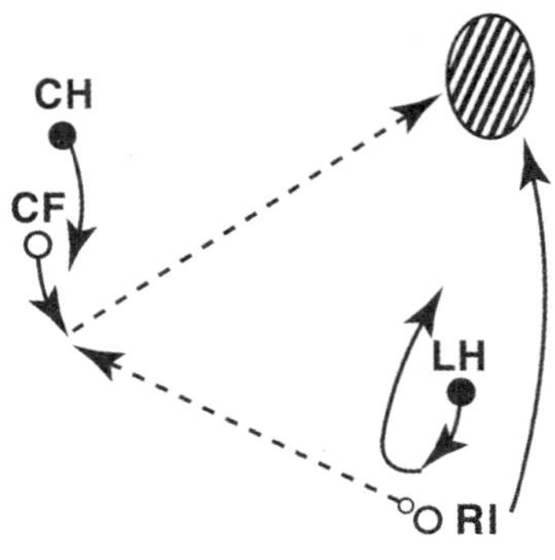

그림 7-69

그림 7-70은 공격 LI가 우측 방향으로 공을 드리블링 한다. 이때 공격 CF는 좌측으로 이동하는 동작을 취하면서 움직여서 수비 CH가 CF를 견제하는 이동이 생기면 우측의 전방으로 재빠른 대시를 한다. 공격 LI는 공격 CF의 달리는 스피드의 타이밍에 맞추어 앞으로 패스를 하여 CF와 패스를 연결하도록 한다. 그림 7-71에서 공격 LI는 공격 CF를 향해서 드리블링을 주시하며 관심이 집중되는 순간에 공격 CF는 크게 우측으로 회전하여 전방으로 달려 나가면서 LI로부터 패스를 받도록 한다. LI는 CF의 스피드에 맞도록 패스의 타이밍에 주의해야 하며 수비 CH가 공에 집중되도록 하는 술책이 필요하다.

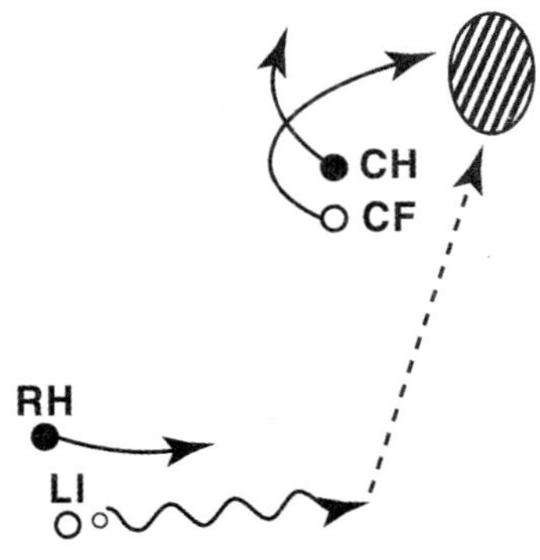

그림 7-70

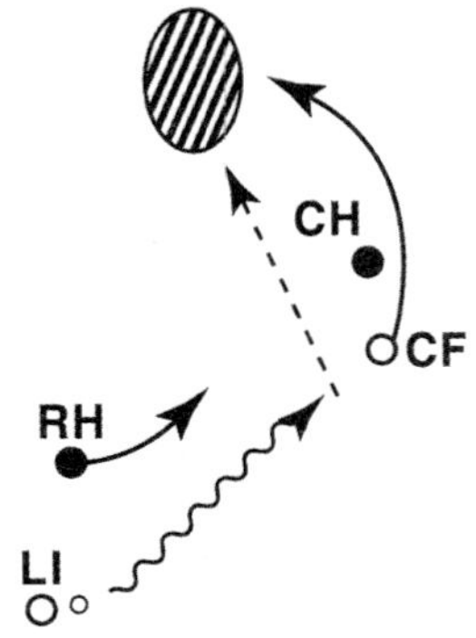

그림 7-71

(3) 센터포드와 양 인.사이드의 콤비네이션 플레이

그림 7-72에서 공격 RI가 LI에게 횡 패스를 한다. LI는 RI로부터 오는 패스된 공을 논 스톱 킥으로 전방으로 패스한다. 공격 CF는 RI가 LI에게 패스하는 것을 보고 패스의 방향과 반대되는 축으로 회전하면서 수비 CH를 견제하고, 전방으로 달려 들어가면서 LI로부터 패스를 받도록 한다. 그림 7-73에서 공격 LI는 공격 CF의 뒤로 패스를 하며 CF는 이 공을 직접 공격 RI의 앞으로 패스한다. LI는 CF에게 패스를 하고 재빨리 좌측으로 돌아 전방으로 달려 나가면서 RI로부터 패스를 받도록 한다. RI는 LI의 대시하는 스피드에 맞도록 패스의 타이밍에 주의해야 한다.

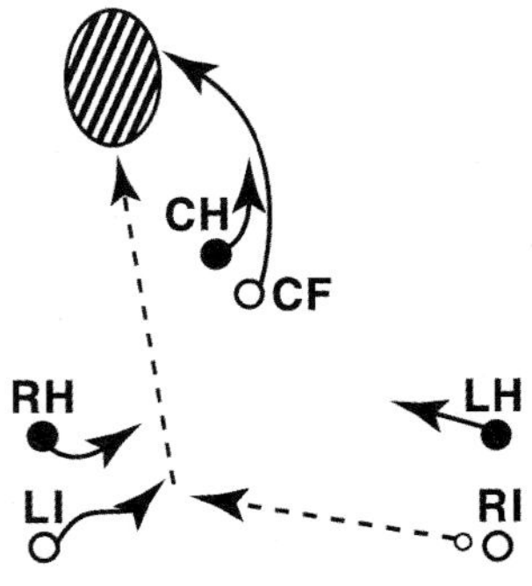

그림 7-72

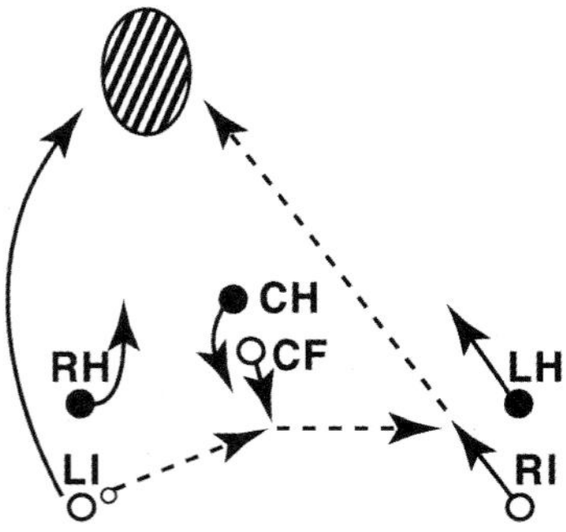

그림 7-73

(4) 윙, 인사이드, 센터 포워드의 콤비네이션 플레이

그림 7-74와같이 공격 LI는 LW에게 패스한다. LW은 논스톱으로 공격 CF에게 횡 패스를 한다. CF는 전방으로 패스를 하든지, 혹은 후방의 LI에게 패스한다. LW은 CF에게 패스를 하고 즉시 앞으로 달려나가 후방에서의 패스를 받도록 한다. CF가 LI에게 패스했을 때에는 LI는 LW의 움직임에 맞도록 전방으로 패스를 한다.

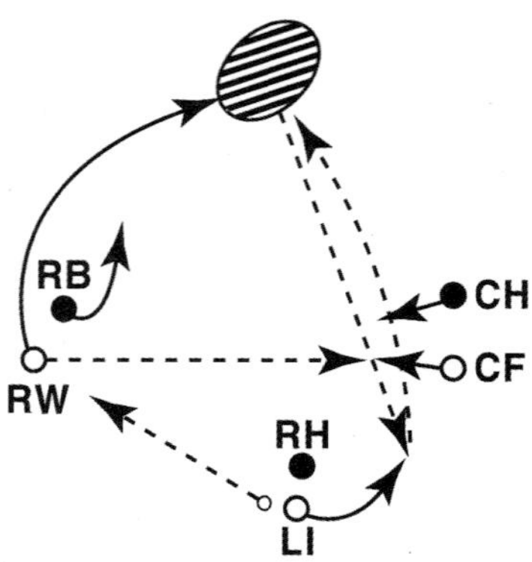

그림 7-74

그림 7-75와 같이 후방에서 공격에게 공

이 패스되었을 때 CF는 공격 LI에게 패스한다. LI는 공을 받아 2~3보 드리블링 하며 공격 LW, CF가 앞으로 달려나가는 곳으로 패스를 한다. CF가 LI에게 패스하고 난 후 LW와 CF는 수비 RB와 수비 CH를 현혹시키고 앞으로 프리 러닝을 하는 타이밍에 주의해야 한다.

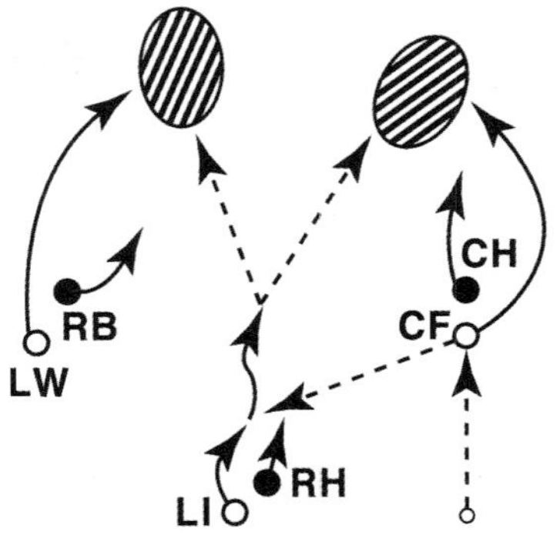

그림 7-75

(5) 하프, 인사이드, 윙의 콤비네이션 플레이

그림 7-76에서 후방에서 연결되는 공을 공격 RH이 카이프 하며 수비 LB을 접근시켜 공격 RH에게 패스한다. 그 순간 RW는 터치라인을 따라서, 그리고 공격 RI는 앞으로 달려 나간다. RH와 RI는 RW의 달려 나가는 스피드에 맞도록 로빙 패스를 한다.

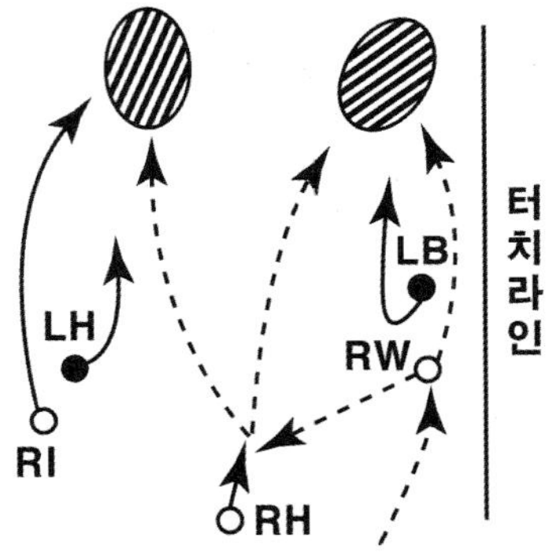

그림 7-76

그림 7-77과 같이 후방에서 연결되는 공격 RW이 받아 공격 RI에게 횡 패스로 연결한다. 그리고 RI는 그 공을 RH에게논 스톱으로 후방으로 백패스를 한다. 이 백 패스와 함께 RW과 RI는 전방으로 달려 전진하며 RH는 RW와 RI의 전방 대시에 맞추어 패스를 하도록 한다. 때로는 반대측에 있는 LI에게 패스를 하도록 한다.

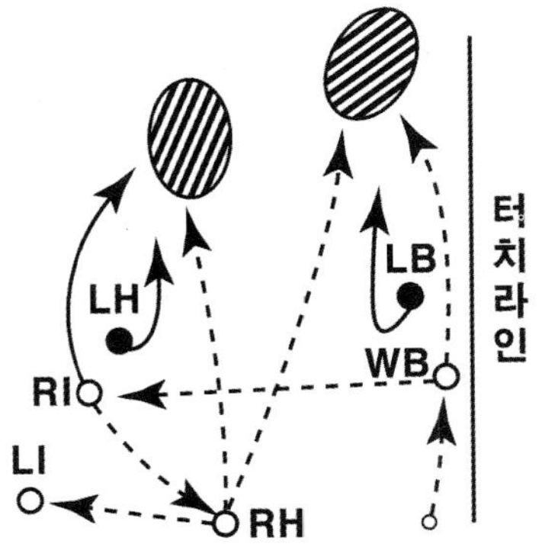

그림 7-77

이상과 같은 콤비네이션 플레이의 패스 연결이 성공적으로 이루어지기 위해서는 다음과 같은 상황에 주의해야 한다. 패스를 받으려는 자는 횡 패스 또는 드리블링이 이루어지고 있을 때 민첩하게 움직여 패스를 받을 장소로 프리 러닝을 해야 한다. 프리 러닝을 할 때 자기를 방어하고 있는 수비자를 속이기 위해 역 모션 혹은 기만 술책의 움직임을 하고 재빨리 달려 나가야 한다.

패스를 할 때에는 프리 러닝을 하는 스피드에 따라 패스되는 공의 강약을 조절하고 달리고 있는 자가 다소 앞 방향에서 공을 받을 수 있도록 패스하는 게 원칙이다. 수비측을 기만하기 위해서는 패스와 직접적인 관계가 없는 제3의 위치에 있는 사람이 프리 러닝하여 패스를 받도록 한다.

(6) 드로 인으로부터의 플레이

드로 인은 골키퍼 이외의 플레이어가 손을 쓸 수 있는 유일한 장면이고, 그렇게 함으로써 정확성을 기할 수 있으므로, 드로 인 할 때 확실히 자기편에게 던져주는 것이 필요하다. 더구나 드로 인을 직접 받는 플레이어는 오프사이드의 위치에 있더라도 반칙이 되지 않으므로, 골 앞에서 슛할 찬스도 잡기 쉽다. 드로 인의 효과를 거두기 위해서는 상대편에게 완전히 마크당하기 전에 하지 않으면 안 된다. 그러기 위해서는 모든 플레이어가 드로 인을 연습하여 보내고자 하는 지점으로 볼을 던질 수 있게 되도록 해야 한다.

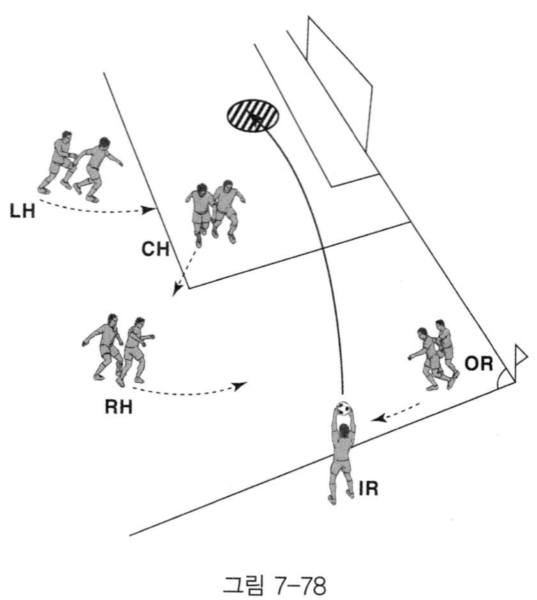

그림 7-78

상대편에게 맨투맨 마크를 당했을 경우에는 던질 사람과 받을 사람 사이의 포지션을 바꾸어 마크에서 벗어나지 않으면 안 된다. 사인을 하는 것은 받을 사람 쪽에서 한다. 예를 들면, 오른손의 엄지손가락이 가리킨 방향으로 볼을 던진다고 하는 약속을 해 두면, 오른쪽으로 던지라는 지시를 해 놓고 자기는 왼쪽으로 달려 나갔다가 턴하여 돌아오는 페인트를 걸 수가 있다.

그 뿐만 아니라, 몇 명의 플레이어가 서로 연합된 동작을 짬으로써 드로 인으로부터 즉시 공격에 들어갈 수 있는 찬스를 만들 수도 있다. 예를 들면, 오른쪽 사이드에서 하프가 드로 인을 하는 경우를 생각해 보자. 오른쪽 아웃사이드포워드는 드로 인을 하는 플레이어에게 접근하고 그 뒤에 오른쪽 인사이드포워드가 달려 나와서 볼을 받을 것처럼 행동한다. 그리고 오른쪽 인사이드포워드가 있던 곳에 센터포워드가 달려 나와 마크하고 있던 센터하프를 꾀어냄으로써 골 앞에 프리존을 만든다. 이때 반대 사이드의 인사이드포워드가 달려 나와 드로 인을 받아, 가능하면 직접 슛한다.(그림 7-78)

이와 같은 팀플레이는 전원이 평소부터 연습해 둘 필요가 있으며, 드로 인의 몇 가지 포메이션을 연구하여 마스터해 두어야 한다. 자기편의 패널티 에어리어 부근에서 상대편이 드로 인하는 경우에는 코너킥의 경우와 마찬가지로 충분한 수비를 하지 않으면 안된다. 특히 골 앞에 프리존을 만들어 주지 않도록 한 사람의 스위퍼를 배치해 두어야 한다.(그림 7-79)

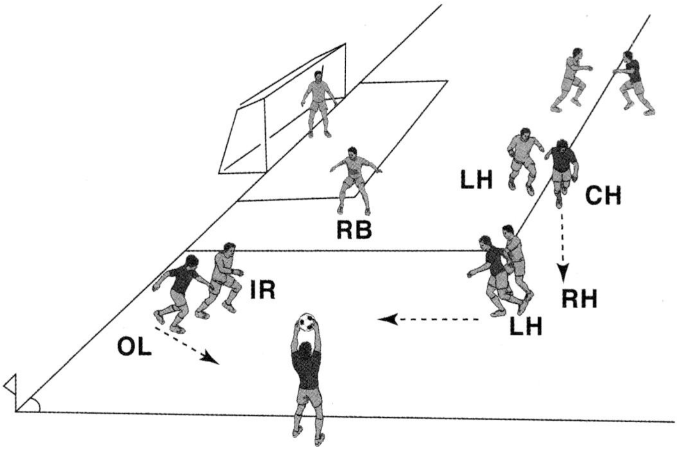

그림 7-79

3) 콤비네이션 플레이로서의 공격, 수비 연습방법

콤비네이션 플레이의 공격과 수비 플레이의 연습을 위해서는 다음과 같은 상황을 주의하도록 하자.

① 콤비네이션 플레이의 공격, 수비의 연습은 초기 단계에서는 공격과 수비 방법을 개별적으로 분리하여 연습을 한다. 숙달되면 공격과 수비를 동시에 연습하도록 한다.

② 초보단계에서는 공격자와 수비자의 인원의 차를 많이 갖도록 하며 적은 전체의 인원수로 콤비네이션 플레이를 연습을 한다. 숙달이 됨에 따라서 공격과 수비의 인원차를 적게, 그리고 전체의 인원수를 증가시킨다. 최후에는 공격측 인원과 수비측 인원을 동수로 하여 11대 11의 경기 형태에까지 증가되게 하는 것이 일반적 방법이다.

③ 공격과 수비의 콤비네이션 플레이의 연습은 실전적인 상황을 체험할 수 있도록 연습의 형태를 갖추도록 해야 한다. 즉 공격측은 슈팅하여 득점까지 연결하도록 하며, 공격측이 공을 수비측에게 빼앗기면 재빨리 수비태세로 전환하는 플레이 혹은 수비측은 공을 인터셉트즉시 공격으로 전환시키는 연습형식으로 갖추어 실전적인 형태로 연습하도록 한다.

위의 주의 상황 ②번에서 지적한 바와 같이 콤비네이션이 플레이의 공수 연습을 위해서는 일반적으로 2대1의 형태에서 11대 11의 경기에 이르기까지 그 연습하는 형태가 많다. 그중에서도 콤비네이션 플레이의 연습 형태와 내용을 다음과 같이 몇 가지만 지적하자.

[연습 1] 3대 1의 연습

그림 7-80과 같이 사방이 10~15m가 되는 지역 내에서 공격하는 A, B, C의 세 사람이 수비자 D에게 공을 빼앗기지 않도록 다이렉트 패스를 한다. 공격진 A, B, C는 공을 중심으로 프리 러닝을 하여 패스가 연결되도록 하며 수비는 수비 원칙

을 이행하여 공을 빼앗도록 한다. 플레이 시간을 1~2분으로 해서 공격과 수비를 교대로 하든지 수비자가 공격으로부터 빼앗으면 공을 빼앗긴 대로 공격과 교대로 역할을 한다.

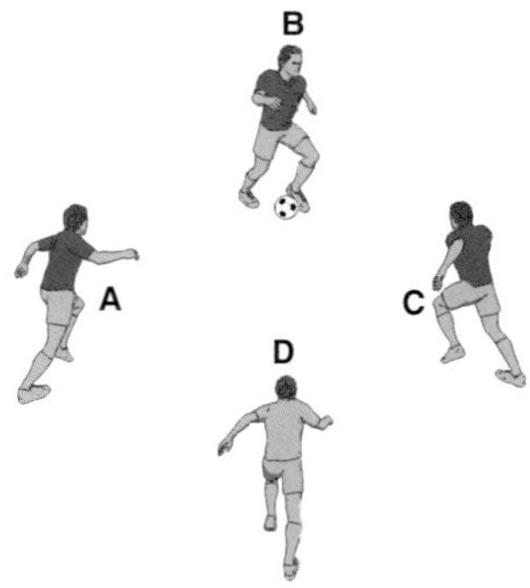

그림 7-80

[연습 2] 4대 2의 연습

그림 7-81와 같이 한 변이 15~20m되는 사각형의 지역 내에서 공격자 A, B, C, D의 네 사람이 수비 E, F 두 사람에게 공을 빼앗기지 않도록 다이렉트 패스를 계속하도록 한다. E, F는 공을 빼앗거나 패스를 일단 도중에 차단시키도록 한다. 플레이는 각각 제한된 시간에 행해진 다이렉트 패스의 횟수, 드로우 패스의 횟수 등을 계산하여 우열을 가리도록 한다.

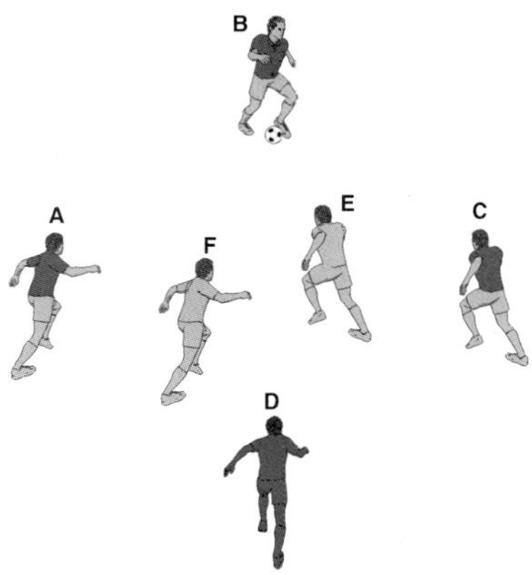

그림 7-81

[연습 3]

2대 2의 연습은 사방 10m되는 지역 내에서 공격 A, B가 수비 C에게 공을 빼앗기지 않도록 패스를 연결하도록 한다. 공격자들은 공을 한 번씩 컨트롤하고 자기측의 움직임에 맞도록 정확하게 패스를 하며 패스를 받으려는 자는 프리 러닝에 주의 하도록 한다. 수비자는 공 컨트롤의 허점을 이용하여 공격한다.

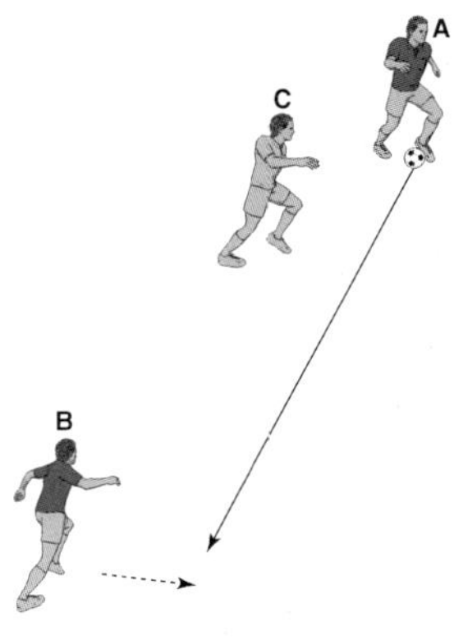

그림 7-82

[연습 4] 3대 2의 연습

그림 7-83과 같이 제한된 지역 내에서 공격자 A, B, C와 수비 D, E가 패스 연결을 하도록 한다. 그러나 3대 2라는 숫자적 차이를 가지고 있기 때문에 D, E의 컨트롤과 드리블링을 자유로이 하며 A, B, C 이런 법칙을 위반했을 때에는 D, E에게 공을 넘겨주도록 한다. 공이 제한된 지역 밖으로 넘어가면 상대측의 공격권을 빼앗도록 한다. 공격진과 수비진의 멤버를 교체시키면서 일정 시간 플레이한다.

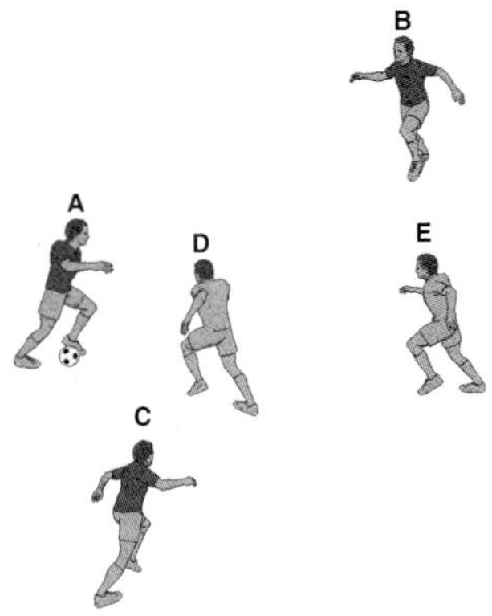

그림 7-83

[연습 5] 2대 2의 연습

그림 7-84와 같이 제한된 지역 내에서 2대 2로 패스를 연결하도록 한다. 공을 잘 컨트롤 할 수 있도록 하며 상대에게 공을 빼앗기면 즉시 방어 태세로 전환하도록 한다. 2인조를 4개로 그룹을 만들고 2개조가 1~2분간 경기를 한 다음 2개조와 교대하여 실시 시간과 규칙을 실정에 맞도록 편성한다.

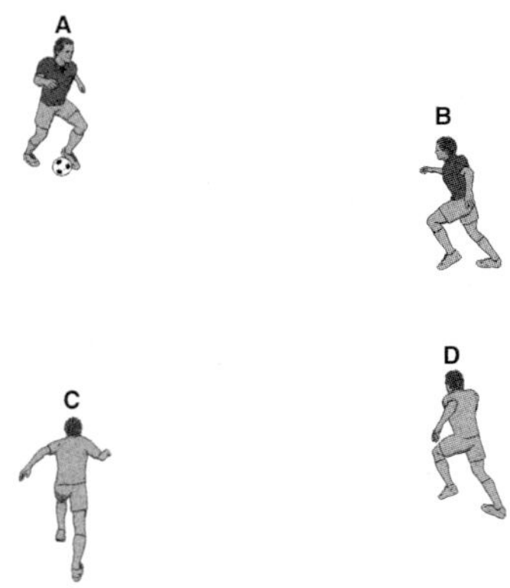

그림 7-84

[연습 6]

2대 2의 간이 경기이다. 그림 7-85과 같이 제한된 지역 내에서 2m의 골을 세우고 2대 2의 경기를 한다. 2인 1조의 그룹을 4개조로 편성, 처음에는 2개조가 경기를 하고 경기 시간은 3~5분 후에 다른 2개조와 교대

그림 7-85

로 3~4회 하도록 한다. 각자는 패스와 수비의 일반적인 원칙을 실행하여 득점과 연결하도록 플레이한다.

[연습 7]

3대 3에 미드필더가 합세한 연습이다. 그림 7-86와 같이 제한된 지역에서 3대 3의 패스 연결 플레이에 링크맨이 한 사람 합세한다. 링크맨은 항상 공을 점유한 그룹 속에서 플레이 한다. 따라서 4대 3의 경기 형태로 변한다. 경기 방법은 다이렉트 패스 혹은 투 터치 패스로 할 수 있고 경우에 따라 짧은 패스를 하다가 롱 패스를 하도록 하여 연결된 패스의 횟수를 계산하여야 한다. 미드필더는 항상 공격의 플레이를 해야 하므로 자기 주위 상황을 파악하여 패스 연결에 주도적인 역할을 다 해야 한다.

그림 7-86

[연습 8] 4대 4의 하프 매치

그림 7-87와 같이 운동장의 반을 사용하여 공격진 3명과 링크맨 1명 대 수비진 3명과 골 키퍼가 하프 매치를 한다. 공격진은 슈팅까지 연결하며 골키퍼와 수비진이 공유하면 미드필더에게 롱 킥으로 패스한다. 링크맨은 이것을 공격진에게 다이렉트로 패스를 연결시켜 주는 것이다. 경기 시간은 5분 정도로 하고 교체하도록 한다.

그림 7-87

[연습 9] 5대 (5+LF)의 연습

운동장의 반을 사용하여 양 팀의 인원이 5명씩으로 해서 그 외에 미드필더 패스를 연결하는 연습을 한다. 미드필더는 공을 점유한 측에 속하게 되므로 공을 점유한 측이 한 사람이 많다. 5~10분의 경기를 2~3회 하며 휴식 시간은 3분 정도로 한다. 기술적인 제약은 투우 터치, 원 터치, 혹은 롱패스가 연결된 패스의 횟수를 계산하여 한다.

그림 7-88

[연습 10]

6대 5의 하프 매치 운동장의 반을 사용하여 공격진 4명과 미드필더 2명이 공격하고 골키퍼와 수비진 4명이 방어를 한다. 미드필더는 공격진 4명에게 패스의 연결할 뿐 적극적인 공격에는 가담하지 않는다. 공격진은 패스, 드리블링을 사용하여 슈팅과 연결하고, 수비는 적극적인 방어로 공을 빼앗아 미드필더에게 패스하도록 한다. 드로 인, 코너 킥, 골 킥, 프리 킥 등은 경기 규칙과 같이 행해지도록 한다. (그림 7-89)

그림 7-89

[연습 11] 스위이퍼 시스템 연구

그림 7-90과 같이 축구장을 반 사용하여 (공격4+미드필더)대(수비5+G, K)로

그림 7-90

스위퍼 시스템의 하프 매치를 한다. 수비자 중 한 사람이 스위퍼 한 사람의 역할을 담당하고, 두 사람의 미드필더 중 한 사람은 공격에 가담할 수 있다. 다른 한 사람은 중앙선 근처에 위치 한다. 수비측이 공을 빼앗으면 미드필더에게 롱 패스로 공을 양도하며 공격진의 플레이는 자유롭게 하되 미드필더는 다이렉트 킥으로 패스하도록 한다. 연습시간은 충분히 개인 능력에 맞추어 하도록 하고 스위퍼 시스템의 요령은 시스템 플레이의 내용을 참고하도록 하자.

그림 7-91

그림 7-91와 같이 축구의 반을 사용하여 7인제 경기를 한다. 기술적인 제약으로는 원 터치, 투 터치 혹은 드리블링을 사용하도록 한다. 때로는 한 타임은 속공 형식(원 터치,투 터치 패스)으로 플레이하고 다른 한 팀은 지연 공격(드리블링을 사용함)으로 경기를 이룬다.

전후반을 교대로 한다. 때로는 축구장 전체를 사용하여 축구경기의 규칙을 적용한 연습경기를 통해 경기자의 주력과 지구력을 향상시켜야 한다.

(1) 공격의 형태

현대 축구의 시스템은 개개인의 팀웍과 경기자들의 자질에 따라 여러 가지를 적용하고 있고 그 형태도 다채롭다. 그러나 현대 축구에서는 W.M 시스템의 배치 관계를 기본으로 하여 큰 발전을 거듭하고 있다. 때로는 공격의 형태에 있어서도 그 기본을 많이 이용함을 볼 수 있다. 그렇다고 이 시스템의 배치 관계가 가장 효과적이고 결정적인 방법이라는 것은 아니다. 여기서는 다만 초보자들의 이해를 위하여 W.M 시스템의 움직임을 몇 가지 지적하려고 한다.

① 하프, 인사이드, 윙, 센터 포드의 연결

그림 7-92은 플레이의 움직임과 패스의 코스를 나타낸 그림이다. 중반 지역에서의 공격진은 w형태를 이루고 골 앞에서는 그의 위치가 다소 변화되고 있다. 여기서 지적하고자 하는 것은 W.M포메이션formation의 위치 자체에 둔 것이지 경기자 자체에 중점을 둔 것은 아니다라는 데 있다. 따라서 어느 한 사람이 항상 CF라고 할 수 없고 경기장면에서 CF의 위치에 있는 자가 CF의 역할을 하게 되는 것이다. 따라서 경기 장면과 자기측 경기자의 움직임을 파악하고 위치를 바꿔 움직이면서 본래 시스템의 기본적인 형태의 위치를 구축하려고 해야 한다.

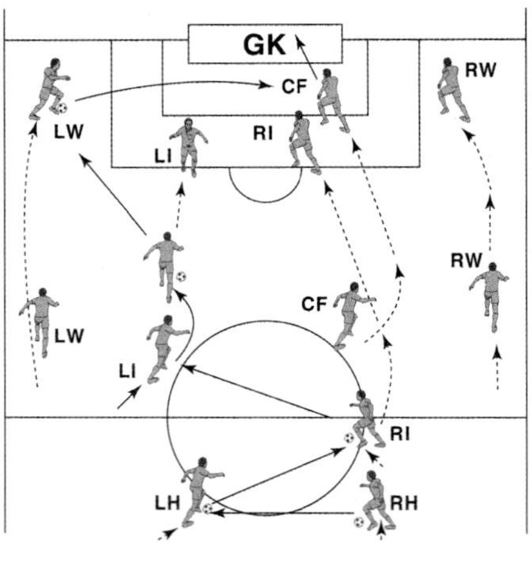

그림 7-92

② 하프, 윙, 인사이드, 센터 포워드, 인사이드 연결

그림 7-93은 각 경기자의 움직임과 패스의 연결을 표시한 것이다. 패스를 한 후의 움직임, 패스를 받기 위해 프리 러닝을 함으로써 생겨나는 위치의

변화 등 모든 움직임이 본질적인 시스템의 성격을 벗어나고 있지 않다는 것을 알 수 있다.

그림 7-93

③ 그림 7-94는 인사이드, 센터 포워드, 인사이드의 연결을 표시한 것이다. 상대측 골 앞으로 돌진하기 위해 서로 위치를 바꾸며 패스 연결을 통해 전진하는 모습을 나타내는 것이다.

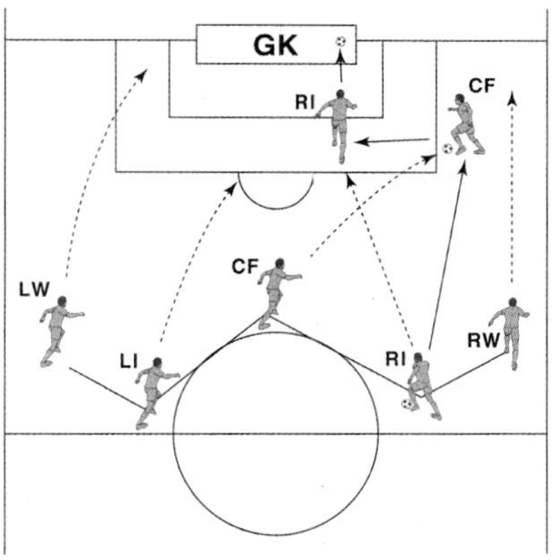

그림 7-94

④ 그림 7-95는 인사이드, 하프, 윙, 인사이드, 하프의 연결모습을 나타낸 것이다. 상대측의 적극적인 수비 때문에 공격진 전체가 슈팅과 연결할 수 없을 때 하프가 달려들어와 슈팅과 연결하는 것을 볼 수 있다. LI가 전진 패스가 불가능하여 RH에게 패스하고 LI와CF가 좌측으로 이동한다. 이때 공은 RW으로부터 우측으로 전진한 RI에게 패스되었다. RH는 RW에게 패스를 하고, 즉시 전방으로 달려들어가 RI에게 패스되었다. RH는 RW에게 패스를 하고 즉시 전방으로 달려들어가 RI로부터 패스를 받아 슈팅한다.

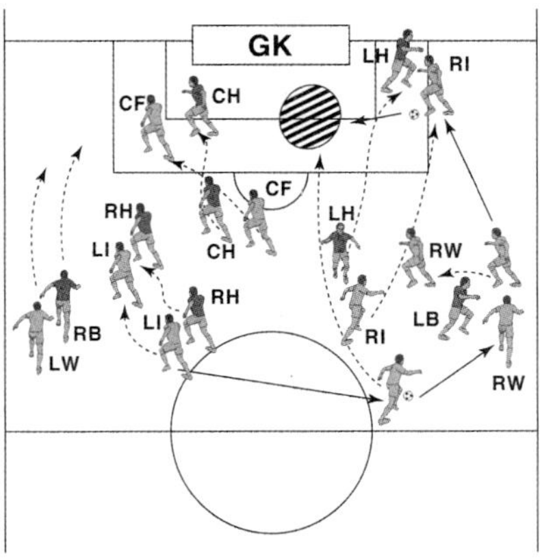

그림 7-95

⑤ 자기측 경기자의 움직임을 통해 도움을 받는 드리블링 슈팅이다. 그림7-96와 같이 RI가 수비의 LH를 제치고 드리블링 돌입을 할 때 CF는 좌측을 상대로 CH를 유인하여 RI의 계속적인 드리블링 공격을 하도록 돕는다. 다른 공격측도 수비자들의 시선과 주의를 딴 곳으로 이끌 수 있도록 동작을 취해야 한다.

그림 7-96

(2) 수비의 형태

수비의 입장에서 W · M시스템의 위치에 대하여 고려하면 맨 투 맨man to man의 형태가 된다. 따라서 경기중의 수비측의 위치는 상대의 공격진의 공격형태에 대응하여 변화된다. 대인방어가 기본적인 것이지만 경우에 따라서는 자기가 방어하는 상대를 따라 위험도가 높은 지역에 위치한 상대자를 방어해야 하는 경우가 생긴다. 이와 같이 변화 있는 수비의 원칙을 이해해야 한다.

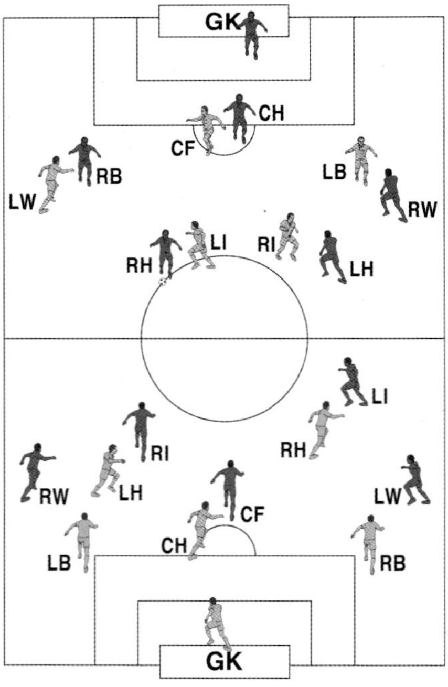

그림 7-97

그림 7-97과 같이 상대측이 W · M의 형태로 공격을 가해 올 때에는 그 공격에 대응하여 수비가 배치되어야 한다. 즉 적극적인 대인 방어로 상대측의 공격을 방어할 때에는 당연히 아군 측도

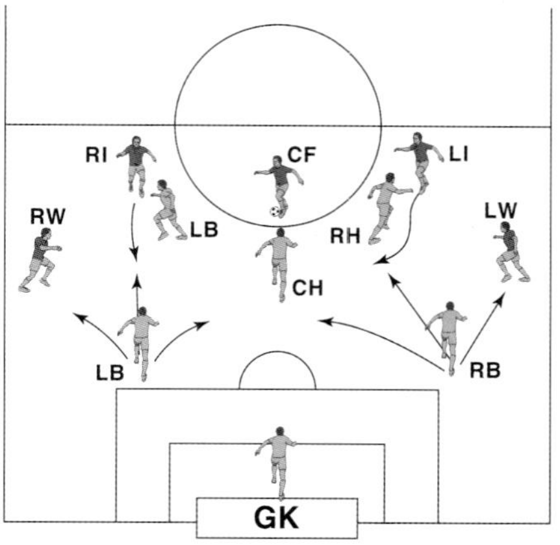

그림 7-98

W · M의 형태를 형성하게 된다. 적극적인 대인 방어 형태만이 가장 좋은 방어의 방법이라고 하기에는 곤란하다.

각 경기자의 실력이 상대측에 비해 우월할 때에는 적극적인 방어가 필요하지만, 대등하거나 혹은 상대측보다 실력이 부족할 때에는 오히려 각 수비자가 대인 방어를 할 경우 큰 실수를 초래할 수도 있다. 즉, 경우에 따라서는 위 그림 7-98과 마찬가지로 LB와 RB는 상대측의 RW와 LW의 움직임을 주시하면서 상대의 RI, LI, CF 등이 중앙 지역을 돌파하여 올 때 대비할 수 있는 위치를 차지해야 한다.

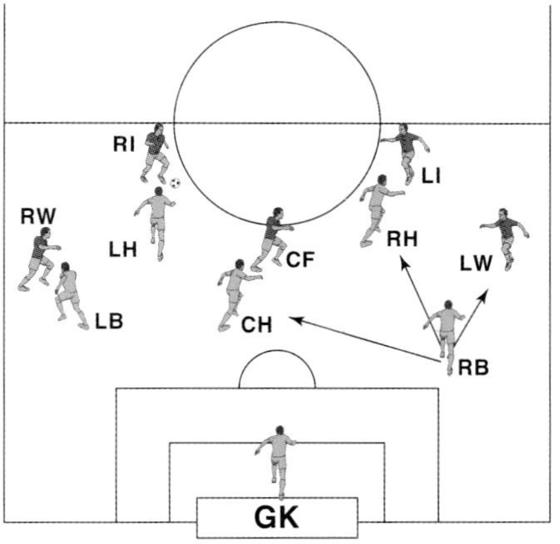

그림 7-99

그림 7-99과 같이 상대측 RI가 공을 가지고 있을 때 RW, CF, LI등에 패스가 연결되기 쉬우므로, 수비측 LB, CH, RH는 대인방어로 상대에게 접근한다. RB는 LW과 다소 떨어져 화살표의 방향에 주시하며 항상 위험 지역을 경계하는 수비 태세를 갖춘다. 만약 RI로부터 LW에게 패스된 경우에는 RB는 적극적인 대인 방어 태세로, 그리고 LB는 다소 후퇴하여 위험 지역을 견제한다. 즉, 수비측은 대인 방어와 지역방어를 상황에 따라 혼용하는 것이 유리한 경우가 많다.

4) 세트 플레이의 콤비네이션

현대 축구에 있어서 세트 플레이와 같이 상대측이 공으로부터 9.15m 떨어져 상대측의 방해없이 자유롭게 공을 처리할 수 있는 기회는 참으로 중요하다. 또한 세트 플레이의 경우에는 보다 많은 경기자가 전방에 진출할 수 있고, 보다 좋은 위치를 차지할 수 있는 좋은 기회이다. 세트 플레이는 현대의 축구에서는 경기에 이길 수 있는 수단의 하나로서 그 중요성을 인정받고 있다.

여기에서는 킥 오프, 코너 킥, 프리 킥, 골 킥, 드로 인 등에 대해서 몇 가지 설명하기로 한다.

(1) 킥 오프

〈킥 오프의 형태 1〉

CF가 RI에게 짧게 패스를 한다. RI는 RH에게 공을 패스하여 이때 RW는 앞으로 전진하고 있다. RH는 앞으로 전진하는 RW에게 패스를 한다. RI는 RH에게 패스를 하고 동시에 앞으로 돌진하여 RW의 전방으로 달려가 RW으로부터 패스된 공을 받게 한다. RI는 RW으로부터 받은 공을 상대측 골 전방으로 직접 센터링을 하든가 혹은 RW에게 패스하여 RW이 그 공을 처리하도록 한다.

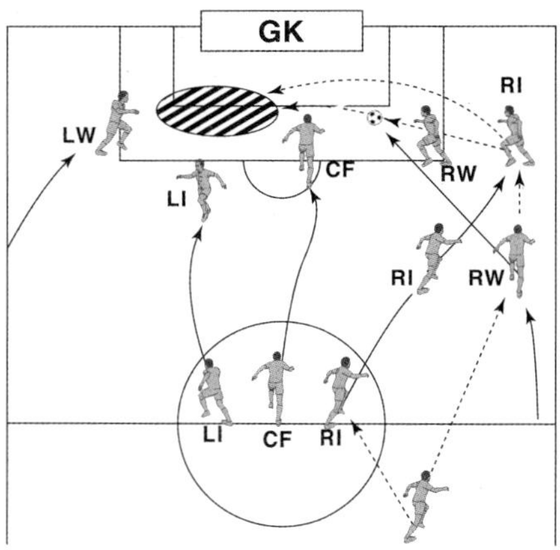

그림 7-100

CF, LI, LW은 우측으로부터의 공격에 맞추어 상대측 골 전방으로 모여들도록 한다.

〈킥 오프의 형태 2〉

그림 7-101에서 CF는 RI에게 패스를 하고 RI는 RH에게 뒤로 패스를 한다. CF가 RI에게 공을 패스한 후 즉시 LW, LI, CF와 RW은 일제히 전방으로 달려가도록 하며 RI도 역시 RH에게 패스한 후에 앞으로 전진한다. 패스를 받은 RH는 앞으로

돌진하는 공격진에게 패스하도록 한다. 그림에서 검은 화살 표시선은 공격진의 이동 코스이고 점선은 RH가 선정하여 패스할 수 있는 패스의 방향을 표시하고 있다. RH로부터 연결된 공을 재차 공격진의 효과적인 패스 연결로 경기를 이끌도록 한다.

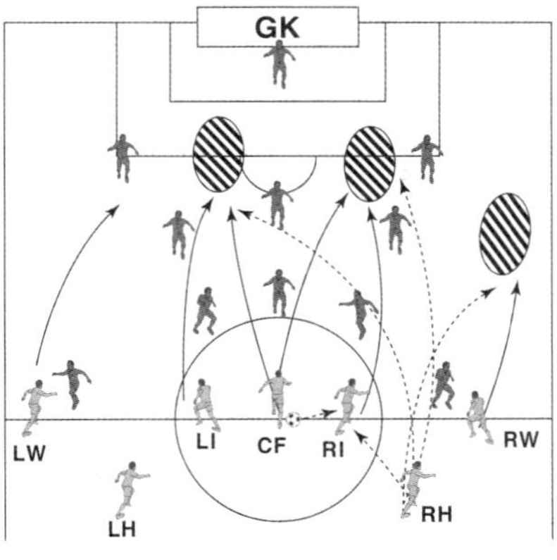

그림 7-101

〈킥 오프의 형태 3〉

그림 7-102은 세 사람이 중앙 돌파를 시도하는 킥 오프의 형태이다. 그림에서는 RW가 최후의 패스 연결을 받고 슈팅하는 것으로 표시하였으나, RI는 앞으로 돌진하는 CF와 LI와 패스를 연결하여 중앙 지역에 위치하는 세 사람의 연결로 슈팅까지 연결시키는 방법을 택할 수도 있다.

그림 7-102

〈킥 오프에 대한 수비법 1〉

그림 7-103과 같이 킥 오프로부터 상대측의 하프에게 뒤로 패스되었을 때 그 상대측의 하프를 공격하는 자는 인사이드가 아니고 윙이 공격하는 것이 유리한 점이 있다. 이와 같이, 상대의 킥 오프에 대해서는 공격진도 적극적으로 수비 태세를 갖추도록 한다.

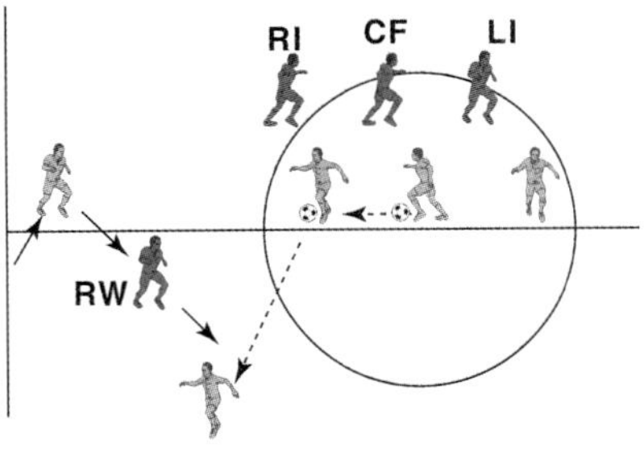

그림 7-103

〈킥 오프에 대한 수비법 2〉

일반적인 W · M시스템의 수비법은 상대측의 윙을 풀백(풀백)이 마크하고 사이드 하프는 상대의 인사이드를 마크하는 것이 일반적인 방법이다. 그러나 그림 7-104와 같이 킥 오프에 대한 방어는 중앙의 세 사람이 상대 중앙의 세 사람을 마크하고 사이드 하프는 윙을 마크하게 된다. 그리고 센터 하프와 풀백은 상대측의 종 패스에 대한 방어 태세를 갖추어 속공의 공격을 수비할 수 있도록 전원이 상대의 킥 오프 공격에 대비하도록 한다.

그림 7-104

(2) 코너 킥

① 롱 코너 킥

코너 킥을 하는 곳으로부터 먼 쪽의 골 포스트 전방이나 골 에리어 외각 부근을 향해 코너 킥을 한다. 킥을 하는 곳의 반대쪽에 있는 공격진은 공을 중심으로 가장 좋은 위치에 있는 자가 헤딩 슈팅을 하도록 하며 다른 공격진은 그 공을 주시하여 이차적인 공격 태세를 갖추도록 한다.

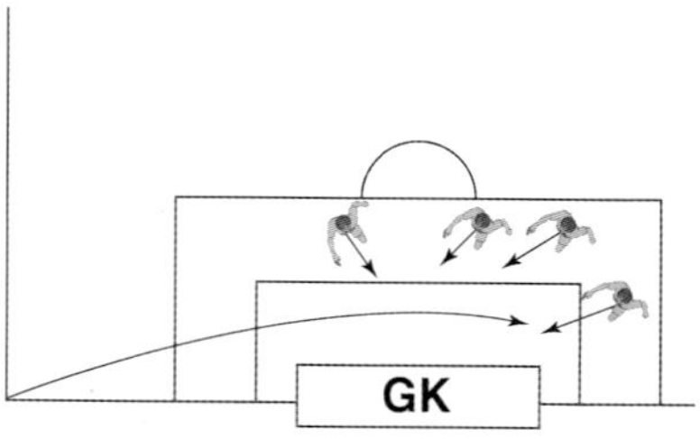

그림 7-105

페널티킥 마크 전방으로 하는 코너킥은 그림 7-106와 같이 페널티 킥을 하는 지점 바로 앞 부근을 향해 킥을 함으로써 공격진은 헤딩 공격과 슈팅을 노리도록 한다. 골 앞에서 생기는 혼전의 기회를 보아

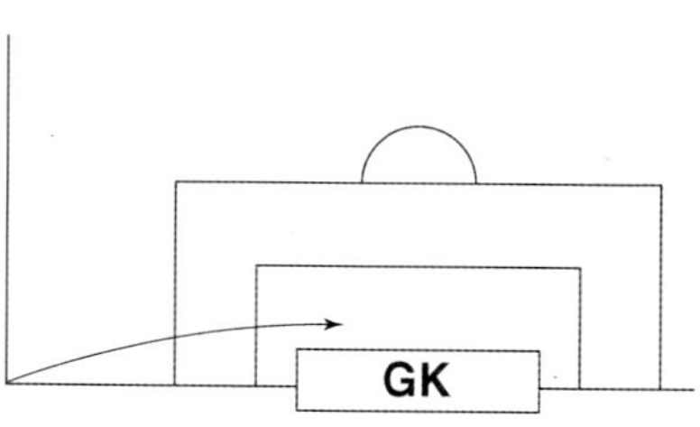

그림 7-106

결정적인 슈팅의 기회를 갖도록 한다.

② 가까운 골포스트를 향한 코너 킥

그림 7-107와 같이 코너 킥 지점에서 가까운 포스트 부근에 직구적인 킥을 하여 헤딩 슈팅을 노리거나 혹은 뒤로 패스하여 슈팅과 연결을 꾀하도록 한다. 수비측의 풀 백, 혹은 골 키퍼보다 움직이는 동작에서 기선을 잡을 수 있는 것이 공격측에게 유리한 점이다.

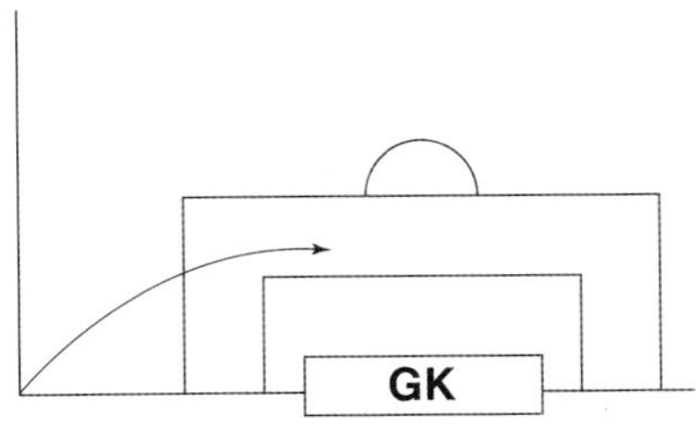

그림 7-107

③ 짧게 차는 코너 킥

상대측이 코너킥에 대하여 수비 태세를 갖추지 못한 경우 혹은 골 앞에만 모여있는 상태에서 효과적인 방법이다. 그림 7-108과 같이 코너킥을 하는 자에게 접근한 아군에게 짧게 패스를 한다. 이때 패스를 받은 자가 수비에게 적극적인 마크를 당한 입장이라면 논 스톱으로 다시 키커에게 패스한다. 그러나 수비측의 방해가 없을 때에는 골을 향해 드리블링(2)을 하여 골 전방의 상황에 따라 자기측에게 패스(a, b)를 하든지, 혹은 반대쪽으로 센터링(c)을 하도록 한다.

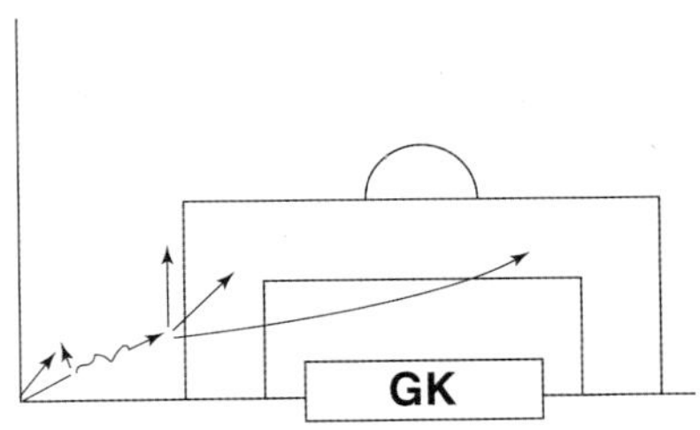

그림 7-108

④ 코너킥의 수비

코너 킥 지점으로부터 9.15m 되는 지점에 한 사람이 위치하도록 하자. 그리고 바로 옆에 한 사람을 배치하여 코너킥을 방해하도록 하자. 그 이유는 다음과 같다. 첫째, 공을 차는 상대측을 방해하기 위해서이다. 그림 7-109에서 코너킥을 방해하기 위해 두 가지의 위치를 표시하고 있다. 방해자의 위치에 따라 공의 코스가 제지를 받게 된다. 그렇기 때문에 코너킥을 하기 전에 코너 킥 지점으로 상대측이 달려가는 순간 공의 코스에 위치하여 최선의 효과를 얻을 수 있다. 즉, 키커의 공을 차려는 태세를 보아가며 위치를 바꾸어 키커를 방해할 수 있다. 둘째, 상대측이 짧은 코너킥을 행하는 경우 이것을 즉시 방해하고 철저한 수비 태세를 갖출 수 있기 때문이다.

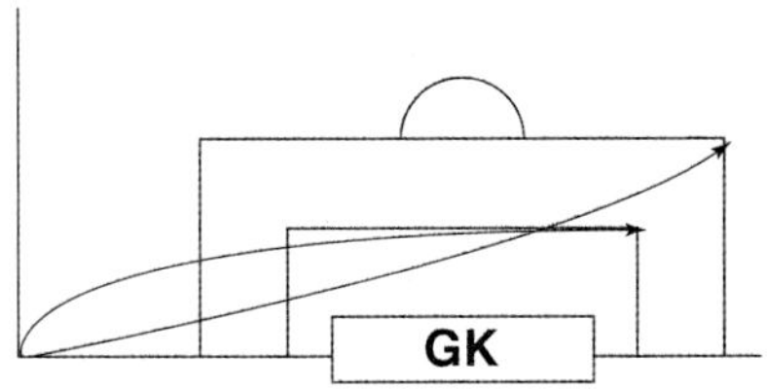

그림 7-109

⑤ 골키퍼의 위치

일반적으로 골키퍼는 코너킥의 경우에 킥을 하는 곳으로부터 먼 쪽의 골포스트 바로 앞에 위치하는 것이 좋다고 한다. 그러나 현대 축구에서는 전략과 기술의 발전에 따라 코너킥을 할 때 골키퍼는 양 골 포스트 사이의 중앙 지점에 가까운 곳에 위치하는 것이 옳다는 의견이 나오고 있다. 그 이유는 다음과 같다.

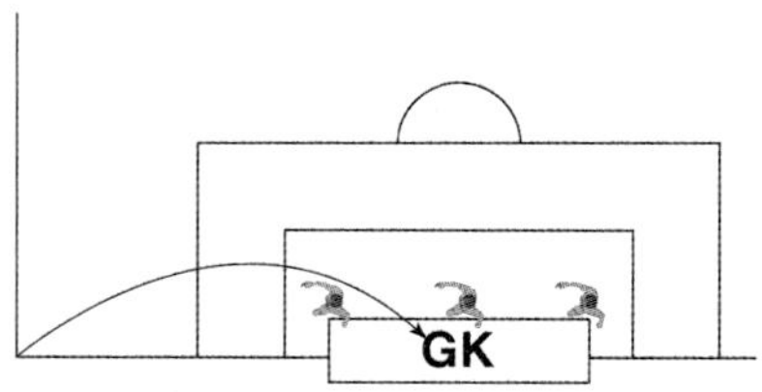

그림 7-110

골에 들어갈 수 있는 커브 볼로 코너킥이 행해졌을 때 스피드가 있는 공을 처리하기 위해서는 그 방향으로 이동해야 하는 시간적 요인을 지적하고 있다. 그리고 상대측과 자기측의 많은 경기자가 모인 지역을 뚫고 앞으로 이동해야 하므로 육체적 문제(그림 7-108)가 있기 때문이다.

⑥ 풀백의 위치

코너킥을 행할 때 양 풀백은 양 골 포스트 사이에, 그리고 골라인 선상에 위치하도록 하는 것이 일반적인 방법이다. 그러나 풀백이 이러한 위치를 차지함으로써 수비를 할 수 있는 지역이 감소되는 단점이 있다. 그래서 그림 7-111와 같이 골포스트로부터 다소 외측으로 떨어진 지역에 위치하도록 하는 것이 바람직하다. 이와 같은 위치를 확보함으로써 보다 넓은 지역을 방어할 수 있으며 공이 올 때까지 다소의 시간적 여유를 가잘 수 있으므로 필요시에는 골라인에서의 임무를 수행할 수 있는 것이다. 그리고 골키퍼가 공중의 공을 처리하기 위해서 골을 이탈하게 되는 경우에는 양 풀백은 골포스트 사이의 라인 선상에 위치하여 골의 좌우 반씩을 지키도록 해야 한다.

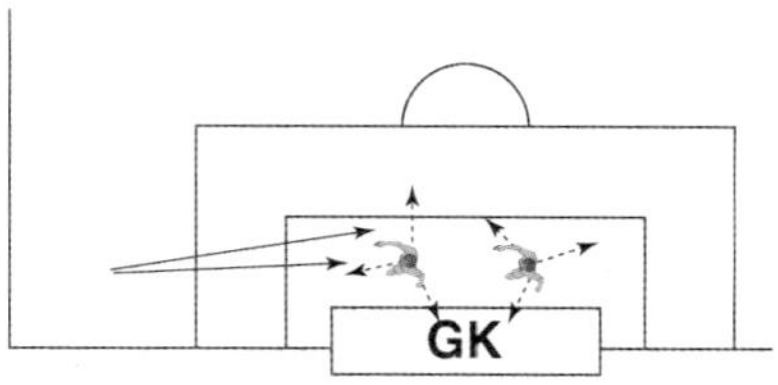

그림 7-111

(3) 프리 킥

프리 킥은 상대측이 공으로부터 9.15m 이상 떨어진 곳에서 해야 하므로 자기측 경기자와 협동적인 효과를 얻을 수가 있다. 특히 상대측 골 가까운 곳에서 시도하는 프리 킥은 득점과 직접 연결할 수 있는 좋은 기회가 된다.

세트 플레이의 중요성은 현대 축구에서 인정되고 있는 것이 사실이다. 특히 프리 킥 공격시 콤비네이션 플레이로 직접 득점과 연결되는 경우가 많다. 그러므로 프리 킥의 다양성도 중요하나 더욱 중요한 것은 세트 플레이의 복잡성이 적을수록 성공할 수 있는 가능성이 높다는 점이다. 다음 프리 킥 공격시 사용할 수 있는 몇 가지의 형태의 예를 들어 본다.

① 프리 킥의 공격

그림 7-112은 골을 정면으로 가까운 곳에서 직접 골로 슈팅을 하는 것을 나타내고 있다.

이때 공격측은 골키퍼의 시야를 가릴 수 있도록 벽wall을 구축하여야 한다. 또는 공격측의 경기자는 수비자가 구축한

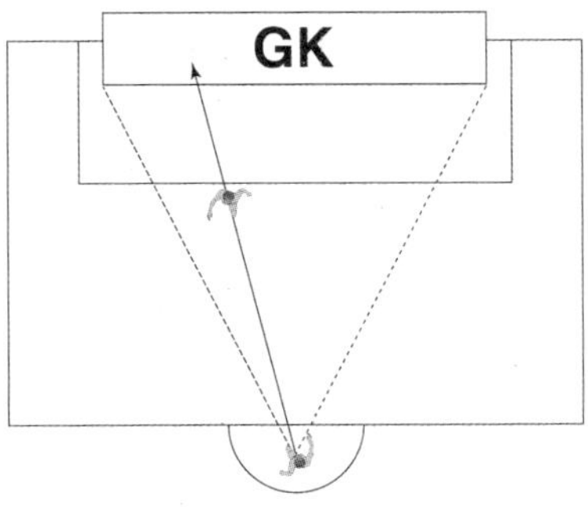

그림 7-112

벽이 무너지도록 유인하여 그쪽으로 공이 통과할 수 있도록 한다. 때로는 공격측이 구축한 벽으로 슈팅하는 공이 통과할 수 있도록 키커와 벽을 구축하는 공격자의 협동 작전이 필요하다.

그림 7-113은 수비측의 벽 구축에 끼어둔 공격자가 키커로부터 받은 공을 다시 후방 측면으로 제3의 다른 공격자에게 패스를 하여 그 공격자로 하여금 슈팅을 하게 하는 방법이다.

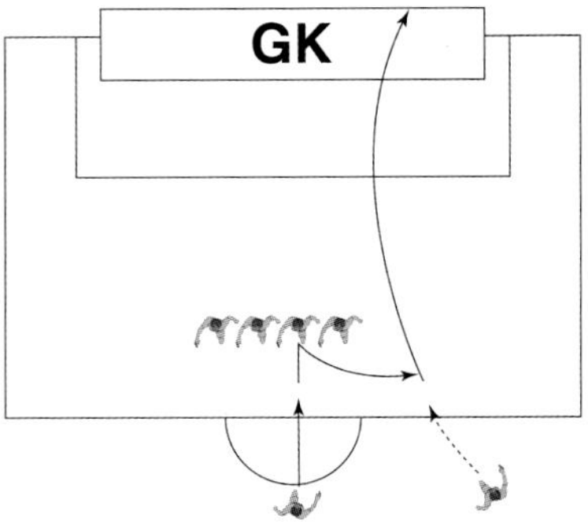

그림 7-113

이때 패스 워크는 정확한 패스와 공의 스피드를 빠르게 연결시킴과 동시에 슈팅을 하는 자는 슈팅에 대비하여 앞으로 전진 하는 속도와 패스의 타이밍이 조화되도록 해야 한다.

그림 7-114는 공이 있는 지역에 수비측의 관심을 집중시킴으로써, 수비측이 범하기 쉬운 약점을 이용한 방법이다. 공격측 1은 키커로부터 받는 공을 접할 때 슈팅을 시도하는 수비측의 관심을 집중시키면서 공을 반대쪽으로 패스하여 공격 2가 슈팅을 하도록 한다. 이 때 공격측은 수비측 경기자들을 한 곳에 관심을 집중시킬 수 있도록 협조해야 하며, 슈팅을 시도하는 자는 2는 1의 패스 타이밍에 맞추어 빠른 대시로 골을 향해 돌진하도록 한다.

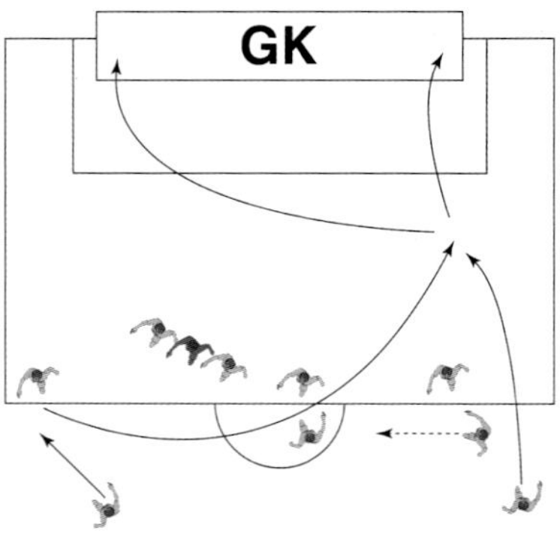

그림 7-114

패스 워크를 하는 방법은 순간적으로 조작하여 슈팅과 연결할 기회를 얻어야 하므로 공격자들 간에 무언 속에 이루어지는 상호간의 협조와 수비측을 기만하는 술책이 필요하다. 어떠한 형태의 프리 킥 공격을 시도하더라도 협동 동작이 이루어지도록 꾸준한 연습이 필요하다. 때로는 중앙선 부근에서 프리 킥 공격을 함으로써 좋은 기회를 가질 수 있는 경우가 생긴다. 이런 경우에는 수비측 경기자를 마크한다는 원칙을 따라야 하며, 특히 페널티 에어리어 선상의 최후 수비선을 이루고 있는 4~5명의 수비를 마크해야 한다.

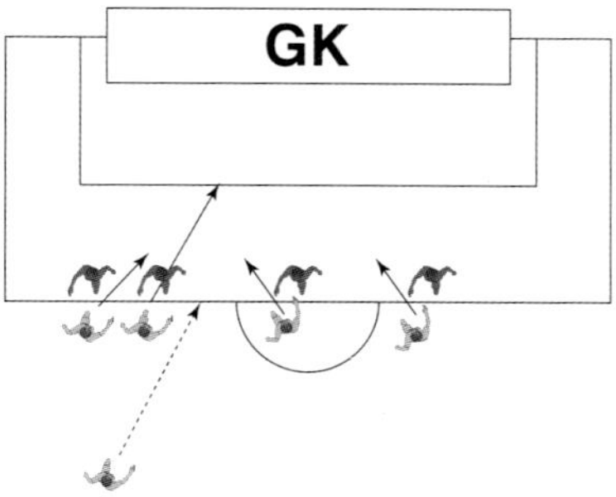

그림 7-115

상대측의 수비를 마크할 때는 그림 7-115과 같이 전방에서 마크하는 것이 옆에서 마크하는 것보다 유리한 점이 많다. 전방에서 마크함으로써 공중으로 떠 오는 공을 배후와 지역에 공을 떨어뜨려 일직선 형으로 위치한 수비선에 위협적인 공격을 가할 수 있게 된다.

② 프리 킥의 수비

프리 킥이 상대측에게 주어지면 어떠한 경우에도 한 사람은 골과 공을 연결하는 선상에서 공으로부터 9.15m 떨어진 곳에 서도록 하여 다음과 같은 이점을 갖도록 한다.

㉠ 만일 짧게 프리 킥을 하였을 때 곧 공을 향해 돌진할 수 있는 위치에 있어야 한다.

㉡ 프리 킥을 직접 골을 향하여 곧바로 차는 것을 방해할 수 있는 위치에 있게 된다.

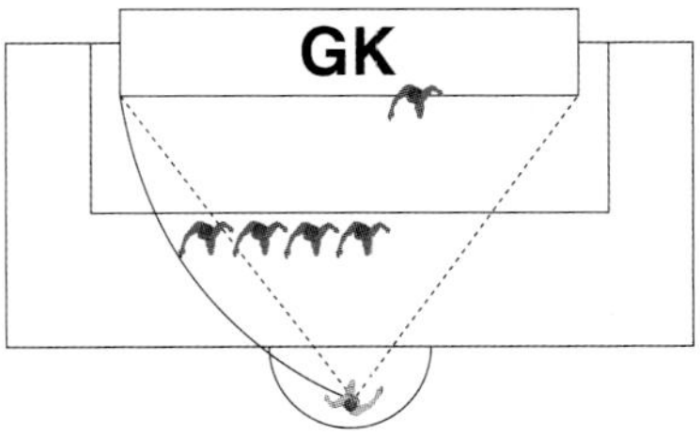

그림 7-116

㉢ 프리 킥을 직접 골을 향해 곧바로 하려면 서있는 사람의 머리위로 넘겨 차야 하기 때문에 공을 받는 사람에게 처리하기 곤란한 공을 보내어야 하므로 수비측으로서 이점이 있다.

㉮ 벽wall만들기

골 가까운 곳에서 프리 킥을 당했을 때 벽을 만들기 위해서는 골키퍼가 아닌 다른 사람에 의해서 올바른 위치를 선정하도록 하는 것이 이상적이다. 골키퍼는 골을 지키는 것이 최대의 임무이므로 골을 지키는 임무 외의 다른 책임을 가능한 한 주지 않도록 하는 것이 유리하기 때문이다. 골키퍼가 아닌 다른 사람에 의해서 벽의 위치를 선정할 때는 골과 공을 연결하는 선상에 한 사람이 설 수 있도록 공이 있는 곳에서 위치를 선정해 주는 것으로 끝나야 하며, 자기 스스로도 수비 태세에 가담하도록 한다. 그리고 벽을 구축하는 경기자들은 골과 공을 연결하는 위치에 선 경기자를 기준으로 그의 내측에 차례로 서도록 한다.

경우에 따라서는 공과 각각 골포스트를 연결하는 선상에 경기자가 위치하는 경우도 있다. 그리고 다른 경기자 한 사람은 기준 위치에 선 경기자의 외측에 서는 것이 이상적이다. 골과 공을 연결하는 선상에 선 사람의 외측에 다른 한 사람이 위치함으로써 벽의 외측을 통해 커브공으로 슈팅하는 것을 방어할 수 있는 역할을 하는 것이다.

㉯ 골키퍼의 위치

벽을 한 쪽으로만 구축했을 때 골키퍼는 벽을 비켜나서 옆에 위치해야 한다. 벽의 뒤에 선다면 공을 볼 수 없어 곤란하며 지나치게 벽 끝으로부터 떨어져서도 곤란하다. 왜냐하면 커브 코스로 날아오는 슈팅과 벽을 넘어 날아오는 슈팅에 대해서 수비하기에 불리하기 때문이다. 양쪽 골포스트를 기준으로 벽을 구축하였을 때는 골키퍼는 중앙에 위치하여 공을 주시할 수 있도록 한다. 벽을 구축하는 수비 경기자 중 키가 큰 사람이 바깥쪽에 서도록 하며, 키가 작은 사람은 안쪽에 서도록 한다. 패널티에리어의 측면 외각에서 하는 프리 킥에 대한 벽은 많은 인원이 동원될 필요가 없다.

공과 가까운 포스트를 연결하는 선상 위에 2~3명이 위치하여 벽을 만들도록 한다. 골키퍼의 위치는 양 골 포스트 사이의 중앙지점에서 먼 골포스트 쪽으로 약 1m 떨어진 곳에 위치하도록 한다. 골라인에 아주 가까운 곳에서 하는 프리 킥이 아니면 벽을 만들 때 지나치게 많은 수비자가 동원되지 않도록 해야 한다. 그리고 벽을 만드는 데 가장 뛰어난 수비자가 가담할 필요가 없으며, 짧은 프리 킥에 대한 대비, 혹은 이외의 위험 지역을 철저히 방어하고 상대측의 공격에 대비책을 강구해야 한다.

참고문헌

1. 제등남(1998). 최신 축구기법. 서울 : 서림문화사.
2. 김정남(1995). 포인트 축구레슨. 서울 : 일신서적출판사.
3. 월간 축구, 1901~1987 (통권 124호부터 통권 187호 까지)
4. 文敎部(1975), 蹴球. 서울 : 서울신문사, 1975.
5. 三國史記 卷 6, 新羅本紀 第 6.
6. 三國遺事 1, 太宗春秋公傳.
7. 蹴球大事典(1973), 서울 : 藝文館, 1973
8. 마사오 와타나베 외(2003). 축구입문. 서울 : 국일미디어.
9. 가토 히사시(2003). 축구교본. 서울 : 서림문화사.
10. Gerthard Bauer(1987). richtig fubballspielen, biv sportpraxis.
11. Edre?Benedek / Janos Palfai(1983). FuBball - 600 Ubungen, Bartels & Wernitz.
12. Bernhard Brugmann(1984). 1009 Spiel - und Ubungsformen in FuBball, Verlad Hofman Schorndorf.
13. Martin Tylet and peter Cordwell(1980). Skills & tactics of SOCCER, Marshall Cavendish London New York Sydney
14. Diagram Group, enJOYing soccer, PADDINGTON PRESSLTD.
15. Allison, Malcolm(1971). Soccer for thnkers, London: Pelham Publishing
16. Di Clemete, Flank F, (1968). Soccer Illustrated, New York: the Ronald Press
17. Rechard L. Nelson(1976). Soccer for man: Wmc Brown Publishing
18. Vogelinger, Hurbert1967). Wining Soccer Skill and Techniques, New York Parker Publing Co.
19. Wade Allen (1967). Soccer, New York: Flank & Wagnalls Publish Co.

저자약력

박기용_ 영남대학교 사범대학 체육교육과 졸업
한국체육대학 이학박사
영남대학교 사범대학 특수체육교육과 교수
영남대학교 사범대학장
포항 MBC-TV 축구 해설 위원
포항 MBC-TV 풋살 해설 위원
대구 MBC-TV 축구 해설 위원
TBC-TV 축구 해설 위원
영남일보 축구 해설 위원
영남스포츠 축구 해설 위원
한국특수체육학회 부회장
2001년 한 · 일 장애인 축구 교류전 단장 겸 감독
2002년 장애인 월드컵 국가대표팀 감독
2003~현재 한 · 일 정신지체인 축구 교류대회 국가대표팀 총감독

저서
대학체육
운동과 건강
건강한 삶과 운동
현대축구
운동처방과 트레이닝
싱글로 가는 골프
트레이닝 방법론
특수체육의 이해

홍석민_ 영남대학교 사범대학 체육교육과 졸업
영남대학교 체육학 석사
영남대학교 체육학 이학박사
전) 포항스틸러스축구단 선수
전) 상무축구단 선수
현) 대경대학 경호행정학과 교수
현) 한국대학축구연맹 이사
현) 대구MBC프로축구 해설위원

김한철_ 영남대학교 사범대학 체육교육과 졸업
영남대학교 체육학 석사
영남대학교 이학박사
전) 2007 한 · 일 정신지체인 축구 교류대회 국가대표팀 감독
현) 영남대학교 사범대학 특수체육교육과 교수
현) 영남대학교 스포츠과학대학원 학과장
현) 중복 중도지체부자유학회 이사
현) 한국휠체어육상경기연맹 이사
현) 경북 장애인체육회 이사
현) 한국특수체육학회 이사

김성진_ 영남대학교 사범대학 체육교육과 졸업

영남대학교 체육학 석사

영남대학교 체육학 박사

영남대학교 특수체육교육과 강사

한국특수체육학회 이사

한국장애인재활협회 스포츠 · 문화분과 위원

대구광역시 장애인체육회 경기력향상위원회 위원

한국도핑방지위원회 도핑검사관

한국야구위원회 도핑검사관

2007 한 · 일 정신지체인 축구 교류대회 국가대표팀 트레이너

대한축구협회 심판

신태용_ 영남대학교 사범대학 체육교육과 졸업

1986 U-16청소년대표

1988 U-16청소년대표

1992 올림픽대표

1992~2004 일화천마, 천안일화, 성남일화 선수

1996 아시안컵 국가대표

2005~2008 퀸즈랜드 로어 코치(호주)

현) 성남 일화천마 감독

최초 60-60클럽 가입

통한 K-리그 401경기 99득점 68도움

K-리그 베스트11 총9회

박찬웅_ 사우스캐롤라이나대학(USC)학사
노던일리노이대학(NIU)석사
엘러버마대학(University of Alabama) 박사
노스다코다대학(University of North Dakota) 교수